V. 1543.
8. A.

MÉMOIRES

SUR

LA FORTIFICATION

PERPENDICULAIRE.

MÉMOIRES
SUR
LA FORTIFICATION
PERPENDICULAIRE.

ARTEM EXPERIENTIA FECIT.

PAR PLUSIEURS OFFICIERS DU CORPS
ROYAL DU GÉNIE.

A PARIS,
Chez NYON l'aîné, Libraire, rue du Jardinet, près celle Mignon.

M. DCC. LXXXVI.
AVEC APPROBATION ET PRIVILÉGE DU ROI.

AVIS

Pour faire laver, si on le veut, les Planches du premier Mémoire.

On fait que les Enlumineurs, avant d'appliquer les couleurs fur les Eſtampes, font diſſoudre dans l'eau de rivière autant d'alun qu'elle peut en fondre; trempent les Eſtampes dans cette eau, & les laiſſent fécher. Sans cette précaution, les papiers boivent ordinairement au lavis, & ſe maculent en les enluminant.

Pour diſtinguer facilement fur nos Planches les travaux des différentes périodes ou nuits alternatives des attaques, il eſt néceſſaire d'y employer au moins quatre couleurs tranchantes & ſucceſſives, afin que la même couleur n'exprime pas deux époques de travaux qui ſe trouveroient jointives fur le deſſin.

Il faut encore obſerver de n'employer, pour les nuits de tranchées, ni le rouge de carmin, qui doit exprimer les maçonneries de la Place; ni le noir, qui en exprime les parapets ainſi que tous les épaulemens de l'attaque; ni le verd d'eau, deſtiné pour les foſſés pleins d'eau; ni la couleur de ſable, qui doit exprimer

A

AVIS.

les fossés secs. C'est par ce motif que nous avons prescrit au Graveur les différentes hachures dont on trouve l'explication sur la première Planche, & dont chacune indique sa couleur particulière.

Ce lavis rendra les Planches beaucoup plus intelligibles.

Fautes très-nécessaires à corriger.

Pages.
8, N°. VI, *ligne* 8, ne cessent ne, *mettez* ne cessent de
17, *à la note*, Aréostatique, *mettez* Aërostatique.
24, *ligne* 6, *après* l'italique, *ajoutez en note :* Comment les détracteurs de M. de Vauban n'ont-ils pas vu que, si le *maximum* de l'*Attaque* consistoit à pouvoir réduire toutes Places de Guerre, & celui de la *Défense* à les rendre imprenables, il seroit dès-lors impossible que ces contradictoires arrivassent tous deux en même-tems à leur *maximum*? Une Place imprenable, par l'Art de son Constructeur, ne laisseroit-elle pas l'Art de l'*Attaque* fort en arrière de l'Art de la *Défense*, comme la nature l'a fait à Gibraltar?
25, N°. 37, *ligne* 1, *ôtez la lettre* D.
28, N°. 49, *à la marge*, décagonale, *mettez* dodécagonale.
30, N°. 53, *ligne* 2, *effacez* sur la crête du glacis, *mettez* dans les places-d'armes saillantes.
Ibid, *ligne* 14, ces quatre, *mettez* ces deux.
33, N°. 60, *ligne* 12, décagonale, *mettez* dodécagonale.
34, N°. 62, *lign.* 4 & 8, décagone, *mettez* dodécagone.
43, N°. 74, *ligne* 2, jusque &, *mettez* jusqu'&. *A la marge*, *ajoutez* fig. 3.
Ibid. *ligne* 6, *ajoutez à la marge* fig. 4.
47 *ligne* 5, ansi, *mettez* ainsi.
50, *ligne* 6, réduit, *mettez* redant.
60, *à la marge*, VIII, *mettez* VII.
Ibid. N°. 109, *à la marge*, Pl. I, fig. 1, *mettez* Pl. 2, fig. 2.
70, *ligne* 20, *après* défilé, *ajoutez* en fait de Places.
76, N°. 140, *ligne* 2, le pont, *mettez* les ponts.
78, *ligne* 5, *après* lunettes, *ajoutez* F.
79, N°. 144, *ligne* 18, on s'apperçoit, *mettez* on s'apperçoive.
Ibid. N°. 145, *ligne* 6, du rempart, *mettez* au rempart.
80, *ligne* 5, *à la marge*, *ajoutez* fig. 12.
Ibid. *ligne* 23, *à la marge*, *ajoutez* fig. 13.
81, N°. 149, *à la marge*, Pl. IX, fig. 13, *mettez* Pl. X, fig. 14.
87, N°. 164, *ligne* 1, nous ne, *effacez* ne.
91, *ligne pénultième*, *après* ces, *ajoutez* prétendues.
100, *à la marge*, fig. 15, *mettez* fig. 16.
105, N°. 213, *ligne* 2, prémices, *mettez* prémisses.
107, N°. 217, *à la marge*, contre le, *mettez* contre la.
Ibid. *ligne pénultième*, *après le mot* Ouvrage, *effacez le reste de la parenthèse; cela se trouve déja dit à la page* 6.
118, N°. 247, *ligne* 4, à la replonger, *mettez* à le replonger.
Ibid, N°. 248, *ligne* 9 (37) *mettez* (pag. 38.)
128, *Observ. ligne* 4, qu'il, *mettez* qu'elle le.
139, *ligne* 21, ⎱ souterreine, *mettez* souterraine.
140, *ligne* 24, ⎰

Pages.
144, *ligne* 34, ⎱ murs des, *mettez* murs d'avec les.
151, *ligne* 6, ⎰
145, *ligne* 5, revêtemens des, *mettez* revêtemens d'avec les.
149, *ligne* 8, & que les, *ôtez* que.
151, *ligne* 15, *après* chemins couverts, *ajoutez* l'affiégé.
176, *Obferv. ligne* 12, des remparts, *mettez* d'avec les remparts.
185, *ligne* 25, des rentrans, *mettez* aux rentrans.
201, *ligne* 26, du foffé, *mettez* d'avec le foffé.
Ibid. ligne 29, de l'angle, *mettez* à l'angle.
214, *ligne pénultième*, ordres, *mettez* défordres.
233, *ligne* 26, ne fauroient en découvrir l'extérieur des parapets, *mettez* ne fauroient découvrir l'extérieur de leurs parapets.
234, *ligne* 21, *après* ces points, *au lieu de* c, *mettez* C.
Ibid. ligne 22, *après* rettranchement, *au lieu de* M, *mettez* m.
251, *ligne* 21, Lanter, *mettez* Lauter.
254, *ligne* 30, que du, *mettez* que par le.
264, *ligne* 36, *au lieu de* chacune, *mettez*, *comme dans l'Auteur*, de chacun.
216, *ligne* 23 & 24, *mettez toute cette phrafe en parenthèfe* (...)
280, *ligne* 7, ne le batte, *mettez* ne les batte.

MÉMOIRES

MÉMOIRES
SUR
LA FORTIFICATION
PERPENDICULAIRE.

PREMIER MÉMOIRE.

De la Méthode du Maréchal DE VAUBAN *pour discuter les Questions de Fortification;*

ET

Recherches sur l'Utilité dont peut être au Service du Roi le Livre intitulé, La Fortification Perpendiculaire.

PAR MM. LES OFFICIERS-GÉNÉRAUX DU CORPS ROYAL DU GÉNIE.

AVANT-PROPOS.

A L'ACADÉMIE ROYALE DES SCIENCES.

I. PLUSIEURS Auteurs modernes, en publiant leurs idées sur la Fortification, se sont permis de reprocher aux Officiers du Corps Royal du Génie d'avoir, contre toute raison, donné le

Occasion de ce Mémoire: Reproches des Auteurs.

privilége exclufif aux modèles du Maréchal de Vauban, qu'ils ont adoptés pour la défenfe des Places, & fortifier les pofitions des Armées; & en même-tems de n'avoir jamais rien publié de leurs motifs pour cette injufte préférence. Quelques-uns de ces Auteurs en ont conclu que les Officiers François du Génie ne font que *froids & ferviles imitateurs de leur Maître*, faute de talens pour fortir du *cercle étroit de leur imagination, &c.*; d'autres, que ces Officiers n'ont jamais fu *raifonner leur objet, &c.*; d'autres, que ce filence & cette imitation démontrent une coupable & apathique *négligence, &c. &c.* (a).

<small>Effets de ces reproches.</small>

II. Ces forties publiques contre tout un Corps militaire femblent ne pouvoir nuire qu'à leurs Auteurs, & ne mériter que de l'indifférence, pour ne rien dire de plus. Il eft cependant prouvé que leur fréquente répétition, depuis trente à quarante ans, quelquefois même adoptée par des hommes de grande réputation & favans en autres genres, peut, à la longue, influer fur l'opinion publique, fur celle des Militaires les plus diftingués, & jufques fur celles du Gouvernement, au préjudice direct des intérêts de l'Etat, relativement à fes Frontières & à fes Armées. Mais il eft probable que, fi de telles préventions ne portent que fur l'illufion, fur l'ignorance de leur objet, les partifans féduits de ces opinions extraordinaires, ne fe rendroient pas aux meilleurs argumens capables de perfuader. L'Académie des Sciences eft le feul Tribunal impartial auquel les Officiers du Génie puiffent, avec confiance, préfenter quelques-uns des principes qui guidèrent & juftifient les travaux de M. de Vauban, l'un de fes plus illuftres Membres; & qui font, en effet, les principes qui dirigent aujourd'hui tous les Officiers du Corps Royal du Génie fur les deux objets qu'on leur reproche.

III. Le Maréchal de Vauban, par fon talent connu d'obfervation & de combinaifon, avoit réduit en une véritable

---

(a) On peut voir la première Edition de l'Encyclopédie, au mot *Ecoles Militaires*, & nombre d'autres Livres que nous pourrions citer.

science la pratique de l'attaque des Places. Il en avoit acquis une *expérience* suffisante en conduisant en chef cinquante-trois siéges, après en avoir auparavant suivi peut-être trente autres. Peu de Militaires cependant connoissent en quoi sa dernière Méthode des Attaques est réellement *savante*, c'est-à-dire, *prouvée par principes être nécessaire & la meilleure connue, pour opérer le plus promptement, & aux moindres frais possibles, les effets qu'on s'y propose* (b). Mais comme il fut notoire & généralement reconnu que M. de Vauban forçoit, par cette dernière méthode, les meilleures Places en beaucoup moins de tems qu'auparavant, & en y perdant beaucoup moins d'hommes; toute l'Europe, unanimement, lui décerna la couronne du talent pour cette branche de son Art. Il est arrivé de là que les Auteurs modernes, en général, n'ont pas osé le lui contester : & si l'on en excepte un ou deux, plus zélés que tous les autres pour de très-mauvaises nouveautés, aucun d'entr'eux ne nous a conseillé d'abandonner les procédés de M. de Vauban pour la conduite des siéges (c).

<small>Pourquoi les Auteurs n'ont point blâmé la Méthode des Attaques de M. de Vauban.</small>

IV. Il n'en a pas été de même, à beaucoup près, à l'égard de sa pratique pour disposer la défense ou les ouvrages de la Fortification. Les Auteurs, qui sur cette branche de l'Art sont aussi nombreux qu'intarissables dans leurs productions, comme ils l'étoient avant M. de Vauban, ont tous hardiment censuré plus ou moins ses méthodes : ils n'ont pas hésité à déclarer ce qu'ils nomment leurs *systêmes* être fort supérieurs en mérite pour la Guerre à tout ce qu'avoit composé ce grand homme. Cette erreur, qui tient à plusieurs causes, vient principalement de ce que tous ces Auteurs ont ignoré sur quelle base M. de Vauban fit porter les changemens qu'il fit à ses

<small>Pourquoi ils ont tant blâmé sa méthode de défense.</small>

(b) *Les attaques d'aujourd'hui sont bien plus savantes qu'elles n'étoient autrefois,* dit M. de Vauban. Att. des Pl. 1737, in-4°. p. 32.

(c) On peut remarquer que ces Procédés, quoiqu'imprimés en Hollande depuis cinquante ans, n'ont encore formé qu'en France des Experts en attaques de Places, parce que le même Livre n'en expose pas la théorie.

dispositions de défense, & que ces changemens furent les conséquences indispensables de ceux qu'il avoit faits à sa Méthode d'Attaque.

V. On sait que son zèle patriotique ne lui permit de publier aucun de ses Mémoires. Il n'avoit d'ailleurs rien écrit sur le problême, résolu bien avant lui, de tracer l'enceinte d'une Place de Guerre. Mais l'*expérience* des siéges lui avoit démontré le foible de toutes celles qu'il avoit attaquées; & ses talens supérieurs lui avoient fait imaginer les moyens de remédier à leurs défauts. C'est ce que ses successeurs ont reconnu facilement dans plus de cent cinquante Places auxquelles il fit des corrections, dans les trente-trois neuves qu'il fit construire, & sur-tout dans les savantes discussions développées par les Mémoires qu'il a laissés sur la plupart de ces Places, & que nous avons conservés avec soin. On y voit que ses idées sur la défense, & leurs diverses époques, sont clairement relatives, & étroitement enchaînées aux progrès de son Art des Attaques, dont il avoit changé, pour la première fois, les marches en 1672, devant Namur, & qu'il ne parvint à perfectionner que devant Ath, en 1697.

<small>Comment il en fit une science.</small>

<small>Pourquoi ne pas la publier.</small>

VI. Mais puisque les travaux de M. de Vauban, en ce genre, ne sont pas encore parvenus à la connoissance du Public, nous pensons qu'il sera toujours de notre devoir, comme il le jugea du sien, de ne publier ni les précieuses Observations de ses Mémoires sur les Frontières de la France, ni la théorie qui en résulte au profit général de notre Art. Telle est, premièrement, la cause raisonnable, de ce silence obstiné, dont les curieux amateurs ne cessent ne nous tant blâmer, quoique nous ne l'ayons jamais gardé envers les Ministres & Commandans, à qui nous devons compte de tout ce qui intéresse le service dont nous sommes chargés.

<small>Pourquoi y tenir fortement.</small>

VII. On voit aussi par ce simple exposé (IV. V.) que les Officiers du Corps Royal du Génie ont quelques motifs raisonnés de tenir fortement (I.) à la méthode que leur a laissé

M.

M. de Vauban pour la défense, puisqu'il est prouvé qu'elle est une suite nécessaire de l'Art des Attaques, & meilleure que tout ce qui fut construit avant M. de Vauban pour résister aux attaques.

VIII. Quant aux idées des Auteurs qui ont pullulé de tous côtés, en Europe, sur l'Art de la Défense, depuis M. de Vauban; sans qu'il soit nécessaire d'entrer dans les détails par lesquels ce grand Maître avoit élevé successivement les pratiques de l'attaque & de la défense au rang des sciences positives; sans développer inutilement ici la théorie qui nous dirige, il suffit de faire voir à l'Académie que M. de Vauban nous a laissé de même d'autres principes ostensibles & rigoureux pour comparer très-exactement ses différens modèles de Fortification, tant entr'eux, comme il le fit lui-même, qu'avec toutes les figures & formes d'ouvrages possibles, & très-faciles à enfanter par tous les hommes qui veulent livrer leur imagination à cet objet (d). *Il suffit de comparer les résultats des diverses méthodes.*

IX. Si ces principes de comparaison sont bons; si la Dialectique qu'ils composent est simple, conséquente, & applicable à tout modèle de Fortification : toute idée sur cet Art qui ne soutiendra pas le parallèle sera vicieuse, & doit être répudiée. Il suffit à nos métaux de leur poids spécifique, sans nul autre appareil, pour être distingués de l'or ou la platine. *Et de juger les principes de cette discussion.*

(d) La combinaison des lignes & angles de la Fortification est aussi facile & variable que celle des carreaux mi-partis noirs & blancs du P. Sébastien Truchet. (*Acad.* 1704, pag. 363.) On en voit la preuve dans tous les Auteurs imprimés sur notre Art, dont aucun que nous sachions ne s'en est tenu à nous proposer un ou deux *Nouveaux Systêmes*; mais dont tel autre en propose jusqu'à 160, de son invention, dans un même Livre. C'est dans ces Auteurs, tant modernes qu'anciens, que les Professeurs ont puisé les prétendus préceptes de Fortification qu'ils enseignent tous à la jeunesse Militaire. Delà, pas un de ces Disciples, de quinze ou seize ans, qui n'ait, avant de quitter son Maître, composé sur le papier, par son conseil, plusieurs de ces figures bizarres, qu'on leur a dit constituer autant de *Nouveaux Systêmes*. On ne pourroit croire jusqu'où vont les inconvéniens & conséquences de cette vicieuse éducation.

X. C'est cette Logique du Maréchal de Vauban que nous développons sommairement dans ce Mémoire, en suppliant l'Académie de l'examiner, comme étant entièrement de son ressort, & de vouloir bien prononcer son Jugement.

DE LA MÉTHODE
DU MARÉCHAL DE VAUBAN,
Pour discuter les Questions de Fortification.

§. I.

De quelques Principes généraux nécessaires pour discuter les idées de Fortification.

1. La Fortification, quoiqu'elle fasse partie de l'Art de la Guerre, est cependant un Art particulier, puisque l'on a souvent entendu les plus grands Capitaines, les meilleurs Généraux d'Armées, convenir de bonne foi qu'ils s'entendoient fort médiocrement en Fortification. Mais elle est aussi tellement liée avec l'Art de la Guerre, que l'on ne peut être habile en Fortification sans la connoissance & l'*expérience* de la Guerre. C'est donc le défaut de connoître les rapports nécessaires entre les différentes parties de la Guerre, qui a fait croire à une multitude d'Auteurs, de toutes conditions & professions, qu'ils savoient la Fortification, quoiqu'ils ignorassent les Elémens de la Guerre. C'est l'ignorance en Fortification qui a fait tomber dans de grandes erreurs sur ce chapitre, quelques Militaires même, du plus haut rang ; qui persuada les uns qu'avec la connoissance des autres parties de la Guerre on sait de reste la Fortification ; qui porta d'autres à croire que les plus savans Officiers du Génie n'ont pas besoin d'être gens de Guerre, &c. La seule définition exacte de cet Art auroit suffi pour empêcher cette confusion d'idées : elle décide aussi quels sont les gens propres à y exceller.

2. *La Fortification est l'Art de disposer avec le moins de moyens* (ou de frais) *possible un terrein attaquable, de manière qu'un nombre donné d'hommes proportionné à ce terrein* (& faisant leur *Définition de l'Art.*

devoir en gens de guerre) *puiſſe s'y défendre avec avantage, & pendant un tems connu, contre les efforts d'un beaucoup plus grand nombre* (c).

3. Elle eſt un Art fondé ſur une théorie certaine & évidente, tirée de la Nature même, de l'*expérience*, du raiſonnement, des Mathématiques; c'eſt ſa théorie qui la diſtingue des Arts méchaniques, comme de ceux de fantaiſie, & qui en fait une ſcience. C'eſt l'*expérience* qui la rend ſujette pour tous les tems à des changemens néceſſaires, ſuivant les armes différentes employées pour la Guerre, ou les différentes manières de s'en ſervir.

4. Cet Art s'applique à toute ſorte de terrein où il peut être raiſonnable de ſe défendre : il n'y a de cette eſpèce aucun emplacement ſi bizarre, qui ne ſoit ſuſceptible d'être rendu plus fort par un homme intelligent en ce genre.

5. La Fortification, ainſi que tous les Arts, appartenant au Phyſique, ne peut être exécutée ſans ſes matières propres, deſquelles dépend en grande partie ſa valeur. On ne peut donc ſe diſpenſer de conſulter dans ſa théorie les moyens ou les frais de ſon exécution.

6. Tous les ouvrages que cet Art conſtruit, doivent avoir un rapport de grandeur convenable & connu avec le nombre d'hommes pour lequel ils ſont établis. Il eſt très-important d'y garder à cet égard de juſtes proportions.

7. C'eſt ſur le fondement ſolide de l'*expérience*, ſecourue & combinée par les Mathématiques, que l'Art de la Fortification nous enſeigne à connoître & à établir l'équilibre indiſpenſable entr'elle & les objets qu'elle doit remplir. Les mêmes lumières nous font connoître, & l'effet qu'elle produit en faveur de ceux qui ſont dans le cas d'en faire uſage pour ſe défendre, & la méthode la plus avantageuſe & la moins lente pour les forcer dans les ouvrages, & par conſéquent les moyens dont ils doivent uſer pour conſerver, le plus long-tems poſſible, les ouvrages qu'ils défendent. Ce ſeroit travailler en Artiſans groſſiers que de ne pas connoître les propriétés & les défauts de ce que l'on fabrique, & ne pas ſavoir en rendre compte.

Il faut à toutes ces vérités quelque développement.

(c) *L'uſage de la Fortification eſt de rendre une médiocre quantité de Soldats égale en force à une puiſſante Armée.* (Vaub. Déf. des Pl. 1769, in-8°. pag. 292, & Att. des Pl. pag. 32.)

8. On doit considérer dans la théorie de la Fortification, comme dans celle de la Guerre, les principes naturels à l'homme pour sa défense, ainsi que les obstacles auxquels il a naturellement & raisonnablement recours contre l'attaque. La Nature nous enseigne que l'on est plus fort contre son ennemi en lui faisant face qu'en lui prêtant le flanc ou le dos ; qu'il est avantageux, par conséquent, d'attaquer son ennemi en flanc & par derrière ; qu'il est fâcheux pour une troupe d'être entourée par ses ennemis. Delà suit le principe de Guerre, que non-seulement il est nécessaire de couvrir ses flancs & assurer ses derrières pour n'être ni enveloppé, ni attaqué latéralement; mais aussi que, pour se défendre avantageusement, *on doit chercher*, par sa position ou sa disposition, *à réduire au front*, ou à l'espace, *le moins étendu possible l'attaque praticable par son ennemi* ; soit afin de le dépasser sur ses ailes & de le battre obliquement pendant la défense qu'on lui opposera de front ; soit pour le prendre en flanc, si l'occasion s'en présente ; soit pour le battre à revers. Delà suit aussi le principe réciproque, que, *pour attaquer avec succès, il faut tâcher d'embrasser le front de l'ennemi*. Tous les hommes comprennent aussi qu'une troupe est plus forte en se tenant ensemble & manœuvrant de concert, que si chaque homme se séparoit des autres & manœuvroit différemment. Plusieurs animaux même suivent par instinct la plupart de ces principes.

<small>Des principes naturels de la défense & de l'attaque.</small>

<small>Axiome.</small>

<small>Axiome.</small>

9. La Nature nous enseigne, sans même aucune réflexion de notre part, qu'un homme cherchant à se défendre de l'attaque d'un autre, trouve de l'avantage à ce que son corps soit en partie couvert ou caché par quelque obstacle voisin de lui, comme un arbre, une haie, le tertre d'un fossé ; tandis que celui de l'agresseur est à découvert. Si l'agresseur, en effet, attaque l'autre à coup de pierres ou de fusil, ses coups ne peuvent atteindre que la partie du corps de l'autre qui n'est pas garantie par l'obstacle ; au lieu que celui-ci, se servant des mêmes armes, voit & peut blesser l'autre à toutes les parties de son corps. Si l'agresseur ne cherche qu'à saisir son ennemi, pour le frapper corps à corps, & que celui-ci puisse, par quelques moyens, passer un bon fossé ou une profonde rivière, ou puisse se retirer dans un enclos bien fermé ; le voilà fortifié contre la poursuite pour aussi long-tems que l'agresseur n'aura pu vaincre l'obstacle.

<small>Des obstacles naturels à l'attaque, & leurs avantages.</small>

10. Il en est de même d'une troupe attaquée par une autre. Tout ce qui s'oppose au passage, empêche ou retarde l'incursion

& la pourſuite : tout ce qui peut arrêter ou maſquer la direction des corps projectiles, défend les uns contre les autres. Les montagnes eſcarpées, les grandes rivières, les forêts, la mer, les marais impraticables, fortifient naturellement les Etats contre l'incurſion, comme le grand mur de la Chine, ou celui qui ſéparoit jadis l'Ecoſſe de l'Angleterre. Un bois, un ravin, un défilé, une maiſon, un village, une ville, fortifient une troupe plus ou moins nombreuſe contre celle qui veut l'attaquer; comme nos foſſés, nos haies, nos murailles, fortifient nos poſſeſſions perſonnelles contre les beſtiaux & les voleurs.

11. Il eſt donc évident que toutes troupes qui ont à ſe défendre, trouvent de l'avantage à mettre des obſtacles naturels, non-ſeulement ſur leurs flancs & derrière elles (8), mais auſſi ſur leur front, ſoit contre le feu de l'ennemi (9), ſoit pour rompre le bon ordre néceſſaire à ſon attaque, l'obliger à déſunir ſon *enſemble* & ſes mouvemens, détourner ſon attention de l'attaque pour l'appliquer à ſurmonter l'obſtacle; ſoit enfin pour rendre ſon approche plus difficile & plus lente.

<small>Avantages de la ſupériorité du terrain.</small>

12. C'eſt de même un avantage naturel pour la défenſe, d'occuper un terrain plus élevé que celui de l'ennemi. Si une troupe qui veut en attaquer une autre eſt obligée de gravir en ſa préſence un côteau rapide; cette difficulté, pendant ſa marche, ne lui permet, ni de découvrir l'ennemi placé ſur la hauteur, non plus que ſes manœuvres, ni de faire feu ſur lui, ni de conſerver ſon *enſemble* ou bon ordre. Ceux qui ſont en haut, au contraire, peuvent d'autant plus facilement charger la troupe, qu'ils n'éprouvent en ce moment, de ſa part, aucune réſiſtance, aucun danger. Delà vient que toute troupe qui ſait le moins l'Art de la Guerre, ne laiſſe pas de gagner naturellement les hauteurs pour ſe défendre.

L'*expérience* confirme ce principe comme tous les précédens; elle nous apprend qu'il eſt fort difficile d'attaquer ces châteaux ſitués ſur des éminences, d'où ils découvrent & plongent tous leurs accès; que pour en approcher, en ſe couvrant par des tranchées, il faut élever devant ſoi les terres beaucoup plus haut que contre tout objet qui ſeroit au même niveau que l'aſſaillant. C'eſt delà que ſuit la néceſſité de ce que la Fortification déſigne ſous le nom de *commandement* ſur ſes environs, comme d'un obſtacle puiſſant contre l'approche de l'ennemi, & que ſe déduiſent toutes les bonnes règles ſur le relief ou les profils convenables à ſes ouvrages.

13. Les obstacles naturels à l'incursion ou à la poursuite peuvent tous être surmontés par de grands ou longs efforts. On traverse les mers, on passe les rivières, &c. Ainsi, quoique l'on doive toujours chercher & choisir (9) la position naturelle la plus avantageuse, lorsqu'il faut se préparer à la défense, on doit remarquer que son effet est limité à un certain tems, au-delà duquel tout obstacle devient inutile. Il est d'ailleurs souvent indispensable à la Guerre d'occuper des points où la Nature ne nous offre aucun obstacle à opposer en notre faveur. Elle nous conseille donc presque toujours de nous en procurer par nos travaux, de nous fortifier contre nos ennemis, comme de protéger nos terres par des digues, si quelque débordement peut les inonder.

Durée de tous ces avantages.

Nécessité des obstacles factices à l'attaque.

14. La Fortification, qui n'est autre chose que la disposition des obstacles factices aux entreprises de l'ennemi, ne doit jamais perdre de vue dans son exécution aucun des avantages que la réflexion nous a fait reconnoître dans la Nature même pour la défense : elle doit toujours les rechercher pour son emplacement : elle ne peut être bonne qu'autant qu'elle procure les uns ou les autres : elle sera d'autant meilleure qu'elle approchera plus de les réunir tous.

Leurs conditions nécessaires.
1°. D'être conformes à la nature.

15. Si l'obstacle quelconque dont une troupe se couvre pour sa défense, est disproportionné par son étendue (6) au nombre d'hommes qui la composent, il est évident qu'elle ne peut se défendre derrière cet obstacle avec le même avantage que quand la troupe & l'espace qui la contient ont ensemble un rapport de grandeur convenable. Une grande troupe ne peut manœuvrer dans un trop petit terrein : une petite troupe ne suffit pas pour garder le pourtour d'une trop grande enceinte. Delà vient que, *pour se bien défendre à la faveur* des obstacles factices, ou *de la Fortification* (14), *il faut absolument qu'il se rencontre un certain équilibre numérique entre l'étendue, ou la quantité des ouvrages, & les troupes destinées à les défendre.* Cet équilibre, très-important à la bonne défense, peut se trouver également rompu par excès ou par défaut, soit du côté de la troupe, soit du côté de la Fortification, avec un préjudice égal pour la défense. *Le trop d'ouvrages affoiblit* une petite troupe, ou *une petite place* qui ne peut contenir une grande troupe : *le trop de troupes affoiblit une place de tous les ordres.* Il suit encore de là que l'observation si naturelle de ce juste équilibre, entre la quantité des ouvrages & la grandeur des Places, est un des élémens essentiels de la

2°. D'être proportionnés à la troupe qui les défend.

Axiome.

Axiome.

Fortification, quoique des moins connus par tous les Auteurs & par presque tous les Praticiens de l'Europe, hors en France.

<small>3°. D'avoir entr'eux des communications sûres.</small>

16. Quand une troupe peut être attaquée, elle doit veiller jour & nuit à sa sûreté. L'homme cependant ayant besoin de repos, il faut bien que sur une troupe les uns se reposent pendant que d'autres font la garde. Or, en cas d'attaque, ceux qui dorment n'auroient pas le tems de se préparer au combat, si ceux qui veillent ne pouvoient les faire avertir assez tôt d'avance, & d'assez loin, de l'approche de l'ennemi. Il faut donc à une troupe des postes avancés, & suffisamment éloignés du corps de la troupe. La réflexion nous avertit en même-tems que des postes trop éloignés pourroient être surpris, & n'avoir pas le tems d'informer la troupe de l'arrivée de l'ennemi; qu'ils pourroient être enlevés avant d'être secourus. La réflexion & la prudence nous prescrivent donc une certaine distance comme la plus convenable, suivant les circonstances, aux postes détachés; de les fortifier (13), & d'y établir des communications sûres, tant pour les secourir que pour assurer leur retraite: car il n'est raisonnable de se défendre, hors des cas très-rares, que quand il est probable de n'être point vaincu. Or la plupart des ouvrages de la Fortification ne sont que des postes avancés: ainsi *le principe*

<small>Axiome.</small>

de leur éloignement convenable, & sur-tout des communications très-sûres, qui leur sont indispensables, est d'une application générale, & sans aucune exception, à tout ouvrage séparé de l'enceinte d'une Place ou d'un poste fortifié.

<small>Nécessité des moyens secondaires de la défense.</small>

17. Ce n'est pas assez, pour une troupe qui se couvre d'une enceinte, de pouvoir y manœuvrer sans embarras, sans surcharge d'étendue (15), & sans crainte de surprise (16): il faut encore essentiellement, pour qu'elle y attende l'attaque, & qu'elle puisse s'y défendre aussi long-tems que cette enceinte le lui permet, il faut qu'elle puisse y subsister, y conserver ses munitions & ses vivres, à l'abri des accidens de toute espèce, s'y reposer à couvert, y soigner ses malades, &c.; & le tout relativement à la durée de sa plus grande tenue probable dans cette enceinte. La Fortification n'est donc bonne à rien sans les moyens secondaires de la défense, qu'elle entraîne & suppose nécessairement avec elle, sur-tout lorsqu'elle est permanente.

<small>Axiome.</small>

L'objet des troupes & munitions ne peut donc *jamais être séparé de la Fortification*, non plus que la résolution de se défendre.

<small>Des divers objets de la Fortification.</small>

18. Les objets que l'on se propose d'obtenir par la voie des armes, peuvent se réduire à gagner du tems, c'est-à-dire,

défendre

défendre le terrain que l'on occupe, ou à en conquérir ; & à détruire les forces de l'ennemi. La Fortification se propose aussi ces trois objets. Son principal est de gagner du tems. Elle a ses travaux pour s'emparer du terrain de l'ennemi ; ce sont ceux de l'attaque. Elle prend encore beaucoup de précautions pour détruire, en se défendant, les forces de l'ennemi. Ces précautions font une partie essentielle de l'Art de disposer les ouvrages, attendu que l'on se défend d'autant plus avantageusement que l'on fait perdre plus de monde à son ennemi. Par conséquent, on doit distinguer plusieurs effets dans la Fortification ; comme le plus ou le moins de tort qu'elle doit faire à l'assaillant ; ce que son approche lui coûtera nécessairement d'hommes, de fatigues, de tems, & de dépenses. Ces effets ruineux, que l'*expérience* & le raisonnement nous font connoître & apprécier, & que l'Art sait nous procurer contre l'ennemi, distinguent très-clairement une bonne d'avec une mauvaise Fortification. Mais son premier & principal caractère distinctif consiste essentiellement dans sa *force*, puisque celui-ci emporte nécessairement la plupart des autres.

19. Il est bien essentiel en Fortification d'observer que l'on ne peut ni se défendre avantageusement à la faveur des obstacles naturels, ni se pourvoir avantageusement contre l'attaque par la disposition des obstacles factices, à moins que l'on ne connoisse les moyens & manœuvres possibles à l'ennemi pour les surmonter (7). Il est évident que *toute défense* derrière ces obstacles *doit être relative à l'attaque* qu'ils subiront, & recevoir absolument ses loix de ce que fera l'ennemi pour les surmonter. (Av. Prop. IV.)   *De la dépendance mutuelle entre la défense & l'attaque.*

   Axiome.

20. *L'attaque*, de son côté, *reçoit nécessairement ses loix des précautions qu'aura pris l'ennemi pour sa défense*, des obstacles dont il se sera couvert, de la bonne ou mauvaise disposition qu'il leur aura donnée, de ses manœuvres pour les soutenir, &c. C'est cette mutuelle & réciproque dépendance entre la défense & l'attaque qui forcera toujours l'une & l'autre à varier & changer leurs procédés (3), selon que l'imagination des gens de Guerre leur aura fourni de nouveaux moyens efficaces pour entreprendre ou pour se défendre (f).   Axiome.

   Des variations nécessaires dans leurs moyens.

(f) Qui pourroit dire aujourd'hui si l'Art Aréostatique ne bouleversera pas notre Art de la Guerre, comme a déja fait l'invention de la poudre ?

18 MÉMOIRES

De la force de la Fortification.

21. Les obstacles que nos travaux nous procurent, ne sont pas plus exempts d'être surmontés que ceux de la Nature (13). Les uns & les autres sont cependant favorables à la défense, en ce qu'ils mettent toujours un moindre nombre d'hommes (2) en état de résister sur un certain espace de terrain, contre un plus grand nombre, c'est-à-dire, par les délais qu'ils apportent au succès de l'ennemi (18) plus nombreux que la troupe attaquée; parce qu'avec le tems, les circonstances peuvent devenir favorables au plus foible. C'est donc un des principes naturels de la Fortification, que *plus elle procure de tems à ceux qui la défendent, meilleure elle est* : d'où l'on déduit que *le tems de défense assuré par la Fortification, est la juste & naturelle mesure de sa force*, comme il suit.

Axiome.
De la mesure de cette force.

22. Qui dit obstacle, même purement passif ou physique, dit opposition ou retardement à un mouvement quelconque; & au moral, ce retardement est indépendant de l'homme qui en reçoit l'effet. Si deux hommes, placés sur les deux rives opposées d'une rivière, veulent également se joindre à l'un ou l'autre bord, il faut absolument que l'un des deux franchisse l'obstacle. Or, le tems nécessaire indispensablement pour traverser cette rivière par les moyens usités, peut être nommé *sa force* naturelle ou *simple*. Ce délai sera plus ou moins long, suivant les qualités physiques de l'obstacle, & les moyens à se procurer pour le vaincre; mais *l'expérience* a le droit de nous faire connoître sa grandeur ou durée.

On peut la mesurer d'après l'expérience.

23. Si cet obstacle n'est pas purement passif; s'il est aussi composé de quelques circonstances morales, ou sujet à des accidens prévus; il suffit de connoître & de pouvoir évaluer, aussi d'après *l'expérience*, la durée moyenne, ou quantité ordinaire, de ces circonstances morales combinées avec l'obstacle physique, pour en soumettre les résultats à nos calculs avec la plus grande probabilité. Si, par exemple, l'un des bords d'un large fossé, plein de six à huit pieds d'eau, se trouve défendu par une troupe qui s'oppose à son passage; outre l'obstacle matériel du comblement à faire de ce fossé, ou du pont à y jetter, il s'y rencontre encore l'obstacle moral des hommes qui le défendent, dont la durée dépend, jusqu'à un certain point, de leur plus ou moins de fermeté & d'effort pour empêcher ce passage. Mais comme on en a vu un très-grand nombre d'exemples à la Guerre, on sait positivement de combien cette résolution, la plus grande dans ceux qui se défendent, peut ralentir

SUR LA FORTIFICATION PERPENDICULAIRE. 19

l'opération phyfique du comblement du foffé, ou de l'établiffement d'un pont, & en retarder le paffage.

24. Il en eft de même de toutes les opérations de l'attaque contre tous les obftacles factices, ou les ouvrages de la Fortification. On connoît avec beaucoup de probabilité, attendu la très-grande *expérience*, le degré de *force abfolue*, & les autres avantages (18.) de la Fortification, quoique fa force naturelle & fes autres propriétés foient mêlées de circonftances morales.

25. Comme toutes les entreprifes des hommes, pour être raifonnables, doivent être proportionnées aux moyens dont ils peuvent difpofer; la Fortification dépend auffi totalement des moyens de fon exécution relatifs à l'objet qu'elle fe propofe (5). Si une foible troupe eft pourfuivie d'une diftance qui fera probablement parcourue en vingt-quatre heures par l'ennemi plus fort qu'elle, il feroit très-inutile à cette troupe, & même peu fenfé, d'entreprendre de fe procurer contre l'attaque fi prochaine, un obftacle dont l'étendue ne pourroit être mife en état de réfiftance qu'en plufieurs jours du travail que pourroit faire cette troupe. Tel peut d'ailleurs exécuter un bon foffé qui n'a pas les moyens de s'enfermer d'un bon mur. Cette dépendance forcée des moyens phyfiques, qui nous affujettit pour toutes nos entreprifes, influe fi impérieufement fur leur étendue & fur leurs effets, qu'il feroit abfurde d'exiger les mêmes effets par des moyens difproportionnés. L'objet de la perfection de tous les Arts eft bien de produire le plus d'effets poffibles avec le moins de moyens; mais le fuccès a fes limites. L'Art de *la Fortification*, ainfi que tous les autres, *ne fait rien faire qu'avec le tems* & les matériaux, ou *la dépenfe;* mais il eft évident que *moins elle coûte de l'un ou de l'autre*, fuivant les circonftances, *pour produire les mêmes effets, meilleure elle eft*.

Des moyens ou des frais de la Fortification.

Ceci nous conduit à un article bien important en Fortification comme en tout Art quelconque; favoir, aux moyens d'en comparer entr'eux les ouvrages, pour décider & choifir les meilleurs.

Des Principes de comparaifon entre les ouvrages de la Fortification.

26. Dès que nous concevons nettement un mieux & un moins bien dans un objet qui peut nous être utile, c'eft un mouvement naturel à notre raifon, comme à notre curiofité,

C 2

de soumettre les propriétés de cet objet à quelque *échelle* de comparaison entre la mesure de nos besoins & celle des moyens pour y satisfaire. C'est sur ces échelles propres à chacun des Arts, même les moins industrieux, que nous jugeons sainement du degré de perfection entre toutes celles de leurs productions que nous pouvons avoir à choisir; attendu que les Arts, non plus que la Nature, ne produisent rien de bon ou de mauvais que

De l'échelle comparative de la Fortification, & de ses élémens.

par comparaison. La durée d'une étoffe & le prix de son achat, comparés à la durée & au prix d'une autre étoffe, est l'échelle que consulte un homme économe qui veut se vêtir, &c. La Fortification doit donc avoir nécessairement aussi son *échelle comparative*, composée, comme pour tous les autres Arts, de *sa dépense* & de *ses effets*. Tout ce qu'exige l'usage de cette échelle pour être utile, c'est que ses deux élémens soient exactement & numériquement connus.

Premier élément connu; sa *dépense*.

27. Nous venons de voir (25.) qu'il est si nécessaire de faire entrer la dépense de la Fortification pour quelque chose dans son mérite comparatif, qu'il seroit impossible sans cet élément d'établir aucune comparaison intelligible de valeur entre ses différentes productions, ou de juger quelle Fortification seroit la meilleure. Or, tout le monde sait que l'*expérience* de la bâtisse apprend très-positivement au Constructeur ce qu'il faut de tems, d'hommes, de matériaux & ustensiles de toute espèce, c'est-à-dire, de dépense, pour élever un édifice quelconque, & de quelque forme qu'il puisse être. Il est donc certain que la dépense de tous les ouvrages possibles de la Fortification est parfaitement connue.

Second élément connu; sa *force absolue*.

28. Nous avons vu de même (23. 24.) que l'*expérience* de la Guerre enseigne à l'homme attentif combien, avec tous les moyens nécessaires, il faut de tems pour exécuter chaque opération de l'attaque, dont nous nommons la durée totale *force absolue des ouvrages*. L'expérience nous a de même appris quelle proportion on doit admettre entre les dangers ou difficultés de diverses opérations d'attaques ou de défenses à exécuter en un même tems sous le feu de l'ennemi, c'est-à-dire, les élémens qui composent la *force absolue* des ouvrages. Tout le monde conçoit, par exemple, que plus on approche d'un rempart duquel il part un grand feu, plus on y trouve d'obstacles. 1°. Le feu des armes ne peut atteindre qu'à une certaine portée. 2°. A proportion qu'il est plus voisin, il est aussi mieux ajusté; ses coups en sont moins divergens; le terrein qu'il bat en est

SUR LA FORTIFICATION PERPENDICULAIRE. 21

mieux fourni : delà le principe, que *les défenses ou flancs ne peuvent être trop près de leur objet*. 3°. Certaines portions des défenses d'une Place, ou feux d'ouvrages, peuvent se trouver d'abord masquées ou gênées par d'autres pour tirer au loin ; mais entrer ensuite en action quand les objets en sont plus près.

<small>Axiome.</small>

29. Il arrive delà que les travaux de l'attaque, indispensables pour arriver à couvert jusqu'au rempart, se ralentissent nécessairement à mesure qu'ils s'en approchent ; & par conséquent que leur marche suit une progression de vîtesse décroissante, & de plus en plus, à proportion que cette marche rencontre plus d'obstacles à surmonter de la part de tous ces feux. Si à cette difficulté, augmentante à raison de la seule proximité des feux, on ajoute encore celle de l'augmentation des feux, par l'usage de nouvelles défenses dont la Place ne pouvoit pas tirer parti d'abord (28.) ; il s'ensuivra que la difficulté de l'approche augmentera encore comme l'accroissement ou le développement des défenses. Il faut donc, pour calculer la quantité ou la grandeur de cette difficulté des approches, multiplier la proximité des premiers feux qui s'y opposent par la quantité des nouvelles défenses propres à les augmenter. Or, cette quantité de nouvelles défenses, dont les feux se réunissent successivement sur le chemin nécessaire des attaques, à mesure qu'elles approchent des ouvrages, est une partie essentielle de la bonne disposition, ou de ce que nous nommons la bonne *ordonnance* des ouvrages. Ainsi *la vîtesse décroissante des attaques est proportionnelle à leur proximité de la Place multipliée par l'ordonnance plus ou moins avantageuse des ouvrages de cette Place*.

<small>La vîtesse des attaques est décroissante.</small>

30. C'est l'*expérience* de la Guerre, jointe au raisonnement, qui a fait connoître aux Militaires, les avantages & les dangers de certains ordres de bataille, ou autres dispositions successivement adoptées ou rejettées pour les Armées. Il a fallu de même les observations réunies d'un nombre de siéges pour connoître la durée moyenne & la quantité progressive de cette difficulté que le feu des ouvrages oppose au cheminement de leur attaque. Mais depuis un siècle il n'y a rien eu de changé dans le système & l'usage des armes offensives de l'Europe, ni par conséquent (3.) dans la conduite des attaques. D'où il suit que l'*expérience* de plus de cent trente attaques ou défenses de Places qui ont eu lieu depuis cette époque, & dont nous avons soigneusement conservé les journaux détaillés, nous a fourni des réductions

<small>Leur marche est bien connue.</small>

ou moyennes suffisamment exactes, pour que l'on doive raisonnablement tenir cette durée progressive des attaques comme parfaitement connue.

Ainsi que ses variations.

31. Ce n'est pas qu'il ne se trouve dans les détails réunis de ces expéditions de Guerre quantité de circonstances morales (23.) fort différentes entr'elles, & en quelque sorte étrangères à la Fortification de toutes ces Places; comme l'exécution ou l'omission de fougasses & de mines; plus ou moins d'actions de vigueur, de sorties, de contr'approches, de coupures dans les ouvrages, de ressources & d'intelligence dans certaines Places que dans d'autres; & toutes ces causes secondes, auxquelles la bonne Fortification doit encore être toujours relative & favorable, ont nécessairement beaucoup influé sur la durée de ces divers siéges, & même quelquefois de la même Place. Il sembleroit donc de prime abord qu'il a été fort difficile de réduire à de justes moyennes des défenses si disproportionnées entr'elles par les durées absolues de chacune. Mais l'Officier du Génie, qui fait voir & calculer, distingue très-aisément & détermine chacun des effets qui ont été produits par chaque cause différente. Il trouve très-facilement, & démontre de même, combien les mines & fourneaux prolongèrent la défense de Berg-Op-Zoom au-delà du vrai mérite des ouvrages de Coëhorn. Il sait assigner précisément ce qui ne fut dû qu'à la valeur des assiégés, ou à l'impéritie des assaillans, pendant les belles défenses de Grave, de Landau, de Lille, d'Aire, de Béthune, de Douai, de Prague, &c.

Ces principes de comparaison viennent de M. de Vauban.

32. Enfin, si à des vérités aussi bien établies par le raisonnement, il étoit nécessaire d'ajouter la preuve testimoniale de Militaires éclairés qui n'ont écrit que pour le bien du Service: on trouve dans l'*Art de la Guerre* du Maréchal de Puységur ce qui suit, (Part. I, Chap. II, Art. IV.) « De toutes les parties » qui composent la Guerre, nous ne voyons aujourd'hui que » l'Attaque & la Défense des Places, avec la manière de les » fortifier, qui soient établis sur des principes connus. Cette » partie tire ses principes de la Géométrie, & se démontre si » clairement, que ceux qui l'ont étudiée à fond, & ensuite » mise en pratique avec application & réflexion,..... jugeront, » à fort peu de jours près, du tems auquel sera prise une Place » dont ils connoissent la Fortification; *& cela en supputant par* » *détail combien chaque pièce de Fortification qu'il faudra prendre,* » *pourra durer de jours* «. On voit de même dans le Mémoire

SUR LA FORTIFICATION PEEPENDICULAIRE. 23

imprimé du Maréchal de Vauban, fur la Défenfe des Places, (*in*-8°. 1769, pag. 51 & fuiv., 81, 85, 185, &c.) la néceffité, les principes, & même des formules abrégées de cette fupputation de la durée des fiéges; & dans d'autres de ces précédens Mémoires, on trouve qu'en 1681 il combinoit cette durée de la défenfe des ouvrages avec la dépenfe de leur conftruction, pour décider s'il falloit exécuter ou non quelques-uns de fes projets (g).

33. Il eft donc démontré que les deux élémens de notre échelle comparative pour les ouvrages de la Fortification (26.) font parfaitement connus; favoir, *leur dépenfe* (27.) *& tous leurs effets* (30. 31.). Il ne fut pas difficile aux Officiers du Génie de déduire de ces données la formule générale concernant la valeur relative, ou le mérite comparatif pour la Guerre, des divers ouvrages que cet Art peut inventer. Puifque la Fortification, dirent-ils, eft d'autant meilleure qu'elle produit de plus grands effets par une moindre dépenfe (25.); *fon mérite, ou fa véritable valeur pour la Guerre, peut donc être exprimé par la fomme de fes effets divifée par la dépenfe de fa conftruction; & dès-lors*, par une indifpenfable conféquence, *tous les ouvrages, ou les fronts de Fortification, à comparer les uns aux autres, feront entr'eux de valeurs proportionnelles* aux quotiens de ces divifions, c'eft-à-dire (en langage des méchaniques), *aux momens de ces ouvrages ou fronts*.

Formule générale de cette comparaifon.

34. C'eft la recherche des *momens* de la Fortification que nous nommons fon *analyfe*. C'eft l'échelle que nous compofons de ces momens qui forme la véritable pierre de touche de l'Art, le trébuchet fenfible qui ne peut jamais nous tromper fur le mérite des productions de la Fortification. C'eft l'ufage de cette pierre de touche entre nos mains qui met notre Art au rang des fciences pofitives; qui en diftingue & fépare ce qui eft militaire, utile, & bien prouvé, d'avec les idées arbitraires, fpéculations de Cabinet & chimériques, propriétés conjecturales, & vaines promeffes de tous les Auteurs de bonne volonté qui traitent cette matière fans l'entendre. C'eft par cette échelle que nous prouvons comment & précifément en quoi cette fcience, toujours fufceptible d'amélioration comme les autres,

Propriétés de cette méthode.

(g) Nota. *L'utilité de ces ouvrages étant d'une évidence à n'en pouvoir douter, il faut faire voir fi la dépenfe ne feroit pas capable de les faire rejetter.* Manufc. de M. de Vauban fur les Ville, Citadelle & Château de Cafal, 1681.

s'est continuellement perfectionnée dans toutes ses parties, défense, attaque, construction, économie, depuis le Maréchal de Vauban jusqu'aujourd'hui. C'est uniquement parce que cette méthode est ignorée que s'est établi ce préjugé général tant répété, quoique très-mal fondé (19. 20.), que *l'Art de la Défense soit resté fort en arrière de celui de l'Attaque*. Les Officiers du Génie François ont attaqué, pendant les Guerres de ce siècle, un grand nombre de Places; ils ont par-là fait voir ce qu'ils savent faire en ce genre, & toute l'Europe en a jugé favorablement (Avant-Prop. III.). Depuis 1700, au contraire, à peine ont-ils construit quelques échantillons de leurs talens acquis pour la Défense ; mais ces talens & l'Art perfectionné n'en existent pas moins dans le dépôt de la Guerre, & dans les Mémoires particuliers de ces Officiers.

Ses résultats.

35. Cette unique méthode de parallèle, que nous a laissé M. de Vauban, nous paroît simple, très-claire, & suffisante pour juger sainement si la disposition respective, ou *l'ordonnance* des ouvrages quelconque de Fortification est avantageuse à la défense ou défectueuse; pour découvrir avec certitude quels sont les logemens indispensables à faire pour l'assaillant (19.), & les pièces les mieux placées sur son chemin nécessaire; si ces pièces entrent successivement en défense & réunissent leurs feux comme elles le doivent (28. 29.), pour allonger & retarder la marche de l'assaillant, pour resserrer de plus en plus & embrasser son front d'attaque (8), en lui multipliant les obstacles & l'obligeant à les détailler tous ; ou si plusieurs ouvrages qui tomberoient en même-tems lui fourniroient plus d'espace, plus de facilités, & moins d'embarras, à proportion qu'il approcheroit plus de la Place. A mesure que nous établissons devant des fronts donnés les tracés & journaux détaillés de leur attaque, toutes ces différences importantes deviennent aussi sensibles à l'œil & à la raison, que la différence entre leur dépense le devient par leurs desseins & toisés bien dressés.

Combien cette méthode est nécessaire.

36. Telles sont les données indispensables pour discuter les questions de Fortification, & dont l'usage n'a été jusqu'à-présent connu que dans le Corps Royal du Génie. Les autres Militaires conçoivent & savent confusément que *la dépense* & la résistance ou *les effets* de la Fortification doivent en fixer tout le mérite, comme nous l'avons dit (26.); mais nous doutons fort qu'ils aient jamais rencontré cette vérité mise dans un jour suffisant pour servir à dresser le tarif exact, & qui nous est fort nécessaire,

tant

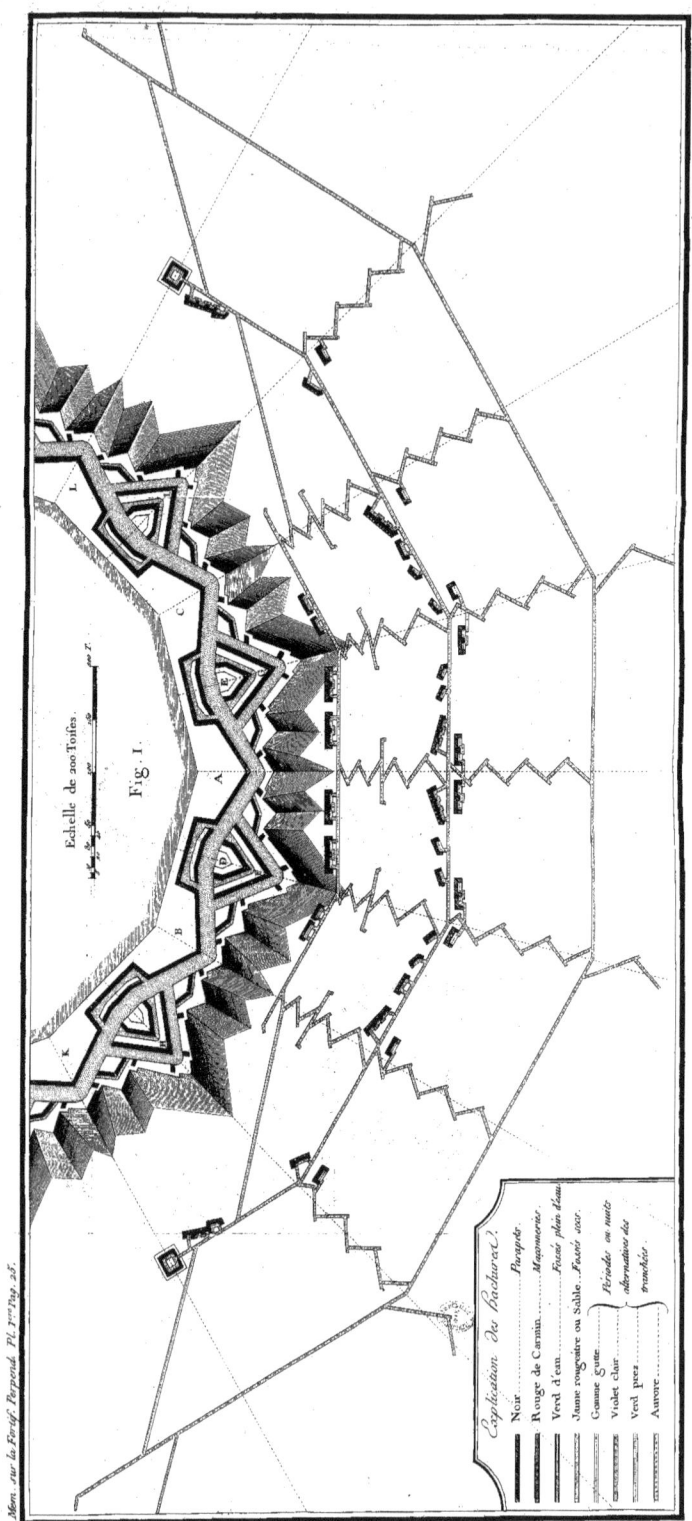

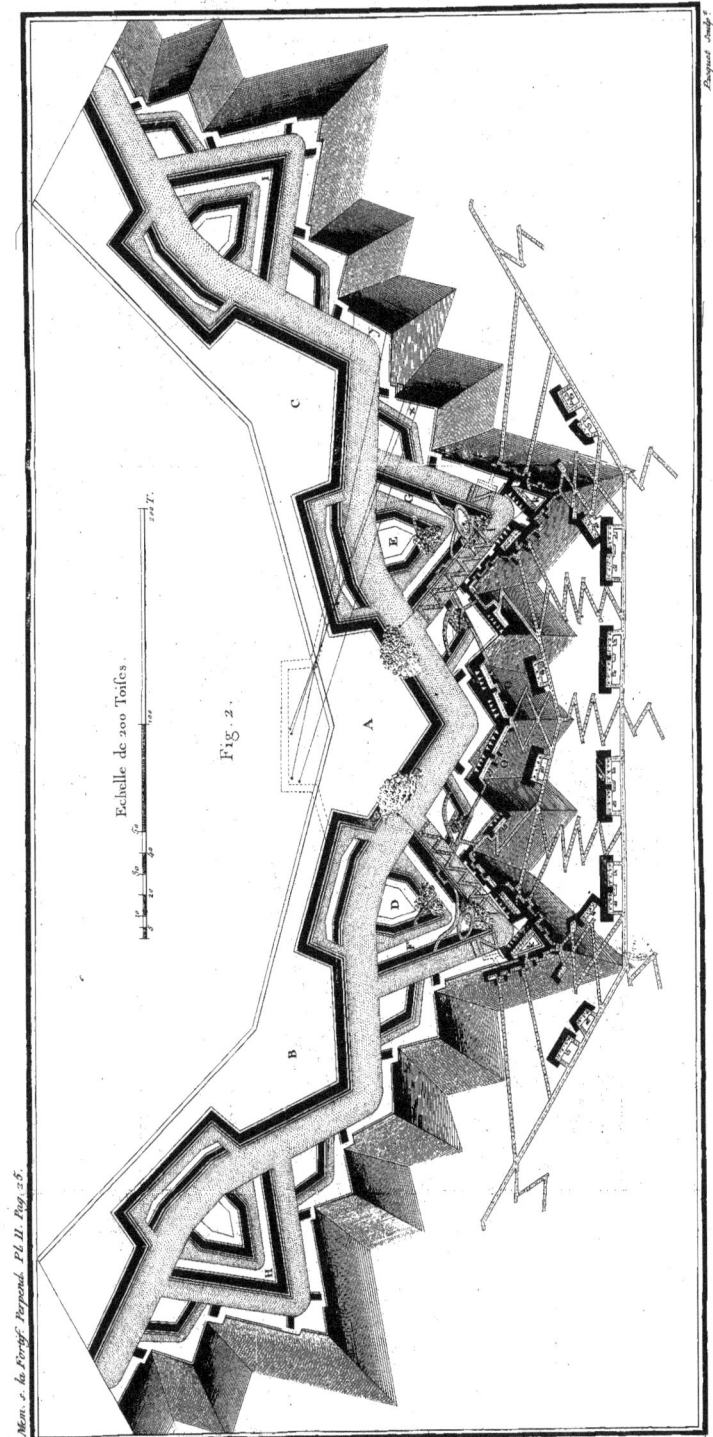

SUR LA FORTIFICATION PERPENDICULAIRE. 25

tant de nos pratiques, que de tous les conseils gratuits & superflus sur notre Art, que les Auteurs de bonne volonté ne cessent de multiplier dans tous leurs Livres.

Il ne nous reste qu'à éclaircir encore quelques détails nécessaires de cette Logique par des exemples.

§. II.

Application des Principes précédens à l'examen de trois Fronts bastionnés, dont M. de Vauban fit usage.

37. O N voit en A. B. C. D. K. L. une tête bastionnée, dont les quatre fronts, de 180 toises chacun d'un saillant de bastion à l'autre, appartiendroient à un dodécagone. Le front de cette composition est le dernier dont le Maréchal de Vauban nous ait laissé presque tout le tracé, après toutes les réflexions qu'eût pu faire naître dans ce génie militaire l'*expérience* des 57 années de ses travaux en ce genre, sur plus de 300 Places de Guerre, tant attaquées que construites sous ses yeux, dans toutes sortes de positions, & sur toutes sortes de terrains. C'est le front du Neuf-Brisac (Pl. 32 de l'Att. des Pl.), mais à simple enceinte, & duquel nous sommes persuadés qu'il auroit bientôt supprimé lui-même les tours bastionnées. Il y auroit aussi fait quelques autres légers changemens, que l'on voit en comparant notre figure avec celle du Neuf-Brisac. Ces petites différences, non plus que le front du Neuf-Brisac, ne furent pas admises de notre part, comme on va le voir, sans que nous y eussions suffisamment réfléchi. Fig. 1. Front le plus moderne de M. de Vauban.

38. Ce front moderne fut comparé à l'ancien front à flancs droits, tel qu'on le voit aux Planches 6. 7. 11. 22. 23. du Livre de l'*Attaque des Places*; & à l'ancien front à flancs concaves & orillons, conforme à ceux des Planches 20. 21. du même Livre. M. de Vauban avoit fait grand usage de ces deux derniers fronts avant d'en venir au tracé de son front moderne. Deux autres fronts plus anciens.

ARTICLE PREMIER.

Des Dépenses de ces trois Fronts.

En quoi consistent ces dépenses.

39. Lorsqu'il s'agit des discussions théoriques de la Fortification permanente, c'est-à-dire, comme ici, du choix de son tracé, nous ne faisons consister sa dépense (25. 27.) qu'en, 1°. mouvemens de terres, 2°. constructions de grosses maçonneries, & 3°. emploi de pierres de taille. Nous n'avons aucun égard, en cette occasion, aux autres objets de dépense que ces ouvrages peuvent entraîner (17.), parce qu'on peut les supposer égaux ou toujours proportionnels.

Hypothèse nécessaire pour estimer les dépenses.

40. Mais pour faire de la dépense un élément simple qui pût entrer également dans tous nos calculs, il fallut avoir égard, tant aux prix très-différens, dans chaque Province, des trois espèces de travaux ci-dessus (39.), qu'à la variation continuelle de ces prix selon celui courant de toutes les denrées. Il fallut donc pour cela chercher quelle proportion effective se rencontre entre les valeurs courantes du transport des terres, des maçonneries & de la pierre de taille. La combinaison ou réduction de tous les prix réunis de nos Frontières nous assura que si les mouvemens de terres sont payés, par exemple, à vingt sols la toise cube, celle de la maçonnerie coûte alors 17 livres, & la toise quarrée de pierre de taille 18 livres. Que ces prix soient ou ne soient pas le tiers ou le quart de ce que coûtent en effet aujourd'hui ces travaux, il ne peut en rien résulter dans l'usage que nous faisons de cette évaluation fictive, lorsque cette valeur est employée la même dans les estimations de tous les ouvrages ou les fronts de Fortifications que nous avons à comparer quant à leurs dépenses.

Dépense du front moderne.

41. D'après cet éclaircissement, la dépense de notre front moderne, détaillée par tous les dessins, plans, coupes, élévations, développemens, devis & toisés relatifs à sa construction, fut trouvé consister en ce qui suit.

30000 toises cubes de terres à 1 liv.............. 30000 liv. ⎫
6270 toises cubes de maçonnerie à 17 liv......... 106590 liv. ⎬ 160170 liv.
1310 toises quarrées de pierres de taille à 18 liv... 23580 liv. ⎭

Dépense de l'ancien front à flancs droits.

42. La dépense de l'ancien front à flancs droits fut trouvée consister en

30000 toises cubes de terres à 1 liv.............. 30000 liv. ⎫
5430 toises cubes de maçonnerie à 17 liv........ 92310 liv. ⎬ 140310 liv.
1000 toises quarrées de pierres de taille à 18 liv... 18000 liv. ⎭

43. La dépense de l'ancien front à flancs concaves fut trouvée par semblables détails monter au moins à....... 150700 liv. *Dépense de l'ancien front à flancs concaves.*

44. Les dépenses de ces trois fronts bastionnés furent donc déterminées entr'elles dans le rapport de 16 à 14 & à 15, pour simplifier les calculs.

Article II.

De la force absolue de ces trois Fronts.

45. Les forces absolues de ces trois fronts (28.) furent aussi mesurées, au moyen des plans & journaux qui furent dressés (35.) de l'attaque détaillée de chaque front par chaque nuit du siège, conformément aux principes que nous avons ci-devant établis, & à l'obligation où nous avons été de tout tems d'annoncer d'avance au Général de l'Armée en combien de jours (32.) il seroit maître de la Place attaquée, lorsque nous en avons connu la Fortification & le degré de vigueur de la Garnison assiégée : ce sont des faits très-connus, principalement de tous les Militaires qui ont commandé. Tous les siéges qui ont eu lieu sous le Règne de Louis XV, ont vérifié & confirmé parfaitement l'exactitude de cette méthode de M. de Vauban. *Nécessité pour la Guerre de calculer cette force.*

46. Mais comme on a vu (31) que la défense peut être mêlée de beaucoup de circonstances totalement indépendantes du mérite de la Fortification, & cependant très-propres à prolonger ou raccourcir la durée d'un siége, il étoit indispensable d'admettre dans le calcul de cette durée, comme dans celui des dépenses de construction (40), quelque hypothèse générale qui en écartât ces circonstances douteuses, & réduisît à l'uniformité la résistance moyenne, ou durée de défense de toute Garnison, munie de ses besoins (17.) & faisant son devoir (2.), relativement au seul mérite, aux seules propriétés des ouvrages dont elle est couverte. *Nécessité d'une hypothèse pour calculer cette force.*

47. Cette hypothèse consiste à supposer que l'assiégé, faisant jour & nuit tout l'usage possible de son artillerie & de sa mousqueterie, dans tous les ouvrages qui ont vue sur les attaques, se maintienne de pied ferme dans tous les ouvrages attaqués, jusqu'au moment où il risqueroit d'être emporté d'assaut, s'il y tenoit une heure de plus. Nous n'admettons dans ces sortes de journaux aucune de ces ressources d'industrie ou de résolution dont nous avons parlé relativement à toutes les belles défenses (31.), *En quoi consiste cette hypothèse.*

puifque ce font-là les circonftances qui rendroient incertaine la durée de la réfiftance derrière tel ou tel front. Nous dreffons en conféquence ce journal d'attaques uniquement par le calcul du tems démontré néceffaire (29. 30.) à l'affaillant pour exécuter auffi rapidement que les bonnes règles & la prudence le permettent, & perfectionner les approches, parallèles, logemens, batteries, ouvertures de brèches, defcentes, ponts, ou épaulemens de foffés, &c., malgré le feu continuel qu'il doit effuyer (23. 24.) de la part de l'affiégé. C'eft le tems total réfultant du journal ainfi dreffé que nous avons nommé (24.) la *force abfolue* de la Fortification. Nous ne croyons pas qu'en bonne Logique aucun Militaire ni même aucun Géomètre puiffent rejetter ou blâmer cette méthode.

Autre hypo-thèfe néceffaire pour d'autres cas.

48. Nous favons auffi dreffer fur ces mêmes fronts les journaux d'attaques dans l'hypothèfe qu'une brave & intelligente Garnifon, proportionnée à la Place (15.), doive & veuille tirer des ouvrages qui protègent fa défenfe tout le parti dont l'ordonnance de ces ouvrages les rend fufceptibles : & la force relative qui en réfulte eft quelquefois double de la force abfolue ci-deffus (47.), comme on l'a vu à Douay, qui en 1710 fut défendue par les François pendant cinquante-deux jours, & qui en 1712 ne le fut par les Alliés que pendant vingt-quatre jours, & le tout à la faveur des mêmes ouvrages. C'eft fur ces derniers journaux que nous règlons l'état des approvifionnemens & munitions de toute efpèce néceffaires à la défenfe de chaque Place. Mais ce ne font pas ceux-là dont il s'agit ici.

Fig. 1.
Attaques du front moderne au décagonale,

49. En appliquant cette méthode (47.) au front moderne D. A. E. du dodécagone, il fut prouvé qu'il faut néceffairement employer à fon attaque, favoir, fuivant le journal détaillé dans nos Mémoires particuliers :

Pour ouvrir la tranchée & fes communications, former les trois grandes parallèles, conftruire les premières batteries, & fe mettre à portée de couronner les faillans du chemin couvert devant les demi-lunes.................. 13 jours.

Fig. 2.
Pour chaffer l'ennemi de ces deux faillans & y conftruire les batteries de brèches k. l. contre le baftion & les demi-lunes............................ 9

Pour le paffage des foffés des demi-lunes, s'établir folidement dans ces deux pièces F. G, & parvenir à fe loger fur le chemin couvert du baftion A 5

Pour conftruire les batteries du chemin couvert O

au saillant du bastion, & se préparer à y donner l'assaut.. 3

Total de la *force absolue* du front moderne de cette tête dodécagonale............................... 30 jours. *Et sa force absolue.*

50. La même méthode appliquée devant un ancien front héxagonal à flancs droits, tel qu'aux planches 6 & 11 du Livre de *l'Attaque des Places*, prouva qu'il ne faut employer à son attaque que le nombre de jours ci-après détaillés : *Attaques de l'ancien front héxagonal à flancs droits.*

Pour les travaux de la première période ci-dessus, depuis l'ouverture de la tranchée jusqu'à portée des trois saillans du chemin couvert........................... 9 jours.

Pour l'attaque du chemin couvert, son couronnement total, construire les batteries de brèche, tant aux bastions qu'à la demi-lune, & ouvrir les descentes de fossés.. 6

Pour les épaulemens dans les fossés & préparer l'assaut.. 2

jours.

Total de la *force absolue* de ce front à l'héxagone.. 17 *Et sa force absolue.*

51. A l'égard de l'ancien front héxagonal à flancs concaves & orillons, tel qu'aux planches 20. 21. du même Livre, le même journal d'attaques qu'au front précédent démontra que ces flancs concaves & ces orillons n'ajoutent pas un instant de résistance de plus à ce front que les flancs droits; & que la *force absolue* de ce front est également de *dix-sept jours*. Aussi M. de Vauban, qui l'avoit reconnu, n'employa-t-il plus ces flancs concaves dans le tracé des derniers fronts qu'il fit construire. Si nous avons trouvé depuis & prouvé que les flancs concaves peuvent avoir de l'utilité ailleurs qu'à des corps de Places, ce n'est pas ici le lieu d'en parler. *Attaques de l'ancien front héxagonal à flancs concaves, Et sa force absolue.*

ARTICLE III.

Des Causes de l'inégalité des forces absolues de ces Fronts.

52. Il est essentiel d'observer que la grande différence qui se rencontre entre les forces absolues des deux premiers fronts ci-dessus, vient de plusieurs causes.

Avantages du front moderne de la tête décagonale.
Fig. 1.
1°. Plus de feux réunis contre l'attaque.

1°. Les trois capitales qui dirigent nos attaques devant le front moderne du décagone sont battues à très-bonne portée, non-seulement par les trois ouvrages A. F. G. du front d'attaque, mais aussi par les faces des bastions B. C.; par celles des demi-lunes H. I., & même à 300 toises par les flancs des autres bastions plus éloignés K. L.; ce qui n'a pas lieu au front de l'héxagone. Cette différence jette l'assaillant dans un bien plus grand développement de parallèles devant la première tête que devant la seconde, pour pouvoir en imposer par des ricochets à tous ces feux latéraux. Elle nous oblige aussi à faire nos retours de zigzags plus serrés, pour y être couverts de ces feux. C'est ce qui rend déja notre marche de quatre jours plus lente (29.) devant la tête dodécagonale que devant celle héxagonale pendant la première période de ces deux sièges.

2°. Logement devant les demi-lunes plus difficile au front moderne.
Fig. 2.

53. 2°. De la grande saillie des demi-lunes du front moderne, il s'ensuit que les batteries placées en k. sur la crête du glacis, pour mettre en brèches le bastion A, seroient vues & plongées de revers par les demi lunes collatérales H. I., ainsi que par les saillans de leurs chemins couverts, où l'assiégé ne manqueroit pas d'établir du canon. Ces batteries seroient même tourmentées de façon qu'aucuns épaulemens en flancs ne seroient capables de les en garantir. Cette vue de revers de chacune des demi-lunes sur les glacis de ses voisines va toujours en augmentant, à mesure que l'on approche plus près du bastion. Il ne peut donc pas être ici question non plus de construire sur la crête de ces glacis les batteries en l, nécessaires, tant pour ouvrir les demi-lunes, que pour contre-battre les défenses des bastions B. C. Ces quatre batteries l & les deux précédentes k doivent absolument être construites dans le terre-plein du chemin couvert, afin que son parapet leur serve de parados ; ce qui entraîne beaucoup de gêne & de grands inconvéniens pour l'assaillant.

3°. Difficultés à cheminer entre les demi-lunes.

54. 3°. Nous ne pourrions pas plus aisément prolonger notre logement vers le rentrant sur cette crête des glacis, où il seroit également battu à dos, dépassé, & embrassé (8.) par l'assiégé. Nous n'aurions jamais pu même exécuter notre premier établissement du saillant, si l'attaque, en se perfectionnant contre la défense (20. 24.), ne nous avoit fourni, pour nous couvrir de ces dangereux revers, des moyens ci-devant inconnus, & que nous n'expliquerons pas ici. Le seul expédient pour aller en avant avec quelque sûreté, est donc d'aller doucement, & de nous emparer des demi-lunes le plutôt possible. Il faut d'ailleurs dans

SUR LA FORTIFICATION PERPENDICULAIRE. 31

ce rentrant nous tenir toujours en force, tant par une nouvelle parallèle, qu'en y multipliant des communications commodes avec la troisième. Sans cela, l'ennemi, protégé de si près par son chemin couvert & les réduits des rentrans, peut à chaque instant tomber sur les travailleurs, & est assuré de sa retraite. Aucun de ces avantages ne se rencontre entre les demi-lunes de l'ancien front ; & c'est ce qui met encore la différence de neuf jours entre les suites de nos deux sièges.

55. 4°. Lorsque nous sommes maîtres des demi-lunes, nous pouvons continuer nos logemens des contrescarpes. Mais les réduits des Places d'Armes rentrantes nous obligent à jetter encore ces logemens dans le terre-plein du chemin couvert, & nous empêchent d'arriver à la Place d'Arme saillante du bastion, jusqu'à ce qu'enfin nous ayons prolongé suffisamment nos logemens dans les demi-lunes, pour prendre nous-mêmes des plongés sur l'intérieur de ces réduits, & forcer par-là l'assiégé à s'en retirer ; ce qui ne peut arriver au plutôt que la vingt-septième nuit. *4°. Difficultés plus grandes encore à se loger devant le bastion.*

56. 5°. C'est une des réflexions du Maréchal de Vauban, que » quand les corps des Places sont une fois en brèche, les » Garnisons ne poussent pas loin leur défense, par la raison » que la crainte d'être emportées d'assaut leur grossit beaucoup » le danger, dont elles ne savent pas estimer le degré réel «. (*Manusc. de M. de Vaub. du 20 Juin 1698.*) Or, par le journal détaillé du siège de notre front moderne, on voit que la batterie de brèche k contre le bastion doit être en action depuis le 23, au plus tard, & en avoir rendu la brèche très-praticable pour la vingt-cinquième nuit. On pourroit donc juger possible de livrer l'assaut au bastion en même-tems qu'à la demi-lune, & que ce front est de cinq à six jours moins fort que nous ne le calculons. *5°. La brèche au corps de Place long-tems inaccessible.*

Nous n'aurions en effet pas manqué à donner ce double assaut à tous nos sièges du Règne de **Louis XV**, si l'ennemi nous avoit attendu dans les demi-lunes, & nous le fimes à Berg-Op-Zoom. Mais pour entreprendre ce double assaut au même moment avec quelque apparence de succès, pour que l'ouverture d'une brèche praticable au corps de Place doive être l'époque de sa capitulation, il faut que l'assaillant ait pris de la découverte sur le fossé du corps de la Place par ses logemens & batteries sur le chemin couvert du bastion en même-tems qu'il en a pris sur le fossé de la demi-lune. C'est ce qui arrive toujours aux attaques des anciens fronts, & c'est ce qui est arrivé à tous les siéges que l'on pourroit citer. Sans cette précaution indispensable, l'assiégeant, voulant monter au bastion, doit s'attendre à trouver, d'un côté, dans le fossé du bastion, une colonne en bon ordre qui chargeroit en flanc (8) la colonne assaillante, à mesure qu'elle y déboucheroit; & à essuyer sur son autre flanc tout le feu plongeant de la contrescarpe du bastion, puisque le logement n'en auroit pas été fait, ni les batteries construites, ni l'assiégé chassé. L'assaut se convertiroit en un combat dans le fossé trop inégal au désavantage de l'assaillant, pour que la Garnison en redoutât l'évènement. Or, à l'attaque du front moderne il faut, pour atteindre le chemin couvert du bastion, cinq à six jours de plus que pour arriver à celui de la demi-lune, c'est-à-dire, pour plonger dans le fossé du corps de la Place. Il n'est donc pas possible au front moderne de donner l'assaut au bastion plutôt que cinq à six jours après celui de la demi-lune.

6°. L'effet des réduits.

57. 6°. Il s'y rencontre encore d'autres empêchemens; savoir, d'une part, les réduits des places d'armes rentrantes, & de l'autre, ceux des demi-lunes. Les flancs de ces derniers réduits sont garnis chacun de trois pièces de canon qui peuvent tirer à cartouches dans la brèche du bastion, à vingt-cinq toises de distance. Le réduit de la place d'armes peut de même y diriger sa mousqueterie, & le tout prendre à dos la colonne qui monteroit à la brèche. Ce dernier réduit d'ailleurs ne permet pas à l'assaillant de déboucher dans le fossé du bastion par sa contrescarpe; & c'est ce qui nous oblige aux marches de zigzags que l'on voit dans le fossé de la demi-lune. Il faut donc encore que ces réduits soient forcés, pour pouvoir en venir à l'assaut du bastion. Aucun de tous ces avantages n'existe à l'ancien front.

Avantages de tous les fronts de polygones plus ouverts.

58. Nous observerons cependant que les trente jours de siége résultans de notre premier journal (49.) n'appartiennent pas entièrement & uniquement à l'ordonnance particulière du front moderne, dont les quatre composent notre tête dodécagonale. Si le développement de ces fronts étoit plus resserré, ensorte que la tête à attaquer fît partie d'un moindre polygone, on conçoit bien qu'alors les demi-lunes collatérales au front attaqué, ainsi que les faces & flancs des bastions suivans, prendroient à proportion moins de découverte sur les approches (52.): les logemens & cheminemens entre les deux demi-lunes de l'attaque en seroient battus plus obliquement (53.), attendu la plus grande divergence réciproque entre les capitales de tous ces ouvrages:

le

SUR LA FORTIFICATION PERPENDICULAIRE. 33

le chemin couvert devant le baſtion feroit moins rentrant, moins long moins difficile à atteindre (54. 55.) : en un mot, nous prouvons par d'autres journaux ſemblables, & diſcutés ſemblablement, que ce même front moderne réſiſte de moins en moins contre l'attaque à proportion qu'il fait partie de quelque polygone moins ouvert depuis le dodécagone juſqu'à l'héxagone; enſorte qu'à celui-ci la *force abſolue* de notre front moderne ſe réduit à vingt-deux jours de défenſe. Nous prouvons que, par les mêmes raiſons, ſa force augmente dans les polygones plus ouverts, ſuivant une autre proportion, pour arriver à ſon *maximum* de *force abſolue* lorſque le local permet de conſtruire pluſieurs de nos fronts modernes ſur une ſeule & même *ligne droite;* enſorte qu'alors cette force n'eſt pas au-deſſous de quarante jours de défenſe. On trouve à Strasbourg, à Lille, & à toutes les grandes Villes non circulaires, de longs côtés où cette ligne droite de pluſieurs fronts pourroit être, au beſoin, très-utilement employée. *Et même en ligne droite,*

59. On peut remarquer en paſſant que ce même front de quarante jours de *force abſolue* ſur un long côté en *ligne droite,* tandis qu'il n'en a que vingt-deux jours ſeulement (58.) ſur le côté d'un héxagone, coûte cependant même moins à conſtruire dans le premier cas que dans le ſecond, puiſque ſa contreſcarpe devant le baſtion de la ligne droite a moins de développement, & que tout le reſte eſt égal de part & d'autre : tant eſt importante en Fortification ce que nous avons nommé (29. 35.) la *bonne ordonnance* des ouvrages. *Quoiqu'ils ſoient d'égales dépenſes.*

60. Il eſt enfin prouvé par nos journaux en bon ordre, que cet avantage, croiſſant avec l'ouverture des angles à la rencontre de pluſieurs fronts jointifs, ſe conſerve également dans les têtes de Fortifications compoſées des fronts de l'ancien tracé, ſoit à flancs droits, ſoit à flancs concaves ; par la raiſon qu'il y eſt toujours à proportion plus difficile d'embraſſer un de ces fronts (8.) dans l'attaque; d'en prolonger les courtines pour les battre à ricochets ; de ſe garantir dans les tranchées des feux collatéraux à ceux du front d'attaque. Nous venons de voir la *force abſolue* de l'ancien front (50.) être de dix-ſept jours à la tête héxagonale : nos autres journaux prouvent qu'elle eſt de vingt-trois à vingt-quatre jours à la tête décagonale, & de trente à trente-un jours à la tête en ligne droite.

61. Les Auteurs de compoſitions arbitraires qui pourroient lire ce Mémoire, ne manqueroient pas d'aſſimiler les argumens

E

que nous venons d'employer dans ce troifième Article, avec les motifs dont ils croient étayer les prétendues propriétés de leurs merveilleufes inventions. Nous les laiffons dans leurs préjugés. Il nous fuffit de dire que nous n'avançons ici aucune propofition qui ne fe trouve déduite (25.) de la Logique de M. de Vauban, avec autant d'évidence que les deux Articles précédens *de la Dépenfe* & *de la force abfolue de ces fronts.*

Article IV.

Du mérite pour la Guerre, ou *de la valeur relative de ces Fronts baftionnés.*

Moment du front moderne.

62. Si maintenant on applique à ces différens fronts notre formule générale (33.) pour connoître numériquement leurs valeurs relatives, on trouvera que la force abfolue du front moderne étant au décagone (49.) de trente jours, & fa dépenfe (41.) repréfentée (44.) par le nombre 16; fa valeur pour la Guerre, ou *fon moment* eft exprimé par $\frac{30}{16} = 1, 87$:

Moment de l'ancien front.

Que la force abfolue de l'ancien front à flancs concaves étant au décagone (60.) de 24 jours, & fa dépenfe (43. 44.) exprimée par le nombre 15; *fon moment* eft exprimé par $\frac{24}{15} = 1, 60$: d'où il fuit invinciblement que les momens de ces deux fronts font entr'eux dans le rapport de 19 à 16.

Echelle comparative des momens.

63. On pourroit donc conftruire une *échelle comparative* (26. 36.) des momens de ces fronts fuivant les divers polygones dont ils peuvent faire partie, pour appercevoir d'un coup-d'œil leurs différentes valeurs, comme il fuit.

Polygones auxquels les fronts appartiennent.	Fronts	Forces abfolues.	Dépenfes.	Momens ou valeurs relatives.
Ligne droite (58).	Moderne	40 jours	16	25.
	Ancien, à flancs droits	31	14	22.
	Ancien, à flancs concaves	31	15	20.
Dodécagone..	Moderne (62.)	30	16	19.
	Ancien, à flancs droits	24	14	17.
	Ancien, à flancs concaves (62.)	24	15	16.
Héxagone....	Moderne	22	16	14.
	Ancien, à flancs droits (50.)	17	14	12.
	Ancien, à flancs concaves (51.)	17	15	11.

De l'accroiffement poffible des momens.

64. Nous prouvons encore dans nos Mémoires particuliers que les *momens* du front moderne s'accroiffent de beaucoup lors

que l'on y fait entrer de plus la force & la dépense soit des retranchemens utiles & très-possibles au corps de la Place, & dont l'ancien front n'est pas susceptible; soit des ouvrages dont on peut couvrir le corps de la Place, & qui n'ont pas les mêmes propriétés à beaucoup près sur l'ancien front.

Nous pensons que pour juger la méthode qui nous dirige dans la discussion des questions de Fortification, l'Académie n'avoit pas besoin de notre second Paragraphe, qui est en grande partie relatif à l'Art Militaire. Mais il contient aussi (40. 46. 47. 62. 63.) des hypothèses & calculs que nous devions lui présenter comme une suite de nos principes, & conséquences nécessaires à exposer.

EXTRAIT DES REGISTRES

DE L'ACADÉMIE ROYALE DES SCIENCES.

Du 16 Mars 1785.

NOUS, Commissaires nommés par l'Académie, avons examiné un Mémoire sur la Méthode du Maréchal de Vauban, pour discuter les Questions de Fortification.

Ce Mémoire a été présenté par M. de Fourcroy, au nom de plusieurs Officiers du Corps du Génie. Il renferme les principes généraux & quelques applications d'une Méthode donnée par M. de Vauban pour juger de la force comparative des différentes Places, quel que soit le système de Fortification adopté dans leur construction.

Voici en général en quoi consiste cette Méthode. Les Mémoires déposés dans les Bureaux de la Guerre renferment la connoissance exacte des détails des Siéges entrepris ou soutenus par les François depuis plus d'un siècle. Cette connoissance met à portée d'évaluer à très-peu-près les obstacles qu'opposent à l'attaque, ou la facilité que donnent pour la défense, les parties d'une Fortification; & les circonstances particulières des différens Siéges fournissent un assez grand nombre de données pour que cette Méthode puisse s'appliquer aux différens cas qui se présentent, & même à ce qu'on appelle des systêmes nouveaux, parce qu'ils ne diffèrent des anciens que par une combinaison différente des mêmes moyens de sûreté ou de défense. On peut donc par ce moyen connoître les avantages d'un projet de Fortification, les comparer avec ceux d'un autre projet, les balancer avec les dépenses que l'un ou l'autre exigent, & prononcer entr'eux.

C'est par cette Méthode que les Officiers du Génie François sont parvenus, depuis M. de Vauban, à pouvoir, comme lui, prévoir d'avance avec assez d'exactitude la durée d'un Siége; & ce fait qui paroît n'être pas contesté, doit donner de cette même méthode une idée avantageuse.

Jusqu'ici elle n'avoit pas été publiée. Il nous paroît donc que cette Méthode, qui a pour Auteur un des Membres de l'Académie, dont la mémoire lui est respectable & chère, mérite d'être connue; que sa publication peut être utile aux progrès d'un Art important; que la Méthode en elle-même est absolument fondée sur l'expérience & l'observation, & qu'en conséquence elle mérite d'être imprimée sous le Privilége de l'Académie.

Mais nous croyons devoir observer en même-tems, que les Auteurs du Mémoire n'ayant donné que les principes généraux de la Méthode, & n'ayant rien publié sur les données d'après lesquelles on peut en faire l'application à des cas particuliers; l'Académie ne peut juger du degré d'exactitude & de précision des résultats auquel on peut atteindre *, dans l'état actuel de l'Art de construire, de défendre & d'attaquer les Places. *Signés*, le Duc DE LA ROCHEFOUCAULD, LA PLACE & le Marquis DE CONDORCET.

Je certifie le présent Extrait conforme à son original & au Jugement de l'Académie. A Paris, ce 30 Mars 1785. *Signé*, le Marquis DE CONDORCET.

(*) On trouvera dans la suite de ce Mémoire, au n°. 203, une idée de ces données, suffisamment développée pour prouver qu'elles doivent conduire exactement aux résultats assez précis dont ont parlé (32.) MM. de Vauban & de Puységur. (*Note des Auteurs du Mémoire.*)

SUITE DU PRÉCÉDENT MÉMOIRE.

Recherches sur l'utilité dont peut être au Service du Roi le Livre intitulé, la Fortification Perpendiculaire.

INTRODUCTION.

Aucun des Auteurs dont nous avons parlé dans notre Avant-Propos, ne nous avoit encore prodigué ses préceptes si abondamment, ni d'un ton plus ferme & plus décidé, que M. le Marquis de Montalembert, par son Livre en quatre tomes in-4°. *de la Fortification Perpendiculaire*. La lecture des deux premiers volumes, qui parurent en 1776, nous donna d'abord quelque inquiétude pour le bien du Service, attendu les titres, la qualité, les expériences & les approbations que l'Auteur met en avant. L'un de nous en écrivit avec franchise à un Officier-Général de grande réputation, qui lui répondit ›› qu'en fait de *sciences* ›› *exactes*, on peut recueillir (& publier si l'on veut) les idées ›› nouvelles; parce que, soumises à l'expérience & au calcul, ›› elles sont bientôt réduites à leur juste valeur ‹‹. (Lett. de M. L. C. D. M. à M**, du premier Novembre 1776.) Cette observation très-juste nous tranquillisa sur les effets que devoit produire ce Livre, comme tant d'autres, dans l'esprit des Militaires. C'est en effet l'affaire des Auteurs s'il arrive que leurs idées nouvelles, analysées dans le creuset de l'*expérience* & du calcul, s'évaporent en fumée.

Mais depuis cette époque, M. le Marquis de M., plus heureux dans ses productions que tous les autres si nombreux Auteurs d'ouvrages du même genre, est parvenu, comme nous l'avons dit (Av. Prop. II.), à faire adopter partie de ses idées par des Ministres d'État, & par des hommes dont les suffrages portent un caractère à entraîner nécessairement ceux de beaucoup d'autres Militaires. Il s'agit dans ces idées de questions sur

<small>Nécessité de ces recherches.</small>

lesquelles certaines erreurs, propagées sans réclamations, deviendroient dangereuses pour la défense du Royaume : notre serment d'Officiers nous oblige donc à les détruire.

Il ne falloit pas moins que toutes ces circonstances prépondérantes pour nous tirer, relativement à ce Livre, du silence ordinaire & réfléchi (ʰ) que l'on nous a mal-à-propos reproché (*ibid*. VI.) par rapport à toutes les autres productions de cette espèce, qui, n'ayant jamais fait sensation dans le monde militaire, sont tombées d'elles-mêmes sans aucun souci de notre part.

L'Ouvrage de M. de M. nous offre trois systêmes de Fortification, & en propose l'application à un grand nombre de cas particuliers qu'il seroit pour nous trop long de discuter. Nous nous contenterons de rechercher, d'après nos principes ci-dessus, le rang qui appartient légitimement sur notre échelle (63.) à chacune des compositions fondamentales de M. de M. Nous espérons faire connoître par-là le degré d'utilité dont son Ouvrage peut être au Service du Roi.

(ʰ) Nous pouvons appliquer à la Fortification une réflexion de l'Historien de l'Académie des Sciences (Ann. 1775, p. 64.) relative aux recherches que font encore aujourd'hui certains esprits sur la Quadrature du Clercle, le Mouvement perpétuel, &c., & qui fit prendre à l'Académie la résolution de ne plus examiner aucune solution de ces Problèmes.

Une expérience de plus de 70 ans a montré aux Officiers du Corps Royal du Génie, qu'aucun de ceux qui, depuis M. de Vauban, ont publié de nouveaux Systêmes de Fortification, c'est-à-dire, qui ont traité cet Art comme s'il devoit être le produit des spéculations du Cabinet, ne connoissoit ni les principes, ni les usages de la Fortification. Aucune des méthodes qu'ils ont suivies ne pouvoit les conduire au but qu'ils se sont proposé. Cette longue expérience a suffi à ces Officiers pour les convaincre du peu d'utilité qui résulteroit pour le Service du Roi, de l'examen de tous ces Fronts prétendus meilleurs que les Tracés de M. de Vauban : elle les a convaincus même qu'un nouveau Systême de Fortification est aujourd'hui l'un des caractères distinctifs de l'ignorance sur cet Art.

§. III.

*Application de nos Principes à l'examen d'un Front de l'*heptagone à tenaille: *premier Système de* la Fortification Perpendiculaire.

65. C'est contre toute la génération des bastions enfantés depuis deux siècles (Tom. I, p. 60 & suiv. & ailleurs), qu'est dirigé le Livre de *la Fortification Perpendiculaire*. La Chronologie, les différences entre ces fronts bastionnés ne font absoment rien à l'Auteur (Disc. Prélim. p. xxxij, xxxiij, & ailleurs); il les proscrit également tous; ne voit en tous que les mêmes vices : il les énonce en grand détail dans son premier Volume, & y revient encore dans les suivans. Si plusieurs de ces nombreux défauts conviennent à quelques-uns de ces bastions plus anciens, & non pas à d'autres plus modernes, l'égalité que l'Auteur suppose dans toute leur succession nous permet de prendre cette famille à l'époque qui nous convient le mieux, sans aucune injustice contre lui. Nous sommes convenus (3. 20. 24.) que l'Art s'est perfectionné ; ce qui veut dire que l'on en a rectifié quelques parties, & nous l'avons prouvé par notre précédente discussion (§. II.). C'est donc sur le front bastionné moderne, exemt, selon nous, des vices que l'Auteur reproche à tout le genre des bastions, que nous établirons notre parallèle entre la Fortification bastionnée & celles proposées par M. de M., après nous être prêtés suffisamment, comme on l'a vu (§. II.), à l'examen de l'ancien front, tant à flancs droits qu'à orillons, qu'il a choisis pour exemples dans sa Critique. Pl. I. II.
Fig. 1. 2.

66. Le premier tracé que M. de M. oppose à tous ceux quelconques des fronts bastionnés, est celui qu'il nomme *le Front à tenaille angulaire* (T. I, Pl. I, fig. 6). 1°. Il rapporte nombre de motifs pour donner à ce front (p. 81.) beaucoup plus de 180 toises de côté extérieur. 2°. Il l'affirme beaucoup plus fort que tout front bastionné (p. 78.). 3°. Comme il prétend produire par ses nouveaux tracés l'économie en même tems que l'augmentation de force, & que cela seroit difficile à prouver en comparant un front de 306 toises ou davantage avec un front bastionné de 180 toises; l'Auteur suppose qu'il faille construire (p. 81.) une *Place régulière* dans un cercle de 350 toises de rayon. Il est

Pl. III.
Fig. 3.
Objets que se propose l'Auteur par le tracé de cet heptagone.

certain, comme il le dit, qu'autour de ce cercle il faudroit une enceinte de douze fronts de 180 toifes chacun, au lieu qu'il n'y faudra que fept fronts de 306 toifes. Ainfi, malgré la dépenfe plus grande pour chaque front de 306 toifes de l'heptagone à tenaille que pour celui de 180 toifes d'un dodécagone baftionné, la différence de douze fois cette dernière dépenfe contre fept fois la première, formeroit une économie confidérable fur la conftruction de toute l'enceinte de cette nouvelle Place. 4°. D'ailleurs, quant à la quantité d'hommes néceffaire par chaque front d'une Place affiégée pour bien défendre le front ou les fronts d'attaques, l'Auteur, s'en rapportant aux calculs du M^{al} de Vauban plus volontiers qu'aux idées de ce Général fur la Fortification, ne manque pas d'affirmer auffi (p. 84.), comme l'un des grands avantages de fon heptagone de 306 toifes de côtés fur le dodécagone baftionné, qu'il y faudroit pour fa défenfe les cinq douzièmes de moins en nombre d'hommes.

Examen préliminaire du troifième objet.

67. Nous fommes d'abord fort éloignés d'admettre, relativement à l'économie de nos conftructions & des troupes, cette comparaifon tirée de deux *Places régulières*, chacune de l'étendue d'Arras ou Befançon, c'eft-à-dire, de plus de 350 mille toifes quarrées de furface intérieure, comme le feroient les Villes contenues dans les deux polygones dont il s'agit. 1°. C'eft une des vérités effentielles & des mieux déduites de notre théorie, que *toute Place régulière eft* dès lors *fort défectueufe*, c'eft-à-dire, vu fa régularité, puifqu'elle a tous fes fronts également attaquables par l'ennemi (8.). Nous le faifons voir par un nombre d'excellentes preuves tirées de la Dépenfe, de la Défenfe & de l'Attaque. 2°. Il n'eft pas naturel, & l'Auteur le reconnoît lui-même (T. I, p. 223.), de fuppofer une Ville de plus de 260 arpens, dans une plaine unie, fans rivière, fans vallons, fans côteaux, fans marais; mais ce feroit certainement un pofte fort mal choifi pour en faire une Place de Guerre, puifque la nature n'y offriroit aucun fecours à l'Art (14.). C'eft faute de ces obfervations & de beaucoup d'autres, que tous les Auteurs de bonne volonté s'épuifent inutilement fur la Fortification régulière, tandis que les Officiers du Génie François l'ont depuis longtems bannie de leur théorie.

68. Nous venons, il eft vrai, de traiter de quelques têtes régulières, dodécagonales, héxagonales, parce qu'en effet fouvent l'un des côtés d'une Ville donnée, exige que plufieurs de fes fronts jointifs foient difpofés fous les angles de l'un ou de l'autre

SUR LA FORTIFICATION PERPENDICULAIRE. 41

l'autre des Polygones réguliers, & même en ligne droite (58.). Mais l'objet des enceintes fortifiées étant la défense, & la défense ne s'exécutant que sur le front attaqué; lorsqu'il faut comparer les tracés & forces absolues des différens fronts d'attaques, il est totalement étranger à cette comparaison d'examiner ce qui ne peut concerner que l'enceinte toute entière, à laquelle ces mêmes fronts peuvent appartenir. Ces enceintes totales, tant des plus grandes Places que des moyennes & des petites, ont bien aussi dans l'Art leurs chapitres intéressans; mais ce n'est pas ici le lieu d'en traiter.

Nous établirons donc notre parallèle entre un front d'attaque de 306 toises de l'heptagone à tenaille & notre front moderne ci-dessus du dodécagone bastionné, comme étant tous deux également & nécessairement l'objet de l'attaque réglée de deux Places de même grandeur; sauf à terminer cet examen par quelques réflexions sur l'économie, tant en argent qu'en hommes, apperçue par M. de M. dans sa Place heptagonale, mise en balance toute entière, comme il le désire, avec une bastionnée dodécagonale.

ARTICLE PREMIER.

De la Dépense d'un Front de l'Heptagone à Tenaille.

69. On voit en H. B. C. J. une tête de trois fronts de l'heptagone à tenaille, chacun de 306 toises de côtés, tracés d'après la fig. 6. de la Pl. I. de M. de M. (Tom. I.), & sa Méthode indiquée page 81. M. de F***, Capitaine en premier de notre Corps, qui a bien voulu se charger de dresser les dessins suffisans à grandes échelles & les estimations détaillées des trois systêmes de *la Fortification perpendiculaire*, a aussi construit tous les profils relatifs au front de ce premier systême. L'Auteur n'en fournit pas un seul; il ne présente qu'une légère idée de la comparaison de son front, quant à la dépense, construit sur 180 toises de côté, avec l'ancien front à orillons, qu'il dit (T. I, p. 69.) *être celui que l'on estime le plus* (51.). Il ajoute que le sien contiendroit en ce cas cent toises courantes de rempart de moins; & cela ne peut lui être contesté : mais puisque c'est le même front sur 306 toises de côté qu'il compare ensuite, à sa manière, quant à la force avec ce même ancien front bastionné de 180 toises, c'est donc la dépense du front

Pl. III.
Fig. 3.

F

à attaquer de 306 toises qu'il nous importe de connoître (27.), & non pas celle d'un front semblable réduit à 180 toises.

70. Les calculs faits & vérifiés de l'estimation de ce front, font voir que, selon les prix fictifs ci-dessus (40.), sa dépense consisteroit en ce qui suit :

35251 toises cubes de terre à 1 l............................. 35251 l.
7175 toises cubes de maçonnerie à 17 l................. 121975 l. } 179834 liv.
1256 toises quarrées de pierre de taille à 18 l............. 22608 l.

ou 180 mille livres. Sa dépense peut donc être représentée dans la colonne des autres dépenses ci-dessus (63.) par le nombre 18.

Article II.

De la Force absolue de ce Front d'Heptagone.

71. Les dessins & journaux d'attaques des trois systêmes de *la Fortification perpendiculaire* avoient été dressés dès 1780 par M. G***, Major distingué de notre Corps, avec un Mémoire d'excellentes observations sur les quatre volumes que nous nous proposons de faire connoître par la suite. Ce fut même cette avance de journaux qui nous fit prendre la résolution de rédiger le présent Mémoire. Mais les dessins de cet Officier se trouvèrent alors trop petits pour rendre suffisamment sensible tout ce que nous aurions à dire sur ces systêmes. M. de F*** (69.), dont l'intelligence & le goût pour ce travail nous étoient très-connus, fut engagé à s'occuper encore d'autres dessins plus grands, & nouveaux journaux d'attaques, de ces mêmes systêmes. Nous avons revu avec soin les distributions des journaux de ces deux Officiers : nous les suivrons ici comme entièrement conformes à la meilleure pratique de la conduite des siéges, & nous admettrons partie de leurs bonnes réflexions entre les nôtres.

En vain M. de M. veut-il réclamer contre notre méthode d'attaques, dont apparemment il a ouï parler. Il dit (Tom. III, p. 136.) qu'*un siége feint ne peut offrir d'effets véritables*. C'est une erreur (30.) : il ne peut être Juge de ce qu'il ne connoît pas. Ce ne sera pas moins d'après cette méthode qu'on va discuter ses opinions.

Fig. 1, 3.

72. Le développement des parallèles ne sera pas beaucoup moindre ici que devant notre tête dodécagonale, parce qu'il nous faut prendre des ricochets sur les longues faces des redans D. E. collatéraux, qui ont des vues sur nos travaux (52.).

SUR LA FORTIFICATION PERPENDICULAIRE. 43

La Place n'a cependant pas, à beaucoup près, autant de feux croisés sur nos tranchées que la précédente : ces feux sont beaucoup plus divergens & moins fournis, à raison des angles plus aigus de ces fronts (58.); son chemin couvert & ses ouvrages protègent moins ses sorties, attendu la grande distance à laquelle ils sont des capitales de notre cheminement; toutes différences qui influent sensiblement sur la durée de nos opérations, & qui nous permettent d'aller plus vîte. La seconde parallèle sera donc achevée la 4ᵉ nuit au plus tard, comme cela s'est exécuté devant la plupart des Places que nous avons attaquées (23. 24.).

73. Le quatre, au jour, on reconnoîtra par le prolongement de toutes les faces des ouvrages jusqu'à la seconde parallèle, qu'il ne faut pas ici plus de 56 pièces de gros canon en dix batteries pour opérer le même effet qu'avec 72 pièces en 24 batteries dans l'attaque précédente; & comme neuf de ces dix batteries ne peuvent pas masquer, à beaucoup près, la seconde parallèle, on portera de même en avant de cette parallèle les douze batteries de mortiers. Toutes ces batteries tireront le 6, à midi. Fig. 3. Fig. 1.

74. Par les mêmes raisons que ci-dessus (68.), le travail en avant de la seconde parallèle, jusque & compris la troisième, n'exigera que les cinq nuits exprimées sur le plan journal, & sera fini la neuvième nuit, comme il en est encore à tous les siéges des anciens fronts. Fig. 4.

10ᵉ *Nuit* & 11ᵉ *Nuit*. Cheminement sur les trois saillans du chemin couvert : formation des T pour y élever les cavaliers de tranchées.

12ᵉ *Nuit*. Les cavaliers seront finis, & feront, au jour, abandonner les places d'armes saillantes, ainsi que les branches du chemin couvert, où il ne restera que quelques hommes collés contre les traverses.

13ᵉ *Nuit*. Logemens aux trois saillans : en les poussant jusqu'à douze toises au-delà de leurs traverses, on menera à même hauteur les boyaux dirigés sur les deux places d'armes rentrantes.

14ᵉ *Nuit*. Prolongement des logemens. On occupera l'intérieur des trois places-d'armes saillantes : parallèles à moitié chemin des rentrantes. On commencera toutes les batteries de brèches pour en ouvrir six au corps de la Place, & une à chaque demi-lune. Au jour, on entamera les descentes de fossés aux demi-lunes.

75. Il est rare de rencontrer de ces compositions arbitraires de Fortification dont le front d'attaque offre à l'assaillant la commodité d'ouvrir six brèches à-la-fois au corps de Place. C'est le moyen le plus certain pour que ce front ne soit susceptible d'aucune espèce de retranchement, ni construit pendant le siége, ni préparé à l'avance, comme on le verroit démontré dans les Mémoires particuliers de notre théorie.

15e *Nuit*. On achèvera le logement du chemin couvert. On débouchera les descentes de fossés aux demi-lunes en perçant les contrescarpes. Au jour, toutes les batteries de brèches seront en activité. On commencera sous leur protection les épaulemens dans les fossés secs, ou les ponts dans ceux qui seroient pleins d'eau. On commencera les descentes de fossés sous les places d'armes rentrantes.

16e *Nuit*. On occupera les deux places d'armes rentrantes. Continuation de leurs descentes de fossés jusqu'au niveau de son fond. Pendant le jour on fera tout le dispositif & les approvisionnemens pour l'assaut, tant au corps de la Place qu'aux demi-lunes.

17e *Nuit*. A l'entrée de la nuit, on percera la contrescarpe au fond des descentes de fossés sous les places d'armes rentrantes.

Il y a trente-six heures que travaillent les batteries de brèches, auxquelles il est d'*expérience* qu'il ne faut que vingt-quatre heures. Si la Place n'a pas rappellé le 16, elle ne peut plus obtenir de capitulation, puisqu'au point du jour elle subira l'assaut. Si les fossés sont pleins d'eau, il faudra deux jours de plus pour achever les ponts au corps de la Place; & dans le même cas il en auroit fallu beaucoup plus à l'attaque de notre tête du tracé moderne. Mais nous pouvons négliger nombre de nos avantages pour abréger, sans que nos conséquences perdent de leur mérite : c'est par la même raison que nous ne parlerons pas ici de l'angle mort très-vicieux au rentrant de la tenaille. Il en sera question plus loin.

Force absolue de l'heptagone à tenaille.

76. Il est donc suffisamment prouvé que la force absolue de ce front d'attaque de l'*heptagone à tenaille* ne s'étend pas au-delà de seize jours ; encore l'estimons-nous trop, puisque, par un grand nombre d'exemples, les connoisseurs jugeront, avec raison, qu'un tel chemin couvert seroit facilement couronné tout entier en deux nuits au plus de travail, au lieu de trois que nous y employons.

77. M. G*** (71.) avoit dirigé le centre de son attaque sur l'une des tenailles B. ou C., au lieu que M. de F*** l'a placé sur la capitale du redan A. Tous les détails de ces différentes attaques, également bien faits, prouvent que la Place ne tiendroit pas un instant de plus contre l'une que contre l'autre méthode; & sur-tout que tous les travaux, batteries, dangers, seroient précisément les mêmes; ensorte que le choix en est absolument indifférent à tous égards. Il en seroit bien autrement pour attaquer le front bastionné moderne de notre tête dodécagonale. Si l'assaillant avoit l'impéritie de choisir la capitale de la demi-lune D. pour centre de son attaque, dans l'intention d'ouvrir le corps de Place par les deux bastions A. B., il y arriveroit bien dans le même espace de tems qu'il a employé pour le seul bastion A; mais il faudroit absolument, par toutes les raisons que nous avons déduites (53. 54. 55.) qu'il s'emparât des trois demi-lunes au lieu de deux; c'est-à-dire, qu'il doublât tous ses travaux, logemens, moyens & pertes d'hommes dans ces deux rentrans également périlleux. C'est donc encore une des propriétés de cette bonne ordonnance (24.) d'obliger l'ennemi à restreindre son attaque sur un seul bastion de la tête attaquée (8.).

Fig. 1. 2.

78. Portons cette force absolue de seize jours tout au plus (75.), ainsi que la dépense 18. (70.), dans les colonnes de notre échelle comparative (63.). Il nous viendra, suivant notre formule (33.) $\frac{16}{18} = 0,89$, c'est-à-dire, le nombre 9 pour la colonne des momens, où celui de notre front pour le dodécagone est exprimé par 19. Enfin, si l'on accordoit à l'Auteur (70.) de ne comparer la dépense de son front à tenaille angulaire à la dépense de notre front moderne, que sur 180 toises de côté, au lieu de 306 toises, toute son économie, tirée des sept fronts, au lieu de douze, disparoîtroit. Supposons pour cela que dans la proportion de 306 à 180, qui n'est pas exacte ici, la dépense de son front ne fût que de 11 au lieu de 18, nous aurions donc $\frac{16}{11} = 1,45$.; c'est-à-dire, $14\frac{1}{2}$ pour l'expression du moment de son front au dodécagone, tandis que le moment du front moderne y est exprimé par 19.

Force relative de ce même front.

Nos principes ne nous permettent donc en aucune façon d'accorder la préférence à ce tracé de l'heptagone à tenaille.

ARTICLE III.

De l'Économie fur la Conftruction des fept Fronts de cet Heptagone.

79. Outre nos obfervations (67. 68.) fur la comparaifon de toute une enceinte avec une autre, relativement au tracé d'un feul front, on vient de voir, par l'évènement des fiéges du dodécagone moderne & de l'heptagone à tenaille, le degré d'utilité de la grande économie totale procurée par la fubftitution des fept fronts de la feconde place aux douze fronts de la première. Le Souverain, les principes de la Guerre, la fûreté de l'Etat, avoient ordonné qu'une certaine Ville frontière, de 260 arpens de furface (62.), fût fortifiée par une enceinte de trente jours pour le moins de *force abfolue* : le Prince en vouloit donc aufli fournir la dépenfe (25. 27.). Un amateur, qui s'en eft chargé, a compté la lui procurer encore plus forte par un nouveau fyftême de fon invention, & lui a réellement épargné 36 pour $\frac{0}{0}$ de la dépenfe que cette enceinte auroit coûté par les voies communes en Fortification. Il refte à favoir de quel œil le Prince verra rentrer cette épargne dans fes coffres, lorfqu'il fera bien prouvé que fa nouvelle Place ne peut tenir par fa force abfolue que moitié du tems prefcrit. Il n'y a de véritables économies dans les Arts que celles qui font évidemment utiles.

ARTICLE IV.

De l'Économie fur le nombre d'hommes néceffaires dans cet Heptagone pour fa défenfe.

Argument de l'Auteur.

80. Quant à l'économie fur la force de la Garnifon (66.), nous ne pouvons nous défendre de l'étonnement que nous a donné l'argument employé par l'Auteur (T. I, p. 83.), pour prouver une fi mauvaife thèfe. » Cinq baftions de moins, dit-il, » à cinq cents hommes d'Infanterie (il vouloit dire fix cents) & » foixante hommes de Cavalerie par baftion, fuivant les règles » établies par le Maréchal de Vauban, font trois mille hommes » d'Infanterie & trois cents de Cavalerie de moins de Garnifon » en fuivant cette méthode « (favoir de fes fept fronts de 306 toifes, au lieu de douze fronts de 180 pour une même enceinte).

SUR LA FORTIFICATION PERPENDICULAIRE.

M. de Vauban fixe, en effet, dans son Mémoire sur la Défense des Places (*Paris, in-8°. 1769*), la force des Garnisons pour soutenir siége, à raison de 660 hommes par bastion; c'est-à-dire, à raison de 7920 hommes celle d'une Place à douze bastions, & 4620 celle d'une Place à sept bastions. Ainsi l'Auteur ne nous offre ici pas moins qu'une économie de 40 pour $\frac{0}{0}$ sur cet important objet, du nombre d'hommes & de tous leurs besoins. (15. 17.).

81. Il est très-dangereux de vouloir se servir des Tables du Mémoire ci-dessus de M. de Vauban, sans connoître & suivre en même-tems les règles qu'il prescrit pour leur application aux différentes Places de guerre. Ces règles sont, savoir : *Des Tables de M. de Vauban; de leur usage.*

Page 51. " Avant de se déterminer sur les magasins à former
" dans une Place, & *sur la force des Garnisons, il est nécessaire*
" *de supputer la durée du siége qu'elle peut soutenir.*

Pages 53, 55. Formule abrégée *d'estimation de la durée du siége;* avec notes des circonstances locales qui peuvent la prolonger, aux pages 54, 102, 103, 104, 105, 106.

Page 55. " Le projet des munitions devant se régler sur
" *l'estimation de la durée du siége.*

Page 81. " Comme il y a presque toujours des parties inac-
" cessibles dans le pourtour de la plupart des Places; où cela
" se trouvera, on peut diminuer l'état des Garnisons & des
" munitions à proportion de l'étendue inattaquable du circuit.
" Par exemple, si dans une Place à dix-huit bastions il se trou-
" voit un espace de son rempart équivalent à trois bastions qui
" fût inaccessible aux attaques réglées, il faudroit employer la
" colonne (des Tables) qui répond à quinze bastions, pour
" revenir à sa juste proportion " *& toujours par rapport au for-
mulaire* (de l'attaque) " & aux difficultés extraordinaires qui
" peuvent plus ou moins contribuer à retarder le progrès des
" attaques. C'est suivant cela qu'il faut se régler.

Page 82. " Il faut faire le calcul de leurs besoins *par rapport*
" *à la durée de leur défense & au nombre d'hommes qu'il y faut*
" *employer. S'il s'agissoit d'un quarré dont le polygone fût de 120*
" *toises seulement, on pourroit réduire le nombre de la Garnison*
" *à 130 hommes : s'il n'avoit que 100 toises de polygone, on*
" *pourroit réduire la Garnison, &c.*

Page 85. " Ce Mémoire n'est pas proposé comme une ins-
" truction à suivre à la lettre; mais pour avertir de ce dont on
" peut avoir besoin dans les Places, & pour apprendre à *les*

*

» *munir par rapport à leur force* & à la réfiftance qu'on en doit
» efpérer «.

82. Ce font donc d'une part les parties attaquables des enceintes, & l'étendue de leurs fronts d'attaques ou côtés de polygones, & non pas la quantité numérique de leurs fronts ou baftions; & d'autre part *la fupputation de la durée du fiége*, qui doivent régler la force de leurs Garnifons & les quantités de leurs munitions. Quoi de plus naturel & de plus indifpenfable, en effet, que d'appliquer plus d'hommes à la défenfe du plus grand efpace (15.), & cela dans la proportion de deux efpaces comparés? Or, un front d'attaque de 180 toifes eft à un autre front d'attaque de 306 toifes comme trois eft à cinq un tiers. S'il faut, fuivant M. de Vauban, 2640 hommes de garde par jour pour défendre convenablement un front de 180 toifes faifant partie d'un dodécagone acceffible dans tout fon pourtour; il en faudra donc 4700 de garde par jour pour un front de 306 toifes, faifant partie d'une autre Place de même circuit, & également attaquable dans toute fon enceinte. Par conféquent, au lieu de 7920 hommes que M. de Vauban exige (75.) dans une Place de douze baftions, il en faudroit plus de 14000 dans l'heptagone de M. de M. : car tout Militaire fait que la garde journalière dans une Place affiégée eft toujours le tiers de fa Garnifon totale. Il en arriveroit donc que M. de M., au lieu de nous procurer l'économie de 40 pour $\frac{0}{0}$, comme il le prétend, fur le montant de la Garnifon & des befoins d'un dodécagone, auroit trouvé par fon heptagone le fecret de nous forcer à une augmentation de 85 pour $\frac{0}{0}$ fur ces deux objets.

L'argument de l'Auteur eft un fophifme.

83. Cet argument nous paroît valoir bien celui de l'Auteur (80.), & prouve directement le contraire de ce qu'il avance. Il n'eft cependant encore qu'un paralogifme, comme le fien n'eft qu'un fophifme, vu que nous ne faifons entrer pour rien dans notre proportion ci-deffus *l'élément effentiel de la durée des deux fiéges* (48). Mais toujours cet argument eft-il propre à notre deffein, de faire voir dans quels écarts on peut tomber à chaque pas, lorfque l'on veut donner des préceptes pour un Art dont on ne connoît pas les bafes. Il eft auffi contraire à la bonne économie d'approvifionner une Place en hommes & munitions fort au-delà de fes juftes befoins, que nuifible aux intérêts de l'Etat de ne lui en fournir que la moitié. On évite très-facilement ces dangereux excès, lorfque l'on connoît & que l'on fait employer convenablement, avec les Tables très-
utiles

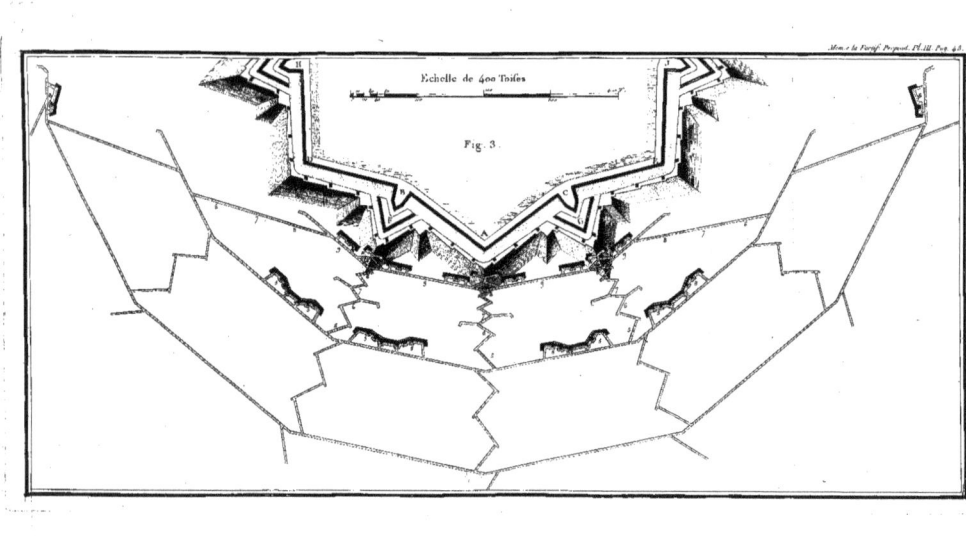

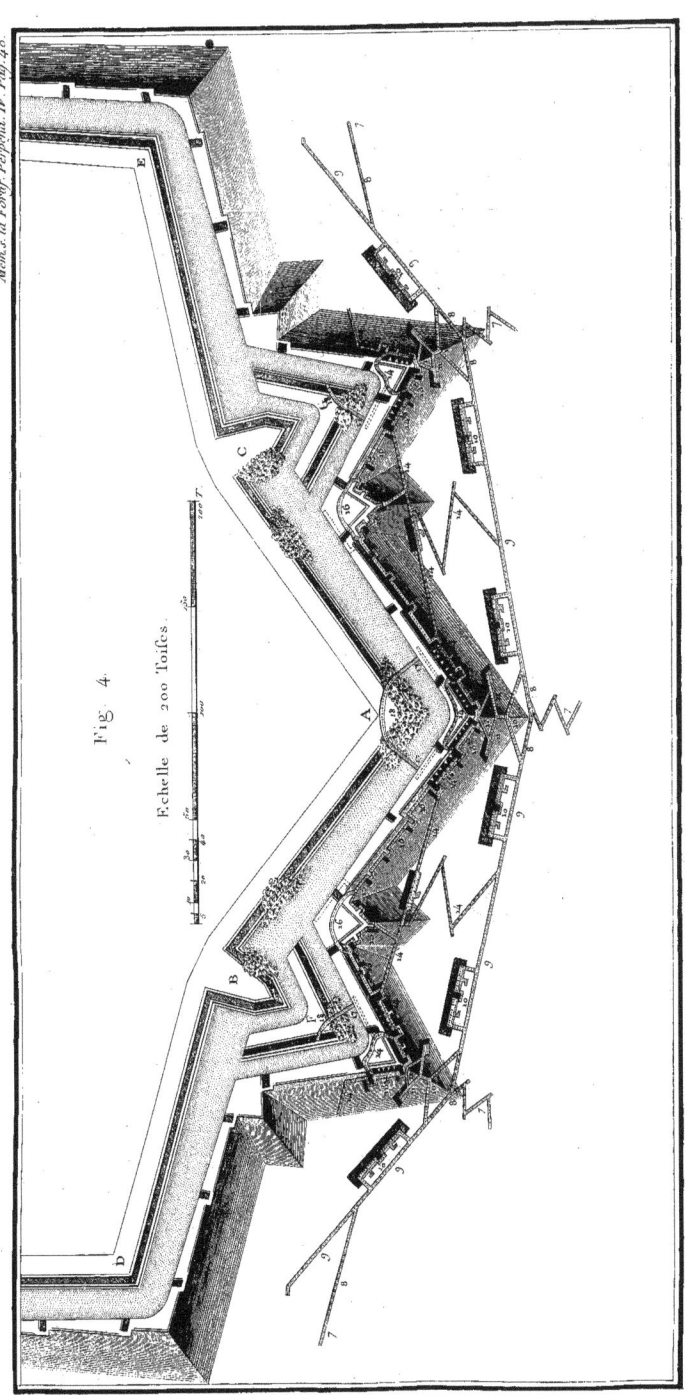

utiles de M. de Vauban, tous les bons élémens sur lesquels elles ont été calculées ; lorsque l'on est en état d'y appliquer la clef ci-dessus (77.) qu'il nous en a laissée & tant recommandée lui-même ; lorsque généralement dans un Art où tout est établi sur un calcul bien déduit de l'*expérience*, on ne propose rien sans l'avoir soumis soi-même à des preuves évidentes de calculs bien faits & d'*expériences* constatées.

84. Nous avons vu faire la même importante faute (81.) en 1743 par rapport à quelques Places, telles que Landau, Sare-Louis & autres, que la Cour crut alors pouvoir être assiégées. Le Gouvernement demanda les états de leurs besoins à des Officiers-Généraux qui y commandoient, & à des Commissaires des Guerres qui s'y trouvoient employés. Ils furent chargés les uns des munitions de Guerre, les autres des vivres, Hopitaux, &c., & ne surent faire mieux que de compter tout simplement les bastions, & de copier les colonnes des Tables de M. de Vauban. Toutes les réclamations des Officiers du Génie ne purent obtenir de rien changer à ces mauvais calculs ; d'où s'ensuivoit évidemment que, si ces Places avoient subi l'attaque, elles n'auroient pas fait la moitié de la résistance dont il est démontré qu'elles sont capables (48.), sans se trouver manquer de tout ; car quand les hommes manquent du nécessaire, il ne faut pas compter sur leur bonne volonté.

Danger du raisonnement de l'Auteur.

§. IV.

Application des mêmes Principes à l'examen d'un Front du Polygone à ailerons : deuxième Système de la Fortification Perpendiculaire.

85. Nous avons vu les fronts bastionnés totalement proscrits (65.) par M. le Marquis de M. ; & nous les croyons fort mal remplacés (78.) par des fronts à *tenailles angulaires* : mais cet Auteur en juge tout autrement. Il voudroit que le Roi fît rétablir ses principales Places de Guerre au moyen de ces derniers fronts, en les rendant cependant encore *d'une beaucoup meilleure défense* (T. I, p. 102.) ou *d'un beaucoup plus grand degré de force* (p. 103). Il se propose donc par son second système (p. 99.) le problème de » changer une enceinte bastionnée en

Prétentions de l'Auteur pour ce front.

Fig. 5.

Fig. 3, 5.

» trois enceintes *difpofées de la manière la plus avantageufe à la défenfe* «. Il donne (p. 99, 100, 101.) la conſtruction de ce ſyſtême, que l'on voit par la comparaiſon de nos figures 3 & 5, être le même que le précédent, ou le front à *tenaille angulaire* réduit à 180 toiſes, au lieu de 306 de côté extérieur, avec addition de pluſieurs ouvrages en avant du grand réduit A. & de la tenaille angulaire B. ou C. du premier ſyſtême. En faiſant l'analyſe de ce ſecond ſyſtême (34.), nous diſcuterons les grandes propriétés que l'Auteur ſe flatte de lui avoir données.

Fig. 5.

86. M. de F *** nous a conſtruit en tête dodécagonale à grande échelle les fronts de la Pl. iv (Tom. I.) de M. de M., pour rendre plus homogènes les deux objets à mettre en parallèle. Mais nous aurons encore égard dans nos réſultats à la différence qui peut provenir des angles plus fermés d'une tête octogonale comme celle de la Pl. iv de M. de M. (T. I.)

Article premier.

De la Dépenſe d'un Front du polygone à ailerons.

Hypothèſe pour cette eſtimation.

87. L'Auteur ne nous donne non plus aucun profil ſur les ouvrages de ce front (69.); mais ſa Pl. iv faiſant voir qu'il n'y emploie pas encore ſes ſyſtêmes de revêtemens voûtés & ſéparés de toutes les terraſſes, de flancs cazematés & de tours angulaires, à l'exception d'une petite caponnière dont nous parlerons plus bas, nous avons ſuppoſé tous les autres ouvrages de ce front profilés & revêtus ſuivant les règles de la Fortification baſtionnée, comme ſon Plan les repréſente. Toutes les coupes & tous les détails de l'eſtimation ont été dreſſés ſur cette hypothèſe; il en réſulte que la dépenſe vérifiée de ce front conſiſteroit en ce qui ſuit.

34380 toiſes cubes de terres à 1 liv............ 34380 liv. ⎫
10505 toiſes cubes de maçonnerie à 17 liv........ 178585 liv. ⎬ 250783 liv.
2101 toiſes quarrées de pierres de taille à 18 liv... 37818 liv. ⎭

Diſcuſſions de cette dépenſe.

88. Nous avons jugé d'abord cette eſtimation trop forte. Par le tracé des *fronts à ailerons* de la Pl. iv & des anciens fronts baſtionnés qui y ſont ponctués, il paroît que l'Auteur n'entend pas conſtruire entièrement à neuf ces nouveaux fronts autour d'une ancienne Place : il dit même poſitivement (p. 99, 100.) qu'il en laiſſe ſubſiſter les faces de baſtions & les demi-

lunes; à quoi le deſſin ajoute auſſi la conſervation des courtines & de partie des anciennes tenailles, quoique le diſcours n'en parle pas. Nous voulions donc faire calculer une nouvelle eſtimation, qui auroit été moins diſpendieuſe. Mais l'Auteur, un peu plus loin (pag. 104.), nous apprend que ›› les Places du ›› Royaume ayant été bâties preſque à-la-fois, ſe détruiront ›› à-peu-près de même ; & le moment n'en eſt pas aſſez éloigné ›› pour ne devoir pas être prévenu....... Une partie de tous ›› ces remparts revêtus tombe déja en ruine ‹‹. Il ſuit delà que c'eſt pour comparer ſeulement, quant au tracé, ſon front à ailerons avec celui baſtionné, qu'il laiſſe ſubſiſter ſur le deſſin de ſa Pl. IV. la plus grande partie de l'ancien front ; c'eſt uniquement pour nous faire voir combien ce changement ſera facile à faire aux anciennes Places, en même-tems qu'il procurera les plus grands avantages pour la défenſe. Il n'eſt donc pas dans l'idée de l'Auteur, en faiſant ce changement, de conſerver des portions de ces remparts revêtus qui vont inceſſamment crouler, & qui rendroient ſon nouveau front encore plus cher ſi l'on différoit de les reconſtruire. Il a fallu ſur ces réflexions laiſſer ſubſiſter l'eſtimation de M. de F***.

89. La caponnière, qui forme la tenaille angulaire de ce front, eſt un ouvrage totalement de maçonnerie, qui, dans l'occaſion préſente, n'auroit qu'environ 84 pieds de longueur en capital, 51 pieds de largeur, & 42 pieds de longueur de flancs. Par la coupe en travers d'une autre caponnière beaucoup plus grande, mais ſemblable (Tom. I, Pl. XI, XII, fig. 2.), on voit que chacun de ces bâtimens repréſente aſſez bien une Egliſe voûtée, compoſée d'une nef au milieu & de doubles bas côtés ou galeries ſur chaque flanc, l'une pour l'Artillerie, l'autre pour la Mouſqueterie ; avec aſſujettiſſemens de lunettes, évents ou trépans, cheminées, crénaux, embraſures, &c., & le tout à l'épreuve de la bombe. Ce n'eſt donc probablement pas un bâtiment à bon marché.

90. Mais il ſeroit long à eſtimer. L'Auteur nous avertit pluſieurs fois (p. 139, 145, 146.) que rien n'eſt fixé ni déterminé invariablement par les deſſins qu'il en donne. Il faut néceſſairement être Calculateur, & en un genre qui n'eſt pas court, pour compoſer ſolidement de tels bâtimens à l'épreuve tant de la pouſſée des voûtes que de la bombe, ainſi que les tours angulaires de ce Livre, à deux, à quatre & à ſix étages de canons ; afin d'en fixer enſuite les toiſés & dépenſes. L'Auteur abandonne

sans doute ces pénibles soins aux gens de l'Art, pourvu que sur sa simple garantie des magnifiques propriétés de toutes ces casemates, on ne balance pas à en faire l'usage très-fréquent qu'il en prescrit dans ses quatre volumes. Cette précaution n'est pas mal imaginée, puisque M. G*** (71.) a trouvé, par exemple, que les piliers portant la grande voûte du milieu de la caponnière (Pl. XII, XIII, T. I.) ne pourroient pas se soutenir avec moins de quinze pieds & demi d'épaisseur, au lieu de dix pieds que leur donnent les desseins. Il faudroit donc, à cet égard seul, rélargir chaque côté de cinq pieds & demi, c'est-à-dire, recomposer, calculer & recalculer tout l'édifice. Mais le tems des Officiers du Génie se trouve déja trop rempli d'objets utiles pour le perdre à tâcher de rendre possible, par un grand travail de cabinet, l'exécution d'idées qu'ils ne croient pas pouvoir être admises, comme nous le ferons voir dans la suite de ce Mémoire.

91. Supposons donc, tant pour abréger que pour éviter une discussion superflue, que la caponnière casematée du *front à ailerons* sera construite, telle que l'Auteur le voudra, par-dessus le marché de tous les autres frais de ce front. Oublions aussi que notre ancien front bastionné occupe encore le terrein où l'on va construire le nouveau ; qu'il a déja coûté à l'Etat 150000 liv. de nos prix fictifs (43.); & qu'après son remplacement par le front à ailerons, cette même portion d'enceinte n'aura pas coûté en total moins de 400000 liv. de ces mêmes prix. Nous pouvons faire grace à l'Auteur de ces deux articles sans nous gêner, & ne porter la dépense totale de son front que pour le nombre 25 dans sa colonne de notre échelle comparative (63.).

Article II.

De la Force absolue du Front à ailerons.

92. M^{rs} G*** & de F*** ont également bien saisi la meilleure conduite de cette attaque, & en ont dirigé tous deux le centre sur la capitale du grand redan A.; avec la seule différence que M. G*** avoit choisi le front de la tête octogonale qui forme la Pl. IV. (Tom. I.) de M. de M.; au lieu que M. de F*** a pris la peine de dresser son attaque & sur la même tête octogonale, & sur celle dodécagonale plus convenable à notre parallèle (86.). Voici le sommaire de cette dernière attaque.

SUR LA FORTIFICATION PERPENDICULAIRE. 53

93. Les premières approches se feront entièrement comme l'attaque de l'heptagone; ensorte que la 13ᵉ nuit (74.) le logement sera fait aux trois saillans du chemin couvert. Mais comme ici il ne se trouve entre ces saillans que moitié de distance de ce qui s'en trouve au front de 306 toises, il seroit inutile d'y mener des marches intermédiaires entre les trois capitales. *Fig. 3, 5, 6. Attaques de ce front.*

14ᵉ *Nuit.* On achevera le couronnement du chemin couvert; on occupera l'intérieur des places-d'armes rentrantes; on commencera les batteries des trois saillans; savoir, celles f. f. de cinq pièces chacune aux saillans devant les demi-lunes pour ouvrir les épaules du couvre-face P., & celles g. g. de six pièces chacune pour ouvrir les flancs des réduits V. X. : celles h. h. seront de cinq pierriers chacune. Au jour on commencera les descentes de fossés, dont une dans chaque place-d'armes rentrante. *Pl. vi, fig. 6.*

15ᵉ *Nuit.* On commencera d'autres batteries k. k. pour ouvrir d'autres brèches au couvre-face P., & celles y. y. pour ouvrir les demi-lunes I. K. à l'endroit de leur coupure. Continuation des descentes de fossés. Au jour les batteries de la 14ᵉ nuit tireront.

16ᵉ *Nuit.* Achevement des batteries de la 15ᵉ nuit qui tireront au jour. Continuation des descentes de fossés.

17ᵉ *Nuit.* On débouchera dans les fossés vis-à-vis les brèches des demi-lunes & du saillant du couvre-face : mais on différera jusqu'à l'entrée de la nuit suivante à percer la gorge des places-d'armes rentrantes. On commencera les épaulemens des passages de fossés aux demi-lunes, qui seront continués pendant le jour.

18ᵉ *Nuit.* Les brèches entamées le 15 & le 16 au matin seront fort en état : on percera la gorge des places-d'armes rentrantes : assaut aux demi-lunes I. K., au couvre-face P. par ses quatre brèches, & aux flancs des réduits V. X., dont on couronnera la gorge aux deux tiers de son pourtour.

94. Les connoisseurs en attaques saisiront au premier coup-d'œil la possibilité & la sûreté de tout le travail de cette nuit. D'autres Militaires qui s'y entendroient moins pourroient juger fort périlleux de livrer l'assaut aux flancs des réduits V. X., en partant du pied des places-d'armes rentrantes sans s'être préparé aucun épaulement dans ce long intervalle d'environ 40 toises jusqu'aux brèches; plus difficile encore de communiquer ensuite, comme il le faudra, jour & nuit, pour y soutenir & continuer les travaux, malgré les feux des ailerons D. F. qui n'ont pas *Des grands travaux de la 18ᵉ nuit.*

été contre-battus, & dont nous ne sommes pas maîtres. Ces manœuvres seroient effectivement impossibles sur un front de bonne ordonnance : mais on va voir clairement comment ici les *angles morts* de ces rentrans donnent à l'assaillant toute la commodité & la sûreté désirables pour le succès de cette importante entreprise.

1er grand défaut. Les angles morts de ce front.

95. On sait que nous nommons *angle mort* tout rentrant d'un fossé qui n'est vu d'aucun point des remparts. Tout ouvrage dont deux côtés se rencontrent, en formant un angle rentrant, contient à ce point un angle mort, à moins que quelque partie des remparts d'autres ouvrages voisins ne porte des feux dans ce rentrant, & n'en découvre le pied dans le fossé. Une courtine en se joignant au flanc d'un bastion formeroit nécessairement avec ce flanc un angle mort, si le flanc de l'autre bastion du même front ne portoit son feu jusqu'au pied de ce rentrant. Ce rentrant ne peut fournir lui-même aucun feu au pied de son revêtement, parce que la hauteur de son parapet & sa largeur ne permettent la plongée de son feu qu'à une distance du pied de son revêtement proportionnée à son élévation & à sa retraite en arrière du revêtement. Or, par les profils des réduits V. X. & des ailerons D. F. il est démontré qu'aucun coup de fusil de ces ouvrages ne peut atteindre le fond de leurs fossés qu'à la distance d'environ 57 toises du pied de leurs revêtemens, vu que la crête de leur parapet est élevée d'environ 39 pieds plus haut que le fond du fossé, & retirée d'environ 32 pieds en arrière du pied de leur revêtement, avec 8 pouces de plongée par chaque toise d'épaisseur de parapet. Un homme de six pieds seroit couvert dans ce fossé à 48 toises du revêtement.

96. Tout angle mort étant donc sans aucune protection, on conçoit aisément que, si l'assaillant peut y parvenir, il n'y essuie de feu ni de canon, ni de mousqueterie ; il peut y attacher des mineurs en autant de points qu'il lui plaît, les y soutenir par des détachemens, y faire telle autre manœuvre qu'il juge à propos. C'est l'évidente nécessité pour la défense d'éviter les angles morts, & de découvrir des remparts tous les points du pied d'une enceinte ou Fortification quelconque, susceptible d'une attaque réglée, qui a fait naître la Fortification bastionnée ; seul & unique moyen qu'il y eût de résoudre ce problème.

97. M. de M. ne convient pas de cette nécessité : il dit (T. I, p. 70.) que l'on s'en est fait mal-à-propos une règle rigoureuse : il avoue (T. I, p. 73.) l'angle mort de sa tenaille angulaire (Pl. I,

SUR LA FORTIFICATION PERPENDICULAIRE. 55

fig. 6.), que nous avons négligé ci-deſſus (57.). Il promet (p. 77.) *pluſieurs moyens de le faire diſparoître :* il dit (p. 101.) *que les angles morts de ſon front à ailerons ſont de bien peu de conſéquence :* il n'indique que par complaiſance pour nos vieux préjugés un ſouterrein, *ſi l'on veut*, à l'aileron, vis-à-vis le foſſé du retranchement E., uniquement pour y empêcher *le foible avantage de l'ennemi pour l'attache de ſon mineur, & en défendre mieux le foſſé*. En attendant qu'il ait auſſi remédié à tout le vice du grand foſſé que nous avons à traverſer, comme il n'y a que 40 toiſes, au lieu de 57 (95.), de diſtance entre nos débouchés des places-d'armes, & le pied des flancs des réduits V. X., & que ce foſſé n'a pas 25 toiſes de largeur vis-à-vis les ailerons D. F.; non-ſeulement notre marche y eſt très-aſſurée pour l'aſſaut, mais encore notre communication s'y fera en plein jour en toute ſûreté, puiſqu'il n'y a pas 30 toiſes entre l'épaule de la demi-lune & la brèche de ſon réduit : nous ne ſerons vus après l'aſſaut que du ciel dans tout le grand foſſé ; nous n'y avons donc beſoin d'aucun épaulement (94.) : ce foſſé va nous ſervir de place-d'armes & de dépôt très-ſpacieux à tous nos beſoins pour aller en avant (35.).

98. On doit obſerver de plus, 1°. que les coupures aux faces des demi-lunes ſont totalement inutiles, puiſque les batteries en y. y. peuvent en ouvrir les brèches en dépaſſant ces coupures. Quand même d'ailleurs les brèches ne ſeroient pas ouvertes ſi près des épaules, comme il arriveroit ſi l'aſſaillant, faute de connoître ces coupures, avoit placé ces batteries plus près des ſaillans, il eſt évident & *d'expérience* qu'au moment de l'aſſaut à la demi-lune, la continuation de ſon parapet ou de ſon talus en terre (T. II, Pl. 19.) avec celui de la coupure, permet aux Grenadiers aſſaillans de ſe jetter en même-tems dans la coupure ; & c'eſt à quoi ils ne manqueroient pas. La coupure des réduits V. & X. n'eſt pas plus utile à la Place, puiſque c'eſt par le flanc que ces réduits reçoivent l'aſſaut, & que rien ne peut en empêcher le ſuccès.

2ᵉ Défaut. Coupures inutiles.

99. On voit, 2°. aux fronts collatéraux à celui de l'attaque, que toutes les communications du corps de la Place à ſes ouvrages extérieurs ne ſe font que par les flancs des caponnières, comme à nos fronts baſtionnés elles ne ſe font que par les poternes au milieu des courtines. Mais nos poternes, ni leurs débouchés, ne peuvent être vues de nulle part pendant le ſiége ; au lieu qu'au front à ailerons, dès que l'aſſaillant occupe la gorge & l'épaule

Fig. 5.
3ᵉ Défaut. Communications manquées.

Fig. 1.

du réduit, il ne peut plus être question pour l'assiégé ; sans passer par les armes, de sortir ni rentrer par le flanc de la caponnière, dont notre logement plonge le pied : plus de communication par conséquent entre la Place & les ouvrages D. E. F ; plus de retraite pour leurs gardes, si elles ne l'ont pas faite avant le 18 au jour (16.). Il est donc évident que nous ne devons pas perdre le tems, nos hommes & nos peines à nous loger dans ces ouvrages qui seront tous trois abandonnés la 18ᵉ nuit (35.). On voit aussi que, de notre logement sur les épaules des deux réduits, nous découvrons & plongeons l'intérieur des deux ailerons D. F. par l'intervalle entre leur face inutilement retirée, & la face en avant : si la garde avoit osé y tenir, elle y passeroit mal son tems. Nous voilà donc dispensés d'*écraser toute l'Artillerie de la pièce E, d'éteindre les feux des ailerons, d'y établir nos batteries de brèches pour le corps de la Place, &c.* L'Auteur nous attendoit très-mal-à-propos sur cette route (p. 102.) : il ne s'est pas douté non plus de toutes les conséquences où devoient nous conduire ces angles morts qu'il méprise, ainsi que ces communications si mal ménagées. Mais *nul ne sait ni construire, ni corriger, ni munir, ni défendre les Places, s'il ne sait parfaitement les attaquer* (19, 20, 81, 82.). (¹)

19ᵉ *Nuit*. On commencera sur les gorges des réduits & aux deux épaules du couvre-face P., les batteries de brèches du corps de la Place, & pour ruiner la caponnière s'il en sort quelque feu : nous ne le croyons pas, on en verra les motifs dans la suite de ce Mémoire.

100. Comme l'Auteur nous prévient (p. 162, 163.) que l'assiégé aura retiré tout son canon de la plate-forme de sa capon-

4ᵉ Défaut.
Tous les dehors tombent ensemble, au nombre de huit ouvrages.

Axiome de l'Art.

5ᵉ Défaut.
Nulle défense.

---

(1) La pratique de ces attaques étant une science (Av. Prop. n°. III.), on ne l'apprend pas mieux en voyant faire des Siéges que la grande Tactique en voyant simplement mouvoir des Armées. Lorsqu'il fallut assiéger Mons en 1746, nos journaux rapportent que le Général assaillant se laissa séduire par les argumens captieux d'un simple amateur, & ordonna en conséquence l'ouverture de l'attaque sur l'ouvrage à cornes de la Haine, près l'Abbaye de Pinlieu, contre toutes les règles de l'Art & l'avis des Officiers supérieurs du Génie. Le 12 Juin, cette attaque fut exécutée & poussée pendant douze jours jusques sur les glacis de l'ouvrage à cornes. Lorsque nous y fumes parvenus, l'assiégé inonda nos tranchées & batteries, de façon qu'il fallut absolument abandonner tous ces travaux, malgré les hommes, le tems & la dépense qu'ils avoient coûtés : il fallut aller recommencer le 24 Juin sur les portes de Berthamont & de Nimy, les seules attaques raisonnables à former autour de Mons. Nombre d'entre nous ont été témoins de ce fait.

nière,

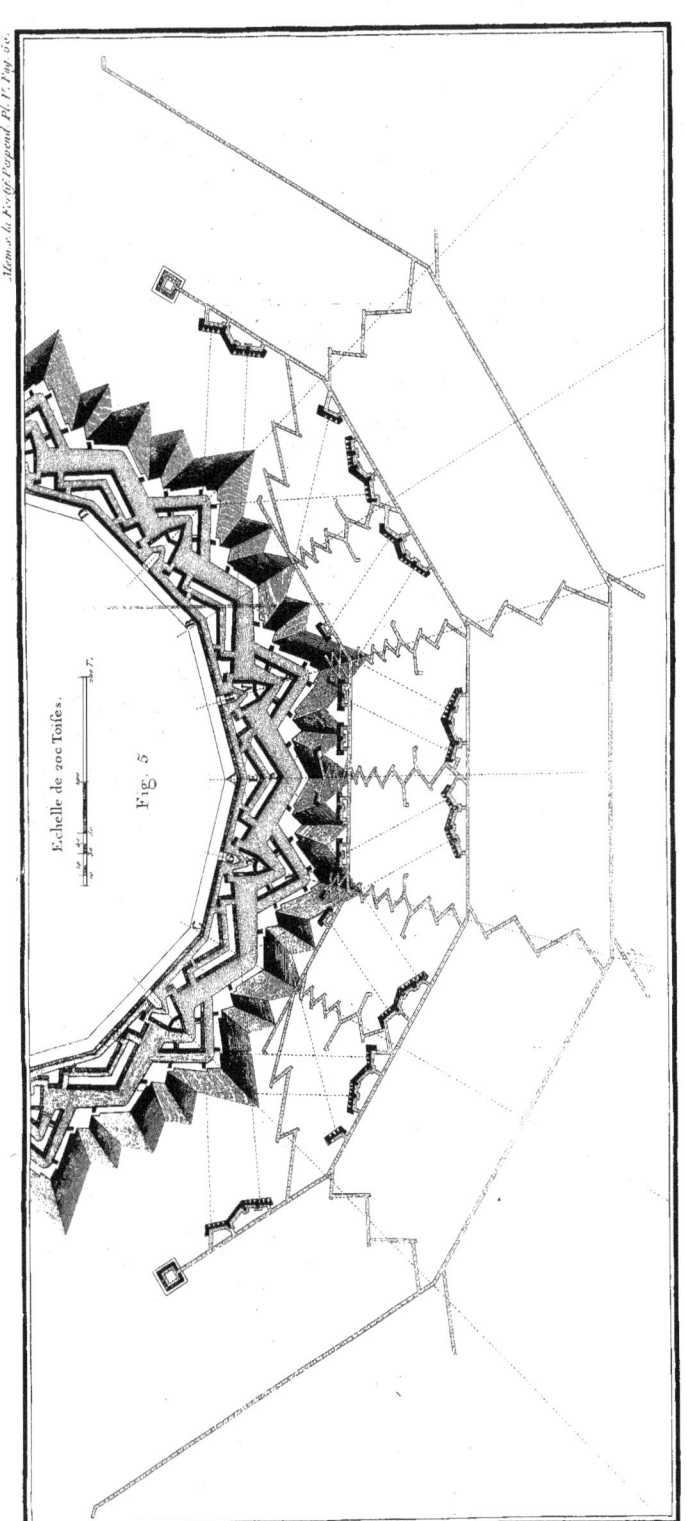

SUR LA FORTIFICATION PERPENDICULAIRE. 57

nière, pour le placer sous cette casemate, nous n'aurons trouvé aucune difficulté à exécuter notre logement sur la gorge des réduits. Nos batteries sur cette gorge ne seront pas plus meurtrières à construire, malgré le double étage de canons couverts dans la casemate, & son triple étage de créneaux. Le profil coupé sur la casemate & notre batterie fait voir qu'il est impossible au canon des deux étages a. & b. d'atteindre dans le terre-plein du réduit V. Il en est de même des créneaux inférieurs e. : il n'y auroit donc que le feu des deux étages supérieurs de créneaux c. d. qui pourroit être dirigé contre l'exécution des batteries, qui ne se fait pas à découvert, mais à la sape ; & ces feux tirant l'un de bas en haut, l'autre horizontalement, n'y feroient pas le moindre tort.

Fig. 7.

Nous n'aurons plus besoin d'aucune descente de fossé. Lorsque les brèches au corps de la Place seront en état, nos colonnes pour l'assaut assemblées dans le grand fossé (97.) en partiront en tournant les profils des réduits V. X. & du couvre-face P., & arriveront aux quatre brèches sans essuyer un coup de fusil.

20e *Nuit*. On achevera les batteries de brèches, on y placera le canon, & avant le jour elles seront en action.

101. Les brèches seront praticables le 21 au matin. Quand même les caponnières pourroient faire feu contre nos colonnes, l'Auteur est lui-même convaincu de l'inutilité d'un si petit flanc pour empêcher un assaut au corps de la Place. Il nous le répète assez souvent (p. 86, 87, 89, 93, 94, 130 & aill.). C'est donc tout au plus si cette Place à triple enceinte peut résister 21 jours par sa force absolue.

Force absolue du front à ailerons.

102. Tirons de notre formule (33.) le moment de ce front : il nous viendra $\frac{21}{25}$ = 0, 84 ; & les momens de notre dodécagone bastionné moderne (62.) & du dodécagone *à ailerons* seront entr'eux dans le rapport de 19 à 8. On voit donc que si d'un côté ce *front à ailerons* tient quatre ou cinq jours de plus que le front de l'*heptagone à tenailles* (76.), de l'autre côté sa dépense beaucoup plus forte réduit (25.) sa valeur relative = 8, même au-dessous de celle de l'heptagone = 9 (78.).

Force relative de ce même front.

Mais si l'on trouvoit juste de comprendre aussi dans la dépense de ce *front à ailerons* celle de l'ancien front démoli (91.), qui assuroit déja à cette même Place 17 jours de force absolue (50.) ; il s'ensuivroit que la dépense 25 du front à ailerons n'auroit été faite que pour ajouter à notre ancienne Place quatre jours de

H

force absolue, & que le moment du nouveau front ne seroit plus exprimé que par le nombre 5.

On peut juger également par ces différens calculs si l'Auteur a résolu le problême (85.) qu'il s'étoit proposé.

Prétentions de l'Auteur mal fondées.

103. M. de M. n'auroit assurément pas dû supposer, comme il le fait avec tant de chaleur (p. 98.), qu'avant l'édition de son Livre les gens de l'Art ignorassent l'utilité dont peut être une triple enceinte en quelques circonstances, non plus que la façon d'en disposer deux en dedans du grand fossé, puisque l'on voit au Neuf-Brisac que cette idée existoit avant 1700, & appartient entièrement à M. le Maréchal de Vauban. Il n'auroit pas dû dire (p. 133.) que *l'on n'a su ajouter aux enceintes bastionnées que des ouvrages en avant du grand fossé*, puisque le Neuf-Brisac se construisoit en 1700; & nous ferions voir dans les précieux manuscrits de ce grand homme, qui sont les seuls bons Livres anciens de Fortification, qu'il nous parloit de cette double enceinte en dedans du grand fossé dès l'année 1681. L'Art sait arranger quand il le faut ces trois enceintes, non pour en faire un système général & ruineux pour l'Etat autour de quelques Places régulières, que notre théorie proscrit (67); mais pour les appliquer à propos à quelque portion d'une grande ou très-importante Place que la Nature ou le même Art auroit préparée sur tout le reste de son pourtour de façon à forcer l'ennemi de venir l'attaquer par ce point ou front donné (8.). C'est alors que la bonne théorie nous fournit les moyens assurés de donner à ces enceintes multipliées une force absolue bien au-delà même des besoins de l'Etat, & sans y faire aucune dépense excessive ni perdue, comme nous venons d'en voir dans ce système à ailerons.

6ᵉ Défaut.

104. Enfin, par les deux journaux d'attaques de la tête octogonale de ce système, il est encore prouvé que l'avantage de la plus grande ouverture des angles à la rencontre des fronts bastionnés, si bien établis par les principes de l'Art (60.), disparoît entièrement par le tracé des polygones à ailerons. La tête dodécagonale de ce tracé ne tient pas un jour de plus que celle octogonale; ce qui vient de la très-vicieuse ordonnance de toutes les pièces de ce système.

ARTICLE III.

Des Retranchemens à la gorge des Bastions.

105. L'Auteur ne nous offre son systême des trois enceintes à ailerons pour rétablir nos Places de France, en les rasant le plutôt qu'on pourra (T. I, p. 104, 106.), qu'après avoir décrié le mieux qu'il peut (p. 84, 85.) tout retranchement que l'on pourroit construire dans la gorge des bastions; avoir dit (p. 55, 56.) que l'espace y manque, que c'est le vice mortel de toutes les Places modernes, que le retranchement seroit emporté de vive force, que s'il étoit bien perfectionné (p. 86.), il ne prolongeroit *la défense la plus vigoureuse que jusqu'au moment où l'ennemi seroit logé sur le haut de la brèche du bastion, &c.* C'est par ces assertions que l'Auteur compte prouver l'inutilité de retrancher un front bastionné; & c'est par cette raison sans doute qu'au lieu de le retrancher, il vient de le convertir en un front à ailerons. Contradictions singulières dans cet Auteur.

Il remarque en même-tems (p. 107.) que *M. de Vauban recommande de bons retranchemens revêtus dans la gorge des bastions.* Après ce que l'on vient de voir contre cette idée, nous avons cru que M. de M. alloit vigoureusement la réfuter. Tout au contraire; il ajoute : » Ce précepte est d'autant meilleur (p. 105.) » que l'exécution peut en être peu coûteuse. Il est d'une vérité » constante (p. 129.) que des retranchemens revêtus dans la gorge » des bastions, *quels qu'ils soient*, sont de première nécessité. » Il n'existe rien de plus utile à faire dans le Royaume, &c. «. Pourquoi donc l'Auteur en avoit-il dit tant de mal? Il oublie de plus en faisant ces dernières réflexions, qu'il vient de nous annoncer la chûte prochaine de toutes nos Places (88.), à laquelle, il est vrai, nous, qui les voyons de près, n'avons aucune foi; mais d'où s'ensuivroit encore évidemment l'inutilité d'en retrancher tant de bastions près à crouler.

106. Rien de tout cela ne le dissuade cependant de nous faire connoître pour les bastions les retranchemens de son invention, dont il donne le détail (Pl. V, VI.). On y voit que l'Auteur commence par abattre tous les revêtemens du front bastionné, & même de sa demi-lune; ensuite il reconstruit d'autres revêtemens en les détachant des terres des remparts, pour placer toute son Artillerie & sa Mousqueterie sous les galeries & voûtes de ces nouveaux revêtemens; enfin il construit en même-tems

& de la même façon ſes retranchemens de gorge aux deux baſ-tions, mais ſans les détacher de leur terraſſement.

107. C'eſt donc à dire que voilà encore (91.) toutes nos anciennes Places démolies; & l'Auteur nomme ces expédiens (p. 106.) *un plan général de conſervation; moyens de remédier aux défauts des baſtions* (p. 103.); *moyens qui réuniſſent le double avantage d'aſſurer la durée des remparts, en même-tems qu'ils en augmentent infiniment la force; avoir fait tout ce qu'il eſt poſſible de faire en faveur des Places déja conſtruites*. Il les détruit ici pour les améliorer en les refaiſant baſtionnées, malgré la proſ-cription générale & irrévocable des baſtions prononcée & répétée par l'Auteur (65.) au commencement comme dans toute la ſuite de ſon Livre (Voy. T. I, p. 115. T. III, p. 137, & aill.); & cela pour produire un ſimple retranchement dans la gorge de chacun de leurs baſtions. *Si ce précepte de M. de Vauban eſt d'autant meilleur* qu'il peut n'être pas diſpendieux, pourquoi donc l'exé-cuter par une dépenſe énorme que nous ne perdrons pas le tems à calculer? *S'il n'exiſte rien de plus utile à faire dans le Royaume,* pourquoi nous avoir propoſé ci-deſſus de démolir nos fronts baſtionnés pour les rebâtir à ailerons? &c. L'Auteur a bien raiſon de dire (T. I, p. 224.) avoir juſqu'ici plus détruit qu'édifié. Mais laiſſons-là toutes ces obſcurités, & venons à la force abſolue du retranchement au baſtion attaqué de la Pl. V., quelque dé-penſe qu'il ait pu coûter.

Inutilité des retranchemens ſi les foſſés ſont ſecs.

Pl. VIII. Fig. 8.

108. 1°. Si les foſſés ſont ſecs, nous ne ſuppoſons jamais aucun aſſaillant aſſez ignare en attaque de Place pour s'engager à détailler les deux baſtions de la Pl. V. & leurs retranchemens, quels qu'ils ſoient, tandis que les places-d'armes rentrantes aux deux côtés de la demi-lune lui offrent le plus bel emplacement pour des batteries a. qui ouvriront deux grandes brèches à la courtine, dont l'Auteur nous avertit (Tom. I, p. 71.) que *les approches ſont très-mal défendues*. Ces brèches laiſſeront à côté d'elles & les baſtions & leurs inutiles retranchemens; l'aſſaut ſera donné de prime-abord à l'intérieur de la Place, & les retranchemens ſi coûteux des baſtions ne prolongeront pas d'un inſtant la force abſolue de ce front baſtionné, que l'Auteur avoit cru rendre beaucoup meilleur.

Pl. I. Fig. 1.

109. Il n'en ſeroit pas de même d'un retranchement bien diſpoſé à la gorge d'un baſtion de notre tracé moderne. Il eſt impoſſible à l'aſſaillant d'ouvrir aucune brèche à la courtine de notre front. Il faut abſolument que l'ennemi arrive dans la

SUR LA FORTIFICATION PERPENDICULAIRE. 61

Place par le chemin du baſtion que nous lui avons preſcrit (8.); & nous faiſons voir dans nos Mémoires particuliers (64.), par l'attaque de notre retranchement, que malgré ſa ſimplicité, qui n'augmente pas de 2. la dépenſe 16. de notre front (41.), il n'ajoute pas moins de onze jours à ſa force abſolue. Le front du dodécagone tiendroit alors 41 jours au lieu de 30. (62.); & ſon moment ſeroit exprimé par 23. au lieu de l'être par 19. (63.).

110. 2°. Si les foſſés ſont pleins d'eau, que l'aſſiégé ne ſoit pas effrayé (56.) de voir à ſon corps de Place les deux grandes brèches ci-deſſus (108.), & que l'aſſaillant n'ait en ſon pouvoir aucun moyen de traverſer ce grand foſſé ; il faut bien alors qu'il prenne la route du baſtion retranché, en continuant notre journal ci-deſſus (50) comme il ſuit.

Réponſes à nombre de queſtions & aſſertions de cet Auteur.

Nous avons dreſſé notre fig. 8. d'après la Pl. V. de l'Auteur (Tom. I.) pour éclaircir d'abord nos réponſes aux nombreuſes queſtions que l'on voit à la page 113. ſur la façon d'attaquer ce chef-d'œuvre de retranchement. Les poſitions de nos batteries indiquent aſſez celles qui feront brèches aux baſtions & à la demi-lune, & celles qui contre-batteront les flancs & la courtine. Mais nous remarquerons de plus, 1°. que les batteries b. c. d. n'auront pas plutôt percé le mur de face du baſtion & de la demi-lune, en tirant aux créneaux, qu'elles enfileront & ruineront en même-tems les petites caſemates e. qui défendent les bermes de ces ouvrages.

Fig. 8.

2°. Les décombres des brèches ne ſeront certainement pas déblayés par l'aſſiégé, puiſqu'ils tombent dans un foſſé plein d'eau, & qui d'ailleurs eſt entièrement vu de nos logemens.

Fig. 8, 9.

3°. L'Auteur nous dépeint ſur ſa Planche V. notre batterie de brèche d. de cinq pièces comme étant le but ou le foyer des vingt-cinq pièces de ſes feux couverts : il ne tient compte à cette batterie ni de ſon épaulement, ni de ſon parapet. Mais c'eſt encore une illuſion. L'*expérience, notre grand maître,* nous apprend que vingt à vingt un pieds de terre ſont à l'épreuve de tous les canons de vingt-quatre, & qu'en quinze jours ſes vingt-cinq pièces ne perceroient pas un tel épaulement. Les quatre ou cinq de la courtine qui peuvent découvrir le devant de notre batterie d., la prennent très-obliquement, & feront très-peu de tort à nos merlons; enſorte qu'en effet chaque batterie de brèche n'a réellement affaire qu'aux pièces qui lui ſont face.

4°. Notre batterie f. & celle a. n'auront pas beaucoup de peine à faire taire toutes les pièces du flanc & de la courtine.

Il n'est pas question de démolir ces murs ; il ne faut que les percer à l'endroit des créneaux, pour que les débris de la galerie ou soupente s. des Fusiliers rendent impraticable le service du canon qui est dessous (Voyez ci-joint fig. 9, tirée de la Pl. VI du T. I, fig. 1ʳᵉ.). Ce moyen sera de même employé par toutes nos batteries de brèches ; il leur suffira de tirer quelques heures aux créneaux de m. en t. pour forcer à l'inaction tout le canon qu'elles ont en face.

Fig. 8.

5°. Il est impossible à l'assiégé de défendre ces brèches aussitôt que les petites casemates e. sont en ruine : l'une des bermes de chaque bastion est enfilée par notre batterie de brèche d., l'autre par notre batterie d'obusiers o.

6°. Il ne faut point du tout cette *innombrable quantité de coups de canons* pour rendre praticable la montée d'un rempart en terre, puisque dans le fait il n'y en faut pas un seul coup. Il est facile à tout le monde, sans aucun préparatif, de monter la rampe ou le talus naturel des terres raffises, sur-tout quand il est garni d'herbes ou de racines, puisqu'il est de fait que dans toutes les Places de Guerre il est consigné aux Sentinelles d'en empêcher les enfans & le Public.

Quant à la façon de nous loger sur le haut de ces brèches & d'y soutenir notre logement, nous ne sommes pas surpris que M. de M. y soit embarrassé ; mais c'est notre métier, & nous allons tâcher de faire entendre au Lecteur comment on doit s'y prendre dans cet exemple.

Attaques du retranchement & ses grands défauts.

18ᵉ *Nuit.* Aussi-tôt qu'il sera nuit, l'assaut sera donné à la demi-lune & aux deux bastions. Les Grenadiers, en arrivant sur la brèche, fileront sur la berme du bastion des deux côtés, dépasseront les deux casemates e. où il n'y aura personne, monteront alors par les talus du rempart des deux flancs, & se porteront précipitamment partie sur la contrescarpe du retranchement, partie sur la garde des murs crenelés qu'ils attaqueront à la bayonnette, & sans tirer un coup de fusil. Ils tomberont de même sur la Garde de la casemate du centre. Toutes ces Gardes sont sans retraite. On aura cependant eu soin de prévoir que si ces Gardes, se voyant coupées, se sauvent vers la poterne du milieu du retranchement, nos Grenadiers doivent les y suivre, & la Place être emportée d'assaut. Ainsi, en donnant l'ordre pour monter aux bastions, on aura disposé toutes choses relativement à cet évènement fort vraisemblable, & dont nous avons vu l'exemple à Charleroy.

Mais supposons la poterne bien fermée, toute la Garde abandonnée dans le bastion, & qu'elle met bas les armes. Nos Grenadiers en mettront tous les prisonniers devant eux le long de la contrescarpe, pour empêcher le retranchement de faire usage de sa mousqueterie.

En même-tems les travailleurs feront le logement sur cette contrescarpe & dans le terre-plein. D'autres travailleurs ouvriront dans le rempart une large coupure vis-à-vis la brèche pour que l'on puisse facilement arriver dans le terre-plein du bastion, où l'on sera parfaitement couvert le long des murs crenelés par le dehors.

On voit au dessin qu'à la demi-lune la Garde sera également prise à revers par les Grenadiers qui tourneront de même les traverses du rempart. Fig. 8.

Au jour, on commencera sur la contrescarpe du retranchement deux batteries de brèches g., qui seront en état de tirer le 19 à midi.

19ᵉ *Nuit.* A l'entrée de la nuit on établira deux batteries de mortiers en arrière de celles de brèches pour tirer sur le rempart, & labourer les parapets à l'endroit des brèches. Elles tireront au jour.

Les batteries g. commenceront à midi par tirer aux crénaux du milieu de la courtine pour en déloger les Fusiliers, & contre la poterne, qui pourroit encore nous donner accès dans la casemate & dans la Place. Fig. 10.

20ᵉ *Nuit.* A l'entrée de la nuit les Sapeurs déboucheront dans le fossé par la rampe du milieu de sa contrescarpe, & formeront de chaque côté un épaulement de cinq pieds & demi de hauteur contre le feu des crénaux des flancs s'il en sort encore quelque peu; le fossé n'a que sept toises de largeur, dont le pied de la brèche occupera environ deux toises: ainsi cette opération sera faite avant le jour.

La brèche sera praticable pour midi: le point du jour est donc le dernier instant où la Place puisse se rendre à discrétion.

111. Le retranchement si coûteux de l'Auteur aura donc ajouté tout au plus trois jours d'augmentation de force à cette ancienne Place. Sa force absolue.

112. On voit que dans ce dernier journal, non plus qu'au n°. 104 ci-dessus, nous n'avons pas le moindre égard à tous ces formidables feux couverts que l'Auteur vient de créer (106.) sous ses revêtemens casematés, & par lesquels il ne prétend pas

moins dans tout son Livre (comme p. 128, 129, 189, 190 & aill.) qu'à nous rendre inacceſſibles toutes ſes compoſitions de Fortification. Nous expoſerons dans la ſuite de ce Mémoire les fortes probabilités qui nous perſuadent que ces feux couverts, dont il n'exiſte *aucune expérience* connue, ſeront nuls & impoſſibles.

<small>Mauvais principes de cet Auteur.</small> 113. Enfin M. de M. fait un principe pour notre Art de retrancher à ſa manière tous les baſtions d'une Place de Guerre, dont il faudroit, ou corriger les défauts, ou augmenter la force (105.); principe qui dérive en effet néceſſairement de ſa mauvaiſe hypothèſe des Places régulières (67.), puiſqu'en ce cas tous les baſtions ſont également acceſſibles à l'ennemi. L'Art, au contraire, qui veut (8.) que l'attaque de toute bonne Place de Guerre ſoit réduite à un ou deux baſtions de tout ſon pourtour (103.), n'admet les frais du retranchement fait à l'avance que dans les gorges des ſeuls baſtions d'attaques décidées à l'avance. Il nous fournit en même-tems les tracés & moyens aſſurés (109.) d'exécuter cette bonne diſpoſition, non-ſeulement dans une Place à conſtruire à neuf ſans y faire la dépenſe des trois enceintes, mais auſſi dans pluſieurs de nos anciennes Places dont le Roi voudroit faire augmenter la force abſolue.

Il nous eſt donc impoſſible d'adopter ni les deux premiers ſyſtêmes de M. de M., ni ſes idées pour retrancher la gorge des baſtions.

§. V.

Application des mêmes Principes à l'examen d'un Front du Polygone angulaire : *troiſième Syſtême de* la Fortification Perpendiculaire.

<small>Pl. VIII. Fig. 11.</small> 114. C'est par ce troiſième ſyſtême, créé pour les Places à conſtruire (T. I, p. 133.), que l'Auteur s'écarte en tout point des uſages & tracés exécutés juſqu'à préſent dans toute l'Europe. C'eſt par ce ſyſtême qu'il promet, 1°. (T. II, p. 281.) de conſtruire les nouvelles Places de Guerre *à beaucoup meilleur marché* que tout ce qui a été imaginé en ce genre avant lui ; & 2°. (*ibid.* p. 282.) de les rendre *imprenables*.

ARTICLE

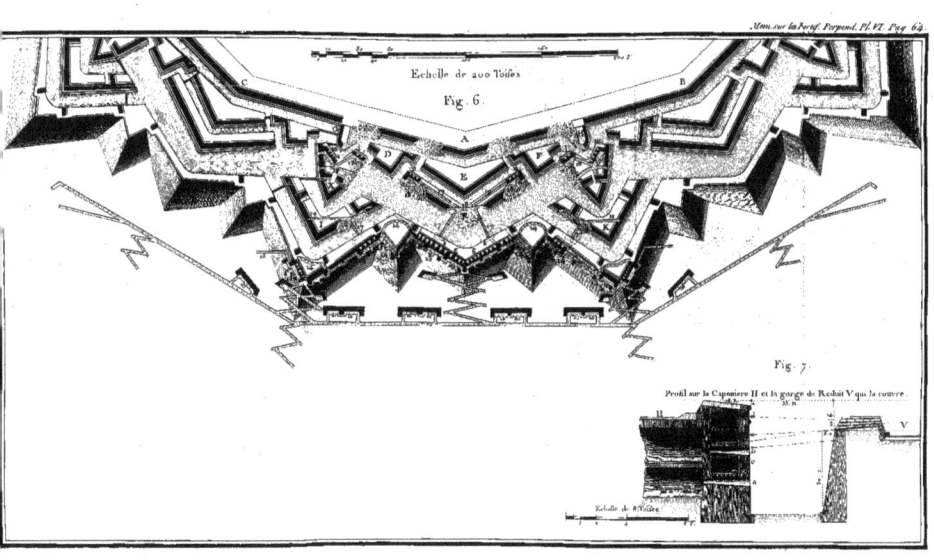

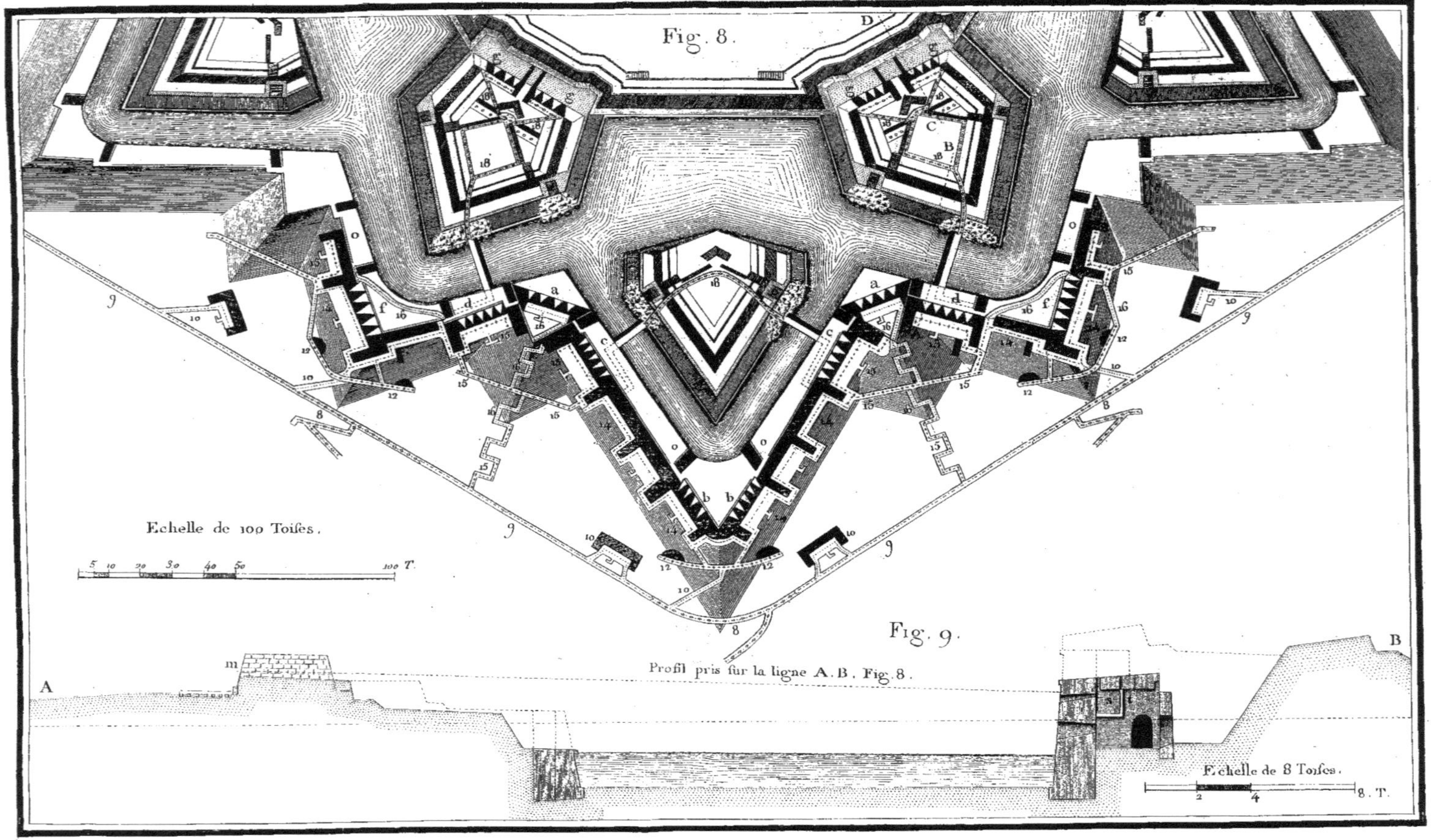

Mem. sur la Fortif. Perpend. Pl. VII. Pag. 64.

Fig. 8.

Echelle de 100 Toises.

Fig. 9.

Profil pris sur la ligne A.B. Fig. 8.

Echelle de 8 Toises.

SUR LA FORTIFICATION PERPENDICULAIRE. 65

ARTICLE PREMIER.

De la Dépense d'un Front du Polygone angulaire.

115. A ne consulter que la comparaison si sommaire donnée par M. de M. (*ibid.* p. 181.) entre les frais d'un front de son *dodécagone angulaire* & de celui de l'ancien tracé, on ne douteroit pas de l'économie que procureroit ce nouveau système. Nous sommes bien éloignés de prêter à M. le Marquis de M. l'intention d'affoiblir les dépenses de tous les ouvrages de son Livre pour leur concilier la préférence sur les nôtres : mais nous le voyons dans le cas de tous les autres Auteurs de bonne volonté comme lui sur la Fortification, qui, n'ayant que des notions superficielles de toutes ses dépendances, & peu de goût pour ses fastidieux & nécessaires calculs, se persuadent trop aisément par de simples apperçus qu'ils ne proposent rien que de très-conforme aux intérêts de l'Etat. L'Art procède tout autrement. M. de F*** nous a transformé en dessins à grandes échelles le Plan de ce front que l'Auteur nomme *Louisville*, avec toutes les coupes qui y sont relatives, le tout tiré des dessins du Livre (T. I, Pl. 8, 10, 11. T. II, Pl. 22, 24.). Nous sommes en état de produire, au besoin, tous les élémens que nous fournissent ces dessins, ainsi que ceux des systêmes précédens. Nous prouverions, s'il le falloit, que tous nos articles en dépenses ci-après, pour toutes ces nouvelles constructions proposées, sont plutôt au-dessous qu'au-dessus de leur véritable valeur. Nous allons seulement entrer ici en quelque détail à cet égard, pour faciliter aux curieux la vérification de nos calculs.

116. La première opération que nous avons faite sur le front de *Louisville* a été de chercher la quantité des terres qui sortiront de toutes les excavations, que les profils indiquent devoir être faites au-dessous du niveau naturel de la campagne, qui y est bien désigné par une même ligne ponctuée, comme il doit l'être, répétée sur chacun de ces profils. Nous trouvons qu'il en sortira 24900 toises cubes. Toisés des déblais.

117. Nous avons en second lieu cherché combien il faudra de terres, suivant les mêmes profils & plans, pour former au-dessus de ce niveau de la campagne le relief de tous les ouvrages de ce front. Il en faut tout au moins 34200 toises cubes. Toisés des remblais.

I

Comparaison entre les déblais & les remblais.

118. Bien loin donc d'avoir par les déblais des foſſés de quoi *élever la crête des glacis* (T. I, p. 183) *au-deſſus de la campagne* encore plus haut que les profils ne l'expriment, il ſera indiſpenſable, pour compléter le relief preſcrit à ce front, d'y rapporter 9300 toiſes cubes de terres des dehors. Or ces terres priſes à 500 toiſes au plus près de la Place, ſuivant les Ordonnances, & par conſéquent à tranſporter néceſſairement par charrois, coûteront plus du double des frais de celles priſes à pied d'œuvre. C'eſt une faute que nous avons toujours rencontrée dans tous les Auteurs de bonne volonté qui ſe haſardent à donner les profils de leurs idées ſur notre Art. Rien n'eſt cependant plus facile à éviter, en commençant toujours par équilibrer les terres des excavations avec le relief qui convient aux ouvrages propoſés. On pourroit de même corriger ici très-aiſément cette erreur; mais le texte de l'Auteur, contenu dans ſes profils & plans, y permet d'autant moins ce changement, qu'il faudroit y en faire en même-tems grand nombre d'autres, pour les rendre convenables même à ce qu'il s'eſt propoſé.

Talus des terres.

119. On y voit, par exemple, comme dans tous les autres profils de ce Livre, que l'Auteur ne donne aux talus en terre de vingt ou trente pieds d'élévation que quatorze à vingt pieds de baſe, c'eſt-à-dire, les deux tiers de leur hauteur pour leur baſe. Il eſt d'*expérience* que les terres communes rapportées ne ſe ſoutiennent pas long-tems ſur une pente ſi rapide; qu'au bout de peu d'années leur pente s'adoucit par leur éboulement, au point qu'elles prennent toujours environ une fois & demi leur hauteur pour baſe (Acad. des Sc. 1769, p. 235 & ſuiv.). L'homme qui trace des ouvrages de Fortification doit connoître cette Loi naturelle des terres, ſans quoi il lui arrivera comme ici, de voir tous ces talus trop roides ſe dépouiller des terres qu'ils ont de trop, & qui deſcendront ſur les bermes ou dans les foſſés, aux dépens de toutes les formes primitives de ces ouvrages. Il faut donc abſolument, pour prévenir cet inconvénient, revêtir alors ces talus de gazonnages qui ſont coûteux, qui ruinent les meilleures prairies des environs, que les taupes enſuite & les mulots détruiſent, & que par ces motifs nous avons banni de nos ouvrages permanens. Si l'on ne prend pas ce parti pour le front angulaire, & que l'on réuniſſe toutes les petites augmentations d'eſpace que chaque talus, aux deux tiers des ouvrages de ce front, exigeroit de plus pour pouvoir ſe ſoutenir, on trouvera que ce front de Louiſville devroit avoir

SUR LA FORTIFICATION PERPENDICULAIRE.

son rayon de douze toises au moins plus étendu, sur la campagne, quoiqu'il occupe déja quinze mille toises quarrées d'espace de plus que notre front moderne (Fig. 1, 2.); mais comme le plan en est arrêté (T. I, Pl. XXII, XXIV.), nous y trouvons en gazonnages indispensables ce qui suit, savoir :

120.   *Au corps de la Place;*   Gazonnages.

	toises.		
Talus intérieur du parapet...............................	109	2	0

Au réduit sur la tour angulaire;

Talus du rempart..............................	210	0	0
Talus intérieur du parapet...................	45	2	0
Talus de ses profils............................	55	0	0
Talus extérieur de l'ouvrage.................	537	3	0

A la contre-garde sur ce réduit;

Talus du rempart..............................	603	4	6
Talus intérieur du parapet...................	106	4	0
Talus de ses profils............................	46	0	0
Talus intérieur de l'ouvrage.................	986	2	4

Au couvre-face général;

Talus intérieur du parapet...................	172	0	0
Talus extérieur de l'ouvrage.................	1032	5	0

A la lunette du chemin couvert;

Talus intérieur du parapet...................	16	2	0

Au chemin couvert;

Talus du parapet...............................	206	4	0

	toises.		
Ce qui fait en total............Toises quarrées............	4127	4	10

quoique nous ne comptions pas de gazonnages pour les talus dont l'Auteur a fait la base égale à leur hauteur.

121. Nous ignorons absolument comment l'Auteur, s'il a   Maçonnerie.
consulté les détails de ses dessins, a pu croire qu'il n'entreroit que 4000 toises cubes de Maçonnerie (T. II, p. 281.) dans son front de Louisville. Nous y avons apporté toute l'attention dont nous sommes capables, & nous n'y avons trouvé pas moins que ce qui suit :

		toifes.		
Au corps de la Place & fes flancs cafematés		3039	0	2
A la tour angulaire (T. I, Pl. VIII, fig. 7 jufq. 12.)		125	1	1
Au réduit en avant de la tour		149	5	0
A la contre-garde fur ce réduit		1353	2	8
Au couvre-face, fes traverfes & fes flancs		1444	1	9
A la lunette du chemin couvert		701	4	8
		toifes.		
Total en toifes cubes		6813	3	4

Pierre de taille.

122. La pierre de taille eft un article effentiel dans les ouvrages permanens, puifque c'eft ce qui doit conferver tous les murs, & fur-tout leurs fous-bafes, les faillans, les arrêtes ou angles, les couronnemens, les baies des portes, embrafures, crénaux, &c., qui fans cela feroient bientôt en ruines par les gelées & autres intempéries de l'air. Les deffins du Livre en expriment par-tout où l'on doit en employer; & nous y trouvons, favoir :

		toifes.		
Au corps de la Place		1533	3	11
A la tour angulaire, fes crénaux & embrafures		218	3	3
Au réduit en avant de la tour		179	0	0
A la contre-garde		880	3	0
Au couvre-face, fes traverfes & flancs		1059	4	7
A la lunette		661	1	4
A 408 embrafures à canon		1207	0	0
A 2326 crénaux		1297	3	6
		toifes.		
Total en toifes quarrées		7037	1	7

Charpente.

123. Il n'entre pas de charpente dans la conftruction de nos fronts anciens ni modernes. Mais ici, la tour angulaire & les flancs cafematés ne pourroient remplir leur deftination fans des étages que l'Auteur conftruit en bois. L'objet de cette charpente, tant par fa première dépenfe que par fon entretien, eft trop confidérable pour ne pas y avoir égard dans la conftruction de ce front. Il en faudra, favoir :

	fol.	
Aux cafemates & flancs du corps de la Place	8048	0
A la tour angulaire	73	4
Aux cafemates de la contre-garde	3948	0
Aux flancs & traverfes du couvre-face	1242	0
Aux cafemates de la lunette	598	0
Aux 408 embrafures à canon, en chaffis & volets	8760	4
	fol. de bois.	
Un feul front de *Louifville* exige donc	22670	2

SUR LA FORTIFICATION PERPENDICULAIRE. 69

Il est étonnant que l'Auteur n'ait pas préféré des voûtes à une si prodigieuse consommation d'une denrée si rare en France & si dispendieuse.

124. L'Auteur veut (T. I, p. 164.) que toutes les plattes-formes au-dessus de ses voûtes & casemates soient enduites de certains excellens mastics nouvellement inventés, & dont il garantit les bons effets & la durée. Mais comme il ne s'agit que de 17 à 18 cents toises quarrées, tant de cet ingrédient, que du pavé qu'il faudroit sans doute au rez-de-chaussée de toutes les casemates, nous négligerons ces petits objets, ainsi que tous les fers & scellemens des grillages à l'épreuve, sur les trépans des casemates, toutes les portes, &c. *Objets négligés dans cette estimation.*

125. Nous trouvons donc que selon nos prix fictifs ci-dessus (40.) la dépense du front angulaire de 180 toises de côté ne peut pas être évaluée au-dessous de ce qui suit :

34220 toises cubes de terre à 1 liv...............	34220 liv.
6813 toises cubes de maçonnerie à 17 liv..........	115821
7037 toises quarrées de pierre de taille à 18 liv.....	126666
22670 solives de charpente à 2 liv................	45340
Total.......................	322047 liv.

On voit encore que nous négligeons la différence des 9300 toises cubes de terres à rapporter (118.), & tout l'article des gazonnages (119.). Enfin, au lieu de 340000 liv., à quoi pourroit monter tout au moins cette estimation, nous la réduisons à 320000 livres ; ce qui fait précisément le double de la dépense de notre front moderne (41.). *Dépense totale.*

126. L'Auteur ne manqueroit pas de déduire sur cette estimation l'économie qu'il se flatte avoir trouvée de toutes les Casernes, Magasins, Hopitaux & autres bâtimens indispensables dans nos Places, qu'il supprime en leur substituant toutes ses casemates. Il n'a pas comme nous l'*expérience* des représentations, observations judicieuses, & plaintes journalières des Officiers de Santé, des Physiciens éclairés, & des meilleurs Observateurs, sur l'insalubrité & le défaut de circulation d'air que l'on reproche, avec raison, à nos bâtimens actuels. Nous tenons pour certain que, si le Gouvernement adoptoit cette mauvaise idée d'économie, qui n'est pas, à-beaucoup-près, nouvelle, l'infection de toutes ces casemates & les maux qui s'ensuivroient, exigeroient encore la dépense de tous les bâtimens ordinaires.

Article II.

De la Force absolue d'un Front du Polygone angulaire.

Fig. 11.
1ᵉʳ Défaut.
Grand vice
du chemin cou-
vert; les sorties
impossibles.

127. Les approches de ce front ne seront pas exposées aux sorties, puisque l'assiégé n'en pourra faire aucune que par les portes de la Ville, en dehors des fronts que nous embrassons. Ce n'est pas l'intention de l'Auteur : il reproche, au contraire, à notre méthode (T. I, p. 181, 182.) de ne pouvoir exécuter les sorties du chemin couvert, qu'*en défilant par des barrières*, auxquelles il trouve de grands inconvéniens, qui n'avoient été remarqués dans aucun des sièges dont nous avons ou l'*expérience* personnelle ou celle de notre fidèle tradition. Les chemins couverts, dans les principes de l'Auteur, doivent être sans traverses, sans palissades & sans barrières : ils ne doivent être destinés qu'à s'y mettre en bataille à couvert, *pour exécuter les sorties à-la-fois*, & pouvoir y rentrer de même *à-la-fois*. Nous observerons d'abord sur ce passage, qu'en cas de siège, chacun de nos fronts modernes peut avoir, sans inconvéniens, dix passages ou barrières de sorties, chacune pour quatre hommes de front; ensorte qu'il peut en déboucher 40 à-la-fois sur son glacis, ce qui ne se nomme pas communément un défilé. M. de M. n'est pas content de ce débouché; il veut sortir de son chemin couvert sur 400 hommes de front dans le même intervalle. Mais il nous dit en même-tems tout le contraire par tous les dessins, tant plans que profils, de son Livre, puisque tous ses chemins couverts ont un parapet de quatre pieds de hauteur, que les troupes auroient à franchir d'une seule à jambée pour pouvoir en sortir en bataille ; ce qui est certainement impossible, & ce qu'il n'auroit pu corriger sans tomber dans d'autres inconvéniens. Il est donc très-clair que sur le développement des quatre fronts que nous embrassons dans notre première parallèle, il ne pourra sortir du chemin couvert aucune troupe sur nos tranchées. S'il s'y trouve quelque porte de la Ville, tout le monde sait qu'elle doit être soigneusement masquée dès que l'attaque est déclarée. Il nous suffira donc d'avoir aux ailes de notre attaque quelques épaulemens pour couvrir les piquets destinés à tomber sur ce qui pourroit venir des autres portes.

Attaques de
ce front.

128. Nous ne perdrons pas le tems à discuter tous les autres défauts de ce chemin couvert; mais nous en profiterons pour conduire notre attaque en conséquence.

4ᵉ *Nuit*. On achevera la deuxième parallèle, qui ne sera qu'à 120 toises des saillans au lieu de 150. L'Auteur la met à 250 (T. I, p. 166.) : jamais nous ne l'avons pratiqué ; ce seroit une nouveauté très-blâmable.

Au jour, il sera reconnu les emplacemens des batteries à ricochets pour toutes les faces d'ouvrages & branches du chemin couvert qui ont des vues sur notre attaque, & principalement pour les bermes ou fossés secs. Six de ces batteries, en a. a. b. c. t. u., qui découvriront le mieux le haut des murs & le donjon des cinq tours angulaires A. B. C. G. H., seront chacune de quatre pièces de vingt-quatre : elles en seront à 375 toises ; mais comme ces murs n'ont au plus que quatre pieds d'épaisseur, le boulet de vingt-quatre, à cette distance, les mettra dans le plus grand désordre, puisqu'il est d'*expérience* qu'à 300 toises il ouvre encore une brèche dans un revêtement ordinaire. Toutes les bombes seront dirigées tant sur ces tours, que sur les flancs casematés & les lunettes du chemin couvert. 2ᵉ Défaut. Le haut des tours facilement ruiné.

5ᵉ *Nuit*. On fera les logemens pour toutes ces batteries. Ils seront au point du jour livrés à l'Artillerie.

6ᵉ *Nuit*. Les bouches à feu arriveront aux batteries qui tireront toutes à midi. On pourroit les construire en vingt-quatre heures, & nous en employons trente.

7ᵉ *Nuit*. Etablissement de la troisième parallèle à quinze toises des saillans, en achevant ses communications en arrière.

8ᵉ *Nuit*. Logement du chemin couvert sur les six branches des trois saillans. Pl. IX. Fig. 12.

129. Ce logement ne sera précédé d'aucun assaut, puisqu'il n'y aura personne dans le chemin couvert. Aux attaques des deux systêmes précédens, tous les travaux, depuis la sixième nuit jusques & compris la treizième, sont retardés dans leur marche & raccourcis dans leur étendue par le feu d'Artillerie qui sort pendant le jour de tous les remparts, & pendant la nuit par le feu de mousqueterie des chemins couverts (47.) qui voient les attaques. Mais ici, 1°. l'assiégé voyant le 6 à midi toute notre Artillerie en action contre la Place, retire ce qu'il pouvoit en avoir sur ces remparts, & fait entrer toutes ses gardes sous ses revêtemens & flancs casematés (T. I, p. 125, 137, 162, 163, &c.) *pour qu'elles ne soient pas écrasées* par le feu de notre parallèle. Le chemin couvert abandonné.

Ainsi que tous les remparts.

130. 2°. La crête du glacis n'est donc plus défendue que par Les glacis sans défense.

Feux impuiſ-fans de bas en haut.

le mur crenelé du couvre-face général, dont les crénaux, étant de douze pieds plus bas que cette crête, & à treize toiſes de diſtance, ſont bien éloignés de pouvoir plonger ni les glacis ni la campagne en avant. Il eſt même fort remarquable dans tous les profils de ce Livre combien l'Auteur contrarie ce principe naturel de la défenſe (12.) de ſe procurer & conſerver toujours la ſupériorité du terrein ſur l'ennemi, quoiqu'il en revendique les effets dans ſon diſcours, comme on le dira. On voit (T. I, Pl. vi, fig. 1. Pl. xi, fig. 1. T. II, Pl. xiii, fig. 1. Pl. xx, fig. 1, 2, 7. Pl. xxiv, fig. 2, 3, &c.) que tout canon des ouvrages de ce front qui puiſſe tirer au logement du chemin couvert, eſt de quatre, cinq, ſix pieds plus bas que la crête des glacis; que toute défenſe de mouſqueterie eſt inférieure à cette crête de deux, trois, quatre & juſqu'à douze pieds. C'eſt l'impuiſſance de tous ces feux de bas en haut qui nous permet de conduire nos tranchées avec autant de célérité que nous voudrons, ſans y riſquer preſque perſonne. L'Auteur nous menace fortement (T. I, p. 128.) de la plongée que prendront ſes tours dans nos tranchées, & ſur-tout dans nos ſapes & batteries de brèches: nous examinerons dans un moment juſqu'où s'étend cette reſſource.

131. 3°. Quand même quelque Officier Supérieur de la Garniſon obſerveroit, faute d'avoir lu le Livre de *la Fortification perpendiculaire*, qu'il eſt honteux pour de braves gens d'abandonner ainſi des remparts encore tous entiers, & que l'aſſaillant ne peut venir inſulter; il eſt trop tard pour admettre utilement cette réflexion. Les remparts trop étroits du couvre-face n'ont pas pu recevoir de canon; toutes les longues faces de cet ouvrage ſont trop enfilées par nos ricochets pour que perſonne y eût pu tenir : actuellement notre logement eſt fait, & l'on va voir qu'il n'eſt plus poſſible à l'aſſiégé d'entrer dans ce grand ouvrage.

132. *Suite de la* 8ᵉ *Nuit*. Notre logement ſur chaque branche du chemin couvert s'étendra juſqu'à quinze toiſes de la place-d'armes rentrante. Il ſera fait en même-tems, d'une branche à l'autre, une communication qui bordera le ſaillant de cette place-d'armes. On formera auſſi en avant de la troiſième parallèle les logemens pour de nouvelles batteries b., dans leſquels on rapprochera les mortiers de la deuxième parallèle. Ils tireront le 9 à midi, pour le plus tard, ſur les mêmes objets qu'auparavant (128.).

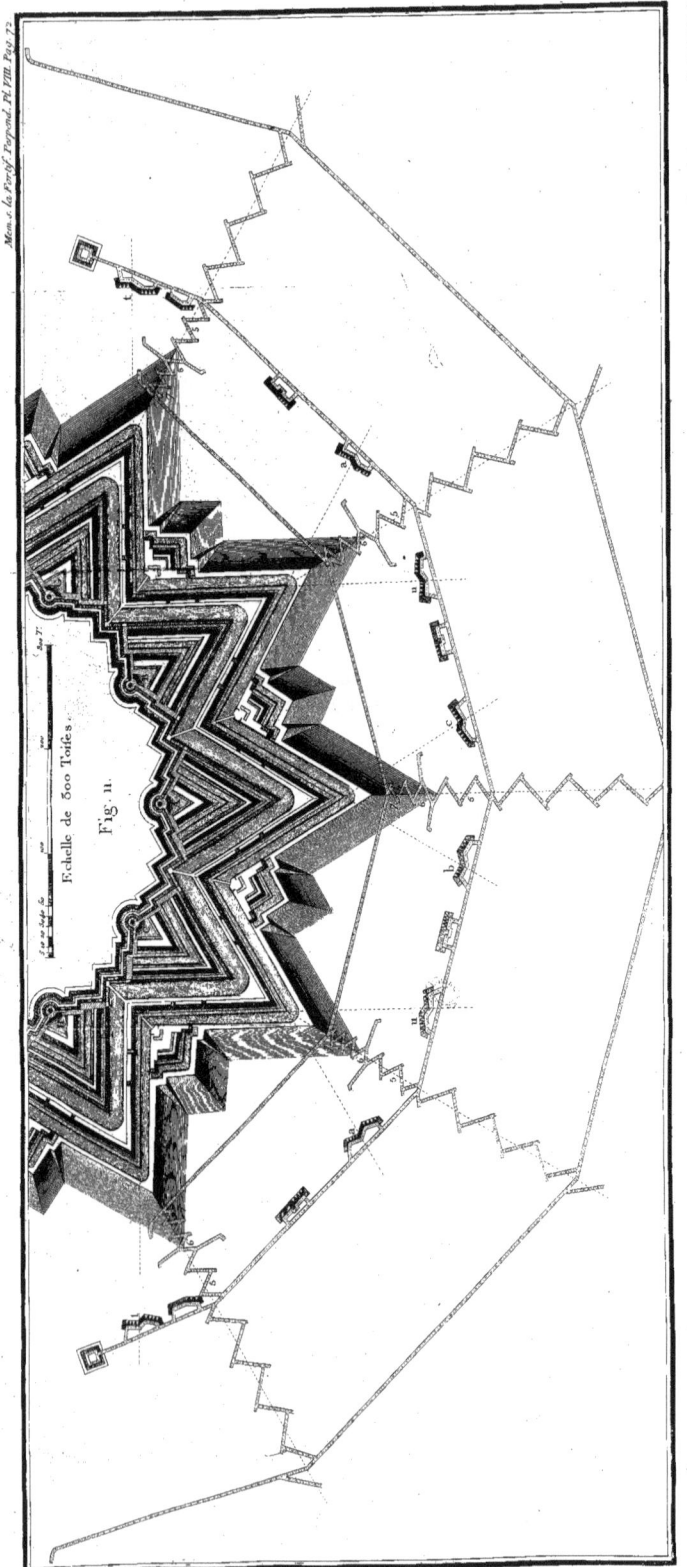

Fig. 11.

Echelle de 500 Toises.

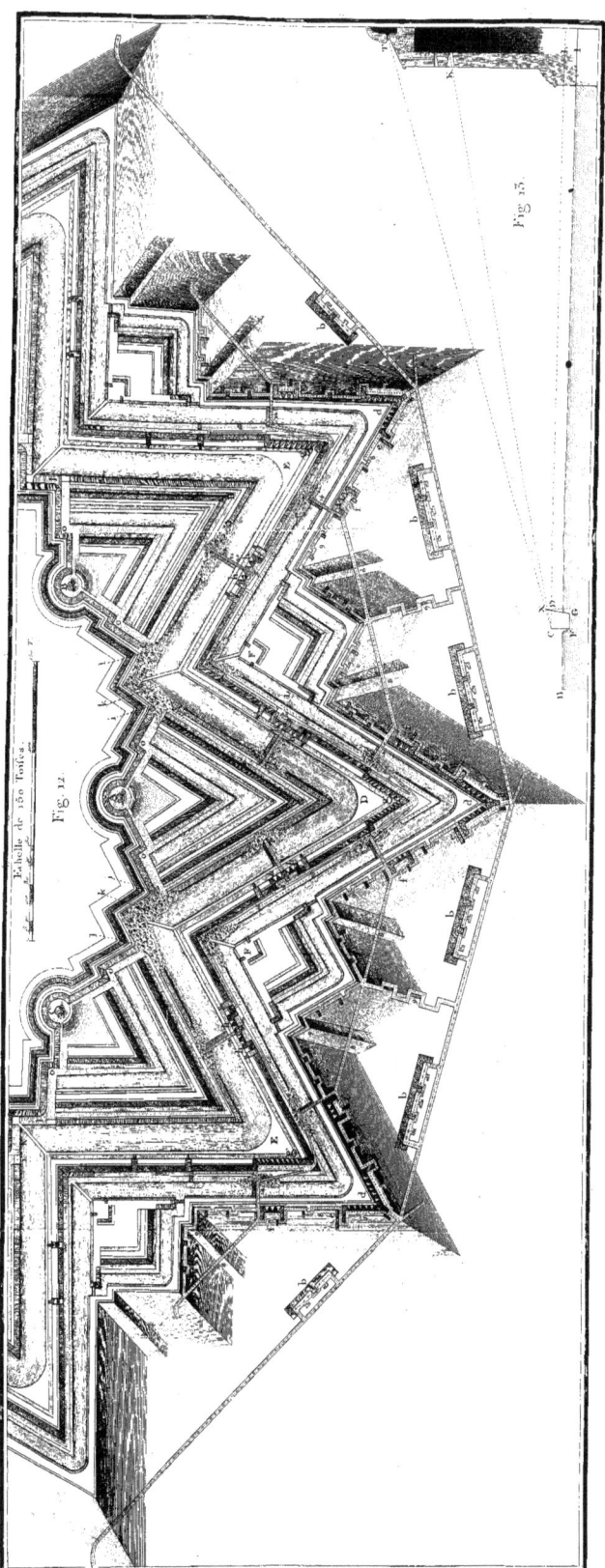

SUR LA FORTIFICATION PERPENDICULAIRE.

133. Au jour, on commencera à chaque saillant sur la crête du glacis, & de chaque côté de ce saillant, une batterie d., de cinq pièces de vingt-quatre en crémaillère, enfilant chaque branche tant du fossé plein d'eau, que de la berme au pied du couvre-face, pour mettre en brèche tout le flanc casematé qui le défend, & continuer à battre les trois tours A. B. C., qui font actuellement les seules qui nous intéressent. A côté de chacune de ces batteries il sera placé deux obusiers e. qui lanceront leurs bombes tant sur le talus extérieur du couvre-face, que sur son terre-plein, s'il en sortoit quelques coups de fusil.

On commencera en même-tems sur chacune des six branches, à 65 toises des saillans, une batterie f. de trois pièces pour ouvrir une large brèche au mur crenelé du couvre-face.

A côté de chacune de ces dernières batteries, & plus près de chaque rentrant, on entamera une descente de fossé qui passera sous le chemin couvert.

Toutes ces batteries du glacis tireront le dix au matin.

134. Nos batteries de brèches d. contre les flancs en seront à 160 toises, & nous comptons bien (128.) qu'elles les démoliront complettement. M. de M. ne convient pas toujours de cette possibilité: *on ne bat*, dit-il (T. I, p. 166.) *un rempart en brèche, on ne renverse un revêtement qu'en le battant de plein fouet à la distance de vingt à trente toises.* Cependant, en parlant ailleurs (*Ibid*. p. 42.) de quelques siéges du seizième siècle, il avoit dit que *les murailles des anciennes Villes n'étant alors nullement couvertes, l'ennemi, dès les premiers jours de l'investissement, en plaçant des batteries éloignées, les battoit en brèche; & que nommément à Thérouanne elles l'avoient été sans qu'il y eût d'approches de faites par l'assiégeant.* Ce dernier fait, & en même-tems le principe d'*expérience* qui en est déduit, se trouve répété presque mot à mot à la page 52. L'Auteur ensuite en rapporte un autre exemple beaucoup plus moderne, puisque nous en avons tous été témoins oculaires. Il dit (p. 91.) qu'à la Citadelle de Tournay, en 1745, *le corps de la Place fut battu en brèche par des batteries placées à plus de 120 toises de la crête du glacis du chemin couvert;* ce qui, suivant nos plans journaux de siége, faisoit réellement 175 toises de distance. Nous avons encore vu en 1760, au Château de Dillembourg, une brèche très-praticable dans un mur fort épais ouverte par une batterie distante de 200 toises. Enfin l'Auteur nous dit (T. III, p. 115.) qu'à Carthagêne, en 1741, les batteries qui ouvrirent en quatre

Contradictions remarquables dans cet Auteur.

K

jours la brèche du Fort Boccachica en étoient à 250 toises. Si nous rapprochons ces passages de l'Auteur, il est fort heureux que notre vieille *expérience* personnelle, jointe à notre fidèle tradition, nous assure à quoi l'on doit s'en tenir pour la pratique sur des variantes de cette force. Aussi sommes-nous très-certains que non-seulement nos batteries de brèche d. à 160 toises des flancs casematés, auront tout le succès désiré, mais aussi que nos six batteries de la deuxième parallèle (128.) détruiront tout ce qu'elles voient des tours angulaires, malgré leur éloignement de 375 toises.

Fig. 13.
Inutilité des tours.

135. Voyons donc aussi si les plongées de ces tours pourront être aussi funestes qu'on nous le dit (130.) à nos sapes & batteries. Le crénau du donjon T., le plus élevé de l'une ou l'autre de ces tours (Voyez notre fig. 13 d'après les profils de l'Auteur 10 & 11 de la Pl. XXIV, Tom. II.) est tout au plus de 40 pieds au-dessus de l'horison de la campagne H. I. Nos batteries de la deuxième parallèle sont enfoncées dans le terrein en F., au pied de leurs revers, de 42 pouces au-dessous de cet horison : ainsi le même crénau prend $43\frac{1}{2}$ pieds de commandement sur le fond F. G. de la batterie. On pourroit remarquer que le feu de 25 ou 30 crénaux au plus, des cinq tours, qui voient notre parallèle à 375 toises, ne mérite aucun égard ; mais n'importe. Supposons en F. C. un homme de six pieds de taille qu'il faille couvrir de deux pieds au-dessus de la tête, c'est-à-dire, jusqu'au point C., contre le feu T. C. du crénau, par le moyen de l'épaulement G. X. de la batterie ; & supposons cet homme à dix toises en arrière du parapet.

Il faudra que ce parapet soit élevé d'abord de huit pieds G. D. au-dessus du fond F. G. de la batterie pour être au même niveau que le point C., plus de la hauteur D. X. qui manque à G. D. pour atteindre la ligne de feu T. C. du crénau.

Or, pour connoître D. X., soit mené de C. en L. par le point D. l'horizontale C. L. : il restera du point L. au point T. $35\frac{1}{2}$ pieds de hauteur ; & l'on aura le triangle C. L. T. semblable au triangle C. D. X., tous deux ayant l'angle en C. commun. Si donc on fait C L : C D :: L T réduit en pouces : D X,

ou bien 385 toises : 10 toises :: 426 pouces : D X, on aura D X = 11 pouces.

136. Il est donc géométriquement démontré qu'en donnant au parapet G. X. de cette batterie cinq pieds cinq pouces au-dessus de l'horizon de la campagne ; c'est plus qu'il ne faut pour

que les crénaux du donjon de ces tours ne puiſſent voir ou plonger l'intérieur de nos batteries.

Si au lieu d'une batterie ſuppoſée de dix toiſes de largeur, c'étoit une ſape ou tranchée de trois ou quatre toiſes ſeulement de largeur, & à la même diſtance de la tour, alors D. X., au lieu de 11 pouces de hauteur ne ſeroit que de $4\frac{1}{2}$ pouces, & l'objet en F. C. ſeroit également bien couvert.

Il s'en faut donc de beaucoup que ce ſoit ici le cas d'employer les ſapes couvertes (T. I, p. 128.), dont l'uſage n'eſt applicable qu'à des circonſtances tout autrement périlleuſes. L'Auteur fait voir par ce paſſage qu'il n'eſt pas au fait de la partie de l'Art que nous nommons *le défilement*, article indiſpenſable à la défenſe comme à l'attaque, & dont il ne dit pas un mot dans tout ſon Livre.

137. Quant aux batteries de brèches ſur la crête du glacis; celles f. les plus voiſines des tours en ſeront à 195 toiſes; elles auront leur ſol F. G. ſupérieur de ſept pieds à l'horizon, & le point C. y ſera commandé de treize pieds par le canon k. le plus élevé de la tour, dont le donjon aura été raſé par nos premières batteries (128.). Si l'on applique à ces batteries f. la formule ci-deſſus, on trouvera D. X. de ſept pouces ſept lignes de hauteur : par conſéquent encore moins pour le parapet des batteries d. e. au ſaillant du glacis qui ſont au même niveau de celles f., mais de 60 toiſes plus éloignées des tours.

Fig. 12.
Fig. 13.

Enfin, comme il eſt démontré par les profils de l'Auteur que nos batteries d. découvrent treize à quatorze pieds du mur de chaque tour, au lieu de rien craindre de leur part, nous tenons pour certain que ces batteries en démoliront aiſément toute cette hauteur, & qu'il ne ſera plus queſtion de ces tours angulaires pendant le reſte du ſiége.

138. C'eſt donc ſans aucun profit pour ſes compoſitions que l'Auteur a ſenti l'avantage naturel (130.) du commandement ſur le terrein de l'ennemi. Il ne l'a diſtribué dans les deux fronts que nous attaquons qu'à trois mauvais points de mire trop foibles & trop faciles à détruire. Il ne lui reſte plus depuis le 6 au ſoir aucuns feux qui aient pu traverſer ni ralentir nos opérations.

9ᵉ *Nuit*. On achevera de couronner le chemin couvert dans les rentrans. On ouvrira en arrière de ces rentrans des communications ſuffiſantes dans leur capitale avec la troiſième parallèle, pour faciliter le ſervice des deſcentes de foſſés & des batteries voiſines.

10ᵉ *Nuit.* Suite des galeries pour le foffé. Les bouches à feux arriveront de nuit aux batteries du chemin couvert, & tireront au point du jour.

11ᵉ 12ᵉ & 13ᵉ *Nuit.* Suite & achèvement des galeries, qui déboucheront dans le foffé. Le 13, au jour, la culée de chaque pont fera commencée avec les dernières terres de la defcente.

14ᵉ *Nuit.* Suite des ponts. Le foffé n'ayant que huit toifes de largeur à fleur d'eau, le pont & fon épaulement feront finis le 14 au foir.

Nos batteries de brèches travaillent depuis quatre jours & demi contre les murs de quatre pieds des flancs cafematés, & l'on fait par plus de cent *expériences* qu'il ne faut que trente-fix heures pour ouvrir une brèche fuffifante dans un gros revêtement de fix à fept pieds d'épaiffeur.

139. Nous n'oublierons pas la prétention de l'Auteur (T. I, p. 138. T. II, p. 272.) qu'attendu fes douze pièces de vingt-quatre, foutenues par cinquante-fix fufils de rempart, que fon flanc cafematé oppofe ici à notre batterie de cinq pièces d., nos batteries feront impoffibles à conftruire ; que fes feux raferont tous nos travaux, & même les pièces de fa propre Fortification, s'il le vouloit. Nous en traiterons dans peu, lorfque nous ferons maîtres de Louifville. Nous demandons qu'en attendant on nous paffe la négative très-ferme & très-pofitive de cette fimple affertion de l'Auteur, abfolument dénuée de toute autre preuve qu'une vraifemblance que nous n'y trouvons pas. On pourra examiner les motifs que nous donnerons de notre incrédulité.

Autres contradictions.

140. 15ᵉ *Nuit.* A l'entrée de la nuit fix colonnes pafferont le pont du couvre-face général. Il n'y aura perfonne dans ce grand ouvrage, excepté dans fes traverfes, ni perfonne dans fes flancs cafematés qui feront écroulés. L'Auteur nous dit bien (T. I, p. 189) que ce rempart extérieur, pouvant être foutenu de toutes les forces de la Garnifon, fera capable de plus de réfiftance que les remparts baftionnés mêmes, puifqu'on ne rifque rien à y combattre fur la brèche. Mais, 1°. il oublie en écrivant cette page toutes les bonnes raifons qu'il nous a données auparavant (129.) pour faire retirer lui-même, dès le 6 à midi, les gardes de ce rempart comme de tous les autres. 2°. Comment comprendre que toutes les forces de la Garnifon puiffent fe porter & tenir fur la berme de ce rempart pour y combattre fur la brèche de fon mur crenelé, tandis que cette

berme n'a que douze pieds de largeur, & est enfilée dans toute sa longueur par deux obusiers & deux pièces de vingt-quatre (133.) qui n'y laisseroient pas un homme debout, s'il osoit y paroître? Nous nous en tenons à ce que nous venons d'en dire tant ici que plus haut (131.).

141. Les cinquante Grenadiers qui, suivis d'autant de travailleurs, formeront la tête de chacune des quatre colonnes du milieu, se porteront rapidement, par la berme ou fossé sec du couvre-face, à la casemate qui en termine chaque branche. Si le débouché du passage voûté sous le pont de l'avancée & celui du pont même ne sont pas suffisamment engorgés par les ruines de la casemate, les travailleurs acheveront de les combler. Les Grenadiers s'empareront de la voûte qui conduit au grand pont de la Place; on leur y arrangera le poste convenable pour qu'il ne puisse plus passer personne, ni par le pont, ni par sa galerie (T. I, Pl. x & xi, fig. 3.).

D'autres détachemens, suivis de travailleurs, garniront le haut du talus extérieur du parapet depuis le flanc casematé jusqu'au saillant du couvre-face, excepté vis-à-vis les traverses; on leur y fera une banquette large & commode.

Les deux colonnes qui passeront les ponts des ailes ne se porteront pas de même au rentrant : elles ne garniront le talus du couvre-face que depuis le saillant jusqu'à dix toises au-delà de la deuxième traverse.

D'autres travailleurs en quantité suffisante commenceront sur ces talus chacune des rampes convenables pour monter facilement au rempart de chaque saillant, ainsi qu'une coupure dans le parapet pour entrer sur ce rempart, où sera fait en mêmetems le logement pour chacune des quatre batteries de brèches g. au corps de la Place. Il sera tracé à trois toises du talus du rempart.

142. Malgré toute la confiance de l'Auteur (T. I, p. 100, 101. T. II, p. 279.) dans les effets de ces traverses, il en est ici comme des coupures aux ouvrages du *front à ailerons* (98.), & par les mêmes raisons : l'assaillant les dépasse sans le moindre danger, puisqu'elles n'ont aucune découverte, ni sur la berme où se fait la marche de nos colonnes, ni sur le talus des terres où se fait notre logement (T. II, Pl. xxiv, fig. 4, 5, 6, 7.). Il n'y auroit des deux traverses de chaque branche que la seule pièce de canon & quelques créneaux qui voient le rempart du saillant qui pourroient y tirer sur notre logement. Mais aussi-

Inutilité des traverses.

tôt que les gardes de ces traverses se verront dépassées par nos Grenadiers & piquets, & n'avoir plus aucune retraite, elles s'empresseront de se rendre les armes bas, à peine de n'obtenir aucun quartier.

Inutilité des lunettes. On voit de même que si les gardes entières des deux lunettes du chemin couvert n'avoient pas eu la prudence de les évacuer la 14e nuit au plus tard, il n'y a plus de retraite pour elles, puisqu'elles sont investies de tous côtés. Si au point du jour il s'y montroit encore quelques hommes, ils passeroient par les armes des fusiliers qui occupent notre logement sur les talus du couvre-face, & de ceux qui borderoient aussi-tôt le mur crenelé de sa berme.

Il est donc incontestable que la lunette & les quatre traverses de chaque front sont des ouvrages absolument inutiles à la défense de la Place.

143. Au jour, on commencera les quatre batteries g. des saillans. Il y a vingt-sept à vingt-huit toises de distance directe entre le sommet intérieur du rempart du couvre-face & le sommet du talus extérieur des terres de la contre-garde : chacune des batteries g. destinées à enfiler cet espace sera donc de neuf à dix pièces de vingt-quatre en crémaillère comme ci-dessus (133.). Elles tireront le 17 au matin. Pendant les nuits suivantes, deux de ces pièces tireront à ricochet dans la berme de la contre-garde sans discontinuer, pour y empêcher toute communication au revêtement casematé.

Comme il faut ouvrir une brèche à ce revêtement casematé de chacune des contre-gardes, on fixera d'abord l'emplacement des ponts sur le grand fossé de chaque face, & l'on en commencera la galerie sur le couvre-face à cinquante-cinq toises de son saillant. On percera le mur crenelé à l'ouverture de cette galerie, pour se débarrasser dans le fossé des terres qui en sortiront. On commencera en même-tems, au haut du talus des terres, deux coupures, l'une à droite, l'autre à gauche de la galerie, chacune de six toises de largeur, dont les terres jettées en arrière passeront de même dans le fossé du couvre-face par d'autres ouvertures faites au mur crenelé. Ces coupures sont destinées à l'emplacement des deux batteries de brèches h., chacune de deux pièces, dans le rempart, d'où elles tireront obliquement sur le point où doit aboutir le pont du grand fossé. On pratiquera aussi sur le talus du couvre-face les rampes nécessaires pour le service de ces deux batteries; & comme le pont de l'assiégé au rentrant du couvre-face n'a pu être rompu, attendu sa voûte souterraine, il nous fournira une nouvelle communication très-commode pour tous nos logemens & batteries.

Les communications de l'assiégé tournent contre lui.

144. Les travaux de cette quinzième journée sont considérables; mais l'espace ne nous manque pas (35.), puisque chaque branche du couvre-face est au moins de 140 toises de longueur. Nos gardes ni nos travailleurs n'auront pas un seul coup de fusil à essuyer sur le talus des terres & la berme, comme nous l'avons dit (141.). Le logement en g. sur le rempart du saillant ne sera pas fort périlleux : aucun des créneaux du mur casematé de la contre-garde ne peut y atteindre; ils sont trop obliques sur ce saillant, & les plus élevés sont de six pieds inférieurs à ce rempart. Il ne peut donc y arriver de feux que du flanc casematé de la contre-garde voisine qui fait face au logement g. Ce feu ne pourra partir, comme nous le ferons voir ailleurs, que du troisième étage de ce flanc casematé, si cet étage n'est pas muré par-derrière. Il est à 158 toises de notre logement : il ne sera donc ni plus voisin, ni aussi dangereux de nuit que celui qui s'oppose toujours à l'ouverture d'une seconde parallèle à 150 toises du chemin couvert : avant le jour on y sera parfaitement couvert. Supposons cependant qu'au jour on s'apperçoit que ce logement est trop tourmenté par l'Artillerie de ce troisième étage, qui n'a pas encore été contre-battue : on en retirera les travailleurs jusqu'à l'entrée de la nuit suivante, pendant laquelle on approfondira ce logement jusqu'à quatre pieds plus bas que le niveau du rempart : il sera pour lors à toute épreuve.

Grand espace & sûreté pour les travaux de l'assaillant.

16ᵉ *Nuit.* Suite des galeries sous le couvre-face, & de toutes les coupures dans son parapet pour l'accès du canon dans les batteries g. & h. Ces travaux continueront pendant tout le jour. Avant la fin, l'Artillerie commencera toutes ces batteries, qui tireront le 18 au point du jour.

145. Nous ne concevons pas comment l'Auteur peut supposer (139.) que le canon du revêtement casematé empêcheroit la construction de la batterie h. qui doit le mettre en brèche. Il suffit de jetter les yeux sur notre profil ci-joint (fig. 14.) pour voir que le canon t. le plus élevé du revêtement, étant inférieur de neuf pieds du rempart du couvre-face & à vingt toises au plus de distance; tout boulet qui ne passera pas au-dessus de cette batterie, s'enterrera dans le talus du rempart, sans faire à la batterie plus de tort que n'en souffre la butte d'une École d'Ar-

Autres feux impuissans de bas en haut.

Pl. X.
Fig. 14.

tillerie que le canon bat pendant tant d'années fans la détruire. Ce fait d'*expérience* est d'inconteftable notoriété, & rend également impoffible à l'Artillerie du flanc cafematé, quand même elle feroit toute en action, d'empêcher la conftruction de la batterie g.

L'objet de ces batteries g. eft de détruire non-feulement le flanc cafematé k. qui lui fait face avec le batardeau i. qui le joint, mais auffi le profil l. de l'autre flanc qu'elle prolonge, & encore le petit flanc o. de quatre toifes qui défend le profil de la contre-garde voifine (Voyez ces lettres marquées aux fronts voifins en dehors de notre attaque, pour éviter la confufion).

146. Nous n'aurons pas à défiler nos batteries g. & h., du feu de la tour la plus voifine, puifque fes murs ont été fuffifamment démolis ci-deffus (137.) pour ne plus nous voir fur le couvre-face, & que d'ailleurs les batteries h. font parfaitement défilées par le corps de la traverfe où elles s'appuient. Mais on reconnoît par les profils (T. II, Pl. XXIV, fig. 1, 2.) que l'étage fupérieur du flanc cafematé s'élève de quinze pieds plus haut que le fol de la batterie g. dont le revers fe trouvera à 170 toifes de ce flanc. Si l'on fait ici la même opération que ci-devant (130.) relative à notre fig. 10, même en fuppofant l'objet C. à trente toifes du parapet ou de l'épaulement de la batterie; on trouvera que la partie D. X. du parapet ne doit avoir qu'un pied & demi de hauteur, ce qui fera 5 pieds & demi au-deffus du rempart, pour y être parfaitement défilé.

17e & 18e *Nuit*. Suite des galeries & des batteries. Au point du jour les batteries entreront en action, & tireront jour & nuit.

19e *Nuit*. Suite des galeries.

20e *Nuit*. A l'entrée de la nuit on débouchera les galeries dans le grand foffé : on y jettera les terres du débouché pour y former la culée du pont. Le grand foffé eft de quinze toifes de largeur à fleur d'eau : le pont n'exigera pas foixante heures pour être en état.

147. La difficulté infinie que l'Auteur fe perfuade (Tom. I, p. 190.) exifter à conftruire ce paffage, porte fur fa grande confiance dans le feu de fes flancs cafematés. Nous avons déja dit qu'il fe réduit tout au plus (144.) à celui du troifième étage. Si depuis foixante heures que ces flancs font battus, ils ne font pas encore écroulés, on peut juger en quel état fera réduit ce troifième étage.

21e *Nuit*. Suite du travail des ponts.

Fig. 10.
Profil pris sur CD de la Fig. 8. Pl. VII.

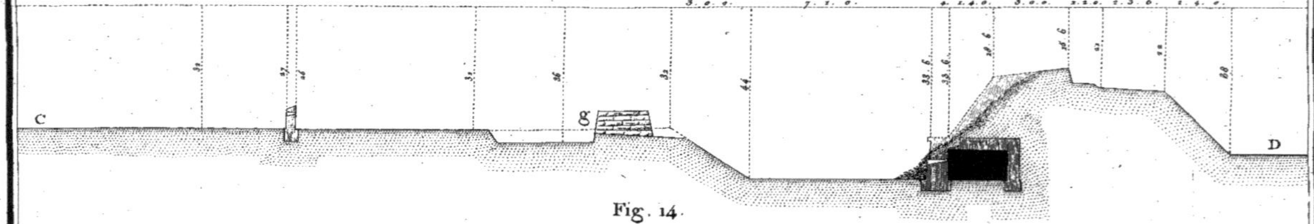

Fig. 14.
Profil pris sur KL de la Fig. 12. Pl. IX.

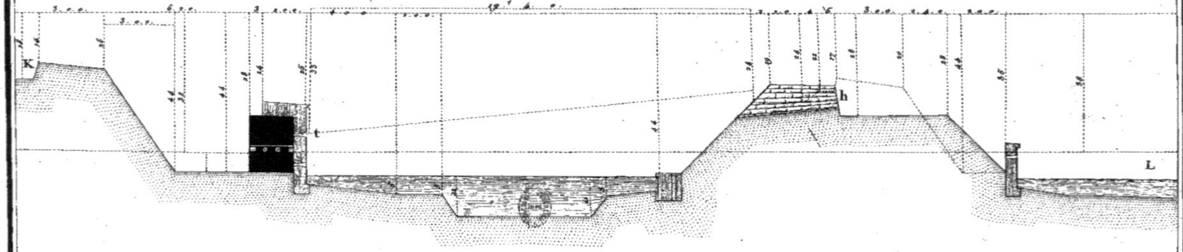

Echelle de 20 Toises.

SUR LA FORTIFICATION PERPENDICULAIRE. 81

148. On aura reconnu, le 20 au matin, fort aisément, du rentrant du couvre-face, à trente-cinq toises des derniers flancs casematés, si leur mur de derrière, appuyé aux terres du rempart d'enceinte, met encore quelque obstacle à l'assaut du corps de la Place. En ce cas, les mêmes batteries g., pendant la journée du 20 & celle du 21, auront tout le tems d'achever la destruction de ce mur, & de rendre le rempart accessible.

22ᵉ *Nuit*. Achèvement des quatre ponts.

Il n'est déja plus tems pour la Place de demander à capituler : il falloit absolument le faire le 21. Si donc le 22, au point du jour, elle ne se rend pas à discrétion sur une simple sommation, l'assaut lui sera livré au jour tombant, sans qu'elle puisse éviter d'être emportée.

149. On doit remarquer (T. II, Pl. XXIV, fig. 1.) qu'au pied du flanc le fossé n'a que deux pieds d'eau : son fond est en pente douce jusqu'à quatre toises de distance où il n'a que cinq pieds d'eau, & se soutient de niveau sur deux autres toises de largeur. Il est donc évident que les décombres de chaque flanc casematé, en s'étendant dans l'eau de ce fossé, rendront praticable tout le pied de la brèche; que les deux flancs avec leurs pignons ou profils forment ensemble une brèche de cinquante toises de développement au niveau du fossé, & quarante toises à son sommet; que le pied de cette brèche est accessible pour une colonne qui arrivera par la berme de chaque contre-garde sur au moins huit hommes de front, dont partie monteront par le pignon, partie pourront passer par l'ouverture i. du batardeau (144.) & monter par le front du flanc casematé : qu'une troisième colonne débouchant par la voûte sur le rentrant du couvre-face, arrivera à la même brèche par le grand pont : enfin, que la Place avec toute sa surcharge d'une multitude inouïe de bouches à feu, n'a cependant ni Artillerie, ni Mousqueterie qui puisse s'opposer à la marche de ces six colonnes.

Pl. IX, fig. 13.

150. On voit que ni les tours angulaires, ni les réduits qui les couvrent, ni les festons casematés si dispendieux de toute l'enceinte intérieure, ne servent pas plus à la défense de cette Place que n'ont fait les lunettes de son chemin couvert (141.); & que le foible de ces *fronts angulaires*, ainsi que celui à *ailerons* (99.), se rencontre précisément dans les points où l'Auteur juge ces deux fronts inaccessibles.

Quantité d'ouvrages inutiles.

151. Passons à ce front les vingt-deux jours de force absolue; son moment sera donc exprimé (33. 125.) par $\frac{22}{32} = 0,69$,

Force absolue, & moment de ce front.

L

c'eſt-à-dire, tout au plus par le nombre 7, relativement aux momens des fronts ci-deſſus (63. 78. 102.). Tel eſt à nos yeux le mérite de cette Place imprenable (110.) : telle eſt la force de ce ſyſtême, ſi bien déduite par l'Auteur (T. I, p. 188, 189.), lorſque l'on met ce front en parallèle ſur notre échelle comparative avec les fronts baſtionnés de nos Places, tant anciens que modernes, comme on peut le voir en prolongeant notre tableau ci-deſſus (63.).

Suite de notre Échelle comparative (63.).

	Fronts.	Forces abſolues.	Dépenſes.	Momens ou valeurs relatives.
Dodécagone de 180 toiſes. (63.)	Moderne	30 jours	16	19.
	Ancien, à flancs droits	24	14	17.
	Ancien, à orillons	24	15	16.
Heptagone à tenaille de 306 toiſes (78.)		18	16	9.
Dodécagone à ailerons (102.)		21	25	8.
Dodécagone angulaire		22	32	7.

152. Nous obſerverons en finiſſant cet article, que la mauvaiſe invention, nommée par M. de M. *le Polygone angulaire*, n'a pas été pour nous abſolument une nouveauté, vu la connoiſſance que nous avons d'un Livre *in*-8°. intitulé comme il ſuit : » Nouvelles Méthodes pour fortifier les Places & pour remédier » à la foibleſſe des anciennes..... Par Jean-Antoine d'Herbort, » Major, Gentilhomme de chambre, & Directeur général des » bâtimens de S. A. S. Mgr le Duc de Wurtemberg. A Auſbourg, » aux dépens de Jean-André Pfeffel..... Il ſe vend auſſi à Franc- » fort, chez André & Hort; & à Leipſick, chez Jacques Schuf- » ter. 1735 «.

Pl. IX. XI. Nous avons fait conſtruire nos figures 12. & 15. ſur une même échelle, pour nous faciliter la comparaiſon, & nous rendre plus ſenſibles les diſparités, d'entre les Planches X. XVII. XVIII. du Tome I. de *la Fortification Perpendiculaire*, & la Planche X, page 170 de ce Livre d'Herbort. Mais outre qu'au premier coup-d'œil ces deux deſſins préſentent, comme on le voit, aſſez d'analogies, on trouve encore dans ce Livre & dans celui de M. de M. une ſingulière rencontre des mêmes idées entre ces deux amateurs : (car en Fortification, nous ne faiſons qu'une ſeule & même claſſe de tous les Auteurs qui ſe ſont mis juſqu'à préſent ſur les rangs pour nous enſeigner cet Art, quoique les uns aient

SUR LA FORTIFICATION PERPENDICULAIRE. 83

été Praticiens, & les autres simples Spéculateurs. Leur conformité de préceptes, d'inventions & d'erreurs nous y autorise entièrement).

Tout ce qui est exprimé en larges maçonneries sur nos fig. 12 & 15, comme courtines, flancs, caponnières, &c., est casematé suivant les deux Auteurs.

D'Herbort, quoiqu'il n'exigeât pas absolument que tous les feux de la Fortification fussent d'équerre les uns aux autres (p. 19 & 87 de son Livre), ne laissa pas de composer à sa manière, avec ces feux d'équerre, & à-peu-près comme M. de M., *le Polygone angulaire* que présentent également nos deux figures. Pl. IX & XI.
Fig. 12, 15.

D'Herbort voulut (p. 92 & 187.), comme M. de M. (66.) étendre ses fronts de Fortification jusqu'à 260 toises de ligne de polygone, pour pouvoir de même fortifier une même circonférence avec moins de fronts que nous, par les mêmes & autres aussi mauvaises raisons.

Il tomba, comme M. de M., dans l'erreur de prétendre tirer de ce précepte (76.) une économie sur la force des Garnisons & sur la quantité des munitions (p. 188 de son Livre).

D'Herbort voulut, comme M. de M., casemater ses flancs, ses courtines, ses caponnières (p. 96, 105, 147.), tous ses ouvrages (p. 184.), & jusqu'à un certain réduit qu'il nomme *Noyau du Bastion & du Ravelin* (p. 93, 94, 100.), coté a. (fig. 15.), & dont on trouve le pareil en A. sur la Planche XVII. de M. de M. Fig. 15.

Il destine toutes ces casemates tant à se procurer des *feux couverts* contre l'ennemi, qu'à loger toutes les troupes & munitions de la Place. Il fait beaucoup valoir (p. 85, 86, 90, 99, 100, 184.) l'économie des casernes, magasins, & de tous autres bâtimens ordinaires qu'il supprime, comme le fait encore M. de M. (126.)

D'Herbort eut aussi l'idée d'économiser sur les grosses maçonneries des revêtemens, comme M. de M. Mais par fidélité pour son Prince, il voulut (p. 85 & 184.) se réserver ses recettes sur cet objet, &c. &c.

On a vu nos motifs pour ne pas adopter la plupart de ces conseils du Major d'Herbort & de M. de M. Il ne nous reste à parler que de leurs feux couverts, & des revêtemens de M. de M.

ARTICLE III.

Du Feu des Casemates.

153. Revenons enfin, comme nous l'avons promis (139.), aux terribles effets que l'Auteur se promet de ses flancs, caponnières & revêtemens casematés, & à l'impossibilité qu'il trouve à se parer de la multitude de leurs feux (T. I, p. 128, 138. T. II, p. 272, &c.). Nous avons cheminé malgré ces feux, par notre dernier journal, comme nous le faisons toujours dans le cas des feux ordinaires; il est juste de faire voir que cette marche, ainsi que tout le reste de l'Art, est fondée sur quelques principes raisonnables.

154. Tout ce que dit l'Auteur sur la perte des braves hommes qui s'enferment dans les Places de Guerre pour les défendre, & sur la nécessité des feux couverts (T. I, p. 50, 136, &c. T. III, p. 172, &c.) fait l'éloge de son humanité : il seroit seulement fort désirable que ses recettes, pour leur conservation, répondissent à ses vues bienfaisantes. L'un de ses grands moyens, son moyen *fondamental*, comme il le nomme (T. III, Avant-Propos, p. V.), c'est de tenir toutes les troupes dans des casemates & tours voûtées à l'épreuve de la bombe; d'y retirer le canon dès que l'assiégeant aura développé le sien, & d'y servir toute l'Artillerie & la Mousqueterie de la Place pendant le reste du siége.

De l'expérience des Anciens sur ces feux.

155. L'Auteur n'ignore pas sans doute que l'idée des feux couverts est à-peu-près de même ancienneté que la Fortification bastionnée; qu'elle fut il y a long-tems combattue par gens du métier, qui en donnèrent pour raison que la fumée interdit absolument tout usage des casemates dès les premières amorces de poudre que l'on y brûle. L'Auteur aura lu comme nous dans le Livre intitulé : *Les Fortifications du Chevalier Antoine de Ville* (Paris, 1666, p. 78.) qu'il cite sur d'autres objets : « Autrefois » on faisoit aux flancs des voûtes où on mettoit le canon tout » couvert, & par-dessus ils en faisoient d'autres pour mettre » d'autres canons; mais cela n'est plus en usage, à cause des » grandes incommodités qu'on a vu arriver en ces places : car » après qu'on avoit tiré, la fumée remplissoit de telle façon ces » voûtes qu'il étoit impossible d'y demeurer dedans, ni rien voir » pour recharger, quelques soupiraux qu'on y pût faire; outre

SUR LA FORTIFICATION PERPENDICULAIRE. 85

» que l'étonnement du canon ébranloit tout, & l'ennemi ti-
» rant dans ses voûtes basses, les éclats & débris blessoient
» & tuoient ceux qui étoient dedans, & en peu de tems les
» mettoient en ruines..... C'est pourquoi on a laissé ces voûtes,
» & on fait les Places basses découvertes «.

156. Il est vrai que ces réflexions publiées en 1666 ne per-
suadèrent pas tout le monde, puisque M. le Maréchal de Vauban
même fit encore des casemates à feu en 1700, au Neuf-Brisack.
Cependant ses Elèves immédiats nous ont certifié qu'avant sa
mort, en 1707, ce grand homme regrettoit la dépense qu'il
avoit fait faire au Roi pour ces belles & inutiles casemates à feu
de Landau, Béfort & Neuf-Brisack; & que dans d'autres nouvelles occasions il n'auroit plus construit de tours bastionnées.
On voit, en effet, dans son Mémoire sur la Défense des Places
(p. 259.), composé en 1706, que dans le cas de l'enceinte re-
doublée comme est celle du Neuf-Brisack, il recommande de
petits bastions, & non des tours casematées.

157. M. de M. ressuscite aujourd'hui les casemates à feu, *Cet Auteur croit avoir re-*
comme l'ont voulu faire plusieurs Auteurs de notre siècle. Il en *médié à l'in-*
étend même tellement les usages en les faisant servir en même- *convénient de*
tems de Casernes, d'Hopitaux, de Magasins pour toutes les *la fumée.*
munitions de guerre & de bouche, qu'il fait consister en ces
bâtimens toute la défense des Places, c'est-à-dire, presque toute
la Fortification. Il fonde ce système (T. I, p. 141, 176.) sur ce
qu'au moyen des grandes ouvertures qu'il pratique au sommet
de chaque voûte, ouvertures dont il assure les trois quarts superflus, & auxquelles il dit pouvoir en ajouter de quatre fois
plus grandes, *on doit regarder comme entièrement détruite cette
vaine & commune allégation de la fumée.*

158. Mais nous avons de puissans motifs pour ne regarder *Il est permis*
cette vieille & commune allégation de la fumée, ni comme *d'en douter.*
vaine, ni même passablement combattue, bien loin qu'elle
nous paroisse *entièrement détruite*, par toutes celles que l'Auteur
y oppose. L'objet de la Physique, disent les Savans, n'est pas
de connoître ce qui peut être, mais ce qui est. Si M. de M.
nous disoit avoir vu les épreuves réitérées des flancs casematés
d'Olmutz qu'il allègue (Tom. I, p. 148.), au lieu d'en avoir
oui parler, l'exposé ci-dessus du Chevalier de Ville, d'accord
avec ce que nous savons des dernières idées de M. de Vauban,
ne nous autoriseroit pas moins à exiger l'épreuve sous nos yeux
de plusieurs salves successives, chacune de seize pièces de 24,

& 72 fufils de remparts, dans un flanc cafematé de douze toifes de longueur (c'eft le calcul de la page 143.), pour ne plus douter que le fervice de ces armes n'y foit praticable fans l'inconvénient cité de la fumée. Nous penfons avec M. de Buffon » qu'une » fuite de faits femblables, une répétition fréquente des mêmes » évènemens font l'effence de la vérité phyfique «. L'opinion d'un très-habile Officier Général que l'on cite (p. 142, *M. de G.*) fur un objet de cette importance, même en fuppofant que M. de Vauban y eût perfifté, feroit une bonne raifon de plus pour que l'on dût en conftater en France des épreuves réitérées & décifives. La façon de penfer de ces meilleurs Militaires peut, fans *expériences* connues, fournir une certitude à M. de M., parce qu'elle cadre à fon idée ; mais elle n'eft pas d'un poids fuffifant, fans ces *expériences*, pour nous prefcrire de nouvelles pratiques fort difpendieufes, ni même nous les permettre, fi ces pratiques heurtent de front les conféquences fort vraifemblables de faits connus par tous les Phyficiens.

1er Motif de doute.

159. Ceux qui ont vu comme nous, avec attention, fervir en plein air le canon par un tems calme, tant aux Ecoles d'Artillerie, qu'au bord de la mer, ou fuivi les exercices à feu de l'Infanterie, favent qu'alors la fumée, fortant de chacune de ces armes fous forme à-peu-près d'un conoïde couché la bafe en avant, s'élève d'abord de quelques pieds avec la flamme, qui la rend un peu plus légère que l'air atmofphérique : à mefure qu'elle fe refroidit, partie demeure en ftagnation, partie retombe à la furface de la terre ou de l'eau, fur laquelle elle paroît ramper. Elle fe dilate & s'élève infenfiblement, mais très-lentement : elle conferve long-tems dans l'air en s'éloignant toute l'apparence d'un nuage bien terminé, quoique groffiffant de volume : elle ne difparoît quelquefois qu'après plufieurs heures, fuivant fans doute le mouvement actuel & le local de l'air ambiant. Il femble enfin qu'il s'en décompofe une partie dans l'atmofphère, & qu'une autre partie n'y foit pas mifcible. Delà vient qu'à la mer les vaiffeaux, pendant le calme, fe battent fans s'appercevoir.

2e Motif.

160. La Chymie nous rend affez bonne raifon de ces phénomènes très-connus. Elle nous enfeigne & nous prouve que cette fumée des armes à feu contient un gaz méphitique, toujours développé ou produit par la combuftion des corps huileux, ou fulfureux ou charbonneux, comme la poudre à canon : elle nous dit que ce gaz, étant d'un poids prefque double de celui de

SUR LA FORTIFICATION PERPENDICULAIRE. 87

l'air atmosphérique, non-seulement ne peut s'y élever qu'après s'y être étendu, & peut-être en s'y dissolvant, qu'il doit nécessairement en conséquence en occuper la partie inférieure jusqu'à ce que son volume soit devenu plus grand que pareil volume de l'air ambiant, ou qu'il ait été absorbé par ce menstrue; mais que même en attendant cette absorbtion, ce gaz retient auprès de lui toutes les autres parties de la fumée qui en est voisine, ensorte qu'il ne s'en échappe pas la moindre partie dans l'air de l'atmosphère. (*Expér. de M. Priestley*, T. I, p. 32.)

161. D'un autre côté, l'*expérience* trop fréquente d'accidens funestes à des hommes, nous apprend combien un séjour, même de peu de minutes, leur est dangereux dans un lieu fermé où se fait la combustion de tout corps inflammable quelconque, sans que l'air de ce lieu puisse assez promptement se renouveller. Personne n'ignore qu'une très-petite quantité de poudre à canon brûlée dans de longues galeries de mines les empoisonne au point d'empêcher pendant long-tems les hommes d'y rentrer impunément; & la Chymie nous donne pour cause incontestable de ce danger le développement ci-dessus du gaz méphitique.

162. Or, si l'orifice tout découvert d'un puits cylindrique, & de même diamètre que son fond, si la grande élévation des bas côtés & de la nef d'une grande Eglise avec ses fenêtres, n'exhalent pas assez promptement une vapeur méphitique qui se développe dans le bas, soit de la vase du puits, soit d'une fosse sépulchrale, & ne l'empêchent pas de frapper de mort ou d'asphyxie les malheureux qui s'y hazardent sans précaution : comment les trépans des casemates de M. de M. empêcheront-ils les bas côtés & les nefs d'être empoisonnés par la combustion de la poudre? (T. I, Pl. XII. XIII.) 3ᵉ Motif.

163. Il y multipliera les ouvertures (157.); mais s'il les met à l'abri des bombes, comme il le faut, ces ouvertures seront obstruées & presqu'annullées, les unes par leurs grillages, les autres par leurs blindes, qui doivent être de poutres jointives & redoublées, & non pas à claire voie comme sur ses desseins. Les remèdes allégués par cet Auteur, & non éprouvés, sont illusoires.

164. Nous ne regardons en conséquence toutes ses hottes & manteaux de cheminées, tous ses tuyaux repliés, ou souches dévoyées, tous ses soupiraux & grandes ouvertures, tant horizontales que latérales, même multipliées, autant qu'il le pourra, au haut des grandes & petites voûtes, comme autant d'illusions qui ne rendront pas la fumée de la poudre plus légère que l'air stagnant de ses casemates, déja appesanti & fort vicié par le

88

séjour habituel des hommes (126.). Ce gaz pernicieux ne s'élèvera que très-difficilement au haut des voûtes; il n'en sortira que très-lentement; & en attendant ne permettra à qui que ce soit de rester impunément dans les casemates après les premières décharges des armes à feu, comme les anciens l'avoient très-bien observé.

Remèdes mieux imaginés;

165. C'est d'après le fait des anciennes casemates que plusieurs Officiers François se sont exercés sur les expédiens indispensables pour y établir quelques courans d'air, qui pussent en purifier la région basse où se fait le service, déterminer la fumée à prendre promptement la route des soupiraux, & procurer aux Canonniers la liberté d'y respirer. Ils imitèrent pour cela ce qui se pratique aux bures d'airage des Houillières (Art. du Ch. de ter. Pl. XLIV, fig. 3, & son Explic. p. 969.) ou ce qu'avoit donné M. Duhamel, à l'Académie (ann. 1748, pag. 9, & Pl. III.), & ce dont il fit usage utilement pour la Salle des Scorbutiques à l'Hôtel-Dieu de Paris (Conserv. de la Santé des Equip. 1759, pag. 225.),

Mais qui ne peuvent s'appliquer ici.

Ces Officiers eurent des succès dans des épreuves faites à une casemate de Marseille de vingt-quatre pieds de hauteur, & dont nous avons les Procès-verbaux. Mais ces moyens compliqués & si faciles à déranger, fussent-ils perfectionnés & très-assurés pour les tems de tranquillité & de paix, ne pourroient plus être employés pendant le trouble & l'activité d'une défense de Place.

166. M. de M. d'ailleurs, par sa confiance en ses évents, prend encore des précautions toutes contraires à l'évacuation de la fumée de ses casemates. A peine le coup de chaque pièce de canon est-il parti, en rappellant dans l'intérieur par son recul partie de la fumée qui se trouve dans sa longue & étroite embrasure, que l'Auteur ordonne de fermer totalement l'embrasure par un volet solide (T. I, p. 200.), comme s'il vouloit précisément empêcher tout courant d'air montant de s'établir à la faveur de ces ventouses.

Parallèle illusoire entre les casemates & des entreponts de vaisseaux.

167. Le parallèle que l'Auteur allègue (p. 137.) entre ses casemates & les entre-ponts des vaisseaux, ne nous paroît pas juste. C'est précisément parce que l'entre-pont d'un vaisseau n'a qu'environ six pieds de hauteur, qu'à chaque coup de canon qui part de cette longue & basse-galerie, il s'y établit nécessairement & très-promptement un courant d'air qui chasse en dehors une grande partie de la fumée des amorces. L'air est dans cet entre-pont continuellement agité; les sabords, les écubiers, les escaliers & les écoutilles, lui donnent accès de tous côtés; & dans l'instant

Fig. 15.
Echelle de 250 Toises.

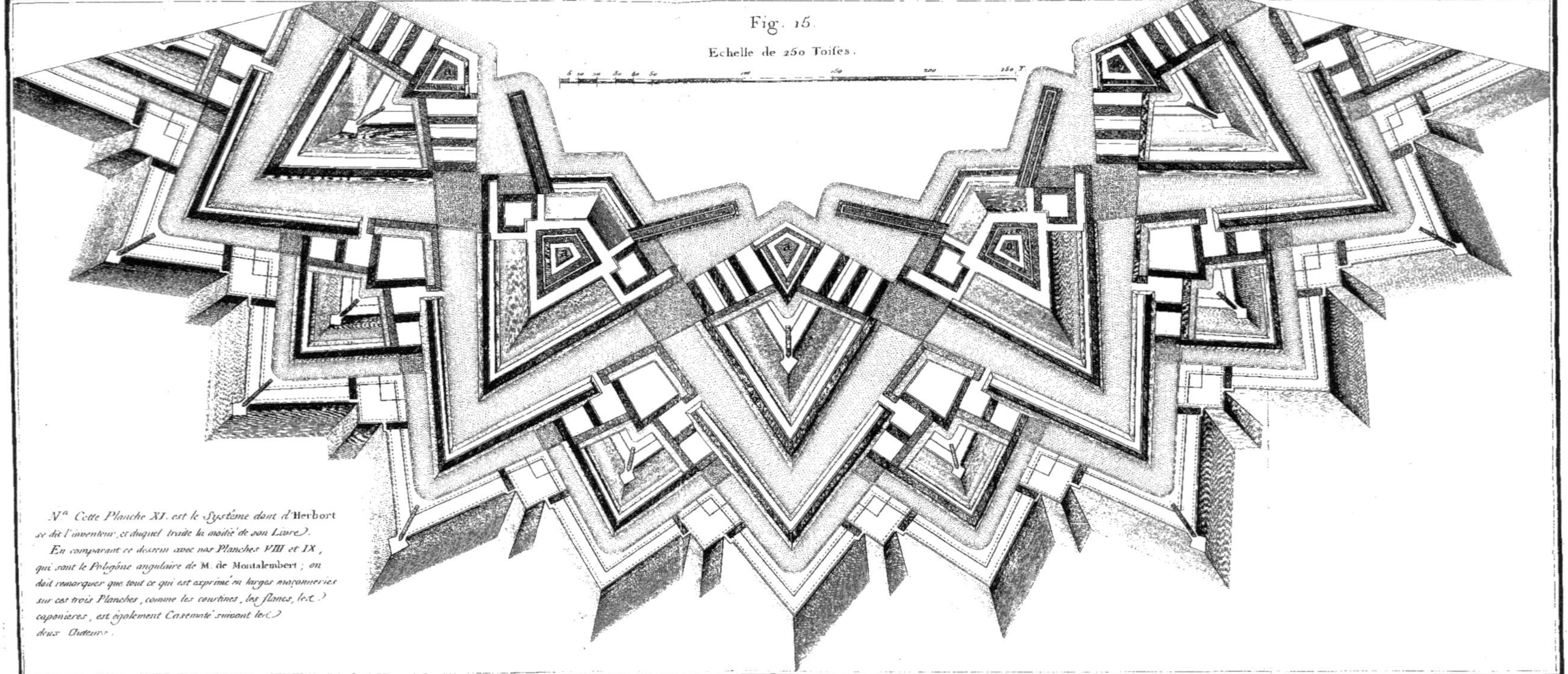

N.ᵃ Cette Planche XI. est le Systême dont d'Herbort se dit l'inventeur, et duquel traite la moitié de son Livre.) En comparant ce dessein avec nos Planches VIII et IX, qui sont le Polygône singulaire de M. de Montalembert, on doit remarquer que tout ce qui est supprimé, ou largues empaumurées sur ces trois Planches, comme les couvertures, les flancs, &c.) caponieres, est également Couvrantc ruinant les deux Outeurs.

SUR LA FORTIFICATION PERPENDICULAIRE. 89

l'inftant où la flamme de l'amorce le dilate fous le plancher de l'entre-pont, le fouffle impétueux de l'air qui rentre par plufieurs de ces ouvertures chaffe la fumée par plufieurs autres.

168. Cela ne peut fe paffer de même dans une cafemate haute de vingt pieds ou davantage. Si par la détonnation il y rentre de l'air avec la fumée de l'embrafure, ce fouffle obligera bien la fumée chaude à monter de quelques pieds; mais par fon poids le gaz méphitique bientôt retombera fur les Canonniers fans pouvoir gagner les évents.

169. Pour peu que l'air & la mer foient agités, comme il arrive le plus fouvent pendant les combats de mer, l'air frais alors traverfe encore plus vivement le petit efpace de l'entre-pont, en emporte le gaz méphitique, foit par les fabords, foit par les écoutilles, & alimente les poumons des Canonniers. Comme la volée du canon dépaffe le bordage du vaiffeau, la fumée du coup ne peut entrer dans l'entre-pont fans un vent qui l'en expulfe auffi-tôt & en même-tems celle de l'amorce. Cependant, malgré ces courans d'air qui ont toujours lieu dans le vaiffeau & jamais dans la cafemate, on fait combien les Officiers & Canonniers fouffrent encore dans les entre-ponts lorfque le feu y dure plufieurs heures.

170. Il eft fâcheux que *les Sujets de l'Etat fe faffent caffer têtes, bras & jambes* (p. 163.) en défendant les Places; mais rien de ce que l'Auteur propofe pour l'empêcher ne nous diffuade de penfer que fi les foldats cherchoient à éviter les hafards des remparts, en fe *concentrant* fous des flancs, caponnières & tours cafematés, ils auroient bientôt reconnu que le danger y eft encore plus grand. Autres grands inconvéniens des cafemates.

171. On pourroit reprocher bien d'autres vices à ces bâtimens, auxquels un affiégeant intelligent n'épargneroit pas les bombes : plus ils auroient d'ouvertures à leurs voûtes, plus infailliblement les bombes y feroient tomber le défordre. On pourroit démontrer, comme on l'a déja fait dans quelques papiers publics (Journ. Milit. & Polit. 1779, Octob. p. 96, 97.) de combien il s'en faut que la trop nombreufe Artillerie mife par l'Auteur dans fes cafemates, & qui fait toute fa défenfe, ne foit poffible par fon évidente difproportion avec le nombre d'hommes que fes fortereffes pourroient contenir. On pourroit parler de cet *étonnement du canon qui ébranle tout* (155.) : obferver, comme les Anciens, l'obfcurité de ces cachots, où la fumée intercepteroit en plein midi le peu de jour qu'y permettroient

leurs orifices masqués par les blindages, & où toute autre lumière s'éteindroit dans la vapeur méphitique ; le péril évident à manœuvrer tant de poudre à-la-fois pendant toute la durée d'un siége dans un lieu si resserré, &c.

De l'avis de M. G. sur le feu des casemates.

172. Mais consultons seulement ce même célèbre & savant Officier Général (M. de G.) sur les avantages que M. de M. attribue à ses caponnières & flancs casematés : il nous dira ;

» Que les batteries de brèches se faisant à la sape, & n'étant
» dégorgées que lorsqu'elles sont achevées, le feu de la casemate
» n'en empêchera pas la construction.

» Que les différens étages de canons & de mousqueterie étant
» exposés à la batterie sur la crête du glacis, tout boulet portant
» sur le bord ou sur la joue d'une embrasure ou d'un crénau,
» rejettant nécessairement les décombres & la poussière vers
» l'intérieur, détruira tout l'effet de l'embrasure ou du crénau,
» & en éloignera absolument le défenseur.

» Que les embrasures des batteries occasionnant nécessaire-
» ment une longue percée dans le revêtement, au point que,
» selon la Pl. XII, T. I, l'embrasure excède de quinze pieds le
» bourlet du canon ; & d'ailleurs ces embrasures n'ayant que
» trois pieds d'évasement extérieur, l'explosion de la poudre
» doit nécessairement dégrader en peu de tems les joues de ces
» embrasures «.

» Que l'Auteur ne mettant que huit pieds d'un canon à l'autre,
» le service se trouveroit trop gêné, & sujet à beaucoup d'in-
» convéniens «.

Si donc cet habile Officier Général est d'une opinion contraire à la nôtre, relativement aux effets de la fumée (158.); toujours sommes-nous très-assurés, & par lui-même, qu'il ne redoute pas plus tous les feux des casemates contre l'établissement & l'exploitation des batteries de l'assaillant, que nous contre le cheminement des logemens & des sapes.

Notre opinion sur les casemates à feu.

173. En conséquence de toutes ces observations, nous tenons pour très-vraisemblable que, comme chaque flanc casematé aura commencé son feu contre l'établissement, qu'il n'empêchera pas, de chacune de nos batteries, ce même flanc, ou sera devenu inhabitable & désert à raison de la fumée avant que nous arrivions sur l'ouvrage qu'il défend, ou ne pourra, par la même raison, fournir tout au plus qu'un feu très-méprisable, & qui s'éteindra de lui-même à la première bombe qui fera tomber quelques platras dans ces galeries. L'Auteur n'a pas pensé, ou

SUR LA FORTIFICATION PERPENDICULAIRE. 91

ne connoît peut-être pas ce sentiment de terreur qui s'empareroit des plus braves soldats lorsque la moindre pierre, par sa chûte sous ces voûtes sonores, leur présenteroit l'idée d'un écroulement total en même-tems que la difficulté de s'en garantir par la fuite : les Officiers qui ont fait la guerre des Places savent au contraire que ce ne seroit pas là le moindre inconvénient des casemates pour le soldat, qui d'ailleurs, au lieu de s'aguerrir pendant un siége, & *d'en valoir* ensuite *trois de ceux qui ont simplement fait campagne*, comme le remarque M. de Vauban, n'acquerreroit certainement sous des casemates que de la pusillanimité.

174. Si nos conjectures sur le succès des casemates de M. de M. sont fondées, que deviennent tous ses forts & ses tracés, dont tous les autres vices démontrés ne pourroient être oubliés qu'en faveur de quelque utile découverte, dont il fût possible de faire un meilleur usage ? Que deviennent ses quatre volumes entiers, dont tout le somptueux édifice ne porte que sur l'excellence des feux couverts, que nous croyons impossibles ? Cet Auteur n'a pour lui que sa propre opinion : il lui manque comme à nous les *expériences* directes, que nous exigeons (158.) comme nécessaires pour détruire l'argument de la fumée. Mais il nous paroît en attendant exister assez de données sur cet objet pour décider de quel côté se rencontre la plus probable conséquence.

Conséquences de cet examen.

A R T I C L E IV.

Des Revêtemens casematés, & de ceux détachés des ouvrages.

175. M. de M. nous prescrit (T. I, p. 111.) encore un grand moyen de force & d'économie, qui consiste à détacher les revêtemens en avant des terrasses au lieu de les y appuyer, & à voûter ces revêtemens (p. 112.) pour les garnir de feux couverts à deux étages. On en voit des dessins de diverses façons dans son Livre. Les uns sont en galeries fermées du côté de l'intérieur, avec trépans ou cheminées pour la fumée : d'autres sont simplement en arcades voûtées sur les contre-forts, & totalement ouverts du côté de la terrasse : d'autres enfin, comme au retranchement du bastion, comme au corps de Place de *Louisville*, sont appuyés aux terres & casematés. L'Auteur détaille fort au long tous les avantages qu'il découvre dans ces nouveautés ; mais elles ne sont, à notre avis, comme les précé-

L'Auteur les propose comme un moyen d'économie.

M 2

dentes, que des moyens de séduction pour la jeunesse, & non de conviction pour les Officiers qui ont quelque *expérience*.

<small>Ce que l'on l'on doit penser à cet égard.</small>

176. On peut prendre une juste idée de l'économie qui résulteroit de ces inventions par la comparaison ci-dessus (125.) de la dépense du front de *Louisville* avec celle de notre front moderne.

<small>De ce qu'ils valent pour la guerre.</small>

177. Quant à leur mérite pour la guerre, si ces revêtemens voûtés sont fermés par-derrière ou appuyés aux terres, ils seront dans le cas que nous venons de traiter, impraticables à raison de la fumée. S'ils sont seulement en arcades ouvertes par-derrière, ce que nous nommons *revêtemens à l'Espagnole*, ils étoient exécutés dès le siècle dernier à Girone, à Dénia, à Saint-Sébastien, à Fontarabie, &c., ainsi qu'ailleurs un nombre d'autres inventions anciennes que viennent journellement exalter en France de jeunes Militaires revenant d'Allemagne, d'Italie, de Mahon, de Figuières, &c. Mais les Officiers du Génie François ont fait les siéges de presque toutes les Places de l'Europe; & leur tradition, bien conservée dans leurs archives, ne meurt pas (Voyez l'*Art de la Guerre* déja cité ci-dessus, n°. 31.). On trouve, dans les principes qu'ils ont rédigé de leur Art, l'examen de toutes ces pratiques étrangères qu'ils connoissent comme celle-ci, & qu'ils ont, ou rejettées par de solides motifs, ou appliquées plus à propos que les Inventeurs, lorsqu'elles s'en sont trouvées susceptibles.

<small>Leurs défauts.</small>

178. Nous nous en tiendrons ici à observer, 1°. qu'une brèche deviendra tout aussi promptement praticable dans ce mur détaché, malgré ses arcades & décharges, que quand il tient à des terres bien rassises. L'étonnement, ou la vibration que le choc des boulets donne au mur isolé, n'est contre-balancé ni amorti par aucun point d'appui en arrière, en sorte que l'ébranlement des matériaux doit les désunir sur le derrière du mur & les faire tomber, même avant que les boulets aient pénétré jusques là. Dès que ce mur sera percé, les contre-forts qui portent les arcades seront à découvert; le canon qui les prendra obliquement (143.) n'aura pas à les dépouiller de leurs terres environnantes pour leur faire sentir ses attaques, comme il le faut à des contre-forts enracinés dans une terrasse; & chaque contre-fort coupé fera tomber les deux arcades collatérales.

179. 2°. La rampe de la brèche, n'étant composée que des seuls décombres du mur, dont la chûte se fera autant dans l'intérieur que par dehors, n'opposera pas à l'assaillant la hauteur

ni la roideur à gravir d'une brèche dont tous les débris tombent d'un feul côté, & dont il faut faire ébouler les terres, tant bien que mal, pour pouvoir y grimper.

180. 3°. Nous avons fuffifamment relevé (110.) l'erreur de croire qu'il faille battre le talus naturel des terres raffifes pour pouvoir y monter ; mais ce talus des terraffes en arrière des revêtemens, outre l'efpace qu'il exigeroit avec fa berme au pied, de plus que la méthode ordinaire (119.) auroit encore & principalement la propriété de renvoyer néceffairement & faire rouler fous les arcades du mur en avant toutes les bombes, les obus, les grenades, les carcaffes & les pierres que l'affaillant ne manqueroit pas de faire pleuvoir entre le mur & le fommet de la terraffe. On peut juger combien les hommes qui voudroient tenir fous ces arcades pour y fervir le canon, s'y trouveroient à l'aife avec toutes *ces diableries*, comme M. de Vauban les nomme (k).

181. Enfin, un Officier du Génie, homme d'efprit, qui, comme beaucoup d'autres, avoit vu les exemples de cette idée en Efpagne, en follicita l'exécution pour Landau, vers 1740, auprès de M. le Maréchal d'Asfeld, & fit appuyer fa demande par M. le Comte de Belle-Ifle qui fut depuis Maréchal de France. Mais elle fut alors réfutée fans replique par un autre Officier du même Corps infiniment plus éclairé. Nous avons les originaux de cette petite difcuffion, de laquelle nous omettons, pour finir, plufieurs autres bons argumens.

Conféquences de ce Mémoire.

182. Nous n'entreprendrons pas de relever une foule d'autres paradoxes, d'autres contradictions auffi étonnantes, d'autres principes auffi contraires à l'*expérience* que ceux ci-deffus, non plus qu'une multitude d'autres erreurs dont fourmille le Livre de *la Fortification perpendiculaire*; d'autant que nous favons

---

(k) Nous connoiffons cependant d'autres fortes de revêtemens cafematés, derrière lefquels il eft très-poffible de faire utilement ufage du canon. M. de Vauban nous en a laiffé un excellent exemple au Château de Toreau en Bretagne. Mais ces cafemates font entièrement ouvertes par l'intérieur du Château, & ne font applicables qu'à un petit nombre de circonftances particulières. Elles ne peuvent faire la bafe d'un fyftême général qu'entre les mains d'un amateur qui ne connoit ni les détails, ni les propriétés de ces modèles.

d'habiles Officiers du Génie occupés à les détailler dans les mêmes vues qui nous ont fait dresser ce Mémoire (¹).

183. Il résultera de leur travail comme du nôtre, que ce Livre, bien loin de *contenir des connoissances à acquérir même par ceux qui sont le plus exercés dans l'Art de fortifier les Places*, comme le fit imprimer en 1779 (Journ. Milit. déja cité n°. 171.) un Officier Général, qui prouva par-là n'y rien connoître ; ce Livre n'a certainement ni étendu, ni rectifié, ni bonifié les principes de la défense des Places.

184. Que c'est, au contraire, faute de connoître, & ces principes, & l'état actuel de l'Art en France, que l'Auteur, sans aucun fondement & sans preuves, mais à l'imitation de plusieurs autres (Av. Prop. n°. IV.) aussi mal informés que lui, a déprimé très-mal-à-propos, tantôt la gloire du Maréchal de Vauban, tantôt le zèle, les talens & le raisonnement de tous ses nombreux successeurs, relativement à la Défense ou Fortification des Places & des Armées (Voy. son *Propect*. 1761, p. 14. Son Livre, T. I, p. 59, 73, 97, 98. T. II, p. 194. T. III, p. 137, 138, 148, &c.).

185. Que le peu de vues utiles ou intéressantes à la perfection de l'Art, contenues dans cet Ouvrage, nous étoit parfaitement connu long-tems avant que l'Auteur eût pris inutilement la peine d'en écrire.

186. Enfin, qu'entre toutes les idées, tous les tracés, tous les préceptes de pratique sur notre Art, indiqués par cet Ouvrage, nous ne trouvons rien de neuf dont l'exécution ne fût nuisible au Service du Roi.

187. Nous nous engageons à démontrer ces conséquences en plus grand détail lorsque SA MAJESTÉ nous l'ordonnera, ou quand le voudront, soit ses Ministres, soit les Généraux de ses Armées, à qui nous devons les motifs de toutes nos opinions sur la Fortification.

---

(1) Voyez les Observations de M. G. .. à la suite de notre Mémoire.

§. VI.

Observations sur le cinquième Volume du Livre intitulé, la Fortification Perpendiculaire.

ARTICLE PREMIER.

Des Objections de l'Auteur de ce Livre contre la Méthode de notre Mémoire pour discuter les Questions de Fortification.

188. LORSQUE nous nous occupâmes l'année dernière (1784) des quatre premiers Volumes de *la Fortification Perpendiculaire*, nous ne soupçonnions pas que l'Auteur publieroit par un Ve Tome, « que l'Art de la Fortification ne subsiste tel qu'il est dans l'estime » publique que par l'empire de l'illusion (T. V, p. xv.); que les » prétendues démonstrations dont il se sert ne se trouvent fon- » dées que sur des suppositions inadmissibles, démenties par » l'expérience; sur des principes qui ne conduisent qu'à l'erreur, » & que tout homme de guerre doit nécessairement rejeter : » que *la méthode employée par M. de Cormontaingne* (il ne signoit » pas *Cormontagne*) pour comparer les divers degrés de force des » systêmes de Fortification (celle que nous avons sommaire- ment fait connoître au premier Paragraphe de notre Mémoire) » ne porte sur aucune donnée qu'on puisse admettre; qu'elle » *n'est en rien concluante;* que la division & le calcul par nuits » de tranchées pendant les attaques, donnent aux travaux une » étendue entièrement & visiblement arbitraire, & dont nous » abusons à notre gré, pour favoriser notre systême & réduire » à l'absurde celui que nous voulons combattre, &c. «. (p. xvij, xxij, xxiij, 229, 249, &c.)

Cet Auteur attaque vivement notre Méthode.

189. Avant de connoître ce dispositif du rigoureux arrêt que prononce ici M. de M. contre notre méthode, le seul blâme léger qu'il en avoit annoncé (71.) dans son troisième Tome, nous avoit déja déterminés à procurer à la Logique de M. de Vauban la sanction que l'on y voit de l'Académie des Sciences, & qui lui étoit si justement due. Aujourd'hui, c'en est bien assez pour aider tout Militaire raisonnable à juger si cette méthode

Ci-devant page 35.

mérite aucun des reproches amers de cet Auteur, trop mal instruit des opinions qu'il veut combattre.

Nous croyons cependant encore utile de faire connoître aux jeunes Officiers de notre Corps le genre des argumens de ce cinquième Volume sur une partie de la guerre dont ils doivent particulièrement s'instruire. Nous leur présenterons donc d'abord quelques réflexions sur la façon dont l'Auteur attaque notre méthode. Il a pensé sans doute qu'il est fort différent d'entasser sur un objet quelconque une multitude de qualifications odieuses, ou de prouver ce que l'on avance ; il veut en conséquence établir ces preuves : voyons donc comment il s'y prend.

Les engagemens qu'il prend.

190. Il s'engage » à réfuter nos prétendues démonstrations » d'une manière solide ; à substituer de *vrais principes* à nos » préjugés, qui ne conduisent qu'à l'erreur les autres Officiers » Généraux qui nous écoutent. Il croit le soin de *le démontrer* » l'un de ses plus importans devoirs ; & qu'il doit substituer à » notre défectueuse méthode *une autre méthode rigoureusement* » *vraie*, base indispensable pour parvenir à la vérité, puisqu'on ne » peut raisonner sans être d'accord sur les principes (p. xxj, xxij). » On ne peut juger, dit-il (p. 191), un système bastionné sans » *l'analyser*, d'après les principes adoptés le plus généralement » pour cette espèce de Fortification. Il sera prouvé qu'*une Place* » *fortifiée suivant le système présenté par le sieur Bélidor, sera* » *capable d'une beaucoup plus longue résistance que celle qui le* » *seroit suivant le système du sieur Cormontaingne : on se flatte* » *de le démontrer, &c.* (p. 193, 197,) &c. «

191. Il n'est donc plus question que de trouver dans ce cinquième Volume les *démonstrations*, les vrais *principes* & la *méthode rigoureusement vraie*, sous lesquels nous devons succomber. Les principes en Géométrie, même en tout bon raisonnement, doivent précéder les *démonstrations*. Celles-ci, bien déduites des principes, forment la *méthode rigoureusement vraie* si les principes sont incontestables. Telle a été ci-dessus notre manière, & nous tâcherons d'y conformer notre recherche, quoique ce ne soit pas là la marche de l'Auteur.

Recherche de ses principes.

192. Les principes sont difficiles à saisir dans ce Volume, parce qu'ils y sont rares & fort épars ; que la plupart ne sont pas énoncés comme tels, & que le plus souvent on a peine à les découvrir dans les périodes de l'Auteur. Le premier de tout ce volume, par exemple, peut se déduire de la page 202.

1er. Principe.

» Tout système qui, par la disposition & l'étendue de ses rem-
» parts,

SUR LA FORTIFICATION PERPENDICULAIRE. 97

» parts, peut oppofer plus de canons qu'un autre aux attaques
» de l'afiégeant, eft le plus avantageux, en ce qu'il retarde
» beaucoup plus les premières approches jufqu'à la troifième
» parallèle «.

193. Ce principe préfente une apparence de vérité fi féduifante, que nous l'admettons dans les nôtres, mais en développant d'après l'*expérience* en quoi confifte cet avantage de la pluralité des bouches à feu, & quelles font les limites calculées & certaines des effets qui en réfultent. Mais ce principe eft infoutenable & très-déplacé dans le cinquième Tome de l'Auteur, puifqu'il a pris foin de l'anéantir d'avance, le mieux qu'il a pu, par celui tant répété dans fes quatre Tomes précédens, que » les feux couverts dans les cafemates font *les feuls* capables de » défendre les Places «. Il n'y a point de feux de cette efpèce fur les deux fronts qu'il s'agit ici de comparer : toute leur Artillerie eft fur les remparts.

Contradictions frappantes fur ce principe.

194. Or, fur ces feux de remparts tout à découvert, l'Auteur nous a raconté (T. I, p. 8.) » qu'au fiége d'Ath, en 1697, l'ufage » du ricochet ayant enfilé les faces & les flancs de tous les ou-» vrages du front d'attaque, *la garnifon ne put tenir fur les* » *remparts* : ce qui donna à M. de Vauban *la facilité de pouffer* » *fes travaux* contre la Place *avec autant de vîteffe que de fûreté;* » il ne refta plus aux affiégés *aucune poffibilité de conferver leur* » *Artillerie* : & dès que le feu de l'Artillerie d'une Ville affiégée » eft éteint, *la garnifon la plus vigoureufe ne peut retarder que de* » *quelques jours la capitulation* de la Place «. Nous pourrions citer encore beaucoup d'autres paffages par lefquels l'Auteur entend confirmer cette doctrine, pour en conclure la néceffité de fes feux couverts (T. I, p. 125, 136, 137, 163, 164, &c.). Enfin il la répète encore fans ceffe dans ce cinquième Tome : » Des cafemates (dit-il, p. xxix.) font les feuls emplacemens » où l'Artillerie puiffe être confervée dans les Places affiégées. » L'Artillerie (p. xxxiij.) fur ces mêmes remparts eft également » expofée au ricochet, qui détruit tout ce qu'il peut atteindre. » Il faut (pag. 2.) des emplacemens où elle puiffe être con-» fervée : des remparts enfilés de tous les fens n'y font point » propres, &c. «.

195. Puifqu'*il eft totalement impoffible aux affiégés de conferver leur Artillerie contre le ricochet*, felon M. le Marquis de M., & que *ce qu'il regarde comme impoffible*, il nous avertit qu'*il*

N

l'*est en effet* (Tom. V, p. 205.); la seule différence que puissent apporter aux funestes effets du ricochet l'étendue plus grande des remparts & la plus grande quantité de canons sur un front que sur un autre, c'est qu'un ricochet qui enfilera les faces & les flancs des remparts plus étendus y détruira beaucoup plus de canons & d'hommes que sur des remparts qui en contiennent moins. S'il y a quelque avantage à la pluralité des canons sur les remparts, il ne peut donc subsister dans les principes de l'Auteur que jusqu'au moment où les batteries à ricochets de l'assiégeant entrent en action. Dès ce moment, M. de M., *qui veut conserver les hommes*, nous dit (T. I, p. 163.) que » si l'on suit ses inten-
» tions, on se gardera bien de les envoyer ainsi se faire estropier
» & tuer les uns après les autres tout à découvert, jusqu'à ce
» qu'il n'en reste plus pour la défense intérieure de la Place;
» qu'on n'occupera les batteries découvertes que le tems où les
» moyens de l'ennemi ne seront pas encore développés, &c. «.
Or, suivant les plans d'attaque de son Livre (T. I, Pl. I. T. III, Pl. XXII. T. V, Pl. XIII, XIV.), les batteries à ricochets seront établies à la première parallèle, c'est-à-dire, commencées le second jour de l'attaque, & finies pour tirer au plus tard le 4 au matin (ᵐ).

196. Il suit nécessairement de là que l'avantage de la pluralité des canons de la Place ne peut pas s'étendre, à beaucoup près, jusqu'à l'époque de la troisième parallèle, que nous établissons communément la neuvième nuit; mais que, dès le 4 au matin, *la garnison ne peut plus tenir sur les remparts*, témoin le siége d'Ath : *il ne reste plus aux assiégés aucune possibilité de conserver leur Artillerie*, témoin le siége d'Ath, &c. M. de M. ne peut ni récuser cette autorité, ni soutenir contr'elle le premier principe qu'il nous enseigne ici, ou bien il faut qu'il abjure toute sa propre doctrine; & l'on remarquera que ce premier principe étant ruiné,

---

(ᵐ) C'est un de nos principes d'*expérience*, que toute batterie de siége peut être construite en vingt-quatre heures. Mais quand on veut y ménager les hommes, comme on le doit toujours, cette construction avance peu pendant le jour, & il y faut alors trente-six heures. Toutes les batteries qui ont besoin de direction ne peuvent commencer à tirer que de jour. Ainsi, quand une batterie a été commencée le matin, il faut ordinairement quarante-huit heures avant qu'elle puisse pointer à son objet; au lieu que celles pour battre en brèche à travers un fossé peuvent tirer au bout de vingt-quatre, de trente ou trente-six heures, suivant le besoin d'aller plus ou moins vite. Quant aux brèches dans les ouvrages revêtus les plus solides, elles sont finies en trente-six heures étant battues de la même distance.

SUR LA FORTIFICATION PERPENDICULAIRE.

par l'Auteur même, il devient superflu de relever tous les argumens que l'Auteur en déduit dans ses dissertations du Ve Tome, puisqu'ils s'écroulent d'eux-mêmes.

197. Deuxième principe. » Si contre un systême (p. 202, 203.) » il faut plus de batteries à ricochets pour éteindre *toute l'Artil-* » *lerie* d'un front que contre le front d'un autre systême, le » premier des deux est préférable, puisque *les difficultés & le* » *tems* pour les surmonter seront augmentés de manière que » les progrès des attaques seront fort différens...... *L'on sent* » (p. 248, 249.) qu'un travail beaucoup plus considérable ne » peut se faire qu'en beaucoup plus de tems, en y employant » beaucoup plus de moyens, & en y sacrifiant beaucoup plus » de monde : d'où il suit qu'on ne peut supposer qu'on arrivera » aussi promptement à la troisième parallèle dans un cas comme » dans l'autre «. *Deuxième principe,*

198. Ceci nous apprend que M. le Marquis de M. *a fait neuf sièges, & y est entré dans les plus grands détails de tout ce qui concerne l'attaque des Places* (p. 205.), sans cependant y avoir jamais observé que la construction de plusieurs batteries sur une même parallèle n'est nullement successive, mais toujours simultanée, si le terrein est uniforme. Mais à nous, qui avons suivi plus de cent sièges, tant par nous-mêmes que dans notre fidelle tradition de journaux (30.), *l'expérience* nous apprend que l'on construit autant de batteries à ricochets que l'on veut sur une même parallèle pendant le seul intervalle de tems nécessaire pour y en construire une seule. *Contraire à l'expérience*

199. Si à cette *expérience* nous voulons joindre le raisonnement, quoiqu'il n'y soit pas fort nécessaire, il nous paroît que, quand à une distance donnée de la Place assiégée, une opération fort simple est possible en vingt-quatre heures, au moyen d'un nombre donné de travailleurs & de matériaux ; l'opération semblable, à même distance, & toutes circonstances étant les mêmes, est également possible & sans plus de difficultés, pendant les mêmes vingt-quatre heures, dans tous les autres points de la parallèle où elle est jugée convenable, en y multipliant les moyens. On peut y perdre plus de monde ; c'est un accident, que plus de tems diminueroit très-peu : il y faut plus de moyens, & on se les procure ; mais tout cela n'exigeant pas absolument une heure de plus pour le travail sur chaque point particulier, ne peut influer en quoi que ce soit sur le progrès ou la durée des attaques. *Et au raisonnement.*

100 MÉMOIRES

Ce deuxième principe ne vaut donc pas mieux que le premier; il ne mérite pas de nous arrêter plus long-tems.

Troisième principe.

200. Troisième principe. (Suite de la période ci-dessus p. 203, d'où nous avons tiré le deuxième.) ,, Les progrès des attaques ,, seront alors si différens, que l'on ne peut évaluer quelle sera ,, cette différence...... Vouloir fixer le progrès des attaques ,, (p. 221.), c'est se jetter dans des évaluations de tems arbi- ,, traires, qui ne présentent que des incertitudes..... *L'on sent* ,, (p. 252.) que ce qui se peut faire en huit jours sous un feu de ,, mousqueterie, ne pourra se faire en un mois lorsqu'un feu de ,, canon considérable y sera réuni : ainsi, vis-à-vis d'un obstacle ,, aussi puissant, *il n'est plus possible de calculer le tems* ''. C'est en conséquence de ce principe que l'Auteur, ne sachant si les *Fig. 15.* lunettes avancées C. du système de Bélidor (Pl. XII. ci-jointe.) seront prises la cinquième ou la trentième nuit, dit (p. 222.), ,, ce dernier terme approche plus de la vérité que le premier..... ,, Nous nous dispenserons d'en fixer l'époque ''. Il ajoute (p. 249.): ,, Nous n'entreprendrons pas de calculer par nuits le progrès des ,, attaques de ces deux systèmes ''.

Preuves contre ce principe.

201. Ce principe mérite plus d'attention de notre part que tous les autres ensemble du Traité total de M. de M. Si ce principe étoit vrai, non-seulement il sapperoit par le fondement tout l'édifice de notre Mémoire; mais il prouveroit très-bien en même-tems, nous en convenons, cette singulière proposition ci-dessus de l'Auteur (188.), que *l'Art tel qu'il existe* entre nos mains *ne subsiste dans l'estime publique que par l'empire de l'illusion.* Heureusement ce principe ne soutiendra pas aussi bien l'examen que notre calcul qu'il attaque.

202. Si le calcul de la durée des siéges, ou du progrès des attaques, ou de la force absolue des Places, n'est pas possible, il n'est donc pas non plus nécessaire; car on ne peut raisonnablement tenir un calcul pour nécessaire, à moins qu'il ne soit possible. Or, on a vu dans M. de Vauban (77.) sa nécessité pour munir les Places de guerre. Tous les Militaires savent aussi que ce calcul fait à l'avance est indispensable au Général d'une Armée pour savoir soit combien de tems l'arrêtera le siége d'une Place qu'il voudroit attaquer, soit s'il aura le tems d'arriver pour faire lever le siége d'une autre, &c. On a vu de même dans M. de Puységur (32.) que ce calcul nous est très-possible. Il est donc contraire à l'*expérience* & au raisonnement d'avancer qu'il est impossible.

203. Nous comprenons très-bien que les deux premiers prin-

cipes (192. 197.) de M. de M. l'ont conduit directement à son troisième, c'est-à-dire, à ne pas entendre qu'il puisse y avoir rien de constant, d'uniforme & de bien connu dans la progression des attaques des Places. Aussi cette méthode n'a-t-elle été imaginée par M. de Vauban que pour les gens de l'Art qu'il vouloit instruire, & non pour les simples amateurs qui n'en ont aucun besoin, ni ne sauroient comment s'en servir. Les jeunes Officiers du Génie qui sont Géomètres, en lisant ce que nous avons exposé de cette méthode (N^{os} de 21 à 24, de 26, à 33, 45, 46.) auront bientôt saisi qu'elle n'a rien de plus compliqué ni de plus difficile que celle dont on se serviroit pour calculer en combien de marches on conduiroit un Régiment de Paris à Pétersbourg. La distance est connue ; les obstacles en ont été pratiqués : on sait combien de chemin un Régiment peut faire par marche, en bon & en mauvais terrein ; combien de séjours il lui faut pour en supporter la fatigue. On peut supposer dans ce calcul que le Régiment ne sera arrêté ni par des tempêtes, ni par des neiges dans les montagnes, ni par des débordemens de rivières ; ou, si ces accidens sont ordinaires sur cette longue route, on en connoît les délais, & on peut y avoir égard : de semblables calculs se répètent chaque année pour tous les Régimens qui changent de garnison dans le Royaume, & même chaque jour par tout Voyageur qui entreprend une longue route. Or, dans notre calcul de la durée des siéges, les données sont de même la longueur de toutes les tranchées, mesurées au plan du projet de l'attaque ; ce que cent ou mille hommes peuvent en creuser en une nuit de huit ou douze heures de durée, à la distance de 300, de 150 ou de 30 toises du chemin couvert (29. 30.) ; le tems nécessaire, comme nous l'avons dit (27.), pour chaque opération particulière de batteries, de descentes & passages de fossés, &c. Rien n'est arbitraire ni dans ces données connues des Praticiens (32. 81.), & que nos Mémoires particuliers mettent dans la plus grande évidence, ni dans leurs résultats arithmétiques, non plus que dans les données & résultats de la marche du Régiment ci-dessus. Nous écartons du calcul de nos nuits les sorties, les fourneaux, &c. (46. 47.) comme les débordemens & les tempêtes pendant la marche du Régiment ; ou bien nous y avons égard (48.), si le cas le requiert. En un mot, il faut renoncer à toute doctrine des probabilités les plus assurées par l'*expérience*, pour pouvoir dire que ce calcul des attaques par nuits de tranchées *ne porte que sur des suppositions inadmissibles*, *démenties par l'expérience ; qu'il ne conduit qu'à l'erreur, &c.* (188.) Il n'y conduisit ni M. de Vauban son Inventeur, ni M. de Cormontaingne son Restaurateur, ni les Généraux qui s'y sont fiés pour leurs entreprises. Jamais il ne fourvoiera non plus les Officiers du Génie qui l'emploieront aussi-bien que ces habiles hommes.

204. Les hommes instruits ne doivent pas *sentir* (200.) que *ce qui peut se faire en huit jours sous un feu de mousqueterie, ne peut se faire en un mois sous un feu de canon considérable.* Ce seroit une sensation très-trompeuse, ainsi que celle du deuxième principe (197.); toutes deux excitées uniquement par plusieurs faux préjugés de l'imagination. 1°. De ce que le canon renverse les remparts les plus solides, il ne s'ensuit pas qu'il renverse également les tranchées & en arrête les progrès. 2°. De ce que la mousqueterie ne peut renverser les tranchées, il ne s'ensuit pas qu'il soit plus facile de les avancer sous ce feu que sous celui du canon : nous savons même par *expérience* que le feu de mousqueterie est en ce cas beaucoup plus meurtrier que celui du canon, comme étant bien autrement fourni.

205. Mais nous avons de plus toujours observé que nos tranchées étant des fossés creusés de nuit en terre, & dont le parapet n'a que trois à quatre pieds de relief, le canon, qui pour lors n'y voit rien, ne peut y adresser que par hasard, ni par conséquent en retarder le cheminement ; que le jour étant venu, ces fossés sont déja trop larges, trop profonds & trop bien garantis par leur parapet du côté de la Place, pour que le canon puisse les détruire ; que cette arme ne peut pas plus empêcher de continuer nos fossés les nuits suivantes ; que les sapes, les batteries, les logemens se font ordinairement de nuit ; que si le feu de la Place fait perdre à l'assaillant des travailleurs, des Officiers, pendant ces opérations, comme c'est un accident toujours prévu, & que le remplacement de ces hommes est toujours préparé, ces travaux n'en font pas moins leurs progrès calculés, arrêtés, & ordonnés de la veille aux Officiers qui en sont chargés. Tous les gens qui auront fait comme nous ces remarques de pratiques, ne *sentiront* jamais qu'il faille plus de quatre fois autant de tems pour cheminer sous un feu de canon qu'il en faudroit sous un feu de mousqueterie.

206. C'est donc en vain que M. de M., pour composer ses argumens, invoque sans cesse la puissance de ses nombreux canons,

SUR LA FORTIFICATION PERPENDICULAIRE. 103

qu'il nie quand cela lui convient (193. 194.). Nous ne craignons pas que son troisième principe lui fasse plus de prosélytes que les précédens.

207. Quatrième principe (p. 218.). » Multiplier sur un front » des ouvrages qui tombent en même-tems, tandis qu'un moindre » nombre y suffiroit, est faire une dépense inutile «. Nous sommes bien éloignés de combattre ce bon principe, dont nous avons fait usage dans notre Mémoire (35. 99. 142. 150.). Mais la conséquence qu'en tire l'Auteur, n'est pas mieux prouvée que toutes les autres. *Quatrième principe, Vrai, Mais mal appliqué.*

208. Cinquième principe. » On parvient (p. 223.) à l'attaque » des places d'armes plus ou moins promptement, suivant la » force ou la vigueur de la garnison «. Ce principe nous est encore commun avec l'Auteur (31.). Mais en voulant s'en servir contre M. de Cormontaingne, l'Auteur oublie nous avoir dit positivement (Tom. III, p. 166.) que » la vigueur de la gar- » nison, l'intelligence du Gouverneur sont insuffisantes & hors » de proportion avec les moyens de l'assiégeant, *que rien ne* » *peut arrêter, après avoir totalement éteint le feu des remparts* «. (Comme au siége d'Ath ci-dessus 194.) L'Auteur n'en réclame pas moins (p. xxij.) l'usage des balances justes. *Cinquième principe.*

209. Sixième principe. » On pourroit dire avec les Géomètres » que la résistance des places aux attaques est en raison com- » posée de ces deux moyens défensifs; *quantité d'Artillerie* & » *d'enceintes à forcer* (p. 261.). *Sixième principe,*

210. Si les Géomètres conviennent d'un théorême fondamental quelconque pour calculer la résistance des Places, comment donc M. de M. peut-il soutenir ce calcul impossible (100.)? Cet Auteur n'a-t-il pas d'ailleurs prétendu prouver (194.) que par cette *quantité d'Artillerie* il faut entendre uniquement celle à couvert sous des casemates? Les Géomètres ne passeroient donc pas à l'Auteur comme général pour toutes les Places un théorême qui ne seroit applicable à aucune des Places qui subsistent en France. Quant aux Places imaginaires qui auroient toutes les casemates à feu de l'Auteur, on voit, tant dans notre Mémoire (§. V, Art. III.) que dans les observations ci-jointes de M. G.... combien leur feu est illusoire (n). Il est certain que le nombre des lignes défensives à forcer pour pénétrer dans *Anéanti par l'Auteur.*

(n) Nous répondrons un peu plus bas à l'expérience encore plus illusoire dont l'Auteur a entretenu l'Académie des Sciences (p. xxiij.) en faveur de ces casemates.

les Places de Guerre, eſt un des élémens néceſſaires pour comparer leurs divers degrés de réſiſtance ; mais c'eſt toujours la bonne diſpoſition de ces lignes, & quelquefois même leur eſpèce particulière, qui en eſt le ſecond élément, puiſqu'en certain cas un eſcarpement ou une inondation équivaut à pluſieurs lignes d'ouvrages très-diſpendieux.

Aucun de ces principes ne juſtifie les opinions de l'Auteur.

211. Nous reconnoiſſons donc volontiers avec l'Auteur qu'*il faut être d'accord des principes pour raiſonner*, & qu'*on ne peut juger un ſyſtême de Fortification* quelconque *ſans l'analyſer d'après les principes* convenables à l'Art de fortifier les Places. Mais il importe beaucoup de diſtinguer quels ſont ces principes. Le quatrième ci-deſſus peut en effet ſervir à juger un ſyſtême (206.), & nous l'avons adopté. Le cinquième prouve (207.) que dans la diſcuſſion d'un ſyſtême il faut néceſſairement faire abſtraction de la force ou vigueur de la garniſon, & nous l'avons dit. Les quatre autres ſont radicalement détruits, ſoit par l'Auteur lui-même, ſoit par l'*expérience* & le raiſonnement. Il s'en faut donc beaucoup que nous ſoyons d'accord avec l'Auteur ſur ces principes, puiſqu'il n'en eſt pas d'accord, à beaucoup près, avec lui-même (127. 134, &c.). Il a cru peut-être les étayer en les qualifiant d'*adoptés le plus généralement*. Mais les nouvelles méthodes qui s'introduiſent journellement dans les Sciences phyſiques & phyſico-mathématiques prouvent de reſte que les principes faux doivent être abandonnés, quoiqu'*adoptés* juſque-là *le plus généralement*.

Ses demonſtrations ne ſont que des aſſertions ſans preuves.

Pl. XII. Fig. 16.

Pl. I. II. Fig. 1, 2.

212. Après l'examen détaillé de ces *principes* du cinquième Volume, on n'eſt pas fort ſurpris d'y chercher vainement les *démonſtrations* tant promiſes (190. 191.). Toutes les preuves de l'Auteur conſiſtent dans des aſſertions très-répétées & plus fortes les unes que les autres, telles que, par exemple, 1°. » le ſyſtême » de Bélidor, par ſon enſemble (p. 229.), donneroit des reſ- » ſources infinies à l'aſſiégé contre l'aſſiégeant. 2°. Ce ſyſtême » ſeroit capable de prolonger ſa défenſe *deux fois plus* que ne » l'a pu faire celui de Berg-Op-Zoom « (qui a tenu 64 jours de tranchée.....). 3°. » Or le ſyſtême de Metz eſt bien moins » avantageux encore que celui de Berg-Op-Zoom, *comme nous* » *en donnerons bientôt la preuve* «. *L'on voit donc* que, 4°. » c'eſt » porter au dernier degré l'abus des *concluſions* que *d'entreprendre* » *de prouver* que le ſyſtême de Metz eſt plus fort que celui de » Bélidor «. On voudra bien remarquer que ces troiſième & quatrième aſſertions ne ſont qu'une ſeule & même phraſe dans l'Auteur.

SUR LA FORTIFICATION PERPENDICULAIRE. 105

teur. Voici préfentement les preuves promifes de nouveau dans cette phrafe. 5°. ” Il nous femble (p. 247.) qu'avec les feules ” lumières du *bon fens* on ne peut pas ne pas reconnoître un ” degré de force très-fupérieur au fyftême de M. Bélidor fur ” celui de M. de Cormontaingne..... Chaque lunette avancée ” de M. Bélidor *peut être défendue* (p. 251.) *par 98 piéces de* ” *canon* de plus que celle de M. de Cormontaingne, &c..... ” Comment donc foutenir (p. 253.) qu'un fyftême à une fimple ” enceinte pourra foutenir plus long-tems que le fyftême de ” M. de Bélidor renforcé, comme il l'eft, d'ouvrages extérieurs ” qui fe flanquent parfaitement, & de *quatre enceintes au corps* ” *de la Place?* C'eft entreprendre de foutenir qu'il ne fait pas ” jour à midi..... 6°. *Toujours une Artillerie nombreufe deftinée* ” (p. 254.) à défendre chaque pièce jufqu'au dernier moment, ” donne à la compofition de Bélidor un *avantage incalculable* ” *fur les méthodes en ufage* ". *En vain l'expérience a-t-elle appris* à *l'Auteur (p. xxix.) que peu de jours fuffifoient pour démonter toutes celles placées fur les remparts ; il ne fe laffe pas d'y revenir,* comme on le voit. 7°. ” Quelque chaleur & quelque animofité ” qu'il puiffe y avoir dans les partifans, *ils ne perfuaderont jamais* ” *qu'une feule enceinte vaille mieux que quatre* 8°. *Ils ne* ” *perfuaderont point* que des remparts capables de recevoir une ” Artillerie beaucoup plus nombreufe ne foient pas les meilleurs. ” 9°. Le projet d'attaque du fyftême de M. Bélidor, fait par ” M. de Cormontaingne, eft entièrement à rejetter ".

213. C'eft après ces conféquences prématurées que l'Auteur établit fes prémices, en racontant fommairement (p. 257, 258.) fa marche d'attaque *bornée*, dit-il, & *méthodique* contre le front de Bélidor, dont il corrige en paffant quelques ouvrages ; le tout fans autre calcul, en effet, fuivant fon troifième principe (200.) que ce que l'on vient de voir des lunettes de Bélidor (*ibid.*), des fyftêmes de Berg-Op-Zoom & de Metz (deuxième & troifième affertions), des feules lumières du *bons fens* (cinquième affertion), &c. Il avoit cependant ailleurs pris trois jours (p. 215.) pour conftruire une batterie de brèche, & trois autres jours pour ouvrir un mur crenelé de fix pieds d'épaiffeur (195, note); mais il ne fait nul ufage de cet élément. Il foutient feulement, 10°. ” qu'il faudra (pag. 259.) fucceffivement quatre nouvelles ”conftructions de batteries, & quatre époques d'affauts pour ”forcer les différentes enceintes de ce front de Bélidor ; tandis ” que, 11°. contre le fyftême de Metz il ne faudra que les feules

Fig. 2. Pl. II.

» batteries du chemin couvert, & le seul assaut au corps de la
» Place, *quand même le bastion seroit retranché* «. (Voyez n°s. 55,
56.)

214. Pour unique preuve convaincante de la dixième assertion, il nous renvoie à sa Planche XIV., sur laquelle il peint le retranchement C. du bastion A. foudroyé & mis en brèche dans sa face, son flanc & sa courtine par la batterie a., tout à travers les quatre gros revêtemens terrassés du réduit de place-d'armes, de la face de la demi-lune, du flanc de son réduit, & du flanc du bastion A. Il emploie par cette Planche XIV. plusieurs autres argumens de cette force, sans nous dire la route que tiendront ses colonnes pour monter cet unique assaut (°). Il termine enfin tout cet énoncé de propositions, en avertissant (*ibid.*) que, 12°. » c'est à présent qu'on est en état de juger du
» mérite de ces deux systêmes..... Que, 13°. dans cette manière
» de les juger (p. 260.) *il n'y a rien d'arbitraire;* ce ne sont
» point des suppositions d'un certain *nombre de nuits déterminé*
» *à volonté,* 14°. c'est sur *le nombre* des obstacles qu'est fondé
» *le calcul. Or la grandeur,* 15°. des obstacles dépend de la quan-
» tité d'Artillerie que l'assiégeant peut avoir contre lui, & de la
» quantité d'enceintes qu'il a à forcer par de nouvelles batteries
» de brèches. On pourroit donc dire avec les Géomètres, &c. «.
(Sixième principe ci-dessus 209.)

215. On peut donc plutôt dire qu'ici M. de M. en revient à nous prescrire *un calcul* de la résistance des Places, après nous avoir tant dit que ce calcul est *impossible* (188. 200.). S'il suffit de compter les prétendues lignes défensives de chaque front, & la quantité d'Artillerie que l'on peut ranger sur ses remparts pour déterminer leurs divers degrés de résistance (209.); pourquoi donc l'Auteur n'emploie-t-il pas ce calcul si simple & si facile à nous dire la différence qu'il trouve entre les deux systêmes qu'il veut comparer? Nous avons prouvé dans notre Mémoire (§. IV. V.) qu'une simple enceinte bien ordonnée résiste plus

_____

(°) La Planche XIV du cinquième Tome, où tout seroit à corriger, suffiroit sans tout ce que l'on vient de voir, pour démontrer aux gens de l'Art que l'Auteur ne s'entend pas mieux en attaques de Places qu'en constructions. Nous avons figuré sur notre deuxième Planche le retranchement du bastion & les batteries x. y. par lesquelles l'Auteur prétend le mettre en brèche. Il ne faut sur une telle proposition que relire nos N°s. 53 jusques & 57, & le N°. 64; on y verra combien cette Pl. XIV vérifie notre axiome du N°. 99.

long-tems aux attaques qu'une multitude d'ouvrages beaucoup plus difpendieux, & qui tombent tous enfemble fous une attaque bien conduite. Mais que nous ne puffions le perfuader à des hommes qui ne connoiffent pas la Logique de la Fortification (212, feptième propofition), cela ne feroit pas plus étonnant que l'inutilité des efforts de tous les Géomètres pour diffuader les Quadrateurs. (Acad. des Sc. ann. 1775, hift. p. 64.)

216. On fait, au refte, à l'Académie des Sciences que la Géométrie ne fait pas de complimens; qu'elle fe contente de nier très-fimplement toute propofition qui eft fimplement affirmée. Or les quinze propofitions que nous venons d'extraire (212. 213.), ainfi que toutes celles de notre n°. 188. & la dernière de notre n°. 190., font abfolument deftituées de toutes preuves dans tout l'Ouvrage de *la Fortification perpendiculaire;* ce font de fimples affirmations que nous nions très-fimplement, & de la plupart defquelles nous prouverions les contradictoires, s'il le falloit. Nous demeurons donc convaincus que la méthode de M. le Marquis de M. n'eft ni géométrique, ni *rigoureufement vraie;* qu'elle ne porte pas la moindre atteinte à celle que nous employons pour comparer entr'eux les divers fyftêmes de Fortification, non plus qu'à nos données & principes, & qu'à la bonne Fortification baftionnée. C'eft au Lecteur à nous juger.

Il fuffit donc de les lui nier.

Sa méthode n'en eft pas une.

217. Le zèle de M. de M. pour la mémoire de M. Bélidor, autrefois fon confrère à l'Académie, l'emporte à maltraiter beaucoup la mémoire de M. de Cormontaingne, qui fut le nôtre dans le Corps du Génie, & qu'il n'a jamais connu. (On peut voir ce qu'il en dit p. xxij, 160, 201, 229, 236, 237, 238, 247.) Il va jufqu'à le qualifier de *fujet des plus communs, n'ayant produit que les plus mauvaifes chofes, ou les plus médiocres; bien inférieur en talens à M. Bélidor, &c.*

Des forties de cet Auteur contre le Mémoire de M. de Cormontaingne,

218. Mais, premièrement, les querelles perfonnelles entre deux Savans, & leurs procédés mutuels, font des objets hiftoriques totalement étrangers aux queftions d'Arts dont ils ont traité. C'eft ce qui fait que nous ne devons ici ni défendre le ftyle & l'aigreur du Mémoire de M. de Cormontaingne contre M. Bélidor, ni relever les mêmes défauts dans le Livre de M. de M. (Outre ce que nous en avons déja cité n°. 184, on peut voir ce qu'il ajoute encore dans le Tome V fur le Corps du Génie, p. xviii, 159, 160, 197, 328, 329, & généralement dans tout fon Ouvrage : ces forties publiques, & toujours au moins déplacées contre un Corps militaire, ne font jamais de tort qu'à

Et contre le Corps Royal du Génie.

leur Auteur.) M. de Cormontaingne n'en a pas moins bien prouvé pour les gens de l'Art, par ce même Mémoire, dont nous donnons ici le plan journal correct, que la force abfolue totale du fyftême de M. Bélidor ne peut aller pour l'octogone que tout au plus à 27 jours, ou 18 jours depuis la troifième parallèle, comme l'indique fuffifamment le deffin (P.); tandis que notre front moderne, qui ne coûte pas la moitié, porte fa force abfolue, dans le même cas de l'octogone, à 25 jours.

Fig. 15.

Idée de ce que fut M. de Cormontaingne.

219. Secondement, M. de Cormontaingne, mort en 1752 Maréchal de Camp & Directeur des Fortifications, fut reconnu par les Miniftres & les Généraux les plus diftingués de fon tems, particulièrement par M. le Maréchal de Belle-Ifle, fi différent de ce portrait efquiffé par M. de M. (211.), que le Roi le chargea de l'Infpection de toutes les Places de la Champagne, des Evêchés, & Franche-Comté, fur lefquelles il dreffa d'excellens Mémoires. Il en compofa un fi grand nombre d'autres, & de fi intéreffans pour le Service du Roi, fur tout ce qui concerne les Places de Guerre; fur les principes de l'*expérience* pour calculer la meilleure manière de les munir & de les défendre par l'Artillerie, les mines & les travaux de fiéges; fur l'Art de les bien attaquer; fur leur difpofition mutuelle la plus convenable à la frontière; fur les lignes, retranchemens, poftes & autres ouvrages de campagne, &c., qu'à fa mort le Gourvernement fit tranfporter de Metz au Dépôt de la Guerre 152 volumes, liaffes ou cartons de fon Cabinet, & tous de fon travail, de peur que ces eftimables manufcrits ne paffaffent à l'Etranger, que l'on favoit faire grand cas de fes lumières. Cet Officier, très-communicatif pour ceux de notre Corps, nous avoit laiffé copier fes principaux ouvrages; & c'eft-là où nous reconnoiffons unanimement qu'il fut à notre Art ce que Newton fut à la Phyfique.

220. Non-feulement il fut faifir dans les Ecrits de M. de Vauban les vrais principes de la Fortification, que perfonne

---

(P) M. de Cormontaingne avoit joint à ce Mémoire, pour M. le Maréchal de Belle-Ifle, le Journal détaillé de l'attaque du fyftême entrepris à Metz. Il avoit fuppofé, pour abréger, que la troifième parallèle feroit finie la neuvième nuit, & nomma première nuit celle où de part & d'autre on commenceroit les batteries convenables en avant de la troifième parallèle : tous les Officiers du Génie verront donc bien l'inutilité des argumens de M. de M. fondés fur l'erreur dans ce fait (p. 201 jufques & 207, 221, &c.)

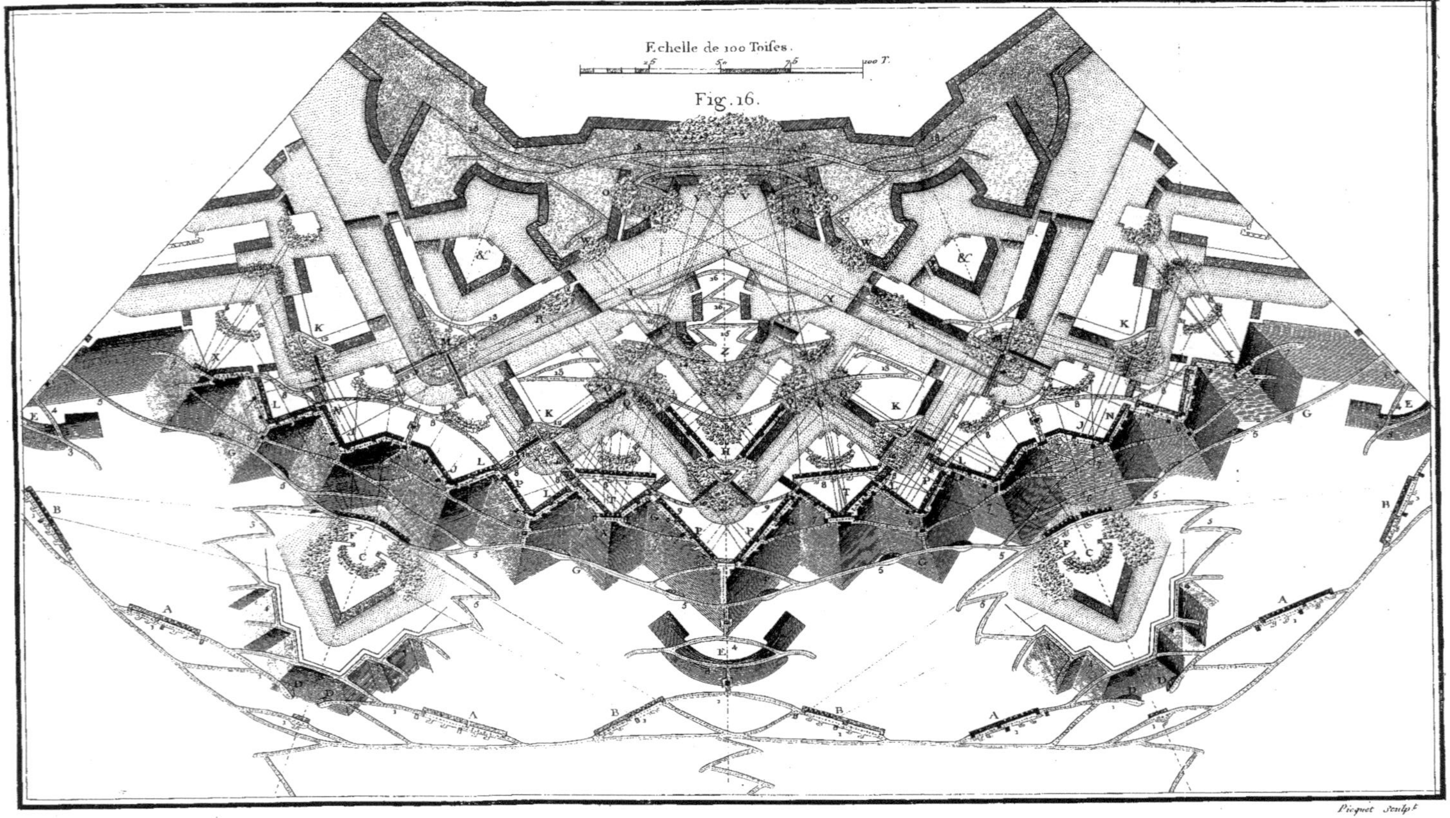

Mem. sur les fortif. Perpont. Pl. XII. Pag. 108.

Echelle de 100 Toises.

Fig. 16.

Perpont Sculp.

SUR LA FORTIFICATION PERPENDICULAIRE. 109

avant lui n'y avoit apperçus ; mais l'Art prit aussi-tôt sous sa plume une forme toute nouvelle. Il en étendit les moyens, tant pour améliorer toutes les Places de France, lorsque les besoins de l'Etat l'exigeroient, que pour en construire, s'il le falloit, de plus fortes avec une grande diminution dans leur dépense. Nous sommes, en un mot, convaincus que M. de Cormontaingne, en partant des idées de M. de Vauban, auquel il faisoit l'hommage de toutes les siennes, a cependant porté la Science de la Fortification beaucoup plus loin que n'avoit fait M. de Vauban en partant de tout ce qu'avoient produit ses Devanciers & ses Contemporains. Mais nous devons de plus à notre Vauban moderne de nous avoir developpé & transmis les progrès qu'il avoit faits en suivant son Prédécesseur ; au lieu que l'ancien sembloit avoir voulu couvrir les siens par l'énigme & le mystère. Ce fut donc M. de Cormontaingne qui, en vérifiant sur l'*expérience* de tous les siéges (30. 31.) la justesse des calculs de M. de Vauban (32. 77.), concernant la force absolue des Places, donna le premier à la Fortification une solide théorie dont elle manquoit, & qui la mit au rang des *Sciences positives* (3. 34.). On peut juger maintenant si la mémoire de cet Officier Général mérite ce qu'en publie M. le Marquis de M. (217.)

ARTICLE II.

De l'Expérience faite à l'Isle d'Aix relativement à la Fumée de la Poudre à canon dans les Casemates.

221. L'Auteur chante une victoire complette remportée par les casemates à feu de son Livre sur l'objection de la fumée, au moyen d'une expérience dont il rendit compte à l'Académie des Sciences le 23 Novembre 1783, par un Mémoire qu'il transcrit dans l'Avant-Propos de son cinquième Tome (p. xxix & suiv.). ″ On peut dire (p. xliij.) que *le procès des casemates est gagné* ″ *par cette épreuve* (ce sont ses termes). Il n'est pas possible ″ d'objecter contre leur usage l'effet nuisible de la fumée, puis- ″ qu'alors il ne pourroit être imputé qu'à un défaut de construc- ″ tion ″. Pour faire comprendre le mérite de cette expérience authentique, l'Auteur dit (p. xxxvij.) avoir mis sous les yeux de l'Académie les plans en relief de ces mêmes casemates, ainsi que ceux de son système angulaire (114.) dont elles font partie. Mais comme il réserve apparemment pour un sixième Tome qu'il

Prétentions de l'Auteur à cet égard.

annonce (p. xxv.) les deſſins de ſes caſemates de l'Iſle d'Aix, & que, ſans quelques figures, notre Lecteur ne pourroit entendre nos obſervations, nous donnerons ici de ces prétendues caſemates, par les deſſins qui nous en ont été envoyés de Rochefort, une idée ſuffiſante ſur l'objet de la fumée dont il s'agit uniquement ici.

Pl. XIII. Deſcription du Fort de Bois de l'Iſle d'Aix.

222. La figure 17. eſt le plan du Fort de Bois de l'Iſle d'Aix relatif au Mémoire lu par l'Auteur à l'Académie. La figure 18. en eſt le profil ſuivant la ligne A. B. du Plan. La figure 19. en eſt une élévation géométrale ſuivant la ligne C. D. en dehors du même Plan.

Fig. 17.

Le Plan repréſente le Fort à vue d'oiſeau ſur une de ſes moitiés, qui fait voir le rempart & le parapet du Fort. On y voit en a. les ſouches des cheminées de caſernes qui y ſont exprimées coupées en C. ſur l'autre moitié du Plan. On y voit en b. dans le talus intérieur du parapet des ſoupiraux qui indiquent d'autres cheminées deſtinées uniquement à l'évaporation de la fumée que la poudre occaſionnera; cheminées dont l'Auteur parle dans ſon Mémoire (p. xliv.).

L'autre moitié du Plan exprime le Fort horizontalement coupé, partie, ſavoir en E. E., à travers le milieu des embraſures, ou ſuivant la ligne a. b. des fig. 18. 19.; & partie en F. F., coupée au-deſſous de ces mêmes embraſures, ou ſuivant c. d. des mêmes fig. 18. 19.

L'épaiſſeur totale du Fort, d'environ quarante pieds dans œuvre, eſt partagée en deux galeries parallèles, chacune de vingt pieds de largeur à chaque étage. Les galeries hautes & baſſes du devant du Fort en font les batteries de canon couvertes e. e. fig. 18.; les galeries f. ſur la cour en font les caſernes & magaſins. Ces deux dernières galeries ſont ſéparées de celles des batteries par des cloiſons de planches g. fig. 17., & ne ſont fermées ſur la cour que par une clôture de planches dans laquelle ſont percées des fenêtres d'environ dix pieds quarrés chacune.

Le revêtement du Fort ſur le devant eſt une maçonnerie h. de pierres ſèches, fig. 17, 18., contenues dans un coffrage de charpente.

On voit à la fig. 18. que la galerie du rez-de-chauſſée eſt de huit pieds de hauteur ſous le plancher qui la couvre, & celle d'en-haut de huit à dix pieds ſous le plancher qui porte les terres du rempart.

SUR LA FORTIFICATION PERPENDICULAIRE. 111

223. Pour le peu que l'on connoisse les entre-ponts des vaisseaux, & que l'on compare nos figures avec toutes les casemates des flancs & corps de Places du système angulaire de M. de M., on décidera fort aisément, 1°. si les galeries du Fort de Bois sont des *casemates* ou des entre-ponts de vaisseaux. Le *procès* ne rouloit pas sur ce qui se passe, quant à la fumée, dans les entre-ponts des vaisseaux (167.); mais sur ce qui se passeroit probablement dans des casemates, qui n'ont aucune ressemblance avec ces entre-ponts. On ne peut donc pas dire que *le procès des casemates soit gagné* par une épreuve faite dans des entre-ponts, qui n'a rien de nouveau, & qui ne nous apprend rien.

Les batteries couvertes de ce fort étoient des entre-ponts de vaisseaux & non des casemates.

224. On doit observer d'ailleurs que l'Auteur avoit eu soin de remplacer dans ses batteries du Fort toutes les ouvertures que nous avons remarqué dans les vaisseaux (*ibid.*) pouvoir, outre les sabords, donner chasse à la fumée. Les témoins de l'expérience à l'Isle d'Aix nous ont appris que pour ce moment M. de M. avoit fait enlever toute la cloison g. qui sépare les galeries collatérales. On conçoit donc très-bien que l'air, rentrant alors fort facilement par toutes les fenêtres des casernes, par les escaliers ou les portes, comme par les caillebotis & partie des embrasures, fit encore plus aisément sortir la fumée de ces batteries qu'il ne le fait dans les vaisseaux.

Fig. 17.

225. L'Auteur ajoute, 2°. (p. xliv.) « Ceux dont l'œil attentif » aura observé tous les effets de la fumée dans cette expérience, » ne pourront former *aucun doute* sur le succès des batteries » placées dans des souterreins. Celles du Fort de l'Isle d'Aix » *étoient même dans un cas moins favorable* qu'elles ne sont dans » *la plupart* des casemates qui se trouvent dans mon Traité de » Fortification, puisque ces dernières sont entièrement ouvertes » du côté de l'intérieur de la Place «. Mais nos doutes relatifs à » la fumée ne portent que sur les casemates & revêtemens casematés fermés par-derrière ou appuyés aux terres des remparts (177.), comme sont dans l'Auteur tous les flancs casematés (son grand & principal moyen défensif); tout le corps de Place de son système angulaire, &c. Or ces casemates, avec beaucoup d'autres semblables, forment la très-grande pluralité de celles qui se trouvent dans son Traité de Fortification. Par conséquent toutes les principales casemates de ce Traité sont dans le cas le plus défavorable & le plus dissemblable d'avec les entre-ponts du Fort de Bois de l'Isle d'Aix.

226. Nous concluons de ces faits que l'expérience de l'Isle d'Aix n'éclaircit en rien les doutes raisonnables à former sur les inconvéniens de la fumée ; ne détruit rien des objections à faire contre le feu des casemates, d'*après l'expérience* des anciens (155.) & les connoissances modernes de la bonne Physique ; en un mot, que l'expérience de l'Isle d'Aix est totalement illusoire.

Cette expérience ne conclut rien sur la question.

ARTICLE III.

De ce que l'on doit penser sur le Système nommé par son Auteur le Mésalectre.

227. M. de M. oppose enfin dans ce Volume, à notre attachement déclaré pour le tracé de M. de Vauban, le système de l'un de nos Officiers Généraux, qui crut, avec beaucoup de ses Contemporains, que l'on peut sans inconvéniens s'écarter tant que l'on veut des modèles que nous laissa notre premier Maître. Nous convenons que cet exemple, & plusieurs autres semblables, que l'on trouvoit autrefois dans notre Corps comme dans tous les Livres de Fortification, sont séduisans pour les amateurs ; que même ils n'ont pas laissé d'être contagieux pour quelques Officiers modernes du Génie, dont les talens, au lieu de s'élever par l'étude de la guerre & des pratiques tirées de l'*expérience* que nous proposent les savantes productions des Vauban & Cormontaingne, se sont appesantis & absorbés dans les nuisibles minuties des Professeurs sous l'équerre & le compas, & dans les futilités de leurs propres inventions. Mais c'est encore ici le lieu de penser & de dire que les noms, ni même les vertus universellement reconnues des Auteurs, ne font rien aux Sciences positives. Si notre pierre de touche est bonne (34.), tout ce qu'elle annonce n'être pas or est d'un autre métal, de quelque mine qu'il soit sorti.

Les noms ni les rangs des Auteurs ne rendent pas justes leurs idées.

228. L'Auteur du *Mésalectre*, fort considéré dans notre Corps à beaucoup d'autres égards, avoit aussi nommé ce système, il y a quarante-cinq ans, *la Fortification perpendiculaire* : parce qu'il étoit, ainsi que plusieurs autres Compositeurs, dans le même faux principe que les ouvrages ne peuvent être bien défendus que par des feux rigoureusement d'équerre. Ce fut le *Prospectus* du Livre de M. de M., publié en 1761, qui lui fit changer ce titre en celui de *Mésalectre* (ou Défense du milieu). Ce brave & laborieux Officier Général avoit consommé ses longues années de travail

Echelle de 20 Toises.

Fig. 17.

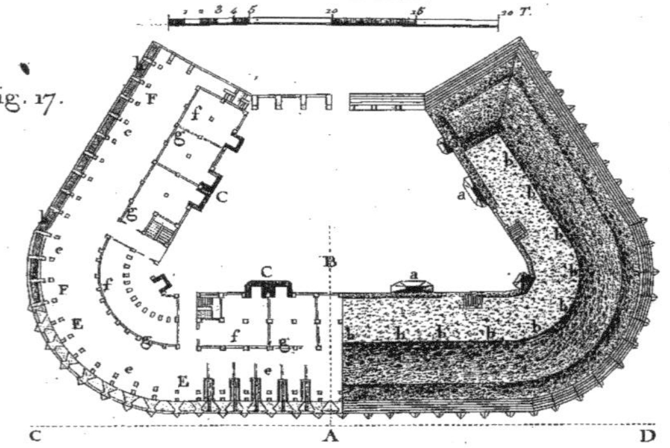

Echelle de 5 Toises.

Fig. 18.

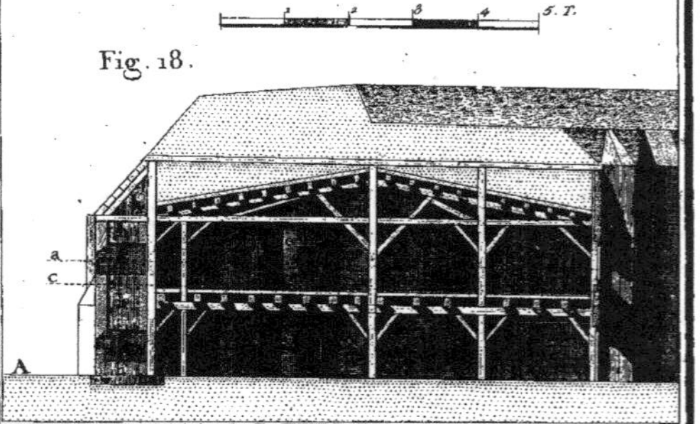

Echelle de 12 Toises.

Fig. 19.

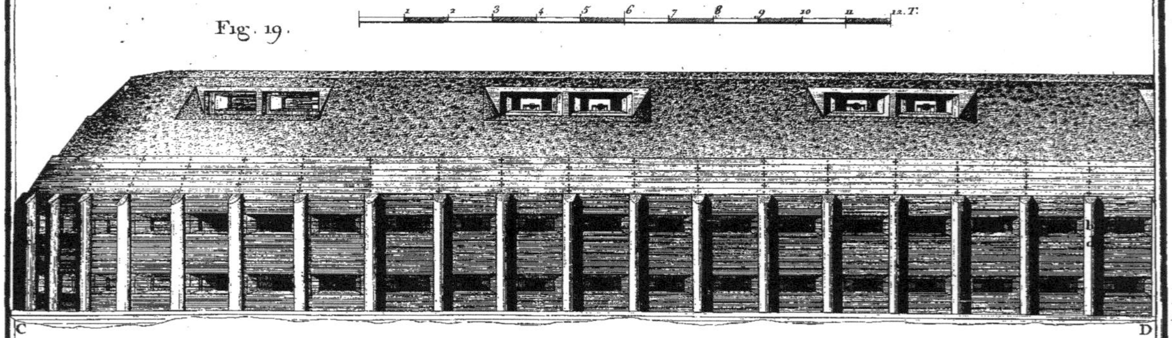

Picquet Sculp.

SUR LA FORTIFICATION PERPENDICULAIRE. 113

travail à compofer & rectifier ce fyftême; mais n'avoit ofé ni le communiquer à perfonne, ni propofer à la Cour d'en faire l'application fur aucun terrain, que quand fes nombreux fervices de guerre & fon ancienneté l'eurent amené dans les grades où l'on croit fi mal-à-propos donner du poids à fes opinions par le rang & les emplois qu'on occupe. Son fyftême n'en reçut cependant aucune faveur entre les Officiers du Génie que la méthode de M. de Vauban, traitée par M. de Cormontaingne, avoit mis en état d'apprécier les nouveautés de ce genre.

229. M. de M. par fes gravures (T. V, Pl. XV, XVII.) tire celle-ci de l'éternel oubli auquel elle étoit condamnée; mais c'eft pour en déduire contre nous les mêmes objections que s'il s'agiffoit en Fortification de difcuter des points hiftoriques ou de chronologie. » Nous allons (dit-il, p. 266) leur oppofer des » autorités qu'ils feront forcés de refpecter ». Notre réponfe ne fera pas plus longue que ce puiffant argument. Nous ne reconnoiffons d'autorités dans notre théorie que pour honorer les hommes qui en ont produit l'avancement. *Argument de l'Auteur du Livre.*

Réponfe.

230. Mais comme il feroit à craindre, & très-contraire au bien du Service que ce mauvais exemple publié de l'un des Directeurs du Génie, n'entraînât encore (227.) dans la dangereufe erreur des compofitions arbitraires quelques jeunes Officiers de notre Corps, nous terminerons volontiers nos obfervations en leur faveur par un mot d'examen du *Méfalectre*.

231. Nos figures 20, 21, 22. ont été tracées fur celles jointes au Mémoire général figné par l'Auteur, concernant les particularités & propriétés qu'il s'étoit flatté, comme tous les Inventeurs de fyftêmes, d'avoir donné à fa compofition. Le même Officier, M. de F ✱ ✱ ✱, (69.) les a d'abord conftruites à grandes échelles, comme toutes celles des fyftêmes précédens, & a pris la peine de les réduire enfuite & d'en dreffer tous les calculs, tant de conftruction que d'attaque.

De la Dépenfe d'un Front de 180 *toifes à Méfalectre.*

232. La dépenfe de ce front confifte en ce qui fuit.

30000 toifes cubes de terres à 1 liv............... 30000 liv. ⎫
6230 toifes cubes de maçonnerie à 18 liv......... 112140 liv. ⎬ 166450 liv.
1430 toifes quarrées de pierres de taille à 17 liv... 24310 liv. ⎭

La dépenfe de ce Front feroit donc au moins égale à celle

P

de notre front moderne (41.), & peut être évaluée de même à 160000 liv. de nos prix fictifs (40.).

De l'Attaque d'un de ces Fronts au dodécagone.

Fig. 20.

233. Son Auteur dit avoir raccourci les faces de ses bastions & demi-lunes pour porter des feux plus directs & d'équerre contre les passages de fossés; mais dès-lors ces mêmes feux ne sont plus directs sur les premières approches qui se conduisent dans les capitales. La capitale du bastion n'est plus croisée que par dix-huit toises des faces des demi-lunes, & celles des demi-lunes par douze toises des faces de bastions. Le feu des flancs, tant du bastion que de la demi-lune, raseroit de trop près la crête du chemin couvert, s'il étoit pointé par-dessus pour atteindre les parallèles ou boyaux de l'attaque. Or, s'il y a quelque cas où le plus d'Artillerie sur les bastions & demi-lunes fasse quelque effet sur les attaques, c'est pendant que les approches sont encore trop éloignées du feu de mousqueterie (204). Il n'est donc pas douteux qu'ici les premières approches ne se fassent plus promptement qu'à l'ancien front de M. de Vauban construit en tête dodécagonale. Supposons-y cependant l'égalité.

234. Suivant les journaux que nous avons déja cités (49.), la troisième parallèle sera finie la dixième nuit, & la quatorzième l'assaillant se trouvera en mesure de chasser l'ennemi des saillans du chemin couvert.

15ᵉ *Nuit.* On se logera sur les deux saillans, en dépassant de huit à dix toises le crochet de chaque première traverse. On poussera la marche du centre & les deux intermédiaires à même hauteur.

Au jour, on commencera à chaque saillant les batteries b. dont on voit la destination. Elles tireront le 17 au matin.

16ᵉ *Nuit.* On se logera dans les deux places-d'armes saillantes le long de la contrescarpe. On ouvrira sur les ailes de l'attaque les deux communications 16. avec la troisième parallèle. On fera dans le chemin couvert de chaque demi-lune le logement pour chaque batterie de brèche c., qui, au moyen des sept toises de largeur de ce chemin couvert, y sera très-commodément placée, & parfaitement couverte à dos. On poussera la sape du centre jusqu'à sept ou huit toises du saillant devant le bastion. On ouvrira la quatrième parallèle cotée 16., dans laquelle on transportera les pierriers avant le jour.

SUR LA FORTIFICATION PERPENDICULAIRE. 115

Au jour, on entamera deux descentes de fossés aux faces de chaque demi-lune, l'une dans le logement de la place-d'armes, pour plonger sous la batterie c.; l'autre dans la communication de chaque aile de l'attaque, pour plonger sous le chemin couvert. On posera les premiers châssis de chacune de ces galeries à l'entrée de la nuit suivante, pour pouvoir en ouvrir les débouchés dans le fossé le 21 au soir.

17ᵉ *Nuit.* S'il étoit resté quelques gardes dans les trois places-d'armes du bastion, on les y attaquera, & l'on achevera de couronner tout le chemin couvert.

Au jour, on commencera les batteries d, qui tireront toutes le 19 au point du jour. On entamera les deux descentes du fossé du bastion, chacune dans le logement d'une des faces de la place-d'armes rentrante, pour plonger sous sa traverse. Ces galeries déboucheront le 22 au soir.

18ᵉ *Nuit.* On fera dans les places-d'armes rentrantes les logemens pour les batteries e, qui seront commencées au jour pour tirer le lendemain à midi. On voit aisément les destinations de toutes ces dernières batteries.

235. Il est bien étonnant qu'un Praticien de tant d'années, & qui avoit fait beaucoup de siéges, soit tombé dans les défauts essentiels, 1°. de composer tout un corps de Place assez mal couvert pour être mis en brèche à-la-fois dans tout son développement, comme le démontrent les batteries b, d, e; 2°. & principalement d'admettre à la jonction de son mésalectre avec le bastion un angle mort (91. 92.) dont on va voir les conséquences. Grand vice du corps de la Place.

236. Il est d'abord très-facile à calculer que la crête a. du parapet au corps de la Place (fig. 22.) étant de 40 pieds 6 pouces au-dessus du fond de son fossé, & la ligne de feu de ce parapet ayant trois pieds de pente sur son épaisseur de trois toises, si l'on prolonge cette ligne de feu, elle ne peut atteindre le fond du fossé qu'en c, à 40 ½ toises du point b, qui tomberoit à plomb du point a sur le niveau du fossé, c'est-à-dire, à 35 ½ toises du pied d du revêtement. Il suit delà que tout objet de six pieds de hauteur, comme x, qui ne seroit qu'à 29 toises du point d, ne seroit apperçu d'aucun point de la crête a du parapet. Si donc on mène dans le grand fossé (fig. 20.) les lignes h, i, k, l, à 29 toises du pied des revêtemens en parallèle aux lignes m, n, o, p, de la crête du parapet, on aura tout l'espace x en dedans de ces lignes, dans lequel un objet de six pieds de hauteur, ni Pl. XV. Fig. 22. Grand vice de l'angle mort. Pl. XIV.

* P 2

par conféquent aucun homme, ne peut être atteint du feu du parapet.

237. Mais écoutons l'Auteur défendre lui-même son angle mort. » Comme c'eſt (dit-il) foutenir une thèſe que de pré-
» ſenter un nouveau ſyſtême, quelqu'un me dira peut-être, ſi
» l'aſſiégeant entreprenoit de faire brèche dans le rentrant, au-
» cune défenſe ne pourroit plonger juſqu'au fond du foſſé pour
» l'empêcher d'y parvenir (à cette brèche), à cauſe de la hauteur
» des revêtemens..... Mais pour *diſſiper toute inquiétude*, ou
» augmenter les difficultés qui *ſans doute* feroient perdre à l'aſ-
» ſaillant l'envie de choiſir ce point d'attaque, je conſtruis la
» tenaille H, qui n'étant élevée que de onze pieds au-deſſus du
» foſſé, non compris ſon parapet, pourra y plonger facilement;
» & je fais en avant de cette tenaille un foſſé de quatre toiſes
» de largeur ſur ſix pieds de profondeur, pour augmenter la
» hauteur du revêtement, qui de cette manière ſera de 17 pieds.
» *Je compte pour rien* le parapet ou mur crenelé de 3 ½ à 4 pieds
» d'épaiſſeur, &c. «.

Fig. 20, 22. 238. On voit cependant à la figure 22. que la batterie de brèche e. de la figure 20, en même-tems qu'elle ouvre le corps de Place dans le rentrant, plonge auſſi le revêtement de la tenaille juſqu'à cinq ou ſix pieds du fond de ſon foſſé. Cette batterie qui tirera pendant trois jours, s'il le faut, raſera donc d'abord & fera infailliblement tomber dans le foſſé de quatre toiſes tout le mur crenelé, que l'Auteur a par conſéquent grande raiſon de *ne compter pour rien* : elle mettra en même-tems la tenaille en brèche. Il eſt donc clair comme le jour, que perſonne ne pourra tenir dans cet ouvrage pour y arrêter les colonnes de l'aſſaut; & d'autant moins que la chûte des décombres du corps de la Place, en maſquant la poterne qui ſe trouve au pied de ſon rentrant, aura coupé toute retraite à la garde de la tenaille.

239. Sa contreſcarpe de ſix pieds n'arrêteroit pas des Grenadiers. Mais outre que ceux de la tête pourroient porter chacun une faſcine, dont un demi-cent diminueroit ſuffiſamment ce reſſaut, on peut auſſi, à la faveur du grand couvert x, aller fort tranquillement viſiter ce foſſé & y former telle rampe que l'on voudra, le jour ou la nuit d'avant l'aſſaut, ſi les décombres de la tenaille ne l'ont pas aſſez recomblé.

19e, 20e, 21e *Nuits*. Suite des deſcentes de foſſés.

22e *Nuit*. A l'entrée de la nuit on débouchera dans le foſſé de chaque demi-lune ſur les deux faces. On y fera vis-à-vis la

SUR LA FORTIFICATION PERPENDICULAIRE. 117

brèche l'épaulement du paſſage. On fera dans le foſſé de l'autre face un double logement, contre les ſorties qui pourroient ſe préſenter par ce côté.

23ᵉ *Nuit*. Aſſaut aux demi-lunes. Marches de boyaux dans leurs foſſés. Débouchés des galeries dans le foſſé du baſtion.

24ᵉ *Nuit*. On ſe logera ſur les gorges des demi-lunes pour y joindre leurs eſcaliers de gorge, très-mal-à-propos voûtés, puiſque ce ſera encore une communication bien couverte pour aller à l'aſſaut du corps de la Place.

240. Au point du jour l'aſſaut eſt immanquable au corps de la Place par ſix colonnes à-la-fois, montant, ſavoir, par les deux faces & les deux flancs du baſtion, mais ſur-tout par les deux rentrans des méſalectres; il eſt même certain que, ſuivant nos principes ci-devant (56.), on auroit pu donner cet aſſaut dès le 22, en même-tems qu'aux demi-lunes.

241. On voit au deſſin, fig. 20, les retranchemens ponctués que l'Auteur conſeille de conſtruire à l'avance tant au baſtion qu'aux gorges de ſes méſalectres. Mais puiſque les colonnes des deux rentrans vont indubitablement pénétrer dans la Place entre ces trois retranchemens, ſans que l'Auteur ait rien préparé pour l'empêcher, il s'enſuit, & l'inutilité de leur grande dépenſe, qui diminueroit encore beaucoup le mérite de ce ſyſtême (108. 109.), & l'impoſſibilité de retrancher utilement un tel front, de quelque façon que ce pût être.

Retranche- mens inutiles.

242. Il eſt donc bien prouvé que la force abſolue de ce front au dodécagone ne s'étend pas au-delà de 22 ou 23 jours. Suppoſons même qu'elle allât à 24 jours, comme à l'un ou l'autre de nos anciens fronts employés en dodécagone (63.). Mais puiſque ſa dépenſe monte au moins à 16 (232.), ſon moment eſt repréſenté par tout au plus le nombre 15; & l'on voit (63. 152.) le rang que tiendroit cette compoſition dans nos échelles ou tables comparatives. Ce n'étoit pas la peine d'employer pendant tant d'années la règle & le compas (228.) pour produire un tracé ſi fort au-deſſous de ce que nous connoiſſons déja depuis ſi long-tems.

Force abſolue & moment de ce Syſtême.

243. Ce ſyſtême eſt cependant encore un exemple beaucoup moins chargé d'ouvrages extérieurs que ceux des Roſard, des Bélidor, des d'Herbort, de M. le Marquis de M., avec quantité d'autres; & qui, malgré ſa ſimplicité, leur ſeroit préférable, ſi gens plus habiles que les uns & les autres à la guerre des Places, ne nous avoient mis ſur une meilleure voie pour leur défenſe.

Conséquences de ces Observations.

244. Il fuit de ce Paragraphe d'obfervations que le Ve Volume de *la Fortification perpendiculaire* ne produit rien à changer aux premières conféquences déduites de notre Mémoire (183 & fuiv.) qui toutes nous en paroiffent au contraire pleinement confirmées.

245. On pourroit feulement y ajouter que la méthode d'affertions & de promeffes magnifiques, mais fans preuves, employée avec profufion par l'Auteur dans ce Ve Volume, comme dans les quatre précédens, & que l'on retrouve la même dans tous les Traités de Fortification anciens & nouveaux, n'a rien abfolument de commun, que les mots techniques, avec celle qui nous guide en France dans l'exercice de notre Art, celle qui le conftitue Science Phyfico-Mathématique.

246. Qu'au moyen de notre méthode, & de tous les talens militaires & géométriques reconnus affez généralement dans les Officiers qui la pofsèdent, on doit voir la Fortification continuer de fe perfectionner, & dans fes effets pour la guerre, & dans l'économie de fes conftructions (3. 20.).

247. Que l'ancienne routine, au contraire, celle des Auteurs de bonne volonté, Profeffeurs & Amateurs en ce genre, n'eft propre qu'à retarder les progrès de l'Art, comme le prouvent les quatre fyftêmes que nous venons d'analyfer; & même à le replonger dans tous les vices de fon enfance, d'où l'ont tiré fi heureufement MM. de Vauban & de Cormontaingne.

Dernières conféquences de tout le Mémoire.

248. On voit enfin par tout ce Mémoire quel eft le fondement d'un principe adopté depuis long-tems par les Officiers du Corps Royal du Génie : que tout Auteur qui propofe, foit un nouveau fyftême, foit même quelque idée nouvelle, foit ouvrage particulier de Fortification que ce puiffe être, fans y joindre tous les calculs néceffaires pour en démontrer la dépenfe & les effets, ne mérite pas d'être écouté. Telle eft la caufe de ce filence obftiné de notre part, fur lequel on n'a pas craint de nous provoquer (T. V, p. 329); & nous avons dit (37.) ce qui nous obligeoit à le rompre. Telle eft auffi la caufe qui nous a rendu & nous rendra encore fourds (T. V, *ibid.*) à toutes les vaines clameurs des adeptes, plus communs encore & beaucoup plus importuns en Fortification qu'en Chymie. (Av. Prop. n°. II.)

Fin du premier Mémoire.

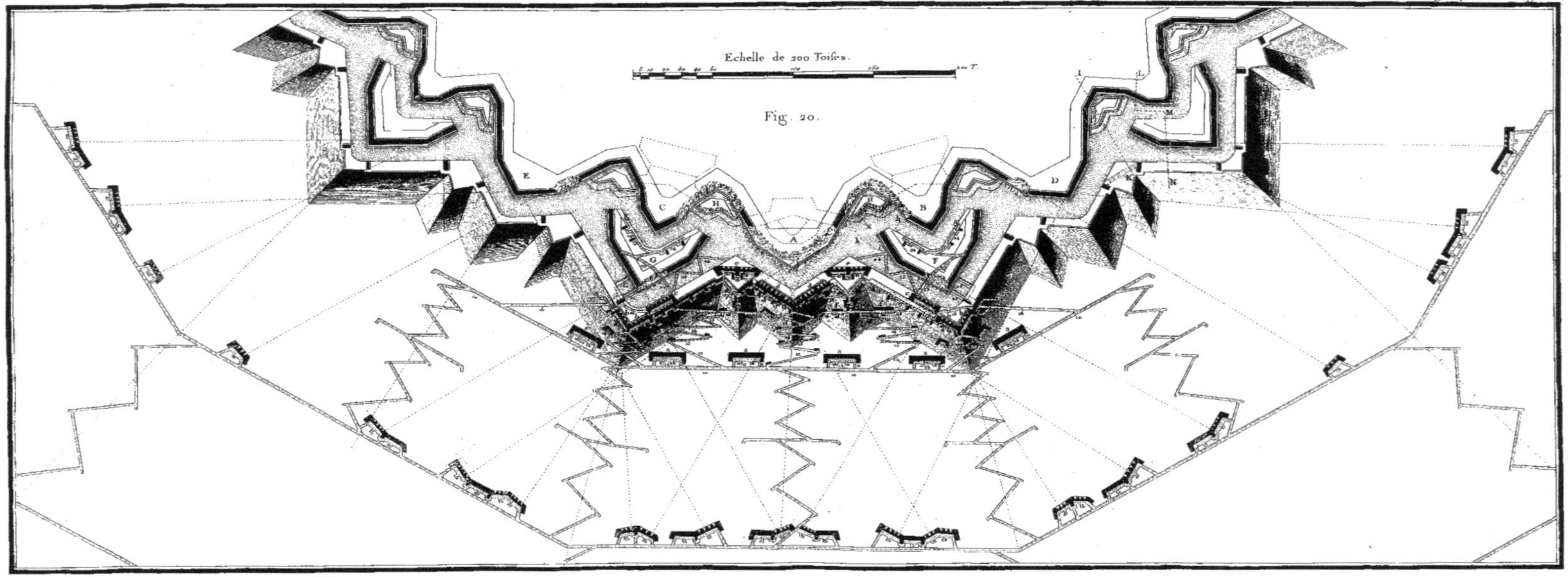
Echelle de 200 Toises.
Fig. 20.
A
B
C
D
E
F
G
H
I
L
M
N

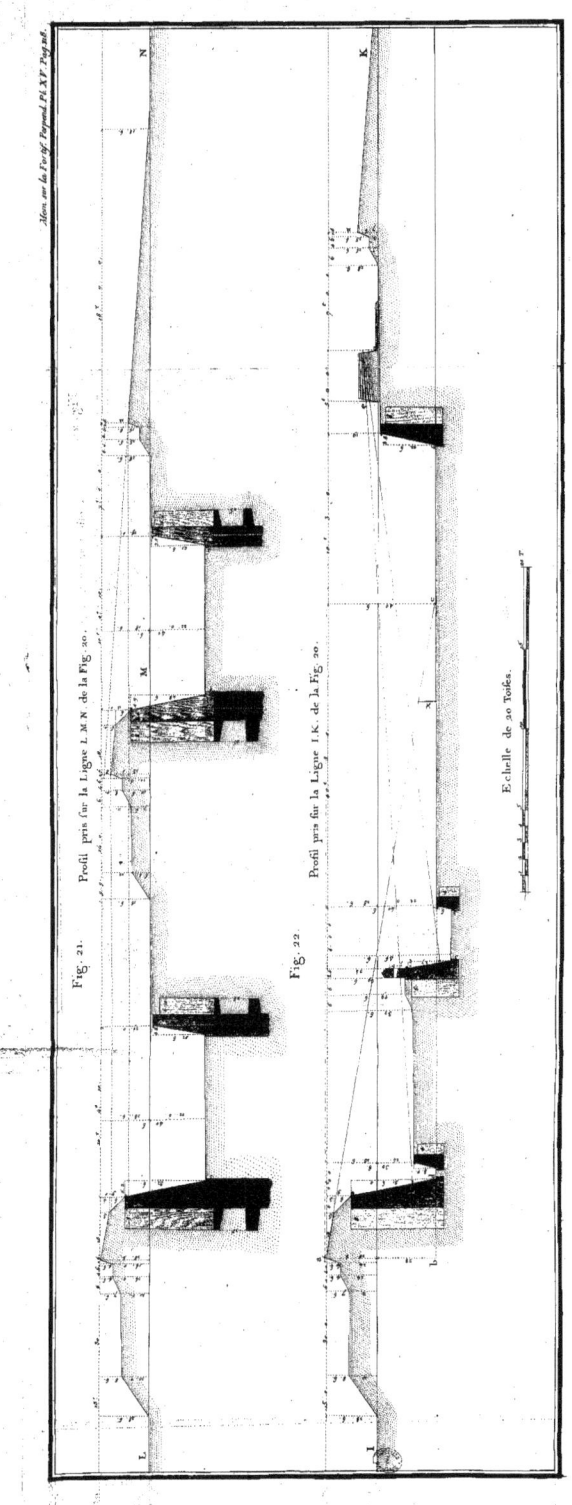

TABLE DES MATIERES.

AVANT-PROPOS.

	Nos.
Occasion du Mémoire : Reproches des Auteurs en Fortification..	I.
Effets de ces reproches..	II.
Pourquoi ces Auteurs n'ont point blâmé la Méthode des attaqués de M. de Vauban..	III.
Pourquoi ils ont tant blâmé sa Méthode de défense..	IV.
Comment M. de Vauban en fit une Science..	V.
Pourquoi ne pas la publier..	VI.
Pourquoi y tenir fortement..	VII.
Il suffit de comparer entr'eux les résultats des diverses méthodes.	VIII.
Et de juger les principes de la comparaison..	IX.

§. I.

De quelques Principes généraux nécessaires pour examiner les idées de Fortification.

Définition de l'Art..	2.
Principes naturels de la défense & de l'attaque..	8.
Obstacles naturels à l'attaque, & leurs avantages..	9.
Nécessité des obstacles factices à l'attaque..	13.
Leurs conditions nécessaires :	
1°. D'être conformes aux principes naturels de la défense..	14.
2°. D'être proportionnés à la troupe qui se défend..	15.
3°. D'avoir entr'eux des communications bien sûres..	16.
Nécessité des moyens secondaires de la défense..	17.
Des divers objets de la Fortification..	18.
De la dépendance mutuelle entre la défense & l'attaque..	19.
Des variations nécessaires dans leurs moyens..	20.
De la force de la Fortification, & de la mesure de cette force..	21.
On peut la mesurer d'après l'expérience..	23.
Des moyens ou frais de la Fortification..	25.

Des Principes de comparaison entre les ouvrages de la Fortification.

De l'*Échelle* comparative de la Fortification, & des élémens de cette Echelle..	26.
Premier Elément connu ; *sa dépense*..	27.

TABLE DES MATIÈRES.

Second Elément connu ; *sa force absolue* .... 28.
La vîtesse des attaques est décroissante 29.
La marche en est bien connue ...... 30.
Ainsi que ses variations .... 31.
Ces principes de comparaison nous viennent de M. de Vauban .... 32.
Formule générale de cette comparaison .... 33.
Propriétés de cette méthode .... 34.
Combien cette méthode est nécessaire aux gens de l'Art .... 36.

§. II.

Application des Principes précédens à l'examen de trois Fronts bastionnés dont M. de Vauban fit usage.

Du front le plus moderne de M. de Vauban .... 37.
De deux autres fronts plus anciens .. 38.

Art. I. *Des Dépenses de ces trois Fronts.*

En quoi consistent ces dépenses ..... 39.
Hypothèse nécessaire pour estimer ces dépenses .... 40.
Dépense du front moderne .... 41.
Dépense de l'ancien front à flancs droits .... 42.
Dépense de l'ancien front à flancs concaves .... 43.

Art. II. *De la Force absolue de ces trois Fronts.*

Nécessité pour la guerre de calculer cette force .... 45.

Nécessité d'une hypothèse pour calculer cette force .... 46.
En quoi consiste cette hypothèse ... 47.
Autre hypothèse nécessaire pour d'autres cas .... 48.
Attaque du front moderne au dodécagone, & sa force absolue .... 49.
Attaques de l'ancien front, & sa force absolue .... 50.

Art. III. *Des Causes de l'inégalité des Forces absolues de ces Fronts.*

Avantages du front moderne. 1°. Plus de feux contre les attaques ...... 52.
2°. Logemens plus difficiles devant les demi-lunes .... 53.
3°. Cheminement plus difficile entre ces pièces .... 54.
4°. Logemens encore plus difficiles devant le bastion .... 55.
5°. La brèche au bastion long-tems inaccessible .... 56.
6°. Effets des réduits tant aux places-d'armes qu'aux demi-lunes ...... 57.
Avantages de tous les fronts en polygones plus ouverts .... 58.
Quoiqu'ils soient d'égales dépenses .. 59.

Art. IV. *De la Valeur relative entre ces Fronts bastionnés, ou de leur mérite pour la Guerre.*

Momens du front moderne & de l'ancien front .... 62.
Echelle comparative de ces momens. 63.
De l'accroissement des momens ..... 64.
Jugement de l'Académie sur ces deux premiers Paragraphes du Mémoire.

SUITE

TABLE DES MATIÈRES.

SUITE DU MÉMOIRE;

& Recherches sur l'utilité dont peut être au Service du Roi le Livre intitulé de la Fortification perpendiculaire.

Introduction.
Nécessité de ces recherches.

§. III.

Application des mêmes Principes à l'examen d'un Front de l'Heptagone à tenaille; premier système du Livre de la Fortification perpendiculaire.

Objets que l'Auteur se propose par le tracé de cet heptagone........ 66.
C'est un vice dans une Place de guerre d'être régulière................ 67.

ART. I. *De la Dépense de ce Front*.................69

ART. II. *De la Force absolue de ce Front.*

Attaques de ce front & son premier défaut..................... 72.
Deuxième défaut considérable..... 75.
Force absolue de ce front......... 76.
Troisième défaut, & avantage du front moderne................. 77.
Force relative ou moment de ce front..................... 78.

ART. III. *De l'Economie sur les sept Fronts de cet Heptagone*................79

ART. IV. *De l'Economie sur la Force de la Garnison de cet Heptagone.*

Argument de l'Auteur du Livre..... 80.
Des Tables de M. de Vauban....... 81.
De l'usage de ces Tables......... 82.
L'argument de l'Auteur est un sophisme..................... 83.
Danger du raisonnement de cet Auteur, & des conseils des simples Amateurs..................... 84.

§. IV.

Application des mêmes Principes à l'examen d'un Front du Polygone à ailerons; 2ᵉ système du Livre de la Fortification perpendiculaire.

Prétentions de l'Auteur pour ce front. 85.

ART. I. *De la Dépense de ce Front,*

Hypothèse pour son estimation..... 87.
Discussion de cette dépense........ 88.

ART. II. *De la Force absolue de ce Front,*

Attaques de ce front............. 93.
Des grands travaux de la 18ᵉ nuit... 94.

Q

TABLE DES MATIÈRES.

Premier & grand défaut : l'angle mort.................... 95.
Deuxième défaut : coupures inutiles. 98.
Troisième défaut : communications manquées.................. 99.
Quatrième défaut : tous les dehors tombent ensemble, & axiome de l'Art........................ ibid.
Cinquième défaut : nulles défenses. 100.
Force absolue de ce front........ 101.
Force relative ou moment de ce front........................ 102.
Prétentions mal fondées de l'Auteur 103.
Sixième défaut................. 104.

Art. III. Des Retranchemens de l'Auteur dans les Bastions.

Contradictions singulières dans l'Auteur......................... 105.
Inutilités des retranchemens si les fossés sont secs.............. 108.
Réponses à nombre de questions & assertions de l'Auteur.......... 110.
Attaques du retranchement & ses grands défauts............... ibid.
Sa force absolue................ 111.
Mauvais principe de l'Auteur...... 112.

§. V.

Application des mêmes Principes à l'examen d'un Front du Polygone angulaire; 3ᵉ système du Livre de la Fortification perpendiculaire.

Prétentions de l'Auteur pour cette invention................... 114.

Art. I. De la Dépense de ce Front.

Des estimations de l'Auteur....... 115.
Toisé des déblais............... 116.
Toisé des remblais.............. 117.
Défaut d'équilibre entre ces quantités....................... 118.
Talus des terres par l'Auteur..... 119.
Toisé des gazonnages............ 120.
Toisé des maçonneries........... 121.
Toisé de la pierre de taille....... 122.
Toisé de la charpente............ 123.
Objets négligés dans cette estimation....................... 124.
Dépense totale de ce front........ 125.
Objection de l'Auteur & réponse.. 126.

Art. II. De la Force absolue de ce Front.

Premier défaut : sorties impossibles 127.
Attaques de ce front, & deuxième défaut : le haut des tours facilement ruiné................... 128.
Troisième défaut : le chemin couvert & tous les remparts abandonnés...................... 129.
Quatrième défaut : les glacis sans défenses..................... 130.
Cinquième défaut : feux impuissans de bas en haut................ ibid.
Sixième défaut : dans tous les remparts....................... 131.
Contradictions remarquables...... 134.
Septième défaut : inutilité totale des tours........................ 135.
Autres contradictions............ 140.
Huitième défaut : inutilité des traverses aux remparts, & des lunettes au chemin couvert....... 142.

TABLE DES MATIÈRES.

Neuvième défaut : les communications de l'affiégé tournent contre lui.......................... 143.
Dixième défaut : grand espace & sûreté pour l'assaillant.......... 144.
Autres feux impuissans de bas en haut........................ 145.
Onzième défaut : quantité d'ouvrages inutiles................... 150.
Force absolue, moment de ce système, & suite de l'échelle du n°. 63....................... 151.
L'invention de ce polygone n est pas nouvelle..................... 152.

Art. III. Du Feu des Casemates.

De l'expérience des Anciens sur ces feux........................ 155.
L'Auteur croit avoir remédié aux inconvéniens de la fumée....... 157.
Il est permis d'en douter......... 158.
Premier motif de ce doute........ 159.
Deuxième motif................ 160.
Troisième motif................ 161.
Remèdes allégués, mais illusoires.. 163.
Meilleurs moyens, mais qui ne peuvent s'appliquer ici........... 165.
Parallèle illusoire entre ces casemates & les entre-ponts des vaisseaux....................... 167.
Autres grands inconvéniens des casemates..................... 170.
De l'avis de M. de G. sur le feu de ces casemates................ 172.
Notre opinion sur ces casemates.. 173.
Conséquences de cet examen..... 174.

Art. IV. Des Revêtemens casematés & de ceux détachés des ouvrages.

L'Auteur les propose comme un moyen d'économie............. 175.
Ce que l'on doit en penser....... 176.
De ce qu'ils valent pour la guerre.. 177.
De leurs défauts................ 178.

Conséquences de ce Mémoire............... 182.

§. VI.

Observations sur le Ve Volume du même Livre, publié en 1784.

Art. I. Des Objections de l'Auteur contre la méthode de notre Mémoire.

L'Auteur attaque vivement notre méthode...................... 188.
Les engagemens qu'il prend...... 190.
Recherche de ses principes. Premier principe................ 192.
Contradiction de l'Auteur sur ce principe..................... 193.
Deuxième principe, contraire à l'expérience & à la raison.......... 198.
Troisième principe.............. 200.
Preuves contre ce troisième principe......................... 202.
Quatrième principe, vrai, mais mal appliqué.................... 207.
Cinquième principe, détruit par l'Auteur..................... 208.

Sixième principe, détruit de même
par l'Auteur.................. 209.
Aucun de ces principes ne juftifie les
opinions de l'Auteur.......... 211.
Les démonftrations de ce Livre ne
confiftent qu'en affertions....... 212.
Il fuffit donc de les nier......... 216.
Ce que l'Auteur donne pour méthode
n'en eft pas une.............. ibid.
Des forties de l'Auteur contre la
mémoire de M. de Cormon-
taingne..................... 217.
Et contre le Corps Royal du Génie. 218.
Idée de ce que fut M. de Cormontaingne..................... 219.

ART. II. *De l'Expérience faite
à l'Ifle d'Aix fur la Fumée
de la Poudre.*

Prétentions de l'Auteur à cet égard. 221.
Defcription du Fort de Bois de l'Ifle
d'Aix...................... 222.
Les batteries couvertes de ce front
étoient des entre-ponts de vaiffeaux, & non des cafemates.... 223.
Ces expériences ne concluent rien
fur la queftion concernant la fumée
de la poudre................. 226.

ART. III. *De ce que l'on doit
penfer fur le Syftême nommé
le Méfalectre.*

Les noms ni les rangs des Auteurs
ne rendent pas juftes leurs idées.. 227.
Argument de l'Auteur du Livre,
tiré de cet exemple, & réponfe. 229.
De la dépenfe de ce front........ 232.
De l'attaque de ce front au dodé-
cagone..................... 233.
Grand vice au corps de la Place.... 235.
Autre grand vice, l'angle mort.... 236.
Vice de la tenaille.............. 238.
Retranchemens inutiles.......... 241.
Force abfolue, & moment de ce
front....................... 242.
Conféquences de ces obfervations. 244.
Conclufions du Mémoire......... 248.

Fin de la Table des Matières du premier Mémoire.

MÉMOIRES
SUR
LA FORTIFICATION
PERPENDICULAIRE.

SECOND MÉMOIRE
OU
OBSERVATIONS sur le Livre intitulé, *La Fortification Perpendiculaire.*

Par M. G***, Major au Corps Royal du Génie.

AVERTISSEMENT.

La *Fortification perpendiculaire* est l'Ouvrage le plus étendu, le plus détaillé qui ait été mis au jour sur l'Art de fortifier.

Il eſt ſurprenant qu'aucun Écrit public n'ait encore paru, pour diſcuter ou combattre les méthodes de fortifier, peut-être en partie neuves, de M. le Marquis de Montalembert : ſeroit-ce qu'il n'y a rien à leur oppoſer ? Les Obſervations qu'on haſarde de mettre au jour, pourront contribuer à fixer les opinions ſur ces ſyſtêmes.

Il n'étoit pas poſſible de joindre ici des copies des Planches de la Fortification perpendiculaire ; ce qui auroit été d'une très-grande dépenſe : il faudroit donc avoir l'Ouvrage de M. le Marquis de M. pour lire les Obſervations ; & l'on ne ſuppoſe pas que les jeunes Officiers du Corps Royal du Génie, pour qui ces Obſervations ont été rédigées, doivent faire la dépenſe aſſez forte de ſe procurer ce gros Livre pour pouvoir en entendre la critique. Mais cet Ouvrage a eu tout le tems de ſe répandre avant que l'on y ait répondu : on peut aujourd'hui trouver à l'emprunter dans les grandes Villes ; & l'on peut augurer que, dans la ſuite, il éprouvera le ſort de tomber à bon marché, malgré la ſomptuoſité de ſon édition.

N. B. On a diſtingué les Extraits du Livre de M. de M. par un caractère plus petit que celui des Obſervations.

LA FORTIFICATION PERPENDICULAIRE.

PREMIERE PARTIE.

De nouveaux Syſtêmes de Fortification ne peuvent être bien appréciés qu'en les comparant aux méthodes de fortifier reçues & en uſage. Un Officier du Génie très diſtingué par ſes talens, M. de Cormontaingne, a conſigné dans des Mémoires manuſcrits, les principes de M. de Vauban ſur la Fortification, qui ont été généralement adoptés : c'eſt donc à la Fortification tracée ſuivant les principes contenus dans ces Mémoires qu'il convient de comparer les méthodes de fortifier de M. le M. de M., compriſes dans ſon Ouvrage de *la Fortification perpendiculaire*.

Pour mettre quelque préciſion dans l'examen de ces méthodes nouvellement propoſées, il m'a paru convenable de faire précéder d'un Extrait de chaque Chapitre les Obſervations qui y ſont relatives, en ſuivant le plus qu'il eſt poſſible l'énoncé du texte.

CHAPITRE PREMIER.

Des Remparts des Places fortes, & de leurs défenſes avant l'invention de la Poudre.

EXTRAIT.

La Fortification des Places anciennes conſiſtoit en une enceinte de murailles fort élevées, flanquées par des tours plus élevées encore, avec un foſſé large & profond en avant de cette enceinte. Le grand nombre de ſiéges mémorables que rapporte l'Hiſtoire Ancienne, tels que ceux de Lilibée, de Jéruſalem, de Thyr, de Carthage, &c., prouvent l'excellence de cette Fortification.

Tome I, pag. 2.

3, 4.

Ce n'étoit pas à la mollesse ou à l'ignorance des attaquants qu'étoient dues ces longues résistances des Places anciennes : nous n'avons point vu de nos jours, dans nos siéges, des combats plus vifs ni plus fréquens, que ceux qui se livroient devant ces Places ; & nous ne pouvons même mettre en parallèle l'Art des travaux des Anciens avec celui qu'exigent nos tranchées & nos batteries : ce dernier est simple, il est à la portée de tout le monde ; tandis que la construction des tours bélières, avec tout ce qui étoit nécessaire pour les faire mouvoir, exigeoit les plus grandes connoissances dans les Ordonnateurs de ces travaux, & beaucoup d'habileté pour les exécuter : l'effet prodigieux de leurs balistes & de leurs catapultes étoit aussi entièrement dû à l'Art des constructions. Il faut donc convenir que les Anciens n'avoient pas moins de science que de valeur dans la conduite des siéges. Pour résister à de si puissans moyens, les Fortifications des Places anciennes devoient laisser peu de chose à désirer.

OBSERVATIONS.

Les combats vifs & fréquens qui se livroient devant les Places anciennes ne sont pas moins une preuve de la vigueur des assiégés que de celle des assiégeans, & la vigueur bien employée des assiégés a de tout tems été, ainsi qu'il sera toujours, un très-grand moyen de défense, quelles que soient les Fortifications des Places.

La construction des immenses tours bélières, leur transport au pied des murailles, qui devoit être précédé du comblement d'un fossé large & profond, ces opérations exécutées à découvert, sous les traits & les pierres qu'on dirigeoit de la Place sur les travailleurs, devoient exiger beaucoup de tems. Si les assiégés pouvoient parvenir à écraser les tours bélières avec les grosses pierres que leurs machines leur donnoient la facilité de lancer sur ces tours, il falloit abandonner ou recommencer le siége : s'ils mettoient le feu à ces tours bélières, dans les sorties, ou par les matières enflammées qu'ils jettoient du haut de leurs murailles, c'étoit encore un siége à recommencer. Avec des moyens de défenses si simples, opposés à des attaques de la plus difficile exécution, il n'est pas surprenant que les Places fissent anciennement de très-longues défenses.

De nos jours, au contraire, que, par *un Art simple & à la portée de tout le monde* (a), les assiégeans parviennent en force, & en très-peu de tems, au pied des retranchemens des Places,

---

(a) Malgré la grande simplicité de cet Art, on pourroit demander pourquoi les François attaquent mieux les Places que toutes les autres Nations ?

sans être découverts; qu'ils y conduisent une Artillerie vraiment formidable, d'un transport aisé, d'une exécution facile, qui embrasse par ses effets prodigieux une très-grande étendue de l'enceinte des Fortifications; les Places sont devenues infiniment plus difficiles à défendre, & ne sont pas pour cela plus mal fortifiées.

CHAPITRE DEUXIÈME.

De la Défense des Remparts anciens, depuis l'invention de la Poudre, jusqu'à l'époque des Remparts bastionnés.

EXTRAIT.

L'usage de la poudre à la guerre a commencé au quatorzième siècle : ce n'est que vers le milieu du seizième qu'on a commencé à bastionner l'enceinte des Places; ensorte que les anciennes Fortifications ont été pendant plus de deux cents ans la seule défense que les Places opposoient aux effets de l'Artillerie : dans cet intervalle de tems plusieurs Places ont fait de très-belles défenses; quelques-unes ont résisté aux plus vives attaques.

En 1456 les Turcs furent obligés de lever le siége de Belgrade, après avoir ouvert de grandes brèches à ses murailles, & y avoir livré deux assauts des plus furieux. Ils ne furent pas plus heureux en 1480 à l'attaque de Rhodes, dont ils furent également obligés de lever le siége, après y avoir livré plusieurs assauts. La Ville de Metz n'étoit défendue que par une muraille flanquée de tours quand elle fut assiégée en 1552 par l'Empereur Charles-Quint, qui fut obligé d'en lever le siége. La Ville de Mezieres, vaillamment défendue par le Chevalier Bayard, ne fut pas prise. Le brave Dessé défendit Landrecy en 1533, par de vives & fréquentes sorties : l'Empereur fut obligé d'en lever le siége.

Par les détails des siéges de ces Places, on voit que leurs murailles n'étoient pas couvertes, puisque, dès les premiers jours de l'investissement, des batteries éloignées les battoient en brèche. Faute d'avoir fait assez d'attention, &c.

Pages 12.
13.
20.
21.
22.
27.
29.
30.
32.
35.
42.
43.

OBSERVATIONS.

C'est en livrant des combats aux assiégeans, que les défenseurs des Places citées ci-dessus ont forcé les assiégeans d'en abandonner les siéges. L'Art de diriger les attaques étoit alors fort imparfait (b); les travaux avancés n'étoient pas soutenus; les

---

(b) Il a fallu depuis 1550 jusqu'en 1697, au siége d'Ath, près de 150 ans, pour que M. de Vauban trouvât cet Art si simple des attaques.

assiégeans étoient forcés de se présenter à découvert pour les défendre. On peut sans doute faire encore des sorties avec succès quand elles sont bien combinées; mais non avec le même avantage qu'autrefois, les assiégeans se trouvant aujourd'hui en force & couverts, jusques dans leurs travaux les plus avancés.

Puisqu'on reconnoît que dès les premiers jours de l'investissement, des batteries éloignées battoient en brèche les murailles des anciennes Places, il ne paroît pas si mal raisonné d'en conclure l'insuffisance de leur Fortification pour résister à l'Artillerie.

CHAPITRE TROISIÈME.

Des Remparts bastionnés.

EXTRAIT.

Pag. 51. Depuis l'usage du canon dans les siéges, les anciennes murailles avoient le défaut capital d'être trop découvertes : on auroit parfaitement remédié à
52. ce défaut, en couvrant ces murailles d'un simple rempart en terre, avec un glacis en avant : par cette double enveloppe, les Places anciennes seroient devenues capables d'une très-grande résistance, ainsi que le prouve la belle
53. défense de la Ville de Stetein sur l'Oder, assiégée en 1667 par les Brandebourgeois. Cette Place ne fut prise qu'au bout de six mois d'un siége conduit avec beaucoup de vigueur.
54. Une ancienne muraille couverte par un rempart à fausse-braye purement de terre, faisoit la force de cette Place : il y eut deux attaques; à chacune des attaques la muraille d'enceinte formoit un rentrant qui laissoit entre la muraille & le rempart de grands intervalles, où les assiégés élevèrent des retranchemens, & construisirent des batteries contre celles des assiégeans, établies sur le rempart bastionné pour battre en brèche la muraille d'enceinte.
55. Il seroit impossible de pratiquer les mêmes chicanes dans un bastion, fût-il fermé par un retranchement à sa gorge; & s'il ne l'est pas, il ne peut fournir aucune ressource : ainsi il est évident que c'est cet ancien mur derrière ce mauvais rempart à bastions qui a produit seul tous les grands effets de la défense de cette Place.
56. L'espace manque dans les bastions pour pouvoir se retrancher; c'est le vice mortel de toutes les Places modernes, dont le changement de forme est l'unique remède.
60. La Citadelle d'Anvers, construite en 1567, passe pour la plus ancienne Fortification régulière bastionnée. Depuis que cette Citadelle est construite, de tous côtés on a vu s'élever des enceintes bastionnées, sans s'appercevoir

SUR LA FORTIFICATION PERPENDICULAIRE. 131

qu'elles ne sauroient convenir ni aux grandes, ni aux petites Places; aux grandes par leur dépense énorme; & aux petites, par les vices de leurs défenses.

Le plus petit des polygones à bastions est le quarré, qui, avec ses chemins couverts, n'occupe pas moins de deux cents cinquante à deux cents soixante toises en quarré. Beaucoup de positions importantes à occuper n'ont pas cette étendue : on fait alors de *mauvaises redoutes*, ou des forts irréguliers qui n'ont ni forme, ni force, qui sont enlevés, pour peu qu'ils soient accessibles; s'ils ne le sont pas, ils deviennent inutiles, puisqu'on ne peut en déboucher.

Ces défauts des méthodes en usage de fortifier les Places & de retrancher les postes, font sentir la nécessité d'avoir recours à de nouveaux moyens. Pour mieux faire connoître cette nécessité, on va examiner la composition des fronts bastionnés, & les défauts résultants de leur composition.

Composition de chaque Front bastionné.

Chaque front bastionné est composé de deux faces placées en saillie, de deux flancs rentrants, & une courtine joignant les deux flancs. Ce tracé donne lieu à plusieurs remarques très-importantes.

1°. Les faces prolongées jusqu'à leur point de concours forment un angle très-ouvert d'environ 144 degrés; par leur obliquité ces faces ne peuvent se défendre mutuellement : on a fait, pour leur donner une défense, les flancs rentrants, qui concourent, à chaque extrémité de la courtine, avec les faces prolongées, qu'on nomme lignes de défenses; les longueurs de ces dernières lignes ont été déterminées de façon que les flancs eussent assez d'étendue pour défendre les faces qui leur sont opposées, & que la longueur de la courtine permît de découvrir par-dessus le parapet des flancs le pied du revêtement du rempart & tout le fond du fossé : ce dernier objet, peu important, pouvoit être rempli par beaucoup d'autres moyens.

2°. Le grand espace compris entre les flancs & la courtine, est un terrein perdu pour la capacité intérieure de la Place & pour sa défense : c'est cet espace qui resserre la gorge des bastions, dont les remparts occupent presque toute la capacité, principalement dans les polygones d'un petit nombre de côtés; tels que l'héxagone, le pentagone, & sur-tout le quarré.

3°. La forme contournée des remparts à bastions ne se suffit pas à elle-même; les approches du rentrant vis-à-vis de la courtine sont très-mal défendues par l'obliquité des faces des bastions : ce qui a obligé de faire dans cette partie une demi-lune; ouvrage d'une grande dépense & d'une foible résistance, tout ouvrage en avant du grand fossé ne pouvant être défendu faute de communication.

4°. La demi-lune, qui se trouve la partie la plus saillante, devroit être aussi la mieux défendue; elle ne l'est que foiblement par les feux élevés des faces des bastions; & se trouvant séparée du corps de la Place par le grand fossé, elle ne peut être soutenue.

Il résulte encore de la composition des fronts bastionnés plusieurs défauts qu'il faut examiner en détail.

R 2

Premier défaut des Syſtêmes à baſtions.

Pag. 75. Une batterie dirigée pour battre directement un des flancs d'un baſtion, bat en même-tems de revers l'autre flanc & partie de la face qui le joint; la batterie dirigée pour battre de front une des faces, bat auſſi d'enfilade & de revers l'autre face & le flanc attenant : ſi ces batteries dirigées contre les flancs ne ſuffiſoient pas, d'autres batteries placées dans leurs prolongemens auroient bientôt achevé d'en éteindre les feux.

Deuxième défaut des Syſtêmes à baſtions.

76. Dans la conſtruction des fronts baſtionnés, l'on ne profite pas de toute l'étendue de la portée des armes; les feux des flancs ſe croiſent en pure perte devant la courtine : ſi ces flancs étoient avancés vers les ſaillans des baſtions, & placés dans l'angle de tenaille formant les flancs du réduit de la demi-lune, comme il eſt marqué Planche Ire, fig. 6, on pourroit donner beaucoup plus d'étendue au front, dont les ſaillans ſeroient également bien défendus;
77. ce qui diminueroit le nombre des côtés du polygone, donneroit de l'éco-
78. nomie dans ſa conſtruction, & augmenteroit ſa force : les flancs ne pouvant être battus que de front, ſeroient mieux couverts que les flancs retirés des baſtions.

Troiſième défaut des Syſtêmes à baſtions.

79. Par une ſuite des feux qui ſe croiſent, l'on n'a pu donner que 180 toiſes au côté du polygone extérieur des fronts baſtionnés, dont toutes les parties utiles à la défenſe ſe trouvent trop reſſerrées. Suivant la méthode propoſée de joindre les flancs à ceux des réduits des demi-lunes, ainſi qu'il eſt marqué en lignes ponctuées, fig. 6, donnant aux lignes de défenſes la même étendue
81. qu'à celles des fronts baſtionnés, le côté de polygone extérieur H. N. ſe trouvera de 306 toiſes; ce qui eſt à-peu-près la longueur d'un côté de l'heptagone inſcrit dans un cercle de même diamètre que celui du dodécagone baſtionné ayant 180 toiſes de côté de polygone extérieur.

Quatrième défaut des Syſtêmes à baſtions.

84. Les baſtions ſont trop petits & trop reſſerrés à leurs gorges pour qu'on puiſſe y pratiquer de bons retranchemens qui ne ſeroient défendus que par eux-mêmes, ne pouvant recevoir aucune défenſe des courtines collatérales.

Cinquième défaut des Syſtêmes à baſtions.

87. Quand les aſſiégeans ſont à portée de ſe loger ſur la crête des glacis, les feux des flancs des baſtions ſe trouvant éteints, ne portent aucun retard au paſſage du foſſé, l'époque de l'ouverture des brèches étant toujours celle de

la capitulation, ainsi qu'on pourroit le prouver par une infinité d'exemples; Tome I, on se bornera à ceux des siéges d'Ath, de Tournay & de Berg-Op-Zoom.

Au siége d'Ath, le pont de communication à la demi-lune du front d'at- Pag. 88. taque ayant été rompu, cette piéce & son réduit se rendirent presqu'aussi-tôt; 89. ce qui prouve que les demi-lunes & tous les ouvrages extérieurs au grand fossé ne sauroient retarder la prise des Places par le défaut de communication.

A Tournay, le corps de la Place ayant été battu par des batteries éloignées, 90. dès que l'assiégeant, après la prise d'un ouvrage à cornes, eut conduit ses tranchées jusqu'à la contrescarpe, la Ville capitula. Le revêtement fut battu en brèche à la Citadelle par des batteries placées à plus de 120 toises 91. du chemin couvert : du moment que la brèche fut ouverte, le Gouverneur n'ayant aucune confiance dans la défense que les flancs des bastions pourroient opposer au passage du fossé, fut forcé de capituler, pour n'être pas pris d'assaut.

Au siége de Berg-Op-Zoom les batteries de brèches ne commencèrent à 92. tirer que le 57e jour après l'ouverture de la tranchée : la Place fut prise d'assaut le 64e jour ; les colonnes d'attaque traversèrent le fossé à découvert, sans y avoir fait d'épaulement ; les feux des flancs qui n'avoient pas été détruits, n'en empêchèrent pas le passage.

La Planche III, fig. 1, fait voir un polygone à remparts droits qui seroit 93. capable d'une aussi longue défense que celle d'un rempart contourné à flancs, puisque les flancs ne produisent, comme on vient de le voir, aucun retard au passage du fossé.

Reconnoissant la foiblesse des fronts bastionnés, on a fait des ouvrages 96. extérieurs, dans la vue de doubler & de tripler les enceintes des Places de guerre ; mais ces ouvrages extérieurs ont été multipliés sans raisonner suffi- 98. samment sur l'objet qu'ils doivent remplir : car il est évident qu'on ne peut que s'affoiblir en s'étendant en dehors du grand fossé ; il est sensible que ce ne peut être qu'en dedans de ce même grand fossé que les forces étant plus concentrées, pourroient devenir infiniment plus grandes. Dès qu'il est reconnu que plusieurs enceintes sont indispensables, il faut les établir intérieurement au grand fossé. La Planche IV représente trois fronts bastionnés auxquels on 99. a substitué un nouveau tracé composé de trois enceintes comprises entre les lignes de polygone intérieur & de polygone extérieur des fronts bastionnés. Les courtines prolongées jusqu'à leurs points de concours forment la première enceinte, dont les saillants sont défendus par les pièces casematées A, placées au milieu des courtines : les retranchemens des bastions C. forment la deuxième enceinte ; & les faces des bastions B, dont on a supprimé les flancs, forment la troisième : les deux dernières enceintes sont défendues par les pièces D, 100. qu'on peut nommer ailerons, qui couvrent le corps de la Place, & servent à établir de sûres communications entre les différentes pièces de cette Fortification. Nos enceintes devenues angulaires par ce nouveau tracé, seront d'une 102. beaucoup meilleure défense ; c'est une vérité qui ne sauroit être contredite.

OBSERVATIONS.

Une muraille de l'ancienne Fortification fait un très-bon

retranchement derrière un rempart baſtionné ; & s'il ſe trouve un grand intervalle entre l'ancien mur & le rempart, il eſt très-convenable d'y élever de nouveaux retranchemens : ces moyens employés à la défenſe de Stetein, ne prouvent point que le rempart baſtionné qui environnoit cette Place, n'ait pas beaucoup contribué à ſa défenſe, ſur-tout ſi l'on remarque ſur le plan des attaques, Planche II, la quantité de batteries & l'étendue des travaux que firent les aſſiégeans en avant du rempart baſtionné, on conclueroit plus naturellement de la défenſe de Stetein, & à l'inſpection du plan de ſes attaques, que puiſqu'un mauvais rempart à baſtions ſans revêtement, ſoutenu par une ancienne muraille a fait une auſſi longue défenſe, on doit attendre la plus grande réſiſtance des remparts baſtionnés bien revêtus & conſtruits dans de bonnes proportions.

En effet, comparant les défenſes à-peu-près du même tems, ce qui eſt eſſentiel pour que la comparaiſon ait quelque exactitude, l'Hiſtoire fournit l'exemple d'une Place baſtionnée bien revêtue, la Ville de Candie, qui ſoutint le plus mémorable des ſiéges rapportés dans l'Hiſtoire moderne : au bout de trois ans d'un ſiége le plus vigoureux, cette fameuſe Place capitula le 16 Septembre 1669, environ huit ans avant la capitulation de Stetein. On remarque au ſiége de Candie que les Turcs, après avoir ouvert de grandes brèches à pluſieurs baſtions, ne purent parvenir à s'y loger, & furent forcés d'en abandonner les attaques, par les feux de revers que l'Artillerie des flancs des baſtions voiſins, dirigeoit dans les logemens que les aſſiégeans tentoient d'établir ſur ces brèches (c) ; ce qui fait connoître combien les flancs des baſtions furent utiles à la défenſe de cette Place.

Par les deux retranchemens tracés dans l'intérieur & à la gorge du baſtion A, de la Planche ci-jointe, il paroît que les baſtions ſont très-ſuſceptibles d'être bien retranchés : quand le polygone étant réduit à un petit nombre de côtés, les gorges des baſtions ſont trop reſſerrées pour y faire des retranchemens baſtionnés, on fait de ſimples retranchemens à tenailles ; même les baſtions du quarré peuvent être ainſi retranchés à leurs gorges.

La dépenſe des Fortifications d'une grande Place baſtionnée

(c) Voyez les travaux de Mars, Tome II, pag. 41.

est énorme, si la Place, peu importante par elle-même, ne remplit d'ailleurs aucun objet essentiel pour la défense du pays; mais si la Ville, grande, opulente, à portée de servir de dépôt pour les approvisionnemens d'une Armée, & de lui servir de retraite dans le malheur, garantit une riche Province de toute invasion, sa Fortification bastionnée est une très-petite dépense.

Quand des positions intéressantes à occuper se trouvent trop resserrées pour être défendues par des Fortifications bastionnées, on peut y faire *de très-bonnes redoutes*, ou autres bons retranchemens appropriés au terrain.

De ce que l'on ne peut pas déboucher d'un poste, il ne s'ensuit pas qu'il soit inutile. Imaginons un poste dans un pays de montagnes, occupant une somité escarpée, qui enfile par son Artillerie une gorge resserrée, formant un long défilé, mais un passage très-important; que la situation soit telle qu'on puisse écraser par des pierres les colonnes ennemies qui tenteroient de passer au pied du poste; qu'importe alors que la troupe qui y seroit renfermée ne pût en déboucher? Elle n'auroit garde, quand elle le pourroit, d'abandonner une position où elle combat avec tant d'avantages. Un poste inaccessible peut donc être très-utile, quoiqu'on ne puisse pas en déboucher : l'objet qu'on se propose décide le choix des positions; & l'on ne peut pas douter qu'il ne soit très-possible de remplir des objets importans dans des postes inaccessibles à l'ennemi. Revenons à la Fortification bastionnée.

Composition de chaque Front bastionné.

Il suit du tracé des fronts bastionnés, que tout le contour extérieur de l'enceinte de la Place est découvert & battu de dessus les remparts; ce qui est essentiel pour que les assiégeans ne se trouvent pas en sûreté au pied des revêtemens, & qu'ils ne puissent pas y attacher des Mineurs, dont on ne pourroit empêcher les travaux, s'ils n'étoient pas vus. Des feux rasants de casemates voûtées ne suppléeroient pas aux vues de dessus les remparts, attendu que ces feux une fois éteints, il ne seroit pas possible de les rétablir; au lieu qu'on peut toujours renouveller des défenses sur un rempart, quelques dégradations qu'aient essuyé ses parapets. Il suit encore du tracé des fronts bastionnés, que l'assiégeant ne peut pénétrer dans la Place que par les bastions, & qu'on est assuré, en retranchant les bastions, les courtines étant couvertes de tenailles, d'obliger l'ennemi à attaquer les retranchemens pour arriver dans la Place.

L'idée du terrein perdu pour la capacité de la Place, dans le tracé de la Fortification baſtionnée, ne peut être venue que de ce qu'on a regardé le côté de polygone extérieur comme le côté de l'enceinte; mais ce côté de polygone extérieur n'exiſte pas; on ne le conſidère que pour la facilité du tracé : beaucoup d'anciens Ingénieurs ont tracé les Fortifications d'après le côté de polygone intérieur, qui eſt véritablement le polygone d'enceinte; & ſous ce point de vue, la capacité des baſtions doit plutôt être regardée comme une augmentation à l'étendue de la Place.

Bien loin d'être perdu pour la défenſe de la Place, le terrein qui ſe trouve extérieurement entre les deux flancs & la courtine d'un front baſtionné, eſt très-utilement occupé par la tenaille; c'eſt cette pièce qui couvrant la courtine oblige l'aſſiégeant de paſſer par les retranchemens des baſtions, pour parvenir dans la Place; quand les foſſés ſont ſecs, la tenaille eſt très-favorable pour les ſorties, ſur-tout contre les logemens des paſſages des foſſés; les troupes raſſemblées entre le revêtement de ſa gorge & la courtine débouchent avec facilité entre ſes profils & les flancs des baſtions; la retraite devient auſſi plus aſſurée que quand elle ſe fait en défilant par des poternes dont les ſorties ſont découvertes des logemens de l'ennemi ſur la crète des glacis. Si les foſſés ſont pleins d'eau, la tenaille ſert encore pour couvrir le petit bateau deſtiné à communiquer aux ouvrages extérieurs.

Indépendamment des feux directs que la courtine & la tenaille dirigeroient ſur le rentrant oppoſé de la contreſcarpe, les faces des baſtions battroient par des feux croiſés ce rentrant, qui feroit certainement la partie la mieux défendue de tout le front. Ce n'eſt donc pas pour remédier à la prétendue foibleſſe de ce rentrant qu'on a conſtruit une demi-lune. L'objet de la demi-lune tracée ſuivant les bons principes (Planche ci-jointe) eſt de couvrir les flancs des baſtions, de diriger des feux ſur leurs approches, & d'oppoſer à l'ennemi une pièce d'une très-bonne défenſe, qu'il doit néceſſairement prendre avant de pouvoir ſe loger ſur les ſaillans des chemins couverts des baſtions; & ce n'eſt qu'après la priſe des réduits des demi-lunes qu'il peut ſe loger ſur les brèches des baſtions.

Les baſtions n'ont qu'un commandement très-avantageux ſur
les

SUR LA FORTIFICATION PERPENDICULAIRE. 137

les logemens des chemins couverts des demi-lunes qu'ils battent d'enfilade & de revers, ainsi que les passages de leurs fossés.

Premier Défaut.

Pour répondre aux défauts allégués contre les systêmes à bastions, observons d'abord que ce sont les mauvaises dispositions des assiégés pour leurs défenses, qui donnent aux assiégeans l'avantage d'embrasser par le feu de leurs batteries, dès les premiers jours du siége, toutes les défenses des bastions. Dans une défense bien dirigée, l'assiégé, les premiers jours de l'ouverture de la tranchée, placera beaucoup d'Artillerie sur les remparts du corps de la Place, & sur tous les ouvrages extérieurs qui auront des vues sur les attaques; il la dirigera principalement sur les parties imparfaites, & sur les avenues des tranchées : dès qu'il appercevra le travail des batteries, qu'il pourra toujours soupçonner dans les parties des travaux des attaques qui se trouveront sur les prolongemens des faces des bastions & des demi-lunes, il réunira le plus de feux qu'il sera possible contre une des batteries, jusqu'à ce qu'il ait détruit & fait abandonner l'ouvrage commencé : attaquant ainsi successivement différentes batteries, leur établissement en sera beaucoup retardé ; pendant ce tems on travaillera à faire des traverses sur les bastions du fond d'attaque, pour en garantir les faces du ricochet, & pour couvrir des feux de revers l'Artillerie des flancs : les retranchemens des bastions auront aussi été commencés du moment où le front d'attaque aura été connu. Il seroit sans doute très-avantageux que les retranchemens des bastions fussent faits d'avance ; une garnison bien conduite y suppléera quand ils ne se trouveront pas faits : tous les bastions de nos Places actuelles ne sont pas sans retranchemens. A Philippeville, petite Place à cinq bastions, il y en a quatre de retranchés à la gorge. Un retranchement tel que celui qu'on a marqué dans l'intérieur du bastion A. de la Planche XVI ci-jointe, couvriroit de l'enfilade les batteries des flancs : s'il se trouvoit dans le bastion d'attaque un cavalier avec des traverses formant retranchement, comme il est marqué dans le bastion B, les flancs seroient couverts de toute espèce de feux de revers, & ne pourroient être battus que de front. Quand les batteries des assiégeans commenceront à diriger leurs feux sur la Place, avec quelque supériorité, on retirera les pièces qu'on avoit d'abord placées sur les barbettes,

S

& la plus grande partie de celles qui étoient sur le reste des remparts, pour les mettre en sûreté; l'on n'en conservera sur les remparts qu'un petit nombre de pièces qu'on fera souvent changer de place, pour ne pas les exposer à des feux supérieurs. Par ces moyens, & autres généralement connus, on retardera beaucoup les progrès des attaques; & il se trouvera une Artillerie formidable dans la Place, pour le tems où l'assiégeant sera obligé de se loger sur la crête du chemin couvert: le plus grand nombre des batteries des attaques ne pouvant alors tirer contre la Place, on ramenera les pièces sur les remparts, d'où elles opposeront un grand obstacle à l'établissement des logemens & des batteries de l'ennemi sur la crête du chemin couvert, qu'elles battront d'enfilade & de revers.

Cet apperçu des dispositions d'une bonne défense fait connoître que si les batteries à ricochet sont d'une merveilleuse invention pour détruire les batteries d'une Place & pour éloigner les assiégés de leurs défenses, il y a cependant des moyens de diminuer infiniment leurs effets, & que, malgré ces batteries, on peut faire de longues & brillantes défenses dans les Places bastionnées.

Deuxième & troisième Défauts.

Pl. II, IV ci-jointes. Pour comparer la Fortification de l'heptagone proposé, Pl. I, fig. 6, à celle du dodécagone bastionné, examinons quelle seroit la disposition & la marche des attaques contre les deux polygones.

À l'heptagone proposé, les saillans du corps de la Place sont les parties de la Fortification les plus avancées dans la campagne, & qui se présentent les premières à l'ennemi: ces saillans seront conséquemment attaqués sans qu'on soit obligé de prendre auparavant les demi-lunes; le réduit de la demi-lune se trouvera entre deux feux par l'établissement des batteries sur les saillans du chemin couvert d'un front de la Place; le service des batteries des flancs de ce réduit sera impraticable, & la communication à la demi-lune deviendra fort difficile; ce qui ralentira nécessairement le feu de cette pièce. La Place sera ouverte par les brèches que feront aux flancs du réduit les batteries qui leur seront opposées; elle sera également ouverte dans les prolongemens des fossés des demi-lunes, par les batteries établies sur les saillans du chemin couvert de cette pièce; & les batteries des branches du chemin couvert de la Place l'ouvriront dans telle partie du front d'attaques que l'ennemi jugera à propos : il ne sera conséquemment pas possible de préparer des retranchemens pour défendre les brèches ; ensorte que le premier établissement des batteries de l'ennemi sur les glacis, qui souffrira peu d'oppositions, sera très-promptement suivi de la reddition de la Place.

Au dodécagone bastionné (Pl. XVI ci-jointe) les demi-lunes ont une grande saillie en avant du corps de la Place : l'assiégeant sera obligé d'établir ses batteries contre deux demi-lunes, & de s'en emparer avant de pouvoir se loger sur la crête du glacis d'un bastion ; & il ne pourra s'établir sur la brèche du bastion qu'après la prise des réduits des deux demi-lunes collatérales. La courtine couverte par une tenaille ne pourra être ouverte par les batteries de l'assiégeant, qui sera forcé de détailler les attaques des deux retranchemens marqués dans le bastion A, pour parvenir dans la Place.

Remarquons encore que, par la longueur de ses branches, le chemin couvert de l'heptagone proposé sera mal défendu ; qu'il sera bien moins favorable aux sorties, & à seconder la guerre souterreine, que le chemin couvert du polygone bastionné. L'assiégeant parvenu dans le fossé de l'heptagone ne pourra y être attaqué par des sorties pendant l'exécution de ses logemens ; au lieu qu'à la faveur des tenailles du polygone bastionné, l'assiégé peut sortir en force, avec un grand avantage, pour attaquer les logemens des passages du fossé.

La comparaison des deux polygones se réduit, comme on le voit, à celle qu'on peut faire d'une bonne à une très-mauvaise Place.

Quatrième Défaut.

En réponse au quatrième défaut allégué contre les systêmes à bastions, observons qu'il est vrai que les retranchemens de l'intérieur des bastions ne sont pas défendus du corps de la Place ; mais les retranchemens des gorges des bastions peuvent recevoir de très-bonnes défenses des flancs des bastions collatéraux, les assiégés ayant soin, avant d'abandonner l'intérieur du bastion attaqué, d'en renverser les parapets des flancs, ainsi que le prescrivent nos bons Mémoires particuliers (1).

---

(1) Voyez aussi ci-devant n°. 53.

Cinquième Défaut.

Quant au cinquième défaut allégué, tout le monde convient que quand une Place est couverte par une ou plusieurs brèches, elle court le plus grand risque d'être prise d'assaut, s'il n'y a pas de retranchemens derrière les brèches. Il n'étoit pas rare autrefois de voir de vigoureux assauts vivement repoussés ; c'est qu'avant l'usage des parallèles dans les attaques, les assiégeans, pour arriver en force sur les brèches, étoient obligés de se montrer à découvert dans la campagne ; ce qui empêchoit les surprises, & soumettoit les assaillans aux feux d'une grande étendue du contour de la Place : aujourd'hui que les travaux des assiégeans enveloppent de très-près tout le front d'attaque, il n'est presque pas possible d'éviter les surprises, les batteries des tranchées ne permettant pas de tenir les défenses de la Place constamment pourvues d'assez de monde pour résister à un assaut ; il faut donc indispensablement que le derrière des brèches soit retranché, pour donner le tems de rassembler les troupes, & de s'opposer en force à l'assaut. Les brèches ne furent pas plus retranchées à Ath qu'à Tournay & à Berg-Op-Zoom.

Au siége d'Ath, en 1697, la communication de la Place, à la demi-lune du front d'attaque, interceptée par des batteries placées dans les logemens des chemins couverts des bastions, dut en effet accélérer la prise de la demi-lune & celle de son réduit : de bonnes caponnières, des voûtes souterreines, & surtout la bonne disposition des ouvrages, peuvent assurer leurs communications avec la Place. On doit remarquer dans le tracé de la Fortification suivant les vrais principes de l'Art (Pl. XVI ci-jointe) que le pont de communication de la tenaille au réduit de la demi-lune ne peut être battu de front tant que la demi-lune n'est pas prise, n'étant pas possible d'établir un logement sur le chemin couvert d'un bastion avant la prise des deux demi-lunes collatérales (*). Pour communiquer au réduit après la prise de la demi-lune, dans la supposition d'un fossé plein d'eau, on donne assez d'ouverture à la poterne de la tenaille pour qu'un batteau puisse y passer ; & l'on pratique à la gorge du réduit un rentrant ou petit havre, pour y mettre le batteau à l'abri des feux du chemin couvert, au moyen d'une corde attachée d'un bout au revêtement de la tenaille, de l'autre au revêtement de

---

(*) Ci-devant n°. 55.

la gorge du réduit : on conduit avec facilité & promptitude le Tome I.
petit batteau qui forme une communication suffisante pour la
défense du réduit.

Observons, relativement au polygone proposé à rempart droit
(Pl. III, fig. 1.), que le front d'attaque ou côté de polygone Pl. III, IV
étant enfilé par ses deux extrémités, il seroit bien plus difficile ci-jointes.
de s'y mettre à l'abri du ricochet, que dans des bastions.

Sans doute des ouvrages extérieurs placés au hazard autour
d'une Ville de guerre ne peuvent que l'affoiblir ; mais des ouvrages
extérieurs bien combinés relativement au terrein, à la capacité &
à l'objet de la Place, peuvent beaucoup ajouter à ses défenses.

Il semble qu'on ne trouve plus la capacité des bastions si
resserrée quand on y pratique intérieurement deux enceintes Pl. V, VI
(Planche IV.) pour transformer le polygone bastionné en un ci-jointes.
polygone à ailerons, & le réduire par ce changement à une
forme angulaire.

Sans examiner si le polygone à ailerons est véritablement composé de trois enceintes, & ce qu'on peut entendre de particulier
par des enceintes angulaires, voyons quelle seroit la défense de
ce polygone, par l'examen des dispositions pour l'attaquer.

L'assiégeant pourra diriger ses attaques sur deux demi-lunes
& sur les saillans de la Place intermédiaire. Dans ses logemens
du chemin couvert, il établira des batteries contre les deux
demi-lunes & contre les flancs de leurs réduits : après y avoir
ouvert des brèches praticables, il donnera en même-tems l'assaut
à ces quatre pièces ; les deux retranchemens avancés sur le
saillant de la Place & les deux ailerons collatéraux se trouvant
sans communications avec la Place, par l'établissement de l'ennemi dans les réduits des demi-lunes, ces saillans avancés, ou,
si l'on veut, les deux enceintes extérieures feront abandonnées
sans avoir contribué à la défense de la Place. Les batteries qu'établira l'assiégeant dans les deux réduits des demi-lunes ouvriront
les petites caponnières, & feront au corps de la Place des brèches
qui, par la destruction de ces caponnières, n'auront aucune défense extérieure (*).

Il n'est pas possible de comparer les défectueuses dispositions
de ce polygone au dodécagone bastionné, dont chaque pièce
a un objet essentiel pour obliger l'ennemi de ne s'emparer que
successivement des obstacles qu'on lui oppose.

(*) Ci-devant n°s. 98 & suiv.

CHAPITRE QUATRIÈME.

Du Rétablissement des Places du Royaume.

EXTRAIT.

Tome I, Pag. 105. Toutes nos Fortifications ont le défaut d'avoir des revêtemens terrassés, c'eft-à-dire, ayant à foutenir à trente & trente-fix pieds de hauteur un rempart en terre, qui exerce contre ces revêtemens une pouffée continuelle, très-confidérable, tendant à les détruire, & qui en abrège beaucoup la durée.

110. Cet appui des terres contre les revêtemens met auffi un grand obftacle à la défenfe des brèches, qu'on ne peut défendre qu'en fe préfentant à découvert par le haut du rempart, au lieu que des murs ifolés, éloignés de deux à trois toifes du pied du talus du rempart, laiffent une communication précieufe à l'affiégé, pour pouvoir fe porter fur le flanc de l'ennemi, & le combattre au pied de la brèche, avec l'avantage d'arriver jufqu'à lui couvert de tous les feux. Il convient auffi de baiffer ces murs & de les fortifier, en

111.
112. joignant leurs contre-forts par des voûtes, fous lefquelles on établira des batteries qui rendront les Places fufceptibles de la plus grande défenfe. Il faut voir, Planches V & VI, les plans & profils de ces cafemates, pour juger des grands effets qu'elles peuvent produire. Comment l'affiégeant fera-t-il brèche

113. dans un femblable maffif de maçonnerie ? Comment ébranler les terres d'un rempart qui fe foutiennent d'elles-mêmes ? Quelle quantité innombrable de coups de canons ne faudra-t-il pas tirer pour les éteindre de manière à être rendues inacceffibles ? Mais quand cela feroit enfin devenu poffible, la gorge du baftion bien retranchée obligeroit l'ennemi à fe loger fur le haut de la brèche ; & comment y foutenir un logement foumis aux feux du retranchement de la gorge du baftion, à ceux des traverfes du rempart, & expofé à

114. des attaques continuelles par l'affiégé débouchant de fes galeries cafematées, & des traverfes baffes qui les flanquent ? Il ne lui fera pas poffible de diriger fes attaques le long des flancs du baftion, pour s'approcher du retranchement ; il y feroit attaqué, & battu en face par-derrière & par fes côtés ; il ne pourra s'avancer fur les flancs du baftion, qu'après avoir détruit, arcade par arcade, la galerie cafematée, ainfi que les traverfes baffes qui balaient le foffé fec : Quelle perte d'hommes ! & quel tems ne faudra-t-il pas pour une femblable opération !

115. On voit Planche V, le retranchement de la gorge du baftion ; il ne s'agit dans ce premier exemple, que de la fermer par un rempart revêtu, qui ne puiffe être détruit que par du canon amené fur la brèche. On voit auffi les traverfes cafematées, le mur crenelé, & le corps-de-garde, formant un premier retranchement dans l'intérieur du baftion.

131. Le profil, Planche VI, fig. 1, fait voir que les revêtemens des contrefcarpes ont été baiffés jufqu'au niveau de l'eau du foffé, pour former un fecond

132. chemin couvert, qui donnera la facilité d'oppofer beaucoup d'obftacles au

comblement du fossé, en faisant de fréquentes sorties sur le flanc de ce travail.

Quoiqu'une Place ainsi fortifiée dût être regardée comme imprenable, on peut beaucoup ajouter à ses défenses, en substituant au rempart casematé qui ferme la gorge du bastion, une autre espèce de retranchement, qui seul opposeroit une résistance plus grande que la Place même; ce retranchement est une tour angulaire placée à la gorge de chaque bastion. On jugera des avantages de ces sortes de tours par les détails suivans.

Des Tours angulaires.

Ces tours, d'une construction tout-à-fait nouvelle, ont leur bases composées d'angles saillants & rentrants, d'où elles tirent leur dénomination de *Tours angulaires*. Tous les angles rentrants sont droits, & les angles saillants ne doivent pas avoir moins de soixante degrés d'ouverture: il en résulte que le polygone circonscrit à ses bases ne peut avoir moins de douze côtés. A quelque distance de leurs sommets, les saillants servent de pieds droits à des arcs qui couvrent partie des rentrants, pour servir de base à la partie supérieure & circulaire de la tour: les plans & profils des Planches III, VII, VIII, IX, font connoître les constructions & les différentes formes dont ces tours sont susceptibles.

OBSERVATIONS.

Des murs de revêtemens bien construits, d'une épaisseur & d'une stabilité convenables à la hauteur des remparts, ne paroissent devoir souffrir aucune dégradation de la poussée des terres, qui n'exerce contre ces revêtemens qu'une force de pression, & nulle force de percussion; de même qu'un mur très-élevé ne dégrade point sa base par l'effort continuel de sa pesanteur; mais quel que soit l'effet de la poussée des terres contre ces revêtemens, du moins voyons-nous par une constante expérience, que les impressions de l'air & ses intempéries agissent bien plus puissamment pour les dégrader, puisque leurs parties extérieures ont besoin de fréquentes réparations, tandis que leurs parties adossées contre les terres se conservent très-saines: il ne peut donc être avantageux à la durée des revêtemens de les séparer des terres des remparts.

Par l'ouverture des brèches vers le saillant du mur casematé, les fossés secs (d) des faces des bastions seront enfilés des batteries des logemens de l'ennemi sur la crête du chemin couvert

---

(d) On nomme fossés secs dans les nouveaux systèmes, l'intervalle qui se trouve entre le pied du talus extérieur ou escarpe de l'ouvrage & le mur détaché; ce que l'on nomme communément une *Berme*.

Tome I.
Pl. VII ci-
jointe.

(Planche V.). Ces fossés ne seront donc rien moins que des communications assurées & couvertes de tous les feux par où l'assiégé pourra se porter avec avantage sur le flanc de l'ennemi, pour le combattre au pied de la brèche ; il ne sera pas possible, au contraire, d'approcher des brèches de ces murailles détachées, pour en défendre les accès ; & les fossés secs qui ne sauroient conserver des défenses après l'ouverture des brèches, donneront aux assiégeans la facilité de s'y rassembler pour former l'attaque du bastion.

Dans le cas du rempart revêtu, l'étendue des brèches bornant celle des attaques, on peut dans l'intérieur de l'ouvrage attaqué opposer des obstacles, des retranchemens appuyés aux parties conservées des revêtemens ; il faudra que l'ennemi les attaque de front ; au lieu que tout retranchement intérieur d'un ouvrage qui n'est pas revêtu, seroit tourné & pris par ses derrières : le revêtement servant d'appui aux terres du rempart donnera donc bien plus de moyens de défenses que le mur isolé.

Les brèches des murs casematés & séparés des terres du rempart ne paroissent pas plus difficiles à ouvrir que celles des remparts revêtus. Pour rendre la brèche d'un rempart revêtu bien praticable, il ne suffit pas d'en saper le mur, il faut encore en saper les contre-forts : le mur étant isolé, ses contre-forts plus découverts, seront plus aisément ruinés que s'ils étoient enfoncés dans les terres ; & les voûtes appuyées sur les contre-forts ne peuvent qu'accélérer par leur chûte celle des murs de face.

Il ne faudra pas tirer un seul coup de canon pour rendre praticable la montée du talus en terre d'un rempart sans revêtement. Le principe qu'on établit ici, qu'il faudra tirer une quantité innombrable de coups de canon pour rendre accessible le talus des terres d'un rempart qui n'est pas revêtu, seroit d'une grande conséquence dans la Fortification : s'il étoit fondé, il seroit en effet très-convenable d'éviter la dépense des revêtemens de maçonnerie. Il paroît que c'est d'après ce principe que l'Auteur sépare les murs des terres des remparts ; mais tous les Militaires savent, & l'expérience en est facile, que tout talus de terres rapportées est sans aucune préparation très-accessible. Nous remarquerons un peu plus bas que M. le Marquis de M. lui-même ne paroît pas avoir constamment pensé qu'un talus en terre dût être battu par le canon pour en rendre la montée praticable (*).

(*) Ci-devant n°. 119.

Les

SUR LA FORTIFICATION PERPENDICULAIRE. 145

Les principales difficultés que rencontre l'assiégeant pour établir ses logemens sur la crête des glacis des Fortifications bastionnées, viennent des vues de revers qu'ont les faces des bastions & celles des demi-lunes sur ces logemens : par la séparation des revêtemens des terres des remparts, la crête du parapet du bastion sera intérieurement éloignée de sa position actuelle d'à-peu-près huit toises, & par la formation d'un second chemin couvert, la crête du glacis s'éloignera des faces des bastions & de celles des demilunes d'environ trois toises ; il résultera de ces changemens que l'étendue des feux de revers dirigés des faces des bastions contre les logemens des glacis des demi-lunes, sera diminuée de onze à douze toises ; & ce sont les feux les plus meurtriers qui se trouveront perdus, comme faisant des angles plus ouverts avec l'intérieur des logemens. Les demi-lunes dont les saillans sont moins ouverts que ceux des bastions, perdront une plus grande étendue de leurs feux de revers contre les logemens des glacis.

Les embrasures du mur casematé étant inférieures aux logemens du chemin couvert, leurs canons ne pourront battre par enfilade ou de revers ces logemens, dont le front ne leur présentera qu'un but d'une très-petite étendue : les coups portés au-dessus ou au-dessous de la partie du parapet du logement élevée au-dessus du glacis, n'auront aucun effet ; & ceux qui seront le mieux ajustés, attaqueront la partie forte du logement ; au lieu que des feux plongeans dirigés par enfilade ou de revers, ont un but bien plus étendu, attaquent les flancs & les derrières, & conséquemment les parties toujours foibles des logemens : ce ne sont que ces derniers feux qui donnent de l'embarras dans les couronnemens des chemins couverts. Quelque facilité qu'on suppose dans l'exécution des feux de la muraille casematée, le couronnement du chemin couvert deviendra infiniment plus facile par la diminution des feux de revers, qui sera la suite des dispositions proposées (*).

L'assiégé ne pourra faire usage du second chemin couvert pratiqué au niveau des eaux du fossé, pour s'opposer à son comblement ; il seroit enfilé des logemens de l'ennemi sur les saillans des glacis : mais ce second chemin couvert facilitera l'attaque du premier, que l'on ne peut bien défendre qu'à la faveur de ses traverses, qui sont ses retranchemens ; pouvant être tournées par le chemin couvert inférieur, il ne sera pas possible de les défendre.

(*) Ci-devant nos. 130, 145.

T

Tome I, Pl. VII ci-jointe.

Suppofant les attaques dirigées fur un feul baftion & fur les deux demi-lunes collatérales (Pl. V), l'affiégeant, après s'être logé fur la crête des glacis, établira des batteries fur les faillans des chemins couverts des demi-lunes, pour battre en brèche le mur cafematé des faces du baftion, vers les angles d'épaules, & détruire les traverfes cafematées deftinées à la défenfe des foffés fecs ; d'autres batteries enfileront ces foffés, après avoir fait brèche au mur cafematé vers le faillant. Dans le même tems, des batteries feront établies pour battre en brèche les demi-lunes & enfiler leurs foffés fecs : l'affiégeant placera auffi quelques pièces de canons fur la crête du parapet, ou dans l'intérieur des places-d'armes rentrantes, pour battre les deux courtines joignant le baftion d'attaque ; ces courtines n'étant pas couvertes de tenailles, les feux dirigés fur leurs poternes intercepteront les communications aux demi-lunes par la chûte des décombres de la muraille : les mêmes batteries ouvriront les deux courtines près des angles des flancs, pour intercepter les communications des cafemates des courtines avec celles des flancs du baftion.

Les demi-lunes fe trouvant fans communications avec la Place, feront forcées de fe rendre dès que leurs brèches feront ouvertes : après l'ouverture du mur cafematé des faces du baftion, les paffages du foffé étant parvenus au pied des brèches, on donnera l'affaut au baftion, & on fe logera dans le parapet des deux faces ; le logement prolongé derrière les traverfes cafematées fupérieures découvrira l'intérieur du mur crenelé que l'affiégé fera forcé d'abandonner, ainfi que les traverfes cafematées, dont la retraite ne feroit plus poffible après l'établiffement de ce logement.

On peut remarquer que c'eft gratuitement qu'on fuppofe les murs crenelés & les traverfes cafematées de l'intérieur du baftion en état de défenfe au moment de l'affaut, les ricochets dirigés fur le baftion les auront infailliblement mis hors d'état de défenfe.

Dès que l'affiégeant fera logé fur le parapet des faces du baftion, il fera avancer une ou deux pièces de canons dans les foffés fecs vers chaque épaule du baftion, pour enfoncer les cafemates du retranchement dans les prolongemens des foffés fecs des deux flancs : ces ouvertures intercepteront les communications des galeries des flancs avec la Place, par la gorge du baftion ; les communications des mêmes galeries avec la Place, par les courtines, feront auffi interceptées, comme on l'a vu, par les brèches faites aux courtines : les affiégés feront donc obligés de prévenir, par leur retraite des casemates des flancs, l'ouverture de celles du retranchement ; les casemates destinées à enfiler le fossé du retranchement se trouveront en même-tems évacuées sans avoir eu aucun effet.

En suivant cette marche toute naturelle dans les attaques, comment l'assiégé pourra-t-il déboucher de ses casemates, pour se porter sur les flancs ou sur les derrières du logement de l'ennemi dans le bastion, & lui disputer les casemates arcade par arcade ?

Les pièces de canons dirigées contre le retranchement en auront bientôt rendu les brèches praticables ; l'objet du retranchement, qui est d'obliger l'ennemi de conduire les attaques jusqu'à sa contrescarpe, pour y établir des batteries, & le battre en brèche, sera très-imparfaitement rempli, le retranchement étant battu en brèche sans que les attaques aient été avancées dans l'intérieur du bastion, & sans qu'on ait été obligé d'y construire des batteries.

Dans le tracé de ce retranchement, M. le Marquis de M. n'a eu en vue que de fermer la gorge du bastion, par un rempart revêtu *qui ne puisse être détruit que par du canon amené sur la brèche*. Ce Général, comme nous avons promis de le faire remarquer, paroît donc ici dans l'opinion que si le retranchement n'étoit pas revêtu, l'on n'auroit pas besoin de le battre avec du canon, pour en rendre la montée praticable.

Quoique l'Auteur ait prescrit comme règle générale de détacher les murailles des terres des remparts, il paroît (Pl. V.) qu'il n'a pas cru pouvoir s'assujettir à cette règle relativement aux courtines & à la construction du retranchement de la gorge du bastion.

Une tour angulaire substituée au retranchement de la gorge du bastion appuyé aux courtines, ne seroit pas d'une meilleure défense. Ces tours dont on fait un grand usage dans les nouveaux systêmes, exigent un examen particulier.

Des Tours angulaires.

La base d'une tour angulaire est nécessairement trop foible, pour qu'il soit possible d'y pratiquer des créneaux : l'on n'a donné qu'environ deux pieds & demi d'épaisseur aux murs de la tour ayant dix toises de diamètre (Pl. VII, fig. 1.) ; & il n'y a que deux créneaux sur chaque côté des angles de la base. L'on a fait les murs de trois pieds d'épaisseur, pour la tour de vingt toises de diamètre (fig. 3.) qui a quatre créneaux sur chaque côté des angles de sa base ; & pour les grandes tours de trente toises de diamètre (fig. 5.) le mur de la base de cinq pieds d'épaisseur est percé de huit crénaux sur chaque côté de ses angles. On voit que les épaisseurs de ces murs ne peuvent être augmentées sans diminuer l'espace que doivent occuper les crénaux. Pour former une base angulaire à une petite tour de trente-quatre pieds de diamètre (Pl. VIII, fig. 7, 8, 9.), on a réduit l'épaisseur du mur de sa base à dix-huit pouces, & l'on a figuré cinq crénaux sur chaque côté des angles, qui n'ont intérieurement que huit pieds de longueur. Sans s'arrêter à ces petits détails, on observera que les bases angulaires proposées ne sont susceptibles d'aucune résistance contre le canon, tant à cause de leur peu d'épaisseur, que par la foiblesse de leurs angles saillans, qui ne sont que de soixante degrés. L'Auteur des nouveaux systêmes paroît avoir reconnu la foiblesse de cette base dans une note, page 118, où il est dit que ces tours sont destinées à être couvertes par un parapet en terre, extérieur & environnant, élevé à la hauteur des avant-becs & du centre des voûtes. Ces bases angulaires sont encore très-susceptibles d'être attaquées sans Artillerie. Pour s'en convaincre, examinons d'abord généralement quelle est la défense des feux de crénaux, & en quoi consistent les avantages des angles rentrans.

Si la position des crénaux n'est pas à plus de cinq pieds au-dessus du terrain extérieur, les assaillans en disputeront la possession en y introduisant le bout de leurs fusils ; ce combat ne peut manquer d'être à leur avantage, étant en plus grand nombre, & ayant plus de liberté dans leurs mouvemens que ceux qui sont derrière le mur crenelé : si les crénaux sont à plus de cinq pieds & demi au-dessus du terrain extérieur, leur feu aura moins d'effet, l'ennemi réunissant les feux de plusieurs fusiliers contre chaque crénau, en interdira l'usage à ceux qui les défendent ; parvenu contre le mur, il sera tout-à-fait couvert, & pourra sans aucun danger travailler à l'ouvrir : si les crénaux tiennent à des casemates, on pourra y introduire des fusées ou autres artifices propres à produire beaucoup de fumée ; ce qui contribuera à les faire abandonner. Dans tous les cas, les murailles crenelées sont d'une foible défense.

Quand les retranchemens forment de grands rentrans, si l'ennemi est obligé de porter son attaque dans la partie enfoncée sans avoir pu s'emparer auparavant des parties saillantes, les rentrants sont alors d'une merveilleuse défense : l'ennemi, pour parvenir au point d'attaque, soit qu'elle se fasse de vive force ou par tranchées, battu en flancs & par-derrière, se trouve enveloppé de feux de tous côtés ; lorsque les parties avancées sont susceptibles d'être attaquées avant celles qui sont dans l'enfoncement, les avantages du rentrant se réduisent à défendre ses accès par des feux croisés, & à ce que les parties saillantes sont défendues par celles qui sont dans l'enfoncement ; mais pour que les feux croisés en avant du rentrant, & que les défenses des parties avancées aient des effets sensibles, il faut que les côtés du rentrant aient quelque étendue, sans cela tout le développement du rentrant se trouvera en même-tems attaqué ; la défense réciproque des côtés sera nulle, le soldat occupé de sa propre défense, ne pouvant en même-tems s'occuper de la défense d'une partie voisine : c'est ce qui arrivera relativement à la base des tours angulaires, dont chaque côté du rentrant ne peut contenir que cinq à six fusiliers dans les grandes tours, & trois ou quatre dans les petites. L'ennemi se portera en même-tems sur tout le développement de chaque rentrant attaqué de ces tours, dont les feux n'auront pas plus d'effet que si l'on substituoit à chaque rentrant la ligne ou le côté du polygone de la base angulaire.

Suivant les dessins (Planches VII & VIII.), les créneaux des bases angulaires proposées sont à-peu-près à cinq pieds au-dessus du terrein extérieur ; l'ennemi s'en emparera aisément sur trois ou quatre fronts, y fera un feu continuel, & y jettera quelques matières propres à produire de la fumée, pour empêcher les défenseurs de la tour d'en approcher : pendant ce tems, des soldats choisis, pourvus de pinces, de pics & autres outils propres aux démolitions, ouvriront le mur par les angles saillans ; ce qui donnera la facilité de pénétrer dans l'intérieur de la tour : enforte que cette base angulaire, qui ne pourra opposer aucune résistance à l'Artillerie, sera très-susceptible d'une attaque de vive force.

Dans le tracé de la base angulaire l'on ne peut avoir en vue que d'empêcher l'ennemi d'approcher du pied de la tour, & d'en renverser les murs par des mines : une tour telle qu'on est dans l'usage de les construire, ayant des murs de neuf à dix pieds d'épaisseur, n'est pas sans défenses contre les entreprises des Mineurs ; de grosses pierres, des bombes, des bois enflammés, des fascines goudronnées, &c. jettées du haut de la tour dans les parties où l'on entend le travail des Mineurs, peuvent mettre beaucoup d'obſtacles à leurs travaux : ſi les circonſtances exigent plus de moyens de défenſes, on enveloppera la tour d'une enceinte extérieure ayant une contreſcarpe revêtue de maçonnerie, avec une galerie crenelée, pour la défenſe du foſſé & des approches du pied de la tour; elle ſervira auſſi de galerie de contre-mines pour détruire les batteries que l'ennemi pourroit établir contre la baſe de la tour. Par ces diſpoſitions, qui, à la vérité, n'ont rien de nouveau, les approches du pied de la tour ſeront bien mieux défendues que par la baſe angulaire, ſans que ce ſoit au préjudice de la ſolidité de la tour.

La tour angulaire placée à la gorge du baſtion pour y ſervir de retranchement, ainſi qu'elle eſt repréſentée en élévation (Planche VI, fig. 3 & 4.), ſe trouvant fort élevée au-deſſus des Fortifications, il eſt hors de doute que ſa partie ſupérieure, vue de la campagne, ſera détruite par les premières batteries des attaques (*) : ſuppoſons que les bombes n'auront pas détruit la batterie extérieure du premier étage; que les décombres n'empêcheront pas d'y communiquer, & qu'elle ſe trouvera en bon état quand l'aſſiégeant ſe logera ſur les faces du baſtion; cette batterie n'oppoſera pas au logement de l'ennemi autant de pièces de canons, & ne le battra pas auſſi directement que le retranchement appuyé aux courtines. Les feux de créneaux deſtinés à défendre les foſſés ſecs des faces du baſtion (Planche IX.) ſeront détruits par des canons placés dans ces foſſés vers les angles d'épaules du baſtion, comme dans le cas du retranchement appuyé aux courtines. Les caſemates des flancs du baſtion étant enfilées des batteries de l'ennemi dans ſes logemens du chemin couvert ſeront infailliblement évacuées, quand on donnera l'aſſaut au baſtion. Suppoſé que les aſſiégés y euſſent laiſſé quelques ſoldats, un pétard attaché à chacune des portes des caſemates qui répondent aux angles de flancs, les expoſeront à être pris à diſcrétion, s'ils n'en préviennent les effets par leur retraite. Maîtres des caſemates du baſtion, les aſſiégeans feront avancer les canons des foſſés ſecs, pour battre la foible baſe de la tour. On voit que cette tour qui oppoſeroit moins d'obſtacles au logement de l'ennemi ſur le baſtion, que le retranchement propoſé à rempart revêtu appuyé aux courtines, n'exigeroit pas plus que ce retranchement, un établiſſement de batterie ſur le baſtion pour la détruire.

(*) Ci-devant n°s. 128, 135.

Rassemblons les conséquences qu'on doit déduire de ce Chapitre. Il ne seroit point avantageux pour la durée des revêtemens de les détacher des terres des remparts : les brèches des remparts revêtus sont bien plus susceptibles de défenses que celles des murailles isolées. La diminution des feux de revers contre les logemens des glacis, produite par la séparation des murs, des terres des remparts, ne seroit pas compensée par les feux des murailles casematées, qui ne battroient les logemens de l'ennemi que de front. Le talus des terres étant naturellement très-accessible, les revêtemens extérieurs des remparts, en maçonnerie, sont indispensables. Un second chemin couvert, pratiqué au niveau des eaux du fossé, affoibliroit le premier, par la facilité qu'il donneroit d'en tourner les traverses. Après l'ouverture des brèches, le derrière des murs isolés étant enfilé des batteries des logemens des chemins couverts, ne pourra approcher des brèches pour les défendre ; l'ennemi ne trouvera aucun obstacle à son établissement sur le bastion, le fossé sec lui servira de place-d'armes, où il fera ses dispositions pour en former l'attaque. L'intérieur d'un ouvrage dont les remparts ne sont pas revêtus, n'est pas susceptible d'un bon retranchement : celui qu'on propose pour la gorge du bastion (Planche V.), attaqué par les fossés secs, dispense l'assiégeant d'avancer ses logemens dans l'intérieur du bastion, & d'y construire une batterie. Les tours telles qu'on est dans l'usage de les construire, ont plus de solidité, & sont d'une meilleure défense que les tours angulaires ; celles qu'on propose de placer à la gorge des bastions ne valent pas les retranchemens à remparts revêtus appuyés aux courtines. On voit que les changemens proposés affoibliroient infiniment les défenses de nos Places.

CHAPITRE CINQUIÈME.

Des Places à construire.

EXTRAIT.

Toute enceinte de Place doit se suffire à elle-même : l'enceinte de la Fortification angulaire (Planche X.) a cet avantage ; chaque angle est composé d'un premier double mur casematé, & isolé ; d'un fossé sec derrière ce mur ; d'un couvre-face en terre, trop étroit pour y placer des batteries

Tome I, de canons; un foffé plein d'eau; un mur fimple bordant le foffé plein d'eau;
Pl. VIII, un foffé fec entre le mur fimple & le rempart; & enfin le rempart de la
IX ci-jointes. Place.

En avant du grand foffé, il y a un rempart d'enceinte en terre, ou couvre-face général, un avant-foffé, & un chemin couvert : les plans & profils (Pl. X & XI.) font connoître tous les détails de cette Fortification, où l'on remarquera beaucoup de cafemates couvertes.

Page 136. Il eft difficile de concevoir comment on a pu fe flatter que des Places fans batteries de canons couvertes, pourroient être capables de quelque réfiftance; comment on a pu fe borner à placer de l'artillerie fur des remparts tout découverts, & enfilés de tous les fens. L'objection fi commune de la fumée

137. ne fauroit être ce qui empêche de conftruire des cafemates voûtées : un entre-pont de vaiffeaux n'a que fix pieds & demi de hauteur; il n'a que fes fabords & quatre écoutilles, dont deux fort petites; cependant le fervice du canon, & celui même du vaiffeau, fe fait la tête dans la fumée.

142. Des expériences faites à Olmutz en Moravie, dans des flancs cafematés, prouvent la poffibilité des feux couverts : le falut des Places dépend aujourd'hui

137. de cette efpèce de feux. Cette partie importante de l'Art de fortifier a été travaillée avec foin, & l'on eft parvenu à raffembler dans peu d'efpace fous des voûtes, le plus grand feu de canons & de moufqueterie dont on ait pu fe former l'idée; avec des ouvertures fi multipliées qu'on y refpireroit comme en plein air. Les flancs couverts & les pièces nommées caponnières cafematées exigent un détail particulier.

Des Flancs cafematés & Caponnières cafematées.

139. Dans fes grandes dimenfions, la caponnière cafematée (Pl. XII & XIII.) a chacun de fes flancs de trente-cinq toifes de largeur mefurée extérieurement; fa largeur, mefurée auffi extérieurement d'un flanc à l'autre, a vingt-une toifes, & fa capitale a cinquante-quatre toifes & demie. La hauteur du mur de face eft de trente-fept pieds. Dans l'intérieur, les voûtes fous

140. lefquelles le canon eft mis en batterie font divifées fur chaque flanc en huit arcades de vingt pieds dans œuvre chacune, & de vingt-cinq pieds de hauteur fous clef; la galerie du milieu fervant de communication à celle des flancs, a vingt-quatre pieds de largeur, & quarante pieds de hauteur fous clef.

139. La moitié de cette pièce prife dans le fens de fa longueur forme un flanc quand on en a befoin, en y faifant les diminutions que les largeurs des foffés ou les élévations des remparts peuvent exiger.

141. Malgré la grande élévation des voûtes d'arrêtes fous lefquelles doivent être placées les batteries, on a pratiqué à chaque voûte une ouverture de neuf pieds & demi de long fur huit de large : on a outre cela pratiqué dans la voûte de la galerie du milieu une ouverture de huit pieds en quarré vis-à-vis chaque arcade. Tant & de fi grandes ouvertures font aux trois quarts fuperflues; mais comme il eft poffible d'en pratiquer encore de quatre fois plus grandes, on doit regarder comme entièrement détruite cette vaine & commune allégation de la fumée.

Il faut remarquer la conſtruction des embraſures dont la coupe eſt marquée Planche XIII, fig. 3 ; elles ſont ouvertes dans une maçonnerie contenue entre deux planchers, & revêtues intérieurement de dales de pierres de taille de quinze pouces d'épaiſſeur, ſoutenues par des liens de fer fixés à des poutres : il y a vingt-quatre embraſures à chaque batterie ; les canons qui ſont ſuppoſés du calibre de vingt-quatre, ſe trouvent ici eſpacés à huit pieds, tandis que ceux de trente-ſix ne le ſont qu'à ſept pieds & demi ſur les vaiſſeaux de guerre. Les trois étages de galeries de Fuſiliers ſont percés chacun de ſoixante-quatre créneaux ; enſorte qu'un flanc de la caponnière caſematée contient quarante-huit pièces de canons couvertes, & cent quatre-vingt-douze Fuſiliers tirant auſſi à couvert. Pour peu qu'on veuille donner d'attention aux plans & profils, on aura l'idée la plus diſtincte d'une pièce qui réunit les plus grands effets à la plus grande ſolidité.

Les murs de face de cette pièce comprennent dans la plus grande partie de leur épaiſſeur, juſqu'à un pied de leur ſurface extérieure, trois rangs de cintres les uns au-deſſus des autres qui rendent ces murs très-ſolides : on s'eſt cependant déterminé à ne pas leur donner moins de quatre pieds d'épaiſſeur au ſommet, quand ils ont trente pieds de hauteur ; diminuant cette épaiſſeur d'un pouce à chaque cinq pieds que ces murs auront de moins de hauteur, & donnant un pouce de fruit par dix pieds de hauteur, tous les deſſins de cet ouvrage doivent donc être cenſés aſſujettis à cette règle qui ſouffrira peu d'exceptions.

S'il eſt eſſentiel de remédier à la cauſe de deſtruction des revêtemens produite par leurs talus, il n'eſt pas moins important de prévenir une autre cauſe de deſtruction qui agit continuellement ſur les voûtes de la plupart des ſouterreins : les épaiſſeurs de ces voûtes ayant été fixées à trois pieds pour les rendre capables de réſiſter à l'effort des bombes, il n'y a rien à déſirer à cet égard ; mais l'humidité qui les pénètre, pourrit les mortiers & diſſout les cimens. Les voûtes des ſouterreins ſont communément couvertes de cail-loutages & de terres par-deſſus ; ces terres ne ſervent qu'à augmenter & rendre plus conſtante l'humidité. Nous avons des maſtics ſupérieurement bons pour lier & ne faire qu'un même ſolide de toutes les dales de pierres employées ſur une terraſſe. L'on ne doit donc pas héſiter à ſupprimer ces terres ſi funeſtes aux voûtes qu'elles couvrent, pour y ſubſtituer des dales de pierres de taille, unies par cet excellent maſtic. Il y a encore un très-bon moyen de préſerver les voûtes des ſouterreins de l'humidité ; c'eſt de conſtruire au-deſſus des appentis couverts en tuiles, qui pourront ſervir de dépôts pour les affuts, les charpentes des plates-formes, les grains, les foins, les pailles, &c. qui ne ſeroient plus dans le cas de mettre le feu dans les Villes.

Objecteroit-on que les ouvertures multipliées des murs de face de la caponnière rendroient facile la deſtruction de ces murs par le canon ennemi? Mais les revêtemens crenelés de cette pièce ne ſont pas vus de la campagne ; ils ne peuvent donc être battus qu'à ricochet des batteries de la ſeconde parallèle, qui en ſont à une très grande diſtance : l'on ne tire à ricochet qu'avec de petites charges qui ſeroient ſans effet ; & l'on ne bat un rempart en brèche, on ne renverſe un revêtement qu'en le battant de plein fouet à la diſtance de vingt à trente toiſes : comment l'ennemi établiroit-il

V

des batteries de brèches sous le feu de quarante-huit pièces de canons couvertes, & cent quatre-vingt-douze Fusiliers que lui opposeroit la caponnière ? Le travail d'une nuit pour l'établissement des batteries de l'assiégeant ne fût-il retardé par aucun des feux de la Place, ne seroit-il pas détruit dès les premières heures du jour ? L'effet des deux batteries de cette pièce, l'une tirant de haut en bas, & l'autre de bas en haut, seroit de hacher tous les saucissons, d'enlever tous les piquets, de disperser toutes les terres; alors ce seroit à recommencer la nuit suivante, pour éprouver à la pointe du jour les mêmes destructions : d'où il suit que cette formidable pièce ne pourra être entamée d'aucune manière, & que le passage du fossé doit être regardé de ce moment comme impossible.

Pag. 168.

171. Les flancs casematés de la Fortification angulaire sont construits dans les mêmes principes que les flancs de la caponnière casematée, ainsi qu'on le voit par le plan & les profils (Planches X & XI.).

181. Le chemin couvert de cette Fortification n'est pas palissadé, ni même coupé par des traverses, le rempart d'enceinte en tenant lieu d'une manière bien

182. plus avantageuse. Les chemins couverts ne doivent être destinés qu'à s'y mettre en bataille pour exécuter la sortie à-la-fois, tomber subitement sur l'ennemi, & pouvoir de même y rentrer à-la-fois, afin de laisser agir le feu

183. préparé de la Place. Les crêtes des glacis élevées autant que le déblai des terres des fossés le permettent, sont très-nécessaires pour couvrir d'autant plus les avant-rempart & le rempart de la Place.

188. Ce qui constitue la force de ce système, ce sont, 1°. les flancs casematés placés dans les rentrans, & inaccessibles à tous les feux des assiégeans. 2°. Les doubles murs casematés détachés des terres du rempart, que l'assiégeant ne sauroit détruire. 3°. La sûreté & la promptitude des communications de

189. toutes les parties de la défense tant extérieures qu'intérieures au grand fossé. 4°. Enfin c'est que l'enceinte principale, l'enceinte en dedans du grand fossé, se suffit à elle-même; ses ressources sont en elle.

OBSERVATIONS.

Les défenses des systêmes de M. le Marquis de M. sont principalement fondées sur des feux de casemates voûtées. On trouve encore de ces sortes de casemates dans quelques anciennes Places. Voici ce qu'en écrit un Ingénieur célèbre, le Chevalier de Ville. Autrefois on faisoit aux flancs des voûtes, où l'on mettoit le canon tout couvert, & par-dessus ils en faisoient d'autres pour mettre d'autres canons; mais cela n'est plus en usage, à cause des grandes incommodités qu'on a vu arriver en ces Places; car après qu'on avoit tiré, la fumée remplissoit de telle façon ces voûtes, qu'il étoit impossible d'y demeurer dedans, ni rien voir pour recharger, quelques soupiraux qu'on pût y faire : outre que l'étonnement du canon ébranloit tout, & l'ennemi tirant dans ces voûtes basses, les éclats & les débris blessoient & tuoient

SUR LA FORTIFICATION PERPENDICULAIRE.

ceux qui étoient dedans, & en peu de coups les mettoient en ruine; celles d'en-bas étant rompues, celles de deſſus tomboient d'elles-mêmes; c'eſt pourquoi on a laiſſé ces voûtes, & on fait les Places baſſes découvertes, &c. (c). L'opinion de cet Ingénieur fondée ſur ſon expérience, adoptée par tous les Ingénieurs de quelque réputation qui l'ont ſuivi, paroît d'un très-grand poids contre tout ſyſtême de Fortification qui tire ſes principales défenſes de batteries cachées ſous des voûtes.

L'exemple cité des batteries de l'entre-pont d'un vaiſſeau, ne reſſemble pas à celles des caſemates voûtées : le canon tiré par un ſabord a une grande partie de la volée en dehors du vaiſſeau, la fumée ne trouve aucun obſtacle qui l'empêche de ſe diſſiper en ſortant du canon; il doit en entrer peu dans l'entre-pont par les ſabords. Dans les ſouterreins, au contraire, le canon eſt enfermé dans l'embraſure, le bout de la volée à quelque diſtance des bords extérieurs; la fumée n'a pas la même facilité pour ſe diſſiper; le recul de la pièce doit en entraîner une partie dans le ſouterrein : d'ailleurs l'entre-pont d'un vaiſſeau a beaucoup d'iſſues pour la fumée, quand les ſabords & toutes les écoutilles ſont ouvertes; le mouvement du vaiſſeau, la liberté avec laquelle l'air y circule en pleine mer, doivent auſſi faciliter l'évacuation de la fumée.

D'après les expériences faites à Olmutz, qui ont déterminé à conſtruire des caſemates voûtées dans cette Place, on peut juger qu'on a eſpéré de tirer quelque parti de leurs feux : il peut y avoir telle diſpoſition de Fortifications, ou l'eſpérance de tirer, au beſoin, quelques coups de canons des caſemates voûtées, peut déterminer à en conſtruire, même avec la certitude de ne pouvoir y exécuter un feu ſuivi. Des caſemates comme ſouterreins ſont utiles dans une Ville de Guerre; mais les expériences d'Olmutz ne peuvent avoir eu pour objet d'examiner ſi l'Artillerie des aſſiégeans dirigée dans des caſemates voûtées, n'y rendroient pas le ſervice ſuivi des pièces impraticables, ainſi que l'aſſure le Chevalier de Ville, & ainſi que toutes les apparences le font juger : ces expériences ne peuvent également avoir conſtaté les déſordres que cauſeroient dans des caſemates la chûte des voûtes & celle des planchers des batteries, quand elles ſont à pluſieurs étages.

(c) Fortifications de DE DEVILLE, page 78, édition de Paris, 1666.

Les casemates des systêmes proposés, & sur-tout la caponnière casematée, étant très-différentes des anciennes casemates, on pourroit penser que des défauts reconnus dans ces dernieres, l'on ne doit rien conclure contre celles des nouveaux systêmes. Examinons ces nouvelles casemates.

Des Flancs casematés & Caponnières casematées.

La planche XII représente partie du plan de la caponnière casematée; la figure 2, planche XIII en est le profil sur sa largeur : on voit que les arcades en berceaux qui bordent la galerie de communication des deux flancs sont surchargées d'une maçonnerie servant d'appui à la voûte du centre; cette maçonnerie paroît bien considérable, relativement aux épaisseurs des piliers ou pieds droits des arcades.

Pour prendre une idée des efforts que ces piliers doivent soutenir, regardons une des arcades comme isolée, & cherchons quelle devroit être l'épaisseur de ses pieds droits pour être en équilibre avec la poussée du cintre; considérant séparément les épaisseurs que devroient avoir les pieds droits de l'arcade, d'abord relativement à la partie où ils ne portent que l'arcade, & ensuite relativement à la partie qui porte la maçonnerie servant d'appui à la grande voûte du centre.

Dans le premier cas, suivant les plans & profils, le diamètre de l'arcade est de vingt pieds; elle est en plein cintre : son épaisseur à la clef, de trois pieds, est terminée par un plan horizontal; supposant les fondations de quatre pieds de hauteur, les naissances seront de dix-neuf pieds au dessus du fond des fondations; faisant l'application de ces données à la formule qu'on trouve dans le second Livre de la Science des Ingénieurs de M. Bélidor, sur la Méchanique des Voûtes, page 18, on trouvera que les pieds droits de l'arcade doivent avoir sept pieds deux pouces d'épaisseur, pour être en équilibre avec la seule poussée du cintre, dans la partie où l'extrados est terminé par un plan horizontal élevé de trois pieds au-dessus du sommet de la montée du cintre.

Suivant les profils, la maçonnerie servant d'appui à la voûte du centre a douze pieds six pouces de hauteur au-dessus du plan horizontal qui termine la maçonnerie des arcades; mais dans cette maçonnerie il se trouve une ouverture correspondante au-dessus de chaque arcade; cette ouverture est à-peu-près de trente-six pieds quarrés : pour compenser ce vuide, ne supposons que dix pieds de hauteur à la maçonnerie qui s'élève au-dessus du plan de couronnement des arcades, au lieu de douze pieds six pouces que donnent les profils. Le plan horizontal supposé terminer la maçonnerie servant d'appui à la voûte du centre, sera conséquemment élevé de treize pieds au-dessus du sommet de la montée du cintre : les autres dimensions sont les mêmes que dans le premier cas ; & la formule citée détermine à quatorze pieds l'épaisseur que devroient avoir les pieds droits pour être en équilibre avec la poussée du cintre, relativement à son effort dans la partie où il se trouve chargé de la maçonnerie servant d'appui à la voûte du centre. On remarquera que la lunette de voûte d'arrêtes qui se trouve dans le prolongement du cintre de l'arcade, doit aussi produire quelque poussée contre ses pieds droits.

Cet apperçu des efforts qui agissent contre les pieds droits des arcades, fait connoître combien les épaisseurs de ces pieds droits, fixées sur le plan à trois pieds, sont insuffisantes. On objectera peut-être que les arcades ou berceaux s'arcboutant réciproquement, leurs pieds droits n'auront pas besoin de toute l'épaisseur qu'exigeroient ceux d'une voûte isolée qui auroit les mêmes dimensions ; cela est vrai, mais à condition qu'il se trouvât aux extrémités de chaque rang d'arcades de bonnes buttées fort au-dessus de l'épaisseur nécessaire pour l'équilibre ; n'y ayant pas de buttées aux extrémités des arcades, & l'épaisseur des piliers étant beaucoup moindre que celle qu'exige l'équilibre, on voit démonstrativement que la construction proposée est impossible.

Dans la construction des embrasures, les ouvertures paroissent beaucoup trop resserrées relativement à leurs longueurs ; chaque ouverture a seize pieds de longueur sur deux pieds en quarré d'ouverture ; un canon de vingt-quatre y entrera tout au plus de cinq pieds ; ensorte que la flamme aura à parcourir onze pieds dans cet étroit passage : il y a tout lieu de croire que les liens de fer n'empêcheroient pas les dales de céder à l'effort de la flamme pour se dilater ; & quand la flamme ne feroit que pénétrer entre les joints des dales, elle mettroit le feu aux poutres auxquelles ces dales sont liées. On doit encore remarquer qu'aussi-tôt que les batteries de l'ennemi commenceront à dégrader le mur extérieur de la caponnière, le plancher de maçonnerie, au travers duquel les embrasures supérieures sont percées, causera par sa chûte les plus fâcheux effets dans les galeries des Fusiliers.

Quelques Ingénieurs ont proposé de lier les contre-forts des revêtemens par plusieurs rangs de cintres les uns au-dessus des autres, pour diminuer la poussée des terres contre les revêtemens, & pour qu'il fût plus difficile d'y rendre les brèches praticables : c'est sans doute la dépense de cette construction qui a empêché de l'adopter; mais il ne paroît pas que les cintres proposés dans les maçonneries pleines des murs de face de la caponnnière casematée, dussent augmenter sa solidité : la maçonnerie supposée bien faite, les boulets, soit qu'ils rencontrassent les cintres ou leurs pieds droits, ou l'intérieur des cintres, auroient ce semble le même effet qu'ils produiroient dans une maçonnerie de même qualité construite sans cintres. Dans tous ces cas le boulet pénêtreroit également dans la maçonnerie, & occasionneroit autour de son enfoncement un ébranlement proportionné à la qualité de la maçonnerie.

Les terres qui couvrent les souterreins dans les Villes de Guerre n'ont pas moins pour objet de mettre ces souterreins à l'abri de la bombe, que de diminuer les effets des éclats des bombes sur les remparts. Les magasins à poudre sont à l'épreuve de la bombe, quand les reins de leurs voûtes ont trois pieds d'épaisseur; mais les bombes dont les directions sont à-peu près verticales à la fin de leurs chûtes, frappent fort obliquement les plans inclinés qui terminent le dessus de ces magasins; au lieu qu'elles tombent à-peu-près perpendiculairement sur les sommets des voûtes des autres souterreins qui ne seroient pas à l'épreuve de la bombe, leurs voûtes n'ayant pas plus de trois pieds d'épaisseur à leurs clefs, si elles n'étoient pas recouvertes de cinq ou six pieds de terre. Le dessus des voûtes recouvertes en dales de pierres de taille seroit inabordable en tems de siége, dans les parties exposées à recevoir des bombes ou des boulets. Les hangards qu'on se propose au-dessus des voûtes, sont en effet le meilleur moyen connu pour les garantir de l'humidité; il y a de ces couvertures dans plusieurs Places au-dessus des voûtes des passages des portes.

Un apperçu des dispositions de l'attaque du polygone angulaire fera connoître la défense dont ce polygone, avec ses grands flancs casematés, peut être susceptible.[*]

Supposons que les attaques embrasseront les trois saillans (Planche X), les longues branches des chemins n'ayant pas de

[*] Voyez ci-devant pages 70 & suiv.

SUR LA FORTIFICATION PERPENDICULAIRE. 159

traverses, & les faillans étant fort aigus, l'établissement de l'ennemi sur ces faillans se fera avec facilité; il y établira des batteries contre les casemates des rentrans du rempart d'enveloppe. Sur ce que dit M. le Marquis de M. (page 116), qu'on ne bat un rempart en brèche, on ne renverse un revêtement qu'en le battant de plein fouet, à la distance de vingt à trente toises, on pourroit penser que les batteries établies dans les logemens des faillans des chemins couverts auroient de la peine à éteindre les feux couverts des casemates du rempart d'enceinte, qui en sont éloignées de près de deux cents toises; mais ce Général a lui-même observé (au Tome III, page 115) qu'à l'expédition de Carthagêne d'Amérique, en 1741, la brèche fut ouverte au Fort de Bocca-chica par des batteries qui en étoient éloignées de deux cents cinquante toises. Après la destruction des feux des casemates des rentrans du rempart d'enceinte, l'assiégeant donnera l'assaut aux trois faillans de ce rempart: dans le même tems, des détachemens passant entre le mur qui borde le fossé & le pied du talus du rempart, se porteront dans les casemates des deux rentrans du front d'attaque pour les occuper. S'il étoit resté quelques troupes des assiégés dans les ailerons enveloppés par le chemin couvert, les détachemens, en s'élevant un peu sur les talus du rempart d'enceinte, les battront à dos, par-dessus le mur qui borde le fossé; & la prise des casemates des rentrans leur ôteroit toute communication avec la Place, ce qui les obligeroit de se rendre à discrétion; ensorte que les retranchemens à ailerons seront pris sans avoir en rien contribué à la défense de la Place.

Dans la même nuit que l'assiégeant donnera l'assaut au rempart d'enceinte, il se logera autour des trois arrondissemens, pour commencer dès le lendemain à travailler aux batteries contre les grands flancs casematés; cet établissement de batteries se fera bien plus aisément que ne le pense M. le Marquis de M.: pour en juger, comparons les difficultés que l'assiégeant pourra y rencontrer, à celles que présentent les couronnemens des faillans des chemins couverts des demi-lunes, à l'attaque du dodécagone bastionné.

Le logement de chaque arrondissement du rempart d'enceinte sera exposé aux feux des deux flancs casematés, qui contiennent ensemble, sous des voûtes, quarante-huit pièces de canons couvertes, & cent quatre-vingt-douze fusiliers: cette quantité de feux paroît prodigieuse; mais les effets de l'Artillerie sont bien plus proportionnés à sa bonne disposition, qu'au nombre des pièces : les batteries de ces casemates sont à-peu-près à cent cinquante toises du logement, dont le premier tracé formé par un rang de gabions ne présentera, pour ainsi dire, qu'une ligne, pour le but de tous ces feux. Les meilleurs canonniers tirant, en plein jour, à cette distance, sur un but aussi peu étendu, ne l'atteindroient que rarement ; l'on ne doit donc pas douter que le logement ne puisse s'exécuter pendant la nuit : au jour, les gabions seront remplis ; les terres élevées d'environ un pied au-dessus, se termineront en pente vers les bords des arrondissemens du rempart : le logement sera enfoncé de trois à quatre pieds dans le terre-plein ; & la partie de son parapet supérieure au terre-plein du rempart, n'aura qu'à-peu-près trois pieds de hauteur ; ce sera le nouveau but des batteries des casemates, dont les boulets ne pourront pénétrer dans le logement qu'après avoir percé l'épaisseur du parapet : la partie enfoncée dans le terre-plein sera à l'abri de l'effet des batteries ; & dans la partie supérieure, si le petit nombre de boulets qui la rencontreront y cause quelques dégradations, il ne sera pas difficile de les réparer sur-le-champ, ou au moins dans la nuit suivante, en donnant à ce parapet une épaisseur convenable, pour que les boulets s'y enterrent, sans le traverser. L'exécution du revêtement en saucissons de l'intérieur des batteries ne souffrira aucune espèce de difficulté, ne pouvant être battu d'aucun endroit : le travail du revêtement des joues des embrasures, exécuté en gabions pendant la nuit, sera fait, ainsi que le dégorgement des embrasures, avant que les assiégés s'en apperçoivent. Toutes les pièces de ces batteries commenceront ensemble à tirer ; aucun coup ne sera perdu, n'étant pas possible de manquer le but que présentent les murs d'un grand flanc casematé : ces murs n'ayant que quatre pieds d'épaisseur, les boulets pénétreront bientôt de toutes parts dans l'intérieur des casemates, qui auront bien de la peine à tirer quelques volées de leur Artillerie contre celle des assiégeans, & avec bien peu d'effet, à raison de la très-petite étendue du but que leur présentent ces dernières.

A la défense du dodécagone bastionné (Planche ci-jointe), nous devons supposer qu'on aura réservé une grande partie de l'Artillerie, pour le tems où l'assiégeant entreprendra de se loger sur la crête des glacis, & sera obligé de cesser la plus grande partie des feux de ses premières batteries ; on doit supposer aussi que l'assiégé, par une suite de ses bonnes dispositions,

aura

SUR LA FORTIFICATION PERPENDICULAIRE. 161

aura fait des traverses sur les remparts, dans toutes les parties où ses batteries seroient exposées à être battues du ricochet.

Les prolongemens des faces des demi-lunes rencontrent les faces des bastions à quarante-cinq toises des angles flanqués, que nous réduirons à quarante-deux pour l'intérieur du parapet : sur cette longueur on placera douze pièces de canons, & les traverses nécessaires pour les couvrir du ricochet ; les deux faces de bastions qui battent le saillant des glacis de la demi-lune dirigeront conséquemment vingt-quatre pièces de canons contre le logement de ce saillant : ces batteries sont à-peu-près à cent toises du logement ; une partie des pièces le battra de front ; une autre partie le battra par enfilade, & la troisième partie le battra de revers : on placera sur chacune des demi-lunes collatérales du saillant attaqué, trois pièces de canons qui se trouveront à-peu-près à deux cents toises de ce saillant, dont elles battront le logement de revers d'un angle fort ouvert. On placera encore dans chacune des deux places-d'armes rentrantes qui terminent les côtés du saillant attaqué, deux obusiers qui enfileront le logement ; ce qui n'empêchera pas de placer sur les faces de ces mêmes places-d'armes cent vingt à cent trente fusiliers qui battront le logement de revers à la distance d'environ soixante toises : dans les autres parties des chemins couverts, il y aura au moins cent fusiliers à portée de battre ce logement, qui sera conséquemment soumis aux feux de trente-quatre pièces d'Artillerie, & environ deux cents vingt fusiliers.

Il ne faut que faire un peu d'attention à l'extrême différence des effets des batteries qui ne battent un logement que de front, comparés à ceux des batteries qui le battent d'enfilade & de revers, pour n'avoir aucun doute que le couronnement du saillant du glacis d'une demi-lune du dodécagone bastionné, quoique battu par un plus petit nombre de pièces, présentera infiniment plus de difficultés que le logement sur l'arrondissement du rempart d'enceinte du polygone angulaire, même en supposant la possibilité d'une exécution suivie de feux couverts des grands flancs casematés.

Mais ce seroit très-gratuitement qu'on supposeroit une exécution suivie de ces feux. La nombreuse Artillerie qu'on suppose dans les flancs casematés, est principalement due au rapprochement des pièces, qui y sont espacées à huit pieds de distance les unes des autres : il est clair qu'en multipliant le nombre des pièces dans des casemates, on multiplie les inconvéniens de la fumée,

X

& autres inconvéniens propres à en faire accélérer l'abandon. Si l'on penfoit qu'il ne faudra ufer de toute cette Artillerie qu'avec ménagement, pour en conferver plus long-tems l'ufage, le calcul qu'on préfente du nombre de pièces oppofées aux batteries des afliégeans n'eft plus qu'une illufion ; il faut donc convenir que les grands flancs cafematés n'oppoferoient en effet qu'un très-foible obftacle à l'établiffement des batteries de l'afliégeant fur les arrondiffemens du rempart d'enceinte.

Remarquez encore (Pl. XI, fig. 1) l'élévation du mur de l'extrémité d'un des grands flancs cafematés ; ce mur fervant d'appui à la voûte de l'extrémité du flanc, eft tout-à-fait découvert aux batteries des arrondiffemens. La ruine de ce mur entraîneroit celle de la voûte à laquelle il fert d'appui, & laifferoit à découvert le mur fervant d'appui à la voûte fuivante. La chûte du premier mur, ou feulement celle de fon angle extérieur, mettroit à découvert les flancs des galeries des fufiliers qui fe trouveroient enfilées fur toute leur longueur.

Dans le même tems que l'afliégeant conftruira fes batteries fur les arrondiffemens du rempart d'enceinte, il pourra en établir auffi dans les deux rentrans de ce rempart, pour ouvrir les extrémités des faces du mur cafematé, dont le derrière fera enfilé & battu de revers par les batteries des arrondiffemens, enforte que l'affiégé ne pourra approcher de ce mur.

Les brèches faites aux grands flancs feront d'un accès facile & bien couvert, à la faveur du rempart d'enceinte, & des voûtes pratiquées fous les rentrans de ce rempart. Le Gouverneur ne pourra donc différer à capituler dès que les brèches des grands flancs cafematés commenceront à être praticables ; la grande quantité de décombres, produite par la chûte des voûtes, contribuera à en faciliter la montée. Suppofant les tours confervées, elles n'empêcheroient pas le fuccès de l'affaut ; mais étant découvertes aux batteries extérieures & à celles du rempart d'enceinte, leurs feux feroient éteints au moment de l'affaut, fi le Gouverneur en couroit les hazards.

On voit que la Place fera prife fans que la muraille cafematée, la contre-garde, le foffé intérieur, & le mur bordant ce foffé, puffent contribuer à fa défenfe.

Examinant le polygone angulaire relativement à la défenfe active dont il feroit fufceptible, on remarquera que fon chemin couvert feroit bien moins favorable aux forties que celui de la Fortification baftionnée. Si on exécutoit les forties, ainfi que

SUR LA FORTIFICATION PERPENDICULAIRE. 163

l'Auteur le propose, en sortant à-la-fois des branches du chemin couvert, cette manœuvre mettroit un des flancs de la sortie à découvert; & dans la retraite, l'ennemi se mêlant avec l'assiégé, le combattroit avec avantage jusques dans le chemin couvert, où ce dernier ne pourroit se rallier, n'ayant ni places-d'armes, ni traverses, ni palissades, pour protéger son ralliement ou sa retraite.

Ce n'est qu'en défendant avec vigueur le chemin couvert, qu'on peut arrêter les assiégeans sur les glacis, pour leur faire éprouver les effets des contre-mines; c'est en leur livrant des combats sur ces glacis, qu'on les oblige de se rassembler au-dessus des points où les fourneaux sont préparés; le chemin couvert de la Fortification angulaire n'étant susceptible d'aucune résistance, ne pourroit seconder les défenses par les contre-mines.

Sous quelque point de vue qu'on examine les défenses du polygone angulaire, il ne présente qu'une Fortification très-défectueuse, par l'inutilité de beaucoup de pièces, & par la foiblesse des parties où se porteront les attaques : cette Fortification ne peut être comparée à celle d'un polygone bastionné, dont toutes les pièces, ainsi qu'on l'a déja observé, se défendent mutuellement, & présentent à l'assiégeant des obstacles dont il doit successivement s'emparer, sans pouvoir en éluder les attaques.

CHAPITRE SIXIÈME.

Théorie des Saillans.

EXTRAIT.

Le tracé de la Fortification angulaire est simple; les côtés du polygone extérieur étant déterminés, on décrira intérieurement sur chacun des côtés pris pour diamètre, une demi-circonférence de cercle; & des points qui divisent chacune des demi-circonférences en deux également, on tirera par les extrémités de leurs diamètres des lignes droites qui formeront le trait principal de la Fortification angulaire : par cette construction, tous les angles rentrans sont droits, & l'ouverture des angles saillans dépend de celle des angles que forment entr'eux les côtés du polygone.

Les bons principes de la Fortification n'admettent pas d'angle saillant au-dessous de soixante degrés; & les deux angles fermés par les côtés d'un angle saillant de la Fortification angulaire, & par les deux côtés de polygone extérieur qui concourent au même saillant, étant par la construction précédente,

Tome I, chacun de quarante-cinq degrés, il s'enfuit que le plus petit angle de polygone à fortifier, par la méthode angulaire, doit être de cent cinquante degrés; c'eſt l'angle que forment les côtés du dodécagone régulier : le plus petit polygone, ou plutôt le polygone du plus petit nombre de côtés à fortifier par la méthode angulaire, fera conféquemment un dodécagone.

Pag. 194.
195. C'eſt improprement que les polygones baſtionnés prennent leur dénomination du nombre des baſtions dont ils font compoſés; les demi-lunes formant des faillans, ainfi que les baſtions, & le nombre des faillans devant fixer la dénomination du polygone : il en réfulte qu'un polygone à quatre baſtions
196. eſt un octogone à huit faillans; un polygone à cinq baſtions, un décagone à dix faillans, & ainfi des autres.

La méthode angulaire s'applique aux plus petits polygones en donnant une étendue proportionnée aux côtés du dodécagone; pour l'appliquer à la
197. plus petite Place ſuſceptible d'être baſtionnée, qui eſt le quarré ayant cent quatre-vingt toiſes de longueur de côté de polygone extérieur, on inſcrira un dodécagone dans le cercle circonſcrit au quarré, & on appliquera à ce dodécagone le tracé de la Fortification angulaire, comme on le voit Pl. XVII, où l'on a tracé trois fronts de cette Fortification, correſpondans à un côté du quarré baſtionné : dans ce cas, les côtés du dodécagone font à-peu-près de foixante-fix toiſes; & les côtés des faillans formant les lignes de défenſes font de quarante-fix toiſes trois pieds; cette ligne ſera priſe pour la plus courte ligne de défenſe qu'admette la Fortification angulaire.

Par les plans & profils (Planche XVII) on voit qu'au petit polygone
198. angulaire le paſſage du foſſé eſt défendu par des flancs cafematés, capables d'un feu très-meurtrier; le feu du mur qui fépare le foſſé ſec du foſſé plein d'eau eſt très-dangereux pour les logemens fur la crête des glacis, & pour
199. les batteries de brèches à y établir. La réduction de ce mur, la priſe du couvre-face, le paſſage du foſſé du réduit en maçonnerie, fous le feu à bout touchant du corps de la Place, oppoſeroient une multiplicité d'obſtacles qu'il
201. eſt impoſſible de fe procurer dans une Fortification baſtionnée; ajoutant à cette petite Place un rempart d'enceinte, ainfi qu'on l'a marqué fur le plan, elle fera ſuſceptible de la plus grande réſiſtance.

202.
203. La méthode qu'on vient d'appliquer au quarré s'applique également aux polygones baſtionnés d'un plus grand nombre de côtés; la ligne de défenſe peut s'étendre juſqu'à cent cinquante toiſes, & on a ci-deſſus déterminé la plus courte à quarante-fix toiſes trois pieds : des limites auſſi étendues donnent le moyen de fortifier les petites & les grandes Places, par le dodécagone angulaire; quand les lignes de défenſes auront cent cinquante toiſes, les cotés de polygone extérieur auront deux cents dix-huit toiſes; dans le cercle circonſcrit à ce polygone, on pourra inſcrire un autre polygone de quinze côtés, ayant chacun à-peu-près cent quatre-vingt toiſes, qui eſt la longueur des côtés de polygone extérieur des Fortifications baſtionnées; enforte que le plus grand dodécagone fortifié par la méthode angulaire pourra être inſcrit dans le même cercle que le polygone baſtionné de quinze côtés. Si le développement du polygone extérieur a plus d'étendue, on augmentera fans inconvénient le nombre des côtés du polygone angulaire, dont les angles faillans auront alors plus de foixante degrés.

SUR LA FORTIFICATION PERPENDICULAIRE. 165

Si le polygone donné à fortifier est irrégulier, tel, par exemple, que le rectangle, dont la moitié est représentée Planche XV, fig. 3, on décrira autour de chacun de ses angles un quart de cercle d'un rayon convenable, pour que les fronts d'un quart de dodécagone angulaire, qu'on y inscrira, soient de même étendue que les fronts qui seront développés sur les côtés parallèles à ceux du rectangle.

Tome I, Pag. 205.

Quel que soit le polygone donné à fortifier, s'il y a un ou plusieurs de ses angles au-dessous de cent cinquante degrés, il faudra le transformer en un autre polygone, dont aucun des angles n'ait moins de cent cinquante degrés.

OBSERVATIONS.

La dénomination des polygones bastionnés est par elle-même fort indifférente; celle qui est en usage, exprimant le nombre des bastions, paroît la plus naturelle : les demi-lunes sont des ouvrages détachés qui ne tiennent pas essentiellement au tracé, & qui ne couvrent pas toujours les fronts bastionnés. Sur le bord d'un escarpement, sur le bord d'une rivière, un front bastionné peut n'être pas susceptible d'être couvert par une demi-lune, ou n'en avoir pas besoin. D'ailleurs, dans les polygones réguliers bastionnés, les saillans des demi-lunes & ceux des bastions ne sont pas dans la circonférence d'un même cercle; & les Géomètres n'admettent pas de polygone régulier dont tous les angles ne puissent être compris dans la circonférence du même cercle.

Suivant la dénomination en usage des polygones bastionnés, leur Fortification auroit paru avoir quelque avantage sur la Fortification angulaire, en ce que cette dernière ne peut s'appliquer aux polygones ayant moins de douze côtés, tandis que la Fortification bastionnée s'applique aux polygones, d'un petit nombre de côtés, jusqu'au quarré. On a essayé encore un autre moyen d'éviter ce reproche à la Fortification angulaire, en l'appliquant à fortifier un quarré de cent quatre-vingt toises de côté, ou plutôt en substituant au quarré un polygone de douze côtés, inscrit dans le même cercle que le quarré bastionné, ainsi qu'on le voit Planche XVII, qui représente trois fronts de cette Fortification correspondans à un front du quarré bastionné.

Ce polygone, construit dans les mêmes principes que le polygone angulaire du Chapitre précédent, a ses fronts bien moins étendus; ce qui en rendra les approches bien plus faciles : l'assiégeant, après avoir détruit, par les batteries de ses logemens du chemin couvert, les casemates du rempart d'enceinte, se logera sur ce rempart, où il établira des batteries contre les flancs casematés du corps de la Place ; les mêmes batteries découvriront le derrière des murs crenelés bordant le grand fossé ; l'assiégé ne pourra conséquemment approcher de ces murs : aussi-tôt que la brèche sera ouverte aux flancs casematés du corps de la Place, le Commandant sera forcé de prévenir un assaut d'un succès infaillible, par une prompte capitulation.

Dans cette disposition, le mur crenelé bordant le grand fossé, le couvre-face particulier & le réduit de maçonnerie placés en avant du corps de la Place, ne sont d'aucune utilité pour sa défense.

On sait qu'un quarré bastionné n'est pas susceptible de la même défense qu'un polygone d'un plus grand nombre de côtés. Dans les Traités de Fortification, on propose ordinairement de fortifier le triangle par un demi-bastion à chaque angle : cette Fortification du triangle est hors des principes d'une bonne Fortification, supposant une position qui présente un triangle à fortifier ; en s'accordant aux circonstances du terrein, on transforme le triangle en un autre polygone susceptible d'une bonne Fortification.

C'est cette méthode de transformation dont use M. le Marquis de M. dans l'application de sa Fortification angulaire au quarré bastionné, Planche XVII ; la Planche XV offre aussi un rectangle, fig. 3, un quarré, fig. 4, & un triangle, fig. 8, transformés en nouveaux polygones susceptibles de la Fortification angulaire. Le polygone angulaire substitué au quarré, fig. 4, est un dodécagone : c'est un polygone de quinze côtés qu'on a substitué au triangle (fig. 8) ; mais, comme on l'a déja observé, la Fortification angulaire ne peut être appliquée à un polygone ayant moins de douze côtés.

Quant au développement de plusieurs fronts sur une même ligne droite, non-seulement la Fortification bastionnée en admet l'usage, lorsque les circonstances le permettent, mais il est reconnu que plusieurs fronts étant développés sur une même ligne droite, la Fortification bastionnée se trouve dans le cas de son plus grand effet.

Il faut observer que dans la Fortification angulaire les angles saillans, fixés à soixante degrés pour les polygones de douze côtés, auront rarement une plus grande ouverture, étant dans les principes de cette Fortification de ne pas augmenter le nombre des côtés, tant que les lignes de défenses n'excèdent pas cent cinquante toises. Quoiqu'on admette un angle à-peu-près de soixante degrés dans la Fortification du quarré baſtionné, on ne ſe diſſimule pas que les manœuvres ſont fort gênées pour la défenſe vers le ſommet d'un angle auſſi aigu ; qu'on ne peut y raſſembler que fort peu de monde ; que ceux qui défendent une des faces du ſaillant ſont vus à dos de l'ennemi qui attaque l'autre face. Obſervons encore qu'un angle auſſi aigu ne peut ſe ſoutenir dans les ouvrages en terre, tels que ceux de la Fortification angulaire ; l'arête du concours des deux faces doit néceſſairement s'affaiſſer, former un pan coupé & une rampe très-adoucie ; enſorte que le ſaillant, qui eſt la partie de la Fortification qui ſe préſente la première à l'ennemi, en devient auſſi la partie dont l'accès eſt le plus facile.

RÉSUMÉ.

L'USAGE du canon dans les ſiéges a réduit à la plus foible défenſe les anciennes Fortifications à murailles découvertes.

L'Art des attaques & celui d'y employer l'Artillerie, perfectionnés, ou plutôt créés par le Maréchal de Vauban, ont rendu les défenſes des Places bien plus difficiles qu'elles ne l'étoient précédemment.

Avec de bonnes diſpoſitions on peut faire de longues & brillantes défenſes dans nos Places baſtionnées.

Les ſyſtêmes propoſés des polygones à tenailles (Pl. I, fig. 4), des polygones à remparts droits (Pl. III, fig. 1), & des polygones à ailerons (Pl. IV), ne peuvent être comparés, pour la défenſe dont ils ſeroient ſuſceptibles, à la Fortification moderne baſtionnée.

Les murailles étant détachées des terres des remparts, & caſematées, comme on le propoſe (Pl. V), indépendamment de la brèche qu'ouvrira l'ennemi dans la partie de la muraille la plus convenable pour donner l'aſſaut à l'ouvrage qu'elle enveloppe, il l'ouvrira encore dans le prolongement du foſſé ſec qui la ſépare du talus du rempart, pour enfiler ce foſſé ; ce qui empêchera l'aſſiégé de ſe préſenter derrière les brèches pour les défendre ; il ne pourra pas même communiquer aux batteries de cette muraille entre les brèches.

Suppoſant que le mur détaché eſt un ſimple mur crenelé, il pourra être ouvert par les batteries éloignées de l'ennemi, tirées par plongées, & les assiégés ne pourront en occuper les crénaux à l'arrivée de l'ennemi sur les saillans de la contrescarpe; ils seroient battus d'enfilade & de revers.

Par la séparation des murs, d'avec des terres des remparts, tout bon retranchement devient impraticable dans l'intérieur des ouvrages, il seroit tourné & pris par les derrières; les fossés secs serviront à l'ennemi de place-d'armes, où il fera ses dispositions pour l'attaque des remparts.

Une tour telle qu'on est dans l'usage de les construire, est d'une meilleure défense, & d'une construction bien plus solide, que les tours angulaires (Pl, VI, VII, VIII). Le retranchement de la gorge du bastion, par un rempart revêtu, appuyé aux courtines (Pl. V), opposera plus d'obstacles au logement de l'ennemi dans le bastion, qu'une tour angulaire. Les changemens qu'on propose de faire à la Fortification bastionnée, tendent évidemment à en diminuer les forces.

Les inconvéniens des batteries cachées dans des casemates, reconnus par l'expérience, sont multipliés dans les grands flancs casematés & dans la grande caponnière casematée, par le rapprochement des canons, qui ne sont espacés que de huit ou neuf pieds de distance les uns des autres. La grande caponnière casematée (Pl. XII & XIII), pièce fondamentale des nouveaux systêmes, est annoncée, page 150, comme une pièce de la plus grande solidité; sa construction est démonstrativement impossible.

A l'attaque du polygone angulaire (Pl. X & XI), le logement de l'ennemi & l'établissement de ses batteries sur le rempart d'enveloppe s'exécuteront avec infiniment plus de facilité que le couronnement du chemin couvert & l'établissement des batteries, pour l'attaque d'une demi-lune d'un polygone bastionné. Les grands flancs casematés du polygone angulaire étant battus des logemens de l'ennemi sur le couvre-face général, les brèches faites à ces flancs donneront dans la Place des accès qui rendront la muraille casematée, les couvre-faces particuliers & les tours angulaires, tout-à-fait inutiles à la défense de la Place.

La Fortification angulaire réduite à ses plus petites dimensions, inscrite dans un cercle de même rayon que celui du quarré bastionné, ne cesse pas pour cela d'être un dodécagone; elle n'est applicable à aucun polygone ayant moins de douze côtés.

Fin de la première Partie.

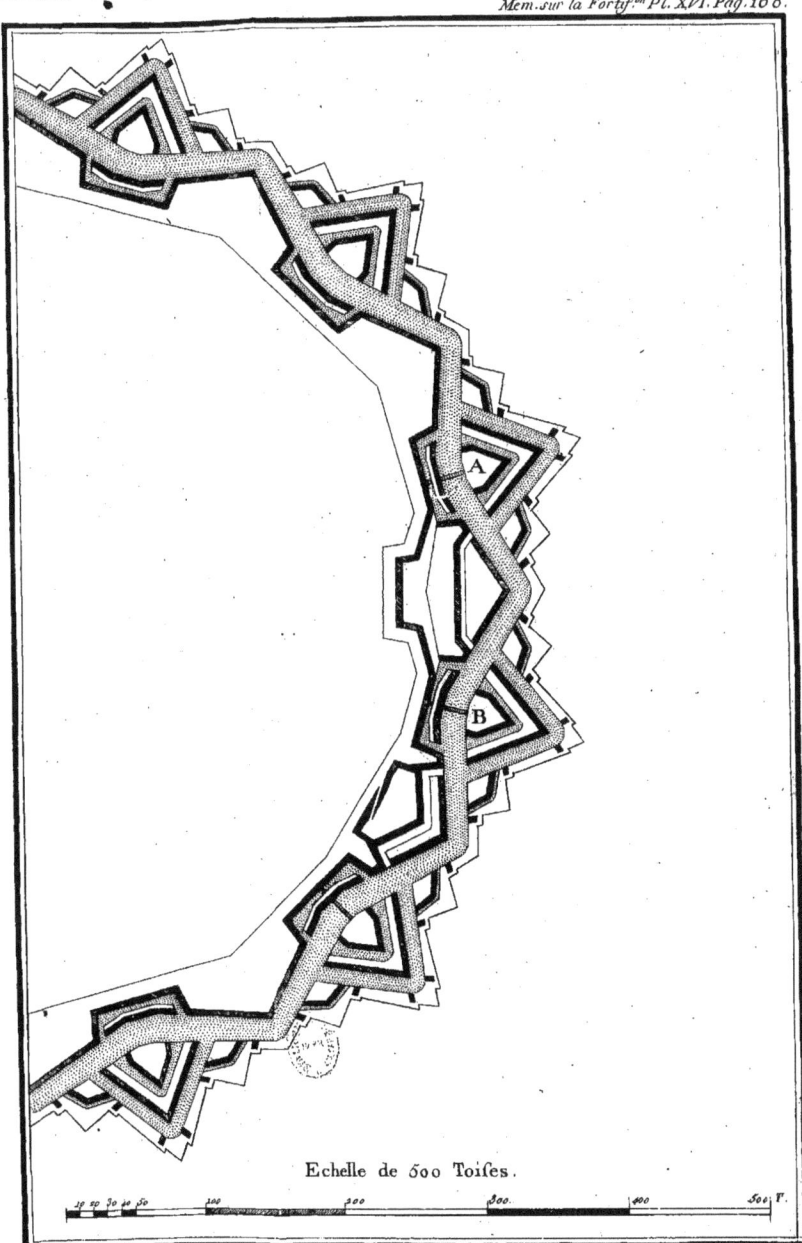

Echelle de 500 Toises.

LA FORTIFICATION
PERPENDICULAIRE.

SECONDE PARTIE.

CHAPITRE PREMIER.
De l'utilité des Places de Guerre.

EXTRAIT.

L'EXPÉRIENCE, de tous les tems, a fait connoître qu'il faut oppofer des obftacles à l'avidité du plus fort. Les Princes doivent défendre, par des Places de Guerre, les accès de leurs États dépourvus de défenfes naturelles; une quantité innombrable de faits connus prouve l'utilité des Villes fortifiées, non-feulement pour une guerre défenfive, mais même pour une guerre offenfive : l'Hiftoire de la plupart des guerres, & particulièrement celle de la guerre commencée en 1741, eft la meilleure démonftration qu'on puiffe donner de l'utilité des Places fortes.

Tome II,
Pag. 2.

5.

OBSERVATIONS.

On ne peut méconnoître l'utilité des Places de Guerre pour la défenfe d'un pays où elles font convenablement fituées, d'une étendue & d'une force proportionnées à leur objet; elles font auffi très-utiles dans une guerre offenfive, pour fervir de dépôts d'approvifionnemens, ou de points de ralliement dans le cas de retraite. Étant du même fentiment que M. le Marquis de M., à l'égard des Places de Guerre, je ne le fuivrai point dans fon précis de la guerre commencée en 1741.

Y

CHAPITRE DEUXIÈME.

Des Redoutes.

EXTRAIT.

Tome II, Page 134.

M. le Maréchal de Saxe est un des Généraux modernes qui a paru faire le plus de cas des redoutes : il en fit construire devant le front de son camp, pendant le siége de Maëstricht, dont les plans & profils, Pl. II, fig. 1 & 2, font connoître les dimensions ; elles ont des puits au fond du fossé ; & l'on ne sait comment on a pu penser qu'elles acquéroient par ces puits quelque degré de force de plus ; comme si un entonnoir de trois pieds de diametre, qui se saute ou s'enjambe, pourroit être un obstacle, sur-tout lorsqu'il se trouve placé dans le fond du fossé, à l'abri des coups de fusils.

136.

138.

139. L'on n'a point atteint le but qu'on doit se proposer, qui est de se donner des flancs pour défendre le pied de la palissade : nous allons indiquer divers moyens de se procurer cet avantage, en commençant par les plus simples, & montant par degrés à un tel point de force, qu'on aura peut-être lieu d'en être étonné.

140. La figure 1, Planche II, représente la moitié d'une des redoutes du camp de Maëstricht ; la fig. 3 en représente l'autre moitié, avec les changemens proposés : la berme a été supprimée pour donner trois pieds de plus à la largeur du fossé ; & on a donné à la palissade placée dans le fossé une forme angulaire, au moyen d'une petite pièce placée en avant du milieu de chaque face de la redoute : on communique à cette pièce & aux palissades par une poterne pratiquée sous le parapet du milieu de chaque face. Si l'on n'avoit que des palissades, on n'employeroit que des palissades pour former la pièce avancée, qui seroit recouverte par des bois en travers chargés de quelques pieds de terre ; mais pour peu qu'on pût se procurer du bois plus long & plus fort, on exécuteroit à double étage cette pièce & les flancs destinés à la défendre, ainsi qu'il est marqué par les plans & profils, fig. 6, 7, 8, 9 & 10.

141.

142. Il ne seroit pas du tout praticable d'entreprendre de franchir la palissade sans avoir détruit la caponnière casematée, qui n'étant point vue de la campagne, ne peut être battue que par du canon placé sur la crête du glacis ; le placer tout à découvert, n'est pas praticable sous le feu de la redoute & de la caponnière casematée ; le placer derrière des épaulemens, ce seroit une tranchée à ouvrir ; de manière qu'un aussi petit changement est visiblement capable de faire d'une simple redoute un ouvrage dans lequel un poste ne peut être enlevé de vive force. Un bataillon dans une pareille redoute, arrêteroit une colonne d'Armée.

143. Mais ce n'est point assez, il faut en faire un véritable fort, & très-fort. La Planche III, fig. 1, 2 & 3, représente les plans & le profil d'une redoute des mêmes dimensions que la précédente : tout sera de même dans l'une & dans l'autre, à l'exception des caponnières casematées, ainsi que leurs flancs,

SUR LA FORTIFICATION PERPENDICULAIRE. 171

qui feront en maçonnerie, & qu'on a fubftitué un mur aux palissades du fond du fossé ; de ce moment, il faudra songer à former un siège en règle : ce n'est pas tout, nous plaçons une tour angulaire au milieu de cette redoute, une de ces tours déja reconnues si difficiles à détruire ; comment forcer ce poste qui n'est qu'un fortin ?

Avant de passer à la description des forts construits avec d'autres dimensions, on va indiquer un moyen de retrancher la même redoute dans des pays abondans en bois. La Planche IV, fig. 1, fait voir le plan de cette redoute, où l'on a exprimé deux galeries de charpente qui la divisent en quatre parties égales. Les côtés de ces galeries sont formés par des pièces de charpente de neuf à dix pouces d'équarrissage, inclinées vers l'intérieur, faisant avec l'horizon un angle de soixante degrés. Les figures 2, 3, 4, 5, 6, 7, 8, font connoître ce moyen de défense, qui peut être applicable dans plusieurs cas.

Tome II,

Pag. 146.

148.

OBSERVATIONS.

C'est pour de très-bonnes raisons, sans doute, que M. le Maréchal de Saxe faisoit beaucoup de cas des redoutes, dont il éprouva les bons effets, particulièrement à la bataille de Fontenoy.

On supprimeroit volontiers, si cela étoit possible, des redoutes & autres retranchemens en terre, les bermes qui donnent quelque facilité à l'attaque ; à moins que le terrain ne soit d'une très-solide consistance : l'expérience fait voir que lorsqu'on néglige de faire des bermes aux ouvrages en terre, l'escarpe se dégrade, & les terres du parapet s'écoulent dans le fossé.

Des puits qui n'auroient que trois pieds de diamètre, pourroient en effet se sauter ou s'enjamber ; mais c'est vraisemblablement par méprise, que M. le Marquis de M. a dit que les puits des redoutes de Maëstricht n'avoient que trois pieds de diamètre par le haut, & six pieds de profondeur ; l'on ne donne pas communément aux puits des retranchemens moins de six pieds de diamètre au niveau du terrain où ils sont creusés. Suivant les plans & profils donnés des redoutes de Maëstricht, Planche II, fig. 1 & 2, il paroît que leurs puits n'avoient pas moins de six pieds de diamètre par le haut. Et il est dit, pag. 137, que ces puits, au nombre de soixante, produisoient seize toises cubes de fouille : supposant la base du cône que forme chacun de ces puits de six pieds de diamètre, leur profondeur de six pieds, la fouille de soixante puits, produit quinze toises quatre pieds trois pouces cubes, ou à-peu-près seize toises, ainsi qu'il est dit ci-dessus. On voit donc, tant par les desseins, que par le toisé que donne M. le Marquis de M. lui-même, des puits des redoutes de Maëstricht, qu'ils n'avoient pas moins de six pieds de diamètre par le haut.

Dans quelque endroit que soient placés les puits des retranchemens, ils ont toujours l'avantage de rompre l'ensemble de la troupe assaillante, & conséquemment de ralentir la vigueur de l'attaque. Les puits ne sont pas toujours placés dans les fossés comme ceux des redoutes de Maëstricht : plus communément on les place en avant de la contrescarpe ; & pour-lors on en fait au moins trois rangs, quelquefois quatre, & jusqu'à cinq rangs : leurs centres sont disposés en quinconce ; les déblais élevés sur les bords entre les intervalles qui séparent les circonférences du premier tracé, les rendront plus profonds & plus ouverts dans leur partie supérieure. On ajoute beaucoup à l'obstacle qu'ils opposent, en plaçant au fond de chaque puits une demi-palissade, qui ne s'élève que d'un pied, ou d'un pied & demi au-dessus du fond. Les soldats qui attaquent, pour se mettre à couvert du feu du retranchement, se précipitent dans les puits, & les pointes des palissades en mettent un grand nombre hors de combat.

Placées au fond du fossé, les palissades ont l'avantage de n'être pas vues de la campagne, & de ne causer aucun retard à la construction des parapets : quand les fossés sont larges & profonds, il paroît plus avantageux de placer les palissades en fraise sur la berme ; elles ont alors également l'avantage de n'être pas vues de la campagne, & offrent à l'ennemi beaucoup plus de difficultés pour les couper quand il est parvenu dans le fossé. Une redoute ainsi fraisée, intérieurement palissadée, ayant vingt-deux à vingt-trois toises de côté intérieur à chaque face, pourvue de quelques pièces de canon, défendue par cinq cents hommes, entourée de trois ou quatre rangs de puits avec leurs palissades, seroit véritablement capable d'arrêter une colonne d'Armée.

Quoiqu'une semblable redoute soit d'une exécution très-facile, il arrive rarement qu'on ait le tems d'y mettre autant de façon ; c'est le tems dont on peut disposer, ou l'objet qu'on se propose, qui décident la construction des retranchemens. On sait que dans la nuit qui précéda la bataille de Pultava, le Czar Pierre fit construire sur le front de son infanterie des redoutes auxquelles il dut le gain de cette fameuse bataille.

La simplicité & la possibilité d'une prompte exécution sont les premières qualités que doivent avoir des retranchemens de

SUR LA FORTIFICATION PERPENDICULAIRE. 173

campagne. Les caponnières propofées (Planche III) en avant de chaque face d'une redoute, en retarderoient beaucoup l'exécution, principalement pour former les communications aux caponnières : le moyen le plus expéditif feroit fans doute de faire à ciel ouvert les déblais de ces communications, pour y placer les coffres de charpente deftinés à fervir de revêtemens aux poternes : l'on ne pourroit conféquemment travailler à la formation des parapets, qu'après avoir fait les déblais des defcentes, & mis en place les revêtemens des poternes ; mais ces caponnières ont des défauts bien plus effentiels : les batteries de l'ennemi dirigées par plongées dans les foffés de la redoute, les auroient bientôt détruites. On a déja obfervé que l'ufage des batteries tirées par plongées a fait abandonner toute efpèce de retranchement de charpente, ou de murailles crenelées dans l'intérieur des ouvrages ; la chûte de la charpente & des terres dont feroient couvertes les caponnières propofées, les feroient abandonner dès les premières dégradations ; conftruites avec des bois plus longs que des paliffades, pour former deux étages de cafemates, ces pièces en deviendroient plus en prife aux batteries tirées par plongées.

Il n'eft pas poffible de fuppofer des troupes derrière des paliffades dans les foffés de la redoute propofée ; à l'approche de l'ennemi fur la contrefcarpe, elles feroient battues d'enfilade & de revers.

La charpente & les terres dont on propofe de couvrir les caponnières, feroient une conftruction très-défectueufe : à la moindre pluie, les terres, fur-tout dans les premièrs tems, pafferoient en abondance à travers la charpente ; ce qui en rendroit l'intérieur impraticable, & les charpentes feroient pourries avant que les terres euffent le tems de prendre quelque confiftance.

Ce n'eft pas vraifemblablement comme retranchement de campagne, & pour fuppléer aux redoutes en ufage à l'Armée, qu'on fe propofe celle que repréfente la Planche III, fig. 1, 2 & 3, ayant une caponnière cafematée, en maçonnerie, une muraille dans fon foffé qui en fait tout le pourtour, & une tour angulaire qui en occupe l'intérieur.

Après avoir établi des batteries contre la partie fupérieure de cette tour, & dirigé en même-tems quelques pièces par plongées, pour ouvrir la muraille du foffé dont le derrière fera vu & enfilé de deffus la contrefcarpe, on brufqueroit fans difficulté, par une attaque de vive force, la prise de ce fortin. Les feux de quelques crénaux des caponnières n'en empêcheroient pas le succès, supposé qu'ils n'eussent pas été tout-à-fait détruits par les plongées des batteries de l'ennemi. Le profil, fig. 3, fait voir que les batteries extérieures, dirigées contre la tour, en détruiroient la voûte, & conséquemment aussi la batterie inférieure par la chûte des décombres.

Dans la redoute représentée par les plans & profils de la Planche IV, les galeries de charpente qui la divisent en quatre parties égales, interceptent la communication des remparts, & ôtent l'ensemble dans la défense; ce qui doit nécessairement l'affoiblir.

CHAPITRE TROISIÈME.

Des Redoutes ou petits Forts quarrés à cavalier casematé.

EXTRAIT.

FORT DE CONTI.

Pag. 149. Ce Fort, représenté Planche V, n'est, par son étendue, qu'une redoute, où l'on a placé sur chaque face un cavalier ayant des souterreins de la plus grande utilité dans de petits Forts, & servant d'une excellente traverse pour la défense des angles saillans. On a fait aussi des changemens dans la disposition de la caponnière, afin de pouvoir défendre, par deux pièces à la Suédoise, le mur du fossé. Les figures 1, 2, 3, 4, 5, 6, 7, 8, font connoître ces changemens: les plans, fig. 9, 10, 11, & les profils, fig. 12, 13, 14, 15, offrent une autre disposition, où le cavalier se trouve séparé du rempart de la redoute par des fossés, pour les rendre d'un accès d'autant plus difficile.

150.

153.

FORT DE CONDÉ.

155. On voit, Planche VI, le plan de ce Fort, d'une construction tout-à-fait neuve, principalement composé de quatre cavaliers casematés placés au milieu des faces, & qui dominent de six pieds les saillans dont ils sont séparés par des fossés; de manière que ce sont quatre Forts indépendans qui ont chacun leur défense particulière. Des caponnières casematées défendent le grand fossé; des casernes casematées défendent les fossés qui séparent les cavaliers des saillans, & les souterreins des cavaliers, ainsi que leurs parapets, défendent les fossés des pièces intérieures aux saillans. Chaque face du Fort a 53 toises de côté intérieur du parapet: il faut examiner le Plan, & suivre les profils, pour juger de toute la résistance dont un pareil Fort est capable; la Planche VII exprime tous les profils.

Par la construction de ce Fort, on voit qu'on tenteroit en vain de s'emparer l'épée à la main de ses quatre angles saillans; le fossé fût-il sans palissades, cela seroit impossible. Quand le feu des caponnières n'auroit pas empêché le passage du fossé, où aller au-delà? Il faudroit emporter le second retranchement, sous le feu meurtrier des souterreins qui en défendent le fond du fossé, sous le feu des deux cavaliers casematés collatéraux, & enfin sous celui du petit réduit de la gorge de l'ouvrage, qui peut seul forcer l'ennemi à amener du canon sur le second parapet, pour le détruire: les casernes casematées des angles rentrans opposeroient aussi un feu impossible à soutenir. Supposant même l'ennemi parvenu dans le milieu du Fort, où se mettroit-il à l'abri des feux des quatre cavaliers? Il seroit donc forcé de se retirer au plus vîte, puisqu'on ne peut résister sous un feu semblable. Les mêmes obstacles subsisteroient dans une attaque en règle. Après avoir établi des batteries sur le bord du fossé, pour rompre les palissades; après qu'on aura détruit les caponnières casematées qui défendent le grand fossé, il faudra faire un logement sur la crête du premier parapet, y établir du canon, pour ruiner les casemates qui défendent le second fossé. Ces obstacles vaincus, l'on se rendra maître du retranchement: il faudra de même y établir trois batteries; l'une pour détruire le réduit & la casemate de l'angle rentrant; les deux autres destinées à ouvrir & faire des rampes praticables, pour pouvoir emporter les deux cavaliers: les rampes étant en état, la garnison se retirera dans les deux autres cavaliers; l'ennemi sera forcé de faire de nouvelles dispositions pour ouvrir également ces deux dernières Citadelles.

Après ce détail, qui ne renferme rien qu'on puisse contredire, on demande quel est le Fort, selon les méthodes connues, qui sera susceptible d'une pareille défense? La plupart des Places de Guerre n'ont pas le quart de ces ressources.

Suivant le toisé des déblais de ce Fort, il y aura neuf cents quatre-vingt-quinze toises cubes de terres à déblayer pour chaque face: la portée moyenne sera de quarante toises; par conséquent il faudra quatre relais, ou quatre hommes qui transporteront sept toises cubes par jour à cette distance, suivant l'usage; mais pour piocher cette quantité de terres, il faut dix hommes: pour la battre, applanir & en régler les pentes, il faut encore quatre hommes; ce qui fait en tout dix-huit journées de travailleurs pour sept toises cubes: dans la même proportion, les neuf cents quatre-vingt-quinze toises cubes emploieront deux mille cinq cents cinquante-huit journées; & pour les quatre côtés du Fort, dix mille deux cents trente-deux journées: supposant quatre cents hommes employés par jour, tous les déblais seront achevés le vingt-sixième jour de travail.

FORT D'ORLÉANS.

A-peu-près de même étendue que le Fort de Condé, celui d'Orléans en diffère principalement par la forme des caponnières, qui sont ici plus grandes, & ont trois saillans. La Planche VIII représente une partie de ce Fort à vue d'oiseau; la Planche IX le représente en fondations, la Planche X en contient les profils.

Tome II, pag. 172.

Ce qu'il y a de remarquable dans cette méthode, ce sont les grands souterreins, dans un aussi petit espace : ils peuvent être construits en charpente ; mais il est sans contredit infiniment préférable de les construire en maçonnerie : les plans & profils indiquent les deux espèces de constructions. On a exprimé sous le parapet de l'angle saillant une galerie de contre-mines, qui rendroit le logement de l'ennemi sur ce parapet très-dangereux : comment s'établir dans un pareil emplacement, miné par-dessous, & sous les feux de flanc des deux cavaliers & de face du réduit ? Rien n'est plus fort, on peut le dire, que des angles ainsi retranchés sous des feux pareils.

173.

Mais tous ces obstacles peuvent être augmentés par un couvre-face général en terre, tel que celui qui est représenté planche XI, en avant du grand fossé de partie du Fort de Condé. La même Planche représente une partie de ce dernier Fort enveloppée d'un chemin couvert, avec des lunettes seulement dans les rentrans. On remarquera que dans les deux dispositions, la caponnière casematée est enveloppée d'un couvre-face particulier en terre, qui en augmente beaucoup la force.

OBSERVATIONS.

FORT DE CONTI.

L'inspection de la Planche V, fig. 1, fait voir que les feux de la redoute sont considérablement diminués par le cavalier placé sur chaque face, & que les soldats occupant les cavaliers, ne pourront diriger des feux vers les saillans, sans tirer sur les défenseurs de ces saillans. Les cavaliers attaqués en même-tems que les saillans, ne peuvent être regardés comme devant servir de traverses pour la défense des saillans.

Il faut remarquer que les petites troupes isolées sur les saillans & dans les cavaliers, se trouvant foibles par leur petit nombre, opposeront une bien moindre défense que si elles se trouvoient réunies par la suppression des cavaliers. Les fosses qu'on propose, fig. 9, 10, 11, 12, 13, 14, pour séparer les cavaliers des remparts des saillans, rendront chaque troupe plus isolée dans son petit poste, & conséquemment plus foible ; les accès des saillans & ceux des cavaliers, par le talus extérieur du Fort, étant les mêmes.

Il est sans doute très-important qu'un Fort livré à ses propres forces soit pourvu de souterreins ; c'est un principe depuis long-tems connu & pratiqué dans la Fortification : on doit néanmoins observer que, dans un poste tel que celui que nous examinons, où une seule pièce de canon suffit pour ouvrir son mur de clôture, & le rendre très-accessible, il paroîtroit superflu

de

de s'occuper à y faire des cafemates à l'épreuve de la bombe. Les faillans du mur d'enveloppe dans le foffé étant ouverts par le canon de l'ennemi, tiré par plongée, le derrière de ce mur fe trouvera enfilé, ce qui interceptera l'ufage de fes créneaux; & l'ennemi parvenu par les brèches dans le foffé intérieur, s'emparera des pièces à la Suédoife, pour en faire ufage contre la caponnière, fuppofé que ces pièces n'aient pas été mifes hors de fervice par la chûte des murs deftinés à les couvrir, ou par le canon de l'ennemi.

FORT DE CONDÉ.

Ce Fort, Planche VI, quoique beaucoup plus étendu que le précédent, a également le défaut de divifer les forces en troupes tout-à-fait féparées : les caponnières cafematées & les défenfes intérieures ne feront point capables d'empêcher le fuccès d'une attaque de vive force, fur-tout fi elle étoit précédée du feu de quelques pièces de canons tirées par plongées, pour ruiner les paliffades & éteindre les feux des caponnières.

Quelque valeureufe qu'on fuppofe la troupe deftinée à la défenfe de chaque faillant, elle ne fauroit réfifter à la grande fupériorité de l'ennemi qui enveloppera tout le faillant dans fon attaque, arrivant avec facilité fur le parapet par les talus extérieurs; il fuivra la troupe attaquée du faillant dans fa retraite, par les foffés des cavaliers : le pofte du retranchement fe voyant alors au moment d'être attaqué de front, & en même-tems par la gorge du retranchement, fera forcé de hâter auffi fa retraite. Les poftes du réduit, des caferne cafematées, & ceux des cavaliers, dans la crainte de tirer fur leurs propres troupes faifant leur retraite, ne dirigeront que des feux très-incertains contre l'ennemi, qui, continuant rapidement fa marche, parviendra fur la Place & dans le foffé qui l'enveloppe; d'où des détachemens défignés d'avance attaqueront en même-tems les quatre cavaliers : la très-petite étendue de leurs fronts & leurs talus en terre prolongés jufqu'au fond du foffé du côté de la Place, ainfi que du côté des caponnières, en rendront la prife très-facile. Les troupes renfermées dans les réduits de charpente & dans les cafernes cafematées feront alors forcées de fe rendre à difcrétion ; quelques artifices propres à mettre le feu, attachés à ces bâtimens de charpente, accéléreront leur reddition.

On voit que la pièce intérieure, ou retranchement du faillant, n'eſt pas ſuſceptible d'arrêter l'ennemi ſous le feu des cavaliers & des caſemates. Il faut d'ailleurs remarquer que dans le foſſé du retranchement, l'ennemi ne ſeroit pas vu des parapets des cavaliers, & qu'on chaſſera les fuſiliers de leurs caſemates, ainſi que de celles des rez-de-chauſſée, tant du réduit que des caſernes caſematées, par les moyens indiqués dans le Chapitre IV de la première Partie. Les feux des cavaliers dirigés ſur la Place n'y ſeroient pas bien redoutables, premièrement, par la raiſon que ces cavaliers ſe trouveroient attaqués auſſi-tôt que l'ennemi arriveroit ſur la Place; & en ſecond lieu, c'eſt que la plus grande partie de leurs feux ſe trouveroit interceptée par les couvertures des quatre corps-de-garde de la Place, ainſi que le font voir les profils, Planche VII, fig. 1 & 5.

Mais ſuppoſons aux feux des cavaliers & à ceux des caſemates tout l'effet dont ils peuvent être ſuſceptibles, que les poſtes des ſaillans & ceux de leurs retranchemens ſe retirent à propos, pour que leur retraite n'intercepte aucun des feux qui peuvent être dirigés ſur l'ennemi, il faut ſe rappeller qu'il a été reconnu dans le Chapitre troiſième de la première Partie, que le feu des flancs des baſtions, même dans le cas où leur Artillerie eſt dans le meilleur effet, ne peuvent empêcher le paſſage de l'ennemi tout à découvert, pour donner l'aſſaut au corps de la Place, quand le derrière des brèches n'eſt pas retranché. Combien, à plus forte raiſon, ne doit-on pas être convaincu que quelques coups de fuſils tirés des cavaliers & des caſemates du Fort de Condé ne ſauroient arrêter l'ennemi, dans le court trajet qu'il auroit à parcourir pour attaquer les cavaliers, dont la priſe le rend maître de tout le Fort.

Quand M. le Marquis de M. n'auroit pas donné à connoître, page 297, qu'il n'a pas fait lui-même les toiſés dont il eſt fait mention dans ſon Ouvrage, il eût été facile de s'en appercevoir, à l'inſpection de l'apperçu de la dépenſe & du tems qu'exigeroit la conſtruction du Fort de Condé. Il eſt dit, page 167, ,, qu'ayant ,, calculé la diſtance moyenne pour le tranſport des terres d'un ,, côté de ce Fort, on a trouvé quarante-ſept toiſes; par conſé- ,, quent il faudra quatre relais, ou quatre hommes qui tranſpor- ,, teront ſept toiſes cubes de terre par jour à cette diſtance, ,, ſuivant l'uſage, &c. ,,.

Il n'eſt ni d'uſage, ni dans la poſſibilité que quatre hommes tranſportent en un jour ſept toiſes cubes de terre à une diſtance de quarante toiſes en terrein montant : l'évaluation d'uſage eſt qu'un homme peut transporter à la brouette, en un jour, deux toises cubes de terre à la distance d'un relais ou de dix toises en terrein montant; & s'il y a quarante toises, ou quatre relais, les quatre hommes ne transporteront que la même quantité de deux toises cubes de terre, mais à la distance de quarante toises : l'usage est fondé sur ce qu'on a observé, que cent cinquante brouettées contiennent deux toises cubes de terre, & qu'un homme, en un jour, peut les transporter à dix toises de distance en terrein montant; ce qui lui fait parcourir, tant en allant qu'en s'en retournant, dix mille toises, ou environ quatre lieues par jour; & si le terrein est en plaine, le même homme peut transporter les deux toises cubes à la distance de quinze toises, qui forme alors la longueur des relais; ce qui fait parcourir environ six lieues par jour à chaque rouleur. Quant au nombre d'hommes nécessaires pour la fouille des terres, cela dépend de leur ténacité : dans un terrein qui s'enlève aisément au louchet, un seul homme peut en un jour enlever & charger deux toises cubes de terres. A proportion que le terrein a plus de consistance, on augmente le nombre d'hommes destinés à la fouille; & ce nombre doit être réglé de façon qu'à chaque attelier ils puissent enlever & charger les deux toises cubes que les rouleurs doivent transporter. Dans la supposition de l'apperçu que nous examinons, c'est-à-dire, qu'il fallût dix hommes pour enlever sept toises cubes de terres, & quatre hommes pour les damer, aplanir & dresser, ou quatorze hommes, tant pour la fouille que pour l'arrangement des sept toises cubes, & conséquemment quatre hommes pour deux toises cubes; la fouille, l'arrangement & le transport de cette terre à la distance de quatre relais, exigeroient qu'on y employât huit hommes. Et pour sept toises cubes transportées à la même distance, il faudroit vingt-huit journées d'hommes, au lieu de dix-huit qu'on en compte dans l'apperçu. La construction du Fort, qu'on suppose exécutée par quatre cents travailleurs en vingt-six jours, ne seroit achevée que le quarantième. Une méprise aussi sensible, qui ne peut être qualifiée de simple erreur de calcul, démontre que M. le Marquis de M. s'en est rapporté, pour ses estimations, à des calculateurs très-peu au fait de ces sortes de détails.

FORT D'ORLÉANS.

Comme le pense M. le Mis de M., les souterreins construits en maçonnerie font infiniment préférables à ceux de charpente : ces derniers font inhabitables par la filtration des eaux ; leur grande humidité ne permet pas d'en faire des magasins, & ils font de très-courte durée, la terre humectée pourrissant en très-peu de tems les charpentes. Examinons le Fort d'Orléans dans fa construction en maçonnerie.

Des batteries établies fur la crête des glacis ou dans le chemin couvert en avant du front d'une caponnière (Planche VIII), en ouvriront les faces pour enfiler l'Artillerie de fes branches ; des pièces placées dans les prolongemens des fossés qui séparent les cavaliers des remparts d'avec les faillans, après avoir renversé les bouts des murailles crenelées qui masquent ces fossés, détruiront les casernes casematées correspondantes, ainsi que les ponts qui communiquent de ces casernes aux redoutes. On a déja observé à l'égard des murs crenelés, qu'aussi-tôt qu'ils font ouverts à leurs angles faillans, ils font enfilés intérieurement, & ne pourront par leurs créneaux opposer aucune défense. Des batteries directement opposées aux flancs de la caponnière, après les avoir renversés, ouvriront le mur du cavalier pour enfiler les deux galeries latérales de fes casemates (Planche IX).

Suppofant les attaques dirigées fur un feul front (Pl. VIII), les deux fossés qui séparent le cavalier des remparts d'avec les faillans, fe trouveront fans défense, par la destruction des casernes casematées. En même-tems que l'ennemi donnera l'assaut aux remparts des faillans, il fera avancer des troupes dans les fossés du cavalier, d'où elles fe porteront, fans opposition, fur la place-d'armes, & elles y feront couvertes des feux des cavaliers par les quatre bâtimens opposés à ces cavaliers : les deux casernes casematées qui n'auront pas été battues du canon, étant fans défenses du côté de la Place, n'opposeront aucune résistance ; & les postes des deux faillans, hors du front d'attaque, feront forcés de hâter leur retraite dans les cavaliers, à l'arrivée de l'ennemi fur la Place : s'ils différoient à fe retirer, attaqués par l'intérieur des retranchemens, il ne leur feroit plus possible d'effectuer leur retraite.

La garnison du Fort divisée dans les cavaliers, environnée d'ennemis, fans les découvrir, ne pourroit tarder à fe rendre : pour peu qu'elle différât, les murs extérieurs des galeries des cavaliers feroient bientôt fapés ou petardés ; l'ennemi pourroit aussi s'introduire dans les galeries des casemates, dans celles du cavalier du front d'attaque, par les ouvertures que le canon y

SUR LA FORTIFICATION PERPENDICULAIRE. 181

aura faites ; & dans les autres, par leurs entrées sur la Place, ou du côté des caponnières : quelques barils de poudre placés dans ces galeries, ne laisseroient plus aux différens postes renfermés dans les cavaliers la liberté de demander à capituler; ils ne sauroient différer de se rendre à discrétion, sans s'exposer à être ensevelis sous les ruines de leurs cavaliers.

Pour que des galeries de contre-mines aient de bons effets, il faut que les fourneaux soient placés sous des points où l'ennemi puisse être arrêté, ou forcé d'établir des logemens. Dans l'attaque qu'on vient d'examiner, l'ennemi n'établit pas de logement, & ne s'arrête pas sur les remparts des saillans : les galeries placées sous ces saillans n'y seroient conséquemment d'aucun effet.

Comme on l'a déja remarqué, le couvre-face général a ce défaut essentiel, qu'après qu'il est pris, son fossé sert de place-d'armes où l'ennemi est parfaitement couvert des feux de la Place * ; & celui qu'on propose (Planche XI) est d'un développement qui exigeroit pour sa défense plus de monde que le Fort n'est susceptible d'en contenir.

Un peu d'obliquité dans la direction des feux de l'Artillerie n'en rend pas la défense moins bonne : M. le Marquis de M. paroît aussi de cette opinion, par le tracé qu'il donne des embrasures sur les saillans du Fort de Condé (Planche XI); mais il faut convenir que ce tracé ne s'accorde pas avec le titre de son Ouvrage, *la Fortification perpendiculaire*.

Tome II.

* Ci-devant n°. 144.

CHAPITRE QUATRIÈME.

Des Forts quarrés à cavaliers & des Murs d'enceinte casematés.

EXTRAIT.

FORT DAUPHIN.

C'est encore à-peu-près sur les mêmes principes suivis dans les deux Forts précédens, que le Fort Dauphin a été tracé, ainsi qu'on le voit par son plan & ses profils (Planches XII & XIII); mais l'espace étant plus étendu, donne lieu à des dispositions tout autrement redoutables. Les caponnières casematées sont ces flancs casematés si formidables du Système angulaire, avec double batterie de canons & double batterie de fusiliers couvertes, assujetties seule-

Pag. 176.

ment à la longueur de deux arcs de voûtes, au lieu de quatre qu'ils en ont quand les foſſés ont la largeur de ceux des grandes Places.

Quoique nous ſoyons déja bien loin du point d'où nous ſommes partis, de ces redoutes du camp devant Maëſtricht, on voit bien cependant que nous n'avons pas encore atteint le dernier terme où l'on puiſſe aller dans le genre des redoutes ſemblables. On ſent que ſi le côté de ces redoutes, au lieu d'avoir cent dix toiſes, ainſi que dans l'exemple précédent, en avoit trois cents, comme la portée de fuſil le permet; que les grands foſſés euſſent vingt toiſes de largeur; le mur caſematé & le foſſé ſec dix toiſes, faiſant trente toiſes pour les deux, au lieu de douze; alors les caponnières caſematées pourroient être de vingt à vingt-quatre pièces de canons par batterie, faiſant quarante-huit dans les deux batteries couvertes.

185. Pour tenir l'engagement pris dans la première Partie, de donner un exemple où ces formidables pièces ſoient placées avec tous leurs avantages, on va dans un quarré de trois cents vingt toiſes de côté, former la plus grande des redoutes qu'on puiſſe faire.

186. La Planche XIV offre la moitié de ce quarré de trois cents trente-deux toiſes de côté, meſurée des angles flanqués des couvre-faces particuliers marqués a & b: cette moitié y eſt encore diviſée en deux parties, formant un quart diſpoſé d'une manière, tandis que l'autre quart l'eſt d'une autre; dans ces deux cas les caponnières caſematées (1, 2, 3) ſont également de vingt-une toiſes de largeur, ſur quarante-cinq toiſes de longueur de flanc, quoique plus longues que celle exprimée Planche XIII, fig. 1 & 2 de la première Partie; leur conſtruction ſera la même, ainſi que celle des flancs caſe-

187. matés cotés 4, 5, 6, 7, qui ſeront diſpoſés comme ceux des Planches X & XI de la première Partie, excepté qu'ils ſont ici iſolés des terres.

188. Ces flancs caſematés ſeront de même longueur que les flancs des caponnières caſematées; & chacun de ces flancs pourra contenir cinquante-quatre pièces de canons en deux batteries couvertes, & ſeize pièces dans ſa partie ſupérieure découverte, en tout ſoixante-dix pièces de canons, ainſi que deux cents ſoixante-dix fuſiliers qui tireront à couvert. L'objet de tous ces feux ſera de s'oppoſer aux paſſages des foſſés extérieurs & intérieurs aux couvre-faces particuliers, & à l'établiſſement des batteries qui doivent protéger ces paſſages de foſſés. On laiſſe à juger ſi l'exécution de ces travaux eſt poſſible.

Les moyens déciſifs dans cette diſpoſition ſont les caponnières caſematées & les flancs caſematés; ce ſont les ſeules pièces, à proprement parler, qui doivent être conſidérées: une ſimple enceinte en terre uniſſant ces flancs caſematés, ſeroit également *inréduiſible*. On va cependant faire voir quelle ſeroit la reſſource que cette enceinte intérieure trouveroit en elle-même, ſi l'on ne vouloit pas s'en fier aux grands effets de l'Artillerie oppoſée aux paſſages du foſſé.

189. Conſidérant d'abord le côté de l'angle b, on voit qu'indépendamment du couvre-face général, il préſente un couvre-face particulier, trop étroit pour pouvoir y placer du canon en batterie, ayant un foſſé de dix toiſes de largeur qui le ſépare du véritable angle flanqué d du polygone; & ce foſſé ſe trouve également ſoumis au feu terrible de la caponnière caſematée: l'on trouve

SUR LA FORTIFICATION PERPENDICULAIRE. 183

enfuite les pièces en terre 8, 9, défendues à bout touchant, par les pièces en maçonnerie 10, 11, défendues elles-mêmes par les deux traverfes cafematées de leurs foffés, & par la pièce en maçonnerie à flancs retirés 12; derrière ces cinq pièces, fe trouve le mur cafematé 13, joignant les deux grands flancs cafematés; & ce mur eft foutenu par le parapet du rempart 14, qui règne d'un flanc cafematé à l'autre : de cette façon les grands flancs cafematés 6, 7, fe trouvent entièrement ifolés, défendant par leurs trois côtés, fur lefquels on a élevé des parapets, les différentes pièces qui leur font foumifes; tandis que ces mêmes côtés font défendus par les différentes pièces qui les environnent. L'ennemi ne pourra avancer dans la pièce 15, qu'après la prife des flancs cafematés, fuppofé qu'il exifte des moyens pour s'en emparer. Toutes ces difficultés vaincues, il refte encore à fe rendre maître de deux cavaliers triangulaires entourés de murs cafematés avec leurs caponnières : les nouveaux obftacles que ces cavaliers, ou, pour mieux dire, ces citadelles auroient à offrir, joints à tous ceux qui fe rencontrent pour arriver jufques-là, ne permettent pas de douter qu'il n'y en ait plus qu'il n'en faut, pour former des obftacles abfolument invincibles.

Ce font ces différentes raifons qui ont fait compofer en terre différentes pièces qui lient les flancs cafematés 4 & 5, du côté des angles a & c : le plan fait affez connoître toutes les pièces des deux angles a & b, tracés plus en grand Planches XV & XVI. Rien ne peut être plus imprenable qu'un efpace ainfi coupé entre les deux flancs cafematés qui le bordent.

OBSERVATIONS.

FORT DAUPHIN.

Comme à l'attaque du Fort d'Orléans, des pièces de canons placées dans les logemens des chemins couverts (Planche XII), dans les prolongemens des foffés qui féparent le cavalier d'avec les remparts des faillans, après avoir ouvert la muraille cafematée dans les prolongemens de ces foffés, détruiront les cafernes cafematées : les mêmes batteries en étendant les brèches vers les cavaliers, enfileront les cafemates en retour, & les galeries crenelées deftinées à la défenfe des foffés. Des pièces placées dans les prolongemens des foffés fecs des faillans ouvriront aufli la muraille cafematée vers fes angles faillans ; elles feront des brèches aux retours des grands flancs cafematés, & battront en rouages l'Artillerie de ces flancs. Le profil fur la ligne A, B (Planche XIII, fig. 1) fait voir combien le retour du flanc cafematé, marqué 10 fur ce profil, eft découvert aux batteries de l'ennemi qui enfilent le foffé fec, même avant l'ouverture de la muraille cafematée, qui fe trouve beaucoup moins élevée que la crête du chemin couvert.

Au moyen des brèches faites à la muraille casematée, dans les parties où elle se joint aux grands flancs, ainsi que vers les saillans, les batteries de l'ennemi dans les logemens des chemins couverts interdiront aux assiégés toute communication aux batteries de cette muraille : des batteries pour faire brèche aux faces de la caponnière, seront placées de façon à battre d'enfilade & de revers toute son Artillerie.

Après avoir éteint les feux de la caponnière, ouvert les brèches de la muraille casematée, & ruiné les murs des casernes casematées ; ce qui ne suppose qu'un établissement de batteries dans les logemens du chemin couvert ; l'ennemi pénétrera sans difficulté, par les fossés, au pied du talus du cavalier, dans les parties où ce talus en terre se prolonge jusqu'au fond du fossé ; rien ne l'empêchera d'y monter ; partie des troupes avancera en même-tems sur la place-d'armes pour donner l'assaut aux trois autres cavaliers.

Il faut remarquer que les batteries supérieures des caponnières & des flancs casematés, avec leurs parapets en maçonnerie, découvertes de la campagne, ayant des plattes-formes de pierre de taille, seront détruites avant l'établissement de l'ennemi dans ses logemens sur la crête des glacis.

Examinons (Planche XIV) les Forts où les grands flancs casematés & les caponnières casematées ont été disposés pour avoir tous leurs avantages. L'ennemi pourra envelopper dans ses attaques le saillant de la caponnière casematée & les deux saillans collatéraux : dans cette disposition, la caponnière casematée se trouvera entre deux feux, battue par l'Artillerie du couvre-face général opposée à chacun de ses flancs ; des batteries placées dans les deux lunettes des rentrans du couvre-face général seront également dirigées contre la caponnière, & pourroient, au besoin, être réunies aux feux qu'opposera le couvre-face général aux deux grands flancs casematés du front d'attaque.

Une partie assez considérable des feux des casemates, tant de la caponnière cotée a, que des flancs cotés 5 & 6, sera interceptée par les couvre-faces particuliers : la profondeur des embrasures de ces casemates, & leur peu d'ouvertures, ne permettant pas de donner aux pièces une obliquité sensible (*), l'étendue des feux interceptés sera plus grande, si les couvre-

---

(*) Voyez les plan & profil de ces embrasures, Planches XII & XIII de la première Partie.

faces

faces particuliers des trois faillans font occupés par des fufiliers, dans la crainte fondée qu'auront les Canonniers des cafemates de tirer fur leurs propres troupes; mais il ne fera guere poffible de placer des fufiliers fur les couvre-faces qui peuvent être battus à ricochet des logemens de l'ennemi fur la crête des glacis. Ces couvre-faces n'oppoferont conféquemment que peu ou point de défenfes. Le travail pour l'établiffement des batteries fur le couvre-face fe fera avec facilité, ne pouvant être battu des cafemates que quand l'ennemi dégorgera les embrafures de ces batteries, dont les boulets qui pénétreront dans les cafemates multiplieront leurs fâcheux effets par les éclats des maçonneries, principalement dans la caponnière cafematée *, dont chaque batterie fera battue de front & par-derrière : les brèches qui fe feront aux murs extérieurs de ces cafemates, entraîneront la chûte des planchers de maçonnerie, ce qui détruira en même-tems les batteries fupérieures & inférieures. Les Canonniers, dans ces cafemates, feront expofés à infiniment plus de dangers que ceux des batteries découvertes de l'ennemi, qui ne préfentent aux feux cafematés qu'un but d'une très-petite étendue. Il ne peut donc y avoir de doute que les batteries de l'ennemi fur le couvre-face général prendront en très-peu de tems la fupériorité fur celles de la grande caponnière & des grands flancs cafematés **.

*Ci-devant n°. 172.

** Ci devant n°s. 110, 145.

Quand les feux des cafemates feront éteints, l'ennemi débouchera des foffés des deux lunettes des rentrans du couvre-face général, pour diriger les épaulemens des paffages des foffés vers les extrémités des branches du couvre-face particulier de la caponnière, d'où les épaulemens feront conduits directement fur la caponnière : l'affiégeant s'établira dans la partie confervée entre les faces de cette pièce, & s'ouvrira un paffage à travers les décombres, pour parvenir à fa gorge ; ou bien il dirigera extérieurement deux marches de tranchées le long des flancs, qui fe réuniront à fa gorge : deux pièces de canons qu'il fera avancer dans cette partie, fans avoir befoin d'une conftruction de batterie, ouvriront au faillant de la muraille cafematée du cavalier triangulaire une brèche qui fervira de paffage pour donner l'affaut au cavalier. On remarquera dans la difpofition des cavaliers que les deux caponnières extérieures d'un des cavaliers peuvent battre chacune la muraille de l'angle faillant du cavalier voifin, & qu'il fuffit que cette muraille foit ouverte dans quelque partie, pour qu'on puiffe donner l'affaut au cavalier ;

A a

en sorte que la prise de tout le Fort suivra de très-près la prise du premier cavalier triangulaire.

Si au lieu de diriger le centre des attaques sur la contre-garde 2, on l'eût dirigé sur le saillant b; après la destruction des feux des deux grands flancs casematés 6, 7, & des caponnières collatérales, les batteries du couvre-face général opposées aux grands flancs ouvriront ces pièces de façon à découvrir & battre des deux côtés le derrière du mur casematé, coté 13 : on jugera aisément que, par cette disposition, la communication à la muraille casematée & aux pièces détachées qui se trouvent en avant, ne sera pas facile; le rempart coté 14 restera aussi sans défense, par la destruction des deux grands flancs. L'ennemi occupera sans difficulté le glacis coupé, ou rempart d'enveloppe, qui couvre les deux caponnières des cavaliers triangulaires du front d'attaque; il fera avancer du canon par les poternes pratiquées sous le rempart d'enveloppe, dans la direction des capitales des petites caponnières (Voyez les poternes marquées Pl. XVI.). Les mêmes pièces de canon qui auront ouvert les petites caponnières casematées & enfilé leurs batteries, seront dirigées pour ouvrir les murailles casematées dans les parties où elles se joignent aux caponnières : après l'ouverture de ces murailles, l'assiégeant n'aura aucun obstacle qui puisse l'empêcher de donner l'assaut aux deux cavaliers triangulaires, dont la possession le rendra maître de tout le Fort.

Supposant les retranchemens qui joignent les grands flancs casematés, tels que les représente la Planche XV, & qu'on eût supprimé les pièces revêtues, placées à l'extrémité de chaque flanc, ainsi qu'on le propose (page 192), l'ennemi n'aura d'autres batteries à établir que celles du couvre-face général : après la destruction des flancs casematés, les pièces en avant seront enlevées de vive force par les talus extérieurs, ou par ceux de leurs gorges : les flancs de la seconde ligne de retranchemens, tout-à-fait découverts, ne permettront pas d'opposer quelque résistance sur ces retranchemens; leurs fossés serviront à l'ennemi de place-d'armes, où il fera ses dispositions pour l'attaque de la première ligne de retranchemens; & les fossés de cette première ligne lui serviront au même usage, pour attaquer les cavaliers & entrer dans le Fort.

Il seroit superflu d'entrer dans un plus grand détail des dispositions d'attaque contre ces Forts à grandes caponnières casematées & à grands flancs casematés; on voit que, dans aucun

SUR LA FORTIFICATION PERPENDICULAIRE. 187

cas, ils ne peuvent être fusceptibles d'une bonne défense, même en suppofant la poffibilité d'une exécution fuivie des feux de leurs casemates.

CHAPITRE CINQUIÈME.
Des Embrasures à canons.

EXTRAIT.

Les embrasures ouvertes dans des parapets en terre ne font pas fusceptibles des avantages que peuvent recevoir celles qui font ouvertes dans des murailles ou parapets de maçonnerie ; il ne fera queftion que de ces dernières, & on les fuppofera deftinées à des pièces du calibre de vingt-quatre.

On a donné (Planche XIV du premier Volume) le plan & l'élévation d'un canon de vingt-quatre monté fur son affut à couliffes, tel qu'on le voit ici (Planche XVIII, fig. 15) ; le chaffis à couliffes eft arrêté fur fa platte-forme par un boulon B, qui eft l'axe du mouvement horizontal de la pièce : fi toute l'étendue de l'espace qu'elle doit battre eft découverte par fon feul mouvement autour du point B, l'embrasure eft dite à un centre telle que la repréfente la fig. 1 de la planche XVII. Si l'on fuppofe, fig. 10, que le boulon des chaffis à couliffes puiffe occuper fucceffivement les points de la ligne B^1, B^2, parallèle au mur de la batterie, l'embrasure tracée relativement aux extrémités B^1 & B^2 de cette ligne, eft dite à trois centres.

Il faut regarder comme loi conftante de ces fortes d'embrasures, que la bouche du canon n'y foit jamais diftante de plus de deux pieds deux pouces de la face extérieure du mur ; plus enfoncée, fon angle de tir horizontal auroit moins d'ouverture, la ligne extérieure Q, R de la genouillère & la ligne des centres reftant les mêmes ; & fi le canon n'étoit pas affez enfoncé, il feroit trop apparent de dehors ; ce qui l'expoferoit à être battu de celui de l'ennemi.

Le canon monté fur fon affut à couliffes (Planche XVIII, fig. 15) a quatre pieds huit pouces depuis fa bouche jufqu'à l'axe de fon mouvement horizontal, paffant par le boulon B ; enforte qu'il y aura fix pieds dix pouces depuis le centre ou axe de mouvement horizontal B jufqu'à la ligne extérieure de la genouillère ; & comme il faut dix pouces d'intervalle du centre du mouvement à la face intérieure de la genouillère, il en réfulte qu'il y aura toujours fix pieds d'épaiffeur de la ligne extérieure à la ligne intérieure de la genouillère ; mais de ces fix pieds d'épaiffeur, il n'y aura que quatre pieds d'épaiffeur de maçonnerie ; les deux autres feront remplis par un chaffis de charpente, tel que le repréfente la Planche XVII, fig. 1 & 2. Le tracé de toutes ces embrasures, foit à un centre ou à un autre, droites ou biaifes, eft repréfenté Planches XVII & XVIII, qui repréfentent auffi ces embrasures garnies de volets mobiles, pour couvrir les canonniers quand les pièces ne font pas pointées : les détails du tracé des embrasures avec leurs volets ne font pas fufceptibles d'extraits ; il faut les voir dans le texte, p. 199 jufq. & 230.

A a 2

OBSERVATIONS.

Il est avantageux sans doute de donner le moins d'ouverture qu'il est possible à une embrasure pour un angle de tir horizontal déterminé ; mais il ne seroit pas sans inconvénient de pousser la précision au point d'enchâsser une partie de l'épaisseur du canon dans la maçonnerie, pour ne laisser que trois ou quatre lignes de jeu entre le passage du boulet & les joues de l'embrasure ; il en résulteroit que les pièces étant tirées dans les directions qui terminent l'angle de tir horizontal, dégraderoient nécessairement les joues des embrasures. (ci-devant n°. 172.)

L'angle K, B, L (Pl. XVII, fig. 1) étant déterminé pour une pièce mobile autour du point B, on détermineroit naturellement son embrasure, en menant extérieurement à l'angle donné, parallèlement à ses côtés BK, BL, deux lignes droites, à la distance d'un demi-diamètre de la pièce à sa culasse ; & traversant toute l'épaisseur de l'embrasure, il en résulteroit une ouverture extérieure de neuf à dix pouces plus large ; mais les pièces étant tirées dans les directions de l'angle de tir horizontal, il y auroit quatre à cinq pouces entre le passage du boulet & les joues des embrasures ; ce qui ne seroit certainement rien de trop.

Dans le cas où le sommet de l'angle de tir horizontal se trouve placé en un point D, pris dans l'intérieur de l'embrasure, sur la ligne qui divise en deux également l'angle de tir horizontal KDL, fig. 10, les côtés de cet angle étant prolongés au-delà du sommet, jusqu'en B^1 & B^2 ; pour tracer l'embrasure, sans s'écarter des méthodes reçues, on meneroit intérieurement, aux côtés de l'angle KDB^1, deux parallèles à la distance d'un demi-diamètre de la pièce à sa culasse : ces deux lignes rencontrées par une parallèle menée à la directrice AB de l'embrasure, à la distance de dix à douze pouces, formeroient le tracé d'une des joues de l'embrasure ; l'autre côté seroit tracé de même : ensorte que, pour éviter de dégrader l'embrasure par son propre feu, la largeur de son ouverture extérieure excéderoit de neuf à dix pouces la ligne extérieure QR du tracé de la fig. 10.

On peut diminuer l'ouverture extérieure d'une embrasure, pour un angle de tir horizontal donné, en rapprochant jusqu'à un certain point le sommet D de cet angle, fig. 10, de l'extrémité A de la directrice ; & procédant au tracé, comme on vient de l'indiquer, l'on ne voit pas ce qui a déterminé à choisir le point D, précisément à quatre pieds de distance du point A, pour le sommet de l'angle de tir : il semble que la position la plus convenable de ce point, seroit celle d'où résulteroit la moindre ouverture dans le mur du parapet, c'est-à-dire, la position qui donneroit la plus petite étendue pour la surface de la genouillère. Il est aisé de démontrer géométriquement que le point qui satisfait à cette condition, l'angle de tir horizontal étant donné, est à égales distances des lignes extérieure & intérieure de la genouillère ; ensorte que, dans le cas présent, la distance des lignes extérieure & intérieure de la genouillère étant de six pieds, le sommet D de l'angle de tir horizontal devroit être placé à trois pieds de distance du point A; l'ouverture extérieure seroit un peu moindre que Q, R, même en suivant le tracé d'usage qui laisse un intervalle convenable entre le passage du boulet & le revêtement de l'embrasure.

Les angles saillans & rentrans que forment les joues des embrasures, fig. 1 & 10, en rendroient la destruction par le canon de l'ennemi beaucoup plus facile. Ces défauts deviennent encore plus sensibles dans les embrasures à volets, fig. 11 & 12, où les angles qui ont leurs sommets aux points marqués 4, sont si aigus, qu'on a été obligé de supposer ces angles formés par des pièces de fer coulé enchâssées dans la maçonnerie : ces moyens compliqués & dispendieux ne sauroient être admis, quand ils n'ont d'autre objet que de remédier à des défauts qu'il eût été facile d'éviter.

En reconnoissant de la précision dans le tracé des volets, l'on ne croit pas que leur usage pût être avantageux ; ils ne résisteroient pas aux premiers coups des boulets de l'ennemi : leurs moindres dégradations empêcheroient leurs mouvemens autour de leurs pivots ; ce qui suffiroit pour intercepter l'usage des embrasures : d'ailleurs, l'ouverture intérieure qu'exigeroient ces volets, diminueroit beaucoup la résistance des merlons dans les murs d'une épaisseur convenable.

On ferme ordinairement par des volets ou portières de charpente les embrasures des batteries établies contre une Place, dans les logemens du chemin couvert ; l'objet de ces portières est de garantir les Canonniers des coups de fusils après la destruction des batteries de la Place, & d'empêcher les vues des assiégés dans l'intérieur des batteries. L'on ne peut être vu dans une batterie casematée que par sa destruction, que les volets ne paroissent ni empêcher, ni retarder.

CHAPITRE SIXIÈME.

Des Forts quarrés à Batteries de Remparts casematés.

EXTRAIT.

FORT ROYAL, *de cent quatre-vingt toises de côté.*

Tome II, Pag. 233.
 On s'est attaché dans la composition de ce Fort à proportionner toutes ses pièces, de façon que sa défense restât fort supérieure à quelque attaque que ce fût; mais aussi, pour qu'il n'y eût pas un excès de surabondance de moyens, le plan représenté Planche XIX, fait connoître que la caponnière casematée servant à défendre le grand fossé est composée de trois arcades de vingt-sept pieds dans œuvre, destinées à recevoir trois pièces de canons chacune; ce qui fait neuf pièces pour un côté de la batterie; mais cette caponnière différemment disposée que les précédentes, a trois batteries de canons couvertes, ainsi qu'on le voit par le profil (Planche XX, fig. 3), où l'on remarquera qu'il y a une galerie de fusiliers entre la première & la seconde batterie, & des créneaux au-dessus des châssis à volets des deuxième & troisième batteries.

234.

235.

238.
 Cette troisième batterie domine tous les ouvrages; le ricochet ne pourra rien contre son Artillerie; les bombes n'enterreront plus les affuts, après les avoir brisés : il faudra que les batteries des assiégeans entreprennent de raser ces voûtes, dont les murs ont six pieds d'épaisseur; mais où l'ennemi placera-t-il ses batteries? On peut leur opposer sur chaque front dans les troisièmes batteries couvertes quinze pièces de canons; savoir, sur la voûte supérieure de la caponnière, vingt-une; sur les deux grands flancs casematés & leurs retours, quarante-six; sur les deux flancs retirés, joignant la courtine,

239. six; sur la courtine dix-huit; sur les pièces de maçonnerie couvrant les tours, dix-huit, en y pratiquant des embrasures, & baissant de quelques pieds la crête du parapet du couvre-face particulier; enfin sur les casernes voûtées, six, ce qui produit un total de cent quinze pièces, sans compter les cent pièces, au moins, qu'on peut établir sur chaque front, tant sur les remparts des cavaliers, que sur le couvre-face général; lesquelles, quoique découvertes, n'auroient pas à craindre d'être détruites par les batteries de l'ennemi, celles-ci ne pouvant pas même être établies sous les feux multipliés des batteries

240. couvertes. Quand on se borneroit à attaquer un seul angle du quarré, il faudroit embrasser deux côtés. Les batteries de l'assiégeant, dans ces cas, auront donc affaire à quatre cents trente pièces de canon. Par quel moyen surmonter des forces pareilles? Mille pièces de canon amenées devant un tel Fort n'y pourroient rien faire : une Artillerie nombreuse toute placée, & sous voûtes, derrière des murs de six pieds d'épaisseur, n'est attaquable par aucun moyen possible.

257. Les figures 12, 13, 14, Planche XXI, font le plan & deux coupes sur

SUR LA FORTIFICATION PERPENDICULAIRE. 191

une grande échelle d'une arcade du grand mur casematé, où l'on a détaillé la position des embrasures garnies de leurs volets. On voit qu'en y comprenant les épaisseurs des piliers, vingt-sept pieds courans de ce mur contiennent trois pièces de canon ; par conséquent neuf toises en contiendront six pièces, & six pièces de la batterie supérieure ; cela fait douze pièces de canon dans un espace de neuf toises qui ne peut contenir que trois pièces d'une batterie en brèche, telle qu'on les construit en saucissons sur la crête des ouvrages. De manière qu'en ne supposant la protection d'aucun feu croisé, de quelque part qu'il puisse venir, un mur disposé de cette façon est en état lui seul de détruire toute l'Artillerie qu'on voudroit établir devant lui pour le battre en brèche ; & il n'est pas possible de former aucun doute sur ce qu'on avance ici positivement : car outre les quatre pièces contre une que ce mur peut opposer, c'est qu'au moyen des volets dont les embrasures sont garnies, les Canonniers sont parfaitement couverts, & du feu de la mousqueterie, & du feu du canon ; tandis que ceux de l'assiégeant sont exposés à ces deux moyens de destruction.

Dans le quarré bastionné, il n'y a pas un seul endroit qui ne soit à tout moment labouré par les boulets, ou renversé par les boulets ; l'on ne peut y manger ni dormir en repos ; il n'y a que les grandes Villes & les grosses Garnisons dont on doit attendre quelque défense : on ne peut rien attendre des petites Places, dans les systêmes adoptés ; cependant elles coûtent beaucoup à construire, & beaucoup à entretenir. S'il étoit vrai que le Fort dont on vient de s'occuper fût impossible à prendre, ne devroit-on pas en construire de semblables, quelque dépense qu'ils puissent occasionner, ou n'en point construire du tout ? Mais on peut assurer que ce Fort coûtera moins qu'un quarré bastionné de cent quatre-vingt toises de côté, dans de bonnes proportions, avec tenailles, demi-lunes, réduits & poternes d'usage.

Tome II.

Pag. 258.

262.

263.

OBSERVATIONS.

FORT ROYAL, de cent quatre-vingt toises de côté.

Par la comparaison des plans du Fort Dauphin & du Fort Royal (Planches XII & XIX), on voit que ces deux Forts ont été tracés dans les mêmes principes ; les caponnières casematées & les flancs casematés du Fort Royal sont plus grands : la principale différence consiste, en ce qu'on a ajouté aux caponnières & aux grands flancs de ce dernier Fort des batteries supérieures casematées, marquées au profil (Pl. XX, fig. 3) pour découvrir dans la campagne les travaux des assiégeans : on voit (Pl. XXI) les plans des casemates supérieures. Examinons quel seroit leur effet contre les travaux des attaques.

Les profils (Planche XX, fig. 1, 3 & 6) font voir que les batteries supérieures des caponnières & des grands flancs casematés n'ont que quatre pieds de commandement sur le couvre-face général; les flancs casematés sont à-peu-près à soixante-dix toises, & les caponnières casematées à plus de cent toises des parties respectives du couvre-face qui leur sont opposées. A ces distances, avec aussi peu de commandement, les batteries supérieures des casemates ne sauroient être dirigées contre les travaux des tranchées, sans qu'il y eût beaucoup de boulets interceptés par le couvre-face général. L'exécution des batteries supérieures des caponnières & des flancs casematés suppose donc le couvre-face abandonné. On voit par le profil, fig. 1, que le couvre-face particulier en terre, intérieur au mur casematé, intercepte les feux des batteries en retour des grands flancs, ainsi que ceux des batteries supérieures supposées aux pièces de maçonnerie qui couvrent les terres. L'Auteur propose de baisser la crête du couvre-face particulier, pour pouvoir faire usage de ces dernières batteries; mais si ce parapet est assez baissé pour permettre l'usage des batteries qu'il intercepte, il n'aura plus de commandement sur le parapet du couvre-face général. Remarquez sur le plan le passage & l'étendue des Fortifications qu'auront à parcourir les boulets des batteries supérieures établies sur les casernes voûtées, pour parvenir aux approches de l'assiégeant. On voit que le nombre présenté des pièces que les batteries supérieures des casemates & celles des remparts du couvre-face général opposeront aux attaques, sera considérablement diminué, si l'on n'y comprend que celles dont on peut attendre quelque effet sensible.

C'est sur les parties avancées de la Fortification que doivent être placées les batteries destinées à s'opposer aux approches; c'est sur les saillans qu'on construit les barbettes, pour découvrir les travaux des assiégeans, & les obliger à les commencer le plus loin qu'il est possible. Les batteries supérieures des caponnières & des flancs casematés, par leur position, ne sont point du tout à portée de découvrir les approches des assiégeans; les feux de ces batteries supérieures sont plus contraires qu'utiles à la défense, en ce qu'elles empêchent l'exécution des feux que le couvre-face général & le chemin couvert opposeroient avec plus de succès aux attaques.

Supposant les attaques dirigées sur un des saillans du Fort & sur les capitales des deux caponnières collatérales, les feux qu'opposera le Fort aux attaques étant de peu d'effet, l'assiégeant établira ses premières batteries à une petite distance des glacis, supposé qu'il n'en diffère pas l'établissement jusqu'à ce qu'il soit

logé

logé sur les glacis. Il établira quelques pièces sur les capitales des deux caponnières, pour battre les arrondissemens des casemates supérieures de ces pièces ; il en établira aussi sur les prolongemens des faces & les prolongemens des retours des grands flancs casematés, pour battre les arrondissemens des casemates supérieures de ces flancs. Après avoir ouvert les arrondissemens des casemates supérieures, des caponnières & des grands flancs, les batteries de l'assiégeant enfileront ces casemates supérieures, dont les feux seront bientôt éteints par la réunion des batteries que l'assiégeant leur opposera ; le reste s'exécutera comme au Fort Dauphin.

Des murs casematés, ouverts intérieurement, tels que les représente la Planche XXI, fig. 12, 13 & 14, ne sont pas nouveaux dans la Fortification ; ils conviennent particulièrement dans des dispositions où, ne pouvant creuser des fossés, on manque de terre pour former la masse des remparts ; les casemates de ces murs, sans inconvénient pour la fumée, en défendent les approches, & la partie supérieure peut, au besoin, suivant les circonstances, former un rempart. L'application de ce mur casematé au Fort Royal, que nous examinons, ne paroît pas heureuse ; son artillerie & sa mousqueterie ne sont d'aucun usage contre les approches de l'ennemi, jusqu'à ce qu'il se présente sur le couvre-face général, c'est-à-dire, jusqu'à ce qu'il soit à vingt toises de ce mur, qui ne pourra même opposer aucun obstacle au logement dans le parapet du couvre-face. Il faut voir (Pl. XX) les profils du mur casematé & du couvre-face, ainsi que leur position respective, fig. 1 ; le fond du logement sera établi à une hauteur convenable, pour que les genouillères des batteries qui y seront construites se trouvent à-peu-près au niveau du rempart du couvre-face : le mur casematé ne pourra opposer aucun obstacle à ce logement, jusqu'à ce qu'on travaille au dégorgement des embrasures des batteries qui y seront établies. On a déja observé combien il est facile de dérober à l'ennemi la connoissance du moment où se fait pendant la nuit le travail du dégorgement des embrasures. Quand l'assiégé, s'appercevant de ce travail déja fait, voudra lui opposer les batteries de ses casemates, les boulets de la batterie inférieure s'enterreront dans le rempart du couvre-face, ou passeront par-dessus sans aucun effet contre la batterie de l'assiégeant ; les boulets de la seconde batterie du mur casematé qui atteindront les merlons ou les joues des embrasures des batteries du couvre-face, n'y produiront que de légères dégradations faciles à réparer ; peu de boulets pourront atteindre les pièces en batterie oppofées au mur cafematé : fi la diftance n'eft pas longue, le but que préfente un canon en batterie, eft très-petit, quand la pièce ne peut être battue que de front, & par une batterie qui lui eft inférieure ; d'ailleurs les Canonniers des cafemates n'ajufteront pas avec bien de la précifion des pièces prêtes à tirer au moment où ils les ajufteront ; ces pièces feront à-peu-près couvertes, dans leurs pofitions, au recul, & ne feront avancées dans les embrafures que pour tirer tout de fuite, étant inutile de perdre du tems à ajufter le mur cafematé, qu'il ne feroit prefque pas poffible de ne pas rencontrer. Tous les coups des batteries de l'affiégeant fur le couvre-face devant avoir un très-grand effet contre le mur cafematé, on voit que les feux de ce mur feront très-promptement éteints.

Il eft dit, page 158 du Volume que nous examinons, que l'affiégeant conftruit fes batteries *en fauciffons* fur la crête des ouvrages ; & on lit, page 167 du premier Volume, que l'effet des batteries des flancs cafematés feroit *de hacher tous les fauciffons, & d'enlever tous les piquets* des batteries qu'on tenteroit d'établir fur la crête des ouvrages. Ces paffages rapprochés, & les grandes difficultés que conçoit M. le Marquis de M. à l'établiffement des batteries de brèches contre fes cafemates, font juger qu'il eft dans l'opinion, qu'on eft dans l'ufage de revêtir extérieurement de fauciffons les batteries de brèches ; mais ces fortes de batteries étant enfoncées d'environ trois pieds & demi dans les terreins des glacis ou des remparts des ouvrages, la partie excédente du parapet, formée par les déblais du logement, n'a pas befoin de revêtement extérieur ; on fe contente de revêtir en fauciffons l'intérieur de la batterie, depuis le fond du logement. Les joues des embrafures font quelquefois auffi revêtues en fauciffons ; mais plus fouvent leurs revêtemens fe font en gabions, pour une plus prompte expédition.

Dans le logement du couvre-face général, le travail du revêtement extérieur des batteries fe fera fans aucune difficulté, n'étant battu d'aucun endroit, & les revêtemens des joues des embrafures exécutés en gabions, pendant la nuit, dans des rigoles, avant l'entier dégorgement des embrafures, n'éprouveront que peu d'obftacles, qui ne peuvent être comparés à ceux que préfente dans la Fortification moderne baftionnée, l'établiffement des batteries de brèches, pour les couvrir des feux plongeans, d'enfilade & de revers.

Il seroit très-contraire aux principes de la Fortification moderne, de conftruire un quarré baftionné, fans magafins & autres bâtimens voûtés, où le foldat puiffe manger & dormir en repos.

Sans entrer dans le détail de la vérification des calculs de la dépenfe du Fort Royal, on remarquera qu'ils font fondés fur des conftructions de caponnières démonftrativement reconnues impoffibles; & que fi la maçonnerie des voûtes eft mefurée à la toife cube, avec déduction des vuides, & fans égard à la charpente des cintres, le prix de la toife cube de ces maçonneries de voûtes eft bien différent de celui des groffes maçonneries des revêtemens de la Fortification baftionnée, fur-tout s'il étoit queftion de conftruire des voûtes auffi élevées que le font celles des caponnières cafematées.

CHAPITRE SEPTIÈME.

Des Polygones à Batteries de Rempart cafematées.

EXTRAIT.

Les conftructions des batteries hautes du Fort Royal appliquées aux polygones angulaires, donnent lieu à des enceintes de Places de Guerre, du degré le plus élevé. On a nommé *Louifville* la plus refpectable des Villes de Guerre conftruite dans ces principes.

LOUISVILLE.

Dodécagone angulaire de cent quatre-vingt toifes de côté.

On a tracé (Pl. XXII) deux faillans, P & R, de ce polygone, qui ont des différences très-confidérables avec les faillans exprimés (Pl. X & XVIII du premier Volume). Le rempart de la Place y forme un rentrant qui laiffe la tout angulaire en dehors de ce même rempart: de cette façon, les diverfes pièces de chaque faillant font totalement détachées du rempart d'enceinte, & font défendues, tant en dehors qu'en dedans, par des feux fi puiffans, qu'ils feroient capables de rafer les pièces mêmes.

La Planche XXIII eft le plan d'un feul faillant, où le grand rempart eft détaché du mur d'enveloppe, qui eft également à triple batterie cafematée; non pour ajouter par cet ifolement un degré de force de plus, ce qui feroit fuperflu, mais pour que toutes les cafemates de cette enceinte puiffent être auffi claires & auffi faines que des bâtimens civils de l'intérieur des Villes.

Tome II, Pag. 274.   On y a aussi augmenté la largeur dans œuvre du mur casematé bordant le fossé; & on a laissé plus d'espace de ce mur au talus du couvre-face, afin de faire voir comment ce mur pourroit faire des casernes très-commodes : chaque côté d'un saillant pourroit loger un bataillon ; il suffiroit d'établir en casernes le premier étage, laissant le rez-de-chaussée pour des magasins de toute espèce ; & dans ces cas même, le dodécagone fourniroit des casernes pour douze bataillons, avec des magasins de même étendue au-dessus, indépendamment des grandes casemates.

276.   On voit par les plans & profils la construction des traverses de maçonnerie placées sur le couvre-face général ; elles seront de la plus grande ressource partout où l'on voudra les placer.

281.   Sans entrer dans le détail du toisé de l'enceinte de cette Place, composée de douze saillans, on dira seulement que les sommets des angles saillans se trouvant à cent quatre-vingt toises les unes des autres, elle est de même étendue que le dodécagone bastionné, & que le nombre des toises cubes de maçonnerie qu'exige sa construction, est fort au-dessous du nombre des toises

282.   cubes qui entrent dans le dodécagone bastionné. Il est donc vrai, & de la vérité la plus apparente, pour quiconque ne se refusera pas à son évidence, que la dépense sera beaucoup moindre pour avoir une Place infiniment plus forte.

OBSERVATIONS.

Dans les Observations du premier Volume, Chapitre V^e, on a reconnu qu'à l'attaque du dodécagone angulaire, la brèche sera ouverte aux flancs casematés dans les rentrans R ; les tours angulaires se trouvant ici (Pl. XXII & XXIII) extérieures au grand rempart, en deviendront plus positivement inutiles à la défense de la Place.

A l'égard des casemates élevées formant les troisièmes batteries de la muraille d'enceinte, leurs feux ne pourront être dirigés contre les travaux des assiégeans, qu'en enfilant le grand fossé, ou en passant par-dessus les pièces formant les saillans en dedans du grand fossé. On a observé dans le Chapitre précédent que l'usage des batteries qui enfileront le grand fossé, pour diriger des feux dans la campagne, suppose le rempart d'enveloppe abandonné, & les profils sur les lignes A B & I K (Pl. XIV), font voir que les embrasures des casemates supérieures n'ont aucun commandement sur les pièces en terre formant les saillans, & qu'elles sont inférieures aux pièces qui couvrent les tours. Au profil sur la ligne L M, fig. 10, on a donné moins de relief aux ouvrages avancés, sans doute, pour que les embrasures des batteries supérieures de l'enceinte de la Place ne fussent pas couvertes par ces ouvrages ; mais le commandement de ces batteries est encore beaucoup moindre qu'il ne devroit être,

SUR LA FORTIFICATION PERPENDICULAIRE. 197

pour qu'on pût découvrir les travaux des affiégeans, fur-tout dans la pofition retirée où fe trouvent ces batteries, dans la Fortification que préfente cette Place. Il faut encore remarquer que, quoique ces cafemates ne puiffent que peu, ou point du tout, découvrir les batteries des affiégeans, les batteries de ces derniers découvriront & battront les murailles des cafemates, attendu que ces murailles, comme on le voit par les profils, s'élèvent de dix à onze pieds au-deffus des genouillères de leurs embrafures. On voit auffi que la chûte de la voûte fupérieure caufera néceffairement bien des défordres dans les batteries inférieures.

Des troupes ne paroîtroient pas convenablement logées dans des ouvrages extérieurs à l'enceinte de la Place : l'on ne pourroit en loger dans les cafemates extérieures du front d'attaque fans nuire à la défenfe ; celles qui feroient logées dans les ouvrages extérieurs des autres fronts, ne feroient pas à portée de fe rendre avec la promptitude que les circonftances peuvent l'exiger dans les différens points de l'attaque. Dans les cas d'un foulèvement dans la Ville, ou d'une alarme quelconque, le premier foin eft de fermer toutes les portes, & d'affembler la Garnifon ; mais les cafernes étant en dehors de l'enceinte, il faudroit commencer par ouvrir toutes les portes, pour pouvoir raffembler la Garnifon.

Les traverfes du couvre-face général pouvant être tournées par les talus en terre de ce couvre-face, fe trouveront fans communications avec la Place, & ne pourront oppofer aucune défenfe *.

* Ci-devant n°. 142.

Quoique le polygone extérieur du dodécogone angulaire foit le même que celui du dodécagone baftionné, il ne s'enfuit pas que ces deux Places foient d'une même capacité : fi l'on en fait le calcul, on trouvera que l'efpace renfermé par la ligne magiftrale, ou ligne de cordon du dodécagone baftionné, excède de plus d'un fixième l'efpace terminé par les côtés extérieurs de la muraille cafematée du dodécagone angulaire.

Sans répéter ce qui a été dit relativement à l'évaluation de la dépenfe des nouveaux fyftêmes, concluons que les cafemates fupérieures, & autres difpofitions ajoutées au polygone angulaire du premier Volume, ne diminuent en rien la grande fupériorité du dodécagone baftionné fur ce polygone.

CHAPITRE HUITIÈME.

Des Forts triangulaires.

EXTRAIT.

FORT DE PROVENCE.

Tome II, Pag. 285.

291.

297.

La Planche XXV eſt le plan de ce Fort conſtruit dans les mêmes principes que le Fort Dauphin de la Planche XII : les cavaliers caſematés O, P, Q, ſont ici bien plus petits; mais ils ſont d'une reſſource infinie, par leurs ſouterreins & leurs feux couverts : on peut encore les rendre d'une bien meilleure défenſe, en y formant une batterie ſupérieure couverte, ainſi que la repréſentent le plan 1, 5, & les profils 13, 14, de la Planche XXVII; les Planches XXV, XXVI & XXVII, donnant une connoiſſance complette d'un pareil Fort, on ſera en état de juger de quelle grande réſiſtance il ſeroit capable avec une petite Garniſon.

FORT DE BOURGOGNE.

298.

Ce Fort triangulaire (Planche XXVIII), à-peu-près de l'étendue des redoutes de Maëſtricht, dans l'intérieur de ſes remparts, n'eſt qu'une redoute d'une forme différente des redoutes ordinaires : les pointes allongées du triangle permettent d'y former un angle obtus rentrant, qui fait un retranchement naturel, ſans prendre beaucoup ſur la capacité intérieure, à cauſe qu'il eſt obtus. Ces angles ſaillans, ſi foibles par eux-mêmes, pourront donc acquérir une grande force, moyennant ce rentrant pratiqué à chacun d'eux; & cet angle ſe trouvera couvert de deux petites pièces en maçonnerie, détachées, très-bien défendues, pouvant ſe diſputer pied à pied : ce chemin, ſi facile ordinairement, deviendra donc long & très-difficile. Un baſtion n'offre pas le demi-quart de ces obſtacles : dès qu'il eſt ouvert, il faut ſe rendre; cela eſt connu & reçu.

299.

Ainſi que les angles ſaillans, les longs côtés du Fort oppoſent trois enceintes à franchir avant d'arriver à leur rempart; ils ſont couverts d'abord d'un mur angulaire formant d'excellentes places-d'armes retranchées dans le chemin couvert, & deux pièces caſematées : ces obſtacles ſurmontés, il faudra ouvrir le rempart environnant du Fort, y faire brèche, couronner ſon parapet d'un logement, y établir des batteries, pour battre en brèche la tour angulaire placée au centre du Fort : & avec quel danger ce travail s'exécutera-t-il ? La Garniſon, protégée par le feu de la tour, y ayant ſa retraite aſſurée, fera de continuelles ſorties ſur les travailleurs, & détruira les logemens à meſure qu'ils ſe feront; & puis combien de coups de canons faudra-t-il pour ouvrir une pareille tour ? Ce ſera un nouveau ſiége à entreprendre. On peut donc

300.

dire, & tout le monde doit le ſentir, que ce petit Fort avec deux ou trois

SUR LA FORTIFICATION PERPENDICULAIRE. 199

cents hommes de Garnifon, coûtera à l'ennemi plus de tems & d'hommes que nos Villes de Guerre les plus vaftes.

FORT D'ARTOIS,

A noyau triangulaire mixtiligne, avec bafe angulaire & couvre-face général.

Trois lignes droites jointes par trois arcs circulaires (Planche XXX) forment l'enceinte de ce Fort, qui eft foutenue, ainfi que les murs des tours angulaires, par des arcs de voûtes appuyés fur des angles faillans: les parties droites pourroient être étendues; & l'on pourroit aufli augmenter le nombre des côtés, fuivant les circonftances. Le plan fait voir qu'outre les fouterreins du rempart d'enceinte, on en a pratiqué dans les trois efpaces répondant aux parties cintrées.

L'enfemble de ce rempart angulaire eft entouré d'un foffé fec triangulaire défendu par trois caponnières cafematées à queue d'hyronde, féparé du foffé plein d'eau par un mur crenelé, défendu encore par un double mur cafematé dans les parties des angles faillans: le foffé plein d'eau eft défendu particuliérement par une caponnière à trois faillans, le tout eft enveloppé par un rempart d'enceinte, ou couvre-face général, à neuf faillans en terre, dont les rentrans font défendus par des caponnières cafematées qui ont leur communication avec le terre-plein intérieur. Les plans & profils (Planches XXX & XXXI) donnent les détails de la conftruction de ce Fort.

OBSERVATIONS.

FORT DE PROVENCE.

Les batteries fupérieures des cavaliers du Fort de Provence (Planche XV), cafematées ou découvertes, ainfi que celle de la tour, vues de la campagne, feront détruites par les premières batteries des attaques. Si l'affiégeant, parvenu fur le glacis, ne franchit pas tout de fuite l'avant-foffé, pour fe porter fur le couvre-face général, il établira dans fes logemens de la crête du glacis quelques pièces de canons, pour ouvrir les flancs cafematés du couvre-face & enfiler leurs batteries, dont la deftruction laiffera le couvre-face fans défenfe.

Maître du couvre-face général, l'affiégeant placera fur les remparts de fes longues branches des batteries, pour enfiler les flancs cafematés deftinés à la défenfe de la caponnière; il en placera aufli dans l'arrondiffement en avant de la caponnière, pour ouvrir cette pièce & enfiler fes batteries; quelques pièces de la batterie de l'arrondiffement feront dirigées contre le mur extérieur du cavalier. Par l'effet de ces batteries, les feux du Fort sur le front d'attaque seront bientôt éteints : le mur extérieur du cavalier étant ouvert, la destruction des piliers servant d'appui à ses voûtes, sera facile ; & après la chûte du cavalier, le Fort n'aura plus de défenses à opposer.

FORT DE BOURGOGNE.

A l'inspection des plans des redoutes de Maëstricht (Pl. II), & du Fort de Bourgogne (Pl. XXVIII), ayant égard à leurs différentes échelles, on reconnoît encore l'inexactitude du Calculateur qu'a employé M. le Marquis de M. Suivant ces plans, la ligne intérieure du parapet, d'un côté des redoutes de Maëstricht, est de dix-sept toises trois pieds : chacun des longs côtés du Fort de Bourgogne est de vingt-quatre toises, & chacun des petits côtés formant les angles obtus, est de six toises trois pieds ; ces dimensions donnent pour la capacité intérieure des redoutes, trois cents six toises quarrées ; pour celle du Fort, sept cents seize toises quarrées. Et il est dit, page 297, que ce Fort est, à peu de chose près, de l'étendue des redoutes de Maëstricht, dans l'intérieur de ses remparts.

Ainsi qu'au triangle, l'angle rentrant obtus pourroit s'appliquer au quarré & à tout autre polygone ; il en résulteroit seulement que les angles saillans des nouveaux polygones, au lieu d'être droits, seroient obtus ; ce qui n'a aucun inconvénient.

Les accès des deux pièces en maçonnerie qui couvrent chaque rentrant du Fort de Bourgogne, ne reçoivent aucune défense des remparts ; ces pièces seroient d'ailleurs d'une très-foible défense, par leur peu de capacité, & par la facilité qu'auroit l'ennemi d'en ruiner les parapets de maçonnerie par ses premières batteries.

Mais les attaques ne se porteront pas sur ces saillans ; l'assiégeant dirigera ses premières batteries pour battre de revers un des fronts angulaires du chemin couvert, & détruire par les mêmes batteries les murs formant les places-d'armes retranchées ; ce qui obligera les assiégés d'abandonner le chemin couvert, où l'ennemi placera des batteries contre les deux caponnières casematées & contre les deux petits murs élevés entre la contrescarpe & le pied du talus du rempart du Fort. Aussi-tôt que les feux des deux pièces casematées seront éteints, & que les deux petites murailles seront ouvertes, l'ennemi, sans avoir de brèches à

ouvrir

SUR LA FORTIFICATION PERPENDICULAIRE. 201

ouvrir au rempart du Fort, y donnera l'assaut. On a déja remarqué qu'un rempart en terre qui n'est pas extérieurement revêtu, est très-accessible, sans avoir besoin d'être battu par le canon.

FORT D'ARTOIS.

Le chemin couvert de ce Fort n'est pas disposé pour faire quelque résistance, l'assiégeant s'en emparera sans aucune difficulté; il pourra embrasser dans ses attaques deux des petits fronts à angles rentrans obtus du couvre-face général : des batteries qu'il établira dans les chemins couverts des deux fronts, ouvriront & enfileront les casemates des deux rentrans obtus; les mêmes batteries ouvriront le mur d'enveloppe du couvre-face ; quelques pièces dirigées contre le milieu de la petite courtine de la casemate de chaque rentrant, intercepteront les communications des casemates aux lunettes qui les couvrent. Après l'ouverture des casemates & du mur d'enveloppe, l'assiégeant donnera l'assaut aux deux petits fronts, & s'établira dans leurs terre-pleins. Les casemates des quatre angles droits qui communiquent dans les terres-pleins des deux petits fronts attaqués, auront dû être évacués au moment de l'assaut; ou s'il y étoit resté quelques troupes, leur communication avec le Fort se trouvant interceptée par les logemens de l'ennemi dans le terre-plein des fronts attaqués, elles seroient forcées de se rendre à discrétion.

Partie des batteries que l'ennemi établira sur le couvre-face général seront dirigées pour enfiler celles des caponnières casematées; partie contre le mur qui sépare le fossé sec du fossé plein d'eau, & contre les angles de la base du mur d'enceinte du Fort : l'ennemi pourra aussi, s'il le juge à propos, diriger quelques pièces pour enfiler les voûtes du double mur casematé de l'angle saillant du fossé sec, compris dans le front d'attaque. Il faut remarquer l'effet prodigieux que produira le canon, dont les boulets pénétreront tous les murs que présente le plan des souterreins de chaque arrondissement. Quand les batteries de l'assiégeant commenceront à tirer contre la base du mur d'enceinte, l'assiégeant ne pourra différer plus long-tems à capituler.

Suivant les profils de la Planche XXXI, la voûte de la tour domine le reste du Fort; ce qui assure sa destruction par les premières batteries des attaques.

CHAPITRE NEUVIÈME.

Des Forts circulaires.

EXTRAIT.

Tome II, Pag. 316.
Les Forts angulaires ne font aucunement propres à occuper des éminences qui se trouvent avoir des formes à-peu-près circulaires ; les angles de ces Forts, qui s'étendent nécessairement hors du plateau, tombent dans des cavités plus ou moins profondes, qui en rendent les constructions impossibles, ou du moins très-coûteuses : les Forts circulaires conviennent seuls à ces sortes de situations. Pour en donner un exemple, nous supposerons de ces éminences isolées, nommées *pains de sucre*, n'ayant que vingt-quatre toises de diamètre

pag. 317.
au sommet ; on établira une tour angulaire au centre, & on construira tout de suite autour du bord du plateau une galerie angulaire voûtée circulaire dont les créneaux découvrent la pente du plateau. La Planche XXXII représente le plan & les profils de ce Fort, qu'on a nommé *Fort d'Angoulême*. On y remarquera sur la pente du plateau un chemin des rondes, couvert d'un mur crenelé ; observant qu'on peut se dispenser de faire ce chemin des rondes, & qu'on peut aussi, suivant les circonstances, le placer ou plus haut ou plus bas.

OBSERVATIONS.

Une tour enveloppée d'une enceinte extérieure n'est pas une nouveauté dans la Fortification. Pour occuper un petit plateau, il paroît convenable de développer l'enceinte extérieure du retranchement, en suivant les contours de la crête du plateau, quelle que soit sa forme, sans s'assujettir à une enceinte circulaire, qui peut, comme toute autre enceinte déterminée, avoir l'inconvénient de s'étendre dans quelques parties en dehors du plateau, & s'éloigner intérieurement de la crête dans d'autres parties, d'où l'on pourroit découvrir la pente du plateau.

Les tours conviennent pour occuper des postes où l'on veut découvrir & se défendre de tous les côtés : une redoute de même capacité que la tour peut réunir plus de feux d'un côté déterminé. Les circonstances doivent décider pour le choix

RÉSUMÉ.

Dans la construction des redoutes proposées (Planche II), les caponnières de palissades, ou autre charpente, ouvertes par le canon ennemi tiré par plongées, ne pourront être défendues après leurs premières dégradations.

Les Forts de Conti, de Condé & d'Orléans (Pl. V, VI, VIII) étant divisés chacun en plusieurs postes isolés, par leurs cavaliers casematés, il ne pourra y avoir de l'ensemble, ni conséquemment de la vigueur dans leurs défenses.

Toutes les casemates du front d'attaque du Fort Dauphin (Planche XII), enfilées ou battues de front par les batteries qu'établira l'ennemi dans ses logemens du chemin couvert, seront très-promptement détruites.

Au Fort où les grands flancs casematés & les grandes caponnières casematées ont été disposés pour avoir tous leurs avantages (Pl. XIV), ces pièces, ainsi que dans toute autre disposition, n'opposeront au logement de l'ennemi sur le couvre-face général que des batteries renfermées dans des casemates inférieures au logement, & conséquemment de peu d'effet.

On observera qu'au Fort Royal, après l'ouverture des arrondissemens des batteries supérieures des grands flancs & des caponnières casematées (Planches XIX, XX, XXI), ces batteries seront battues en rouages par celles de l'ennemi.

A la Place qu'on a nommée *Louisville* (Pl. XXII, XXIII, XXIV), les feux du rempart casematé devant enfiler le grand fossé, ou passer par-dessus des ouvrages sur lesquels ils n'ont aucun commandement, seront sans effet contre les travaux des attaques, & ils intercepteront les feux des ouvrages extérieurs au rempart d'enceinte.

Des batteries sur le couvre-face général du Fort de Provence (Planche XXV) renverseront les voûtes du cavalier, & détruiront toutes les défenses du front d'attaque.

Les deux murs d'enveloppe du Fort de Bourgogne (Planche XXVIII) pouvant être ouverts par le canon de l'ennemi tiré par plongées, ce Fort ne sera pas à l'abri d'une attaque de vive force après une courte canonnade.

Le grand effet des batteries de l'ennemi contre la base angulaire du Fort d'Artois (Planche XXX) réduira ce Fort à une très-foible défense.

Fin de la seconde Partie.

LA FORTIFICATION PERPENDICULAIRE.

TROISIÈME PARTIE.

CHAPITRE PREMIER.
Des Forts circulaires.

EXTRAIT.

Tome III, Pag. 1.

Dans le dernier Chapitre du Volume précédent on a donné l'exemple d'un Fort circulaire destiné à occuper le haut d'une montagne isolée de toutes parts; il convient de faire connoître d'autres manières de disposer de pareils Forts, qui les rendent également propres aux pays unis.

2.

Les Planches I & II sont les plans & les profils d'un de ces Forts, que la Planche III représente avec des dispositions différentes dans son enceinte extérieure. Les Planches IV & V contiennent des détails de la construction de la tour angulaire placée au centre. La Planche VI donne les plans & profils d'un autre Fort circulaire qui diffère du précédent, principalement par la construction de sa tour angulaire, qui a ici une enceinte extérieure de vingt-cinq toises de diamètre, élevée jusqu'au niveau du deuxième étage, tandis que son enceinte intérieure n'ayant qu'environ treize toises de diamètre, s'élève de trois étages au-dessus de l'enceinte extérieure.

8.

13.

14.

Ces espèces de Forts réunissent les plus grands avantages : des batteries établies sur les glacis seroient éloignées de la tour angulaire d'environ quatre-vingt toises ; ce qui est une grande distance pour détruire une maçonnerie construite avec autant de solidité ; & pour placer des batteries sur ces glacis, il faut avoir ouvert une tranchée à cinq cents toises du Fort; alors c'est un siège dans toutes les règles : mais supposant l'ennemi parvenu sur le glacis, combien faudra-t-il de tems & de boulets pour ouvrir le mur d'enceinte de la tour, pour couper entièrement ses piliers, pour faire tomber toutes les voûtes ? Ce qui ne seroit encore rien : la partie de la tour qui n'est pas vue du glacis resteroit entière ; il faudroit en venir à l'établissement des batteries sur le dernier parapet, pour battre en brèche le pied de la tour; par conséquent faire le passage d'un fossé de vingt toises de largeur. Il faut ouvrir la première enceinte de cette tour, abattre plusieurs arcades, avant de pouvoir entamer la seconde enceinte : quel travail pour l'assiégeant, & quelle ressource pour l'assiégé ?

17.

18.

19.

OBSERVATIONS.

Ce font les tours angulaires qui font la principale défenfe des Forts circulaires que nous examinons. On a reconnu dans les Obfervations précédentes combien ces fortes de tours font fufceptibles de défenfe; obfervons encore, relativement à la grande folidité attachée par l'Auteur à leur maçonnerie, que des murs qui n'ont qu'environ quatre pieds d'épaiffeur, ne peuvent oppofer qu'une très-foible réfiftance à l'Artillerie; que les piliers ou contre-forts appuyés au revêtement de la tour, au milieu de chaque travée (Planche IV), n'ont que quatre pieds de longueur fur deux & demi de largeur; & ceux qui féparent les travées ont fix pieds de longueur fur la même largeur de deux pieds & demi. Les batteries de l'ennemi détruiront aifément ces piliers : ceux du milieu des travées fervent d'appui à des poutres portant les planchers des batteries; & ceux qui féparent les travées, fervent également d'appui à des poutres portant les batteries, & de plus fervent de pieds droits aux voûtes de l'intérieur, ainfi qu'on le voit par le plan & les profils (Pl. IV & V) : enforte que la ruine du pilier marqué M (Pl. IV, fig. 1) entraînera la chûte au moins de l'un des planchers d'une travée; ce qui détruira en même-tems la batterie qui fe trouvera fur ce plancher, & celle de l'étage inférieur : la ruine des piliers Q & R fera fuivie de la chûte des planchers & de celle des voûtes auxquels ils fervent d'appui. Le foldat deftiné au fervice des batteries de la tour fera donc dans la cruelle alternative de fe trouver fur une plate-forme chancelante, prête à s'enfoncer fous fes pieds, ou de fe voir fur le point d'être écrafé par la chûte de la batterie ou de la voûte fupérieure. Il n'eft pas poffible de concevoir un pofte dont les défenfeurs fe trouvent dans une plus fâcheufe pofition.

Les feux de la partie fupérieure de la tour étant détruits par les batteries éloignées de l'ennemi, le paffage de l'avant-foffé ne pourra en être incommodé.

Remarquons, relativement à la double enceinte de la bafe de la tour (Planche VI), qu'en multipliant les maçonneries de cette bafe, c'eft multiplier les éclats meurtriers que les boulets de l'ennemi détacheroient, fuppofé que la tour ne fût pas forcée de fe rendre avant l'établiffement des batteries contre fa bafe.

CHAPITRE DEUXIÈME.

Des Enceintes irrégulières, & des Forts en avant des Places de Guerre.

EXTRAIT.

Tome III, Pag. 21. On a traité dans le second Volume des Forts de différente grandeur & de différente forme : pour en faire connoître l'application en avant des Villes de Guerre, on prendra pour exemple une Place située au bord de la mer, ayant un petit Port entre deux montagnes qui communiquent à d'autres montagnes très-élevées, sur lesquelles il ne sera pas possible de conduire de l'Artillerie ; ensorte que la Place à retrancher ne puisse être attaquée que par deux petites plaines du côté de la mer. La position étant telle que la

22. représente la Planche VII, la Place sera enveloppée d'une enceinte angulaire irrégulière, les saillans étant plus ou moins ouverts & les côtés plus ou moins

26. alongés, suivant que les circonstances l'exigeront. La Planche VIII fait voir le détail de trois des angles de cette Fortification ; son mur casematé seroit lui seul de la plus grande force ; il est le même que dans l'exemple de la

27. Planche X du premier Volume : le flanc qui le défend est moins redoutable ; mais la facilité de tomber sur l'ennemi à couvert, par le mur casematé & par le fossé sec derrière le mur, est la même & n'est-ce pas le plus grand moyen de défense qu'on puisse opposer ? On pourroit doubler les flancs casematés, en les faisant de deux arcades, au lieu d'une ; mais cette enceinte telle qu'elle est ici représentée, est très-forte, & suffit sur-tout dans le cas dont il est question, la Place devant être couverte par des Forts avancés, dont les avantages sont connus par ce qui précède. On voit (Planche VII) la disposition de ces Forts sur les montagnes qui dominent la Place, ainsi que les parapets d'enceinte pratiqués autour de ces montagnes, à une hauteur convenable, pour battre les deux petites plaines par des feux à-peu-près

33. rasans. Les Forts cotés L & M sont avancés dans ces plaines de six à sept cents toises, pour éloigner l'ennemi, qu'on obligera de se tenir encore plus

34. éloigné, si on le juge à propos, par la construction de deux autres Forts R, S de la redoute T & du Fort V ; on sera certain alors que non-seulement la Place ne sera pas prise, mais encore qu'il ne pourra pas y tomber une seule bombe.

Ces Forts avancés, que l'ennemi ne pourra laisser derrière lui, ne pourront être investis ; & leur garnison sera relevée toutes les fois qu'on le jugera à propos.

OBSERVATIONS.

C'est avec tant de confiance que l'Auteur des nouveaux Systèmes attribue la plus grande force à son enceinte angulaire, fondés sur les défenses des flancs casematés, & sur la prétendue

SUR LA FORTIFICATION PERPENDICULAIRE. 207

facilité qu'a l'affiégé de tomber fur l'ennemi à couvert par le mur cafematé & par le foffé fec derrière ce mur, qu'on ne peut fe difpenfer de répéter encore ici ce qui a déja plufieurs fois été obfervé, que le derrière de la muraille cafematée eft battu de revers du logement de l'ennemi fur la crête des glacis, & que le foffé fec eft enfilé des batteries de ce logement; enforte que l'affiégé ne pourroit fe préfenter devant ce foffé, ni même communiquer aux cafemates de fa muraille. Indépendamment des défauts des flancs cafematés, comme cafemates, les murs des extrémités de ces flancs, fervant d'appui à leurs voûtes, fe trouvent tout-à-fait découverts aux mêmes batteries de l'affiégeant dans fes logemens du chemin couvert; & par les ouvertures de ces murs, les batteries des cafemates feroient battues en rouages; ce qui eft démontré par l'infpection du plan (Pl. VIII) & du profil fur la ligne A, B (Pl. IX, fig. 1). Il faut donc convenir que la muraille cafematée & les flancs cafematés, ouvrages très-défectueux par eux-mêmes, le font encore plus par leurs difpofitions dans les nouveaux fyftêmes.

Dans les Obfervations du Volume précédent, on a vu combien les Forts triangulaires, placés ici en avant de la Place, font peu fufceptibles de défenfes: il ne faudra point les inveftir pour s'en emparer; éloignés de la Place de fix à fept cents toifes, ils ne font pas du tout à portée d'être foutenus au moment de l'attaque; leur garnifon ne pourroit pas même être relevée, fi l'ennemi approchoit de ces Forts par tranchées.

Quand il fe trouve au pied des glacis d'une Place attaquée des redoutes ou lunettes contre-minées, & fufceptibles d'une bonne défenfe, on ne regarde leur communication avec la Place, comme affurée, qu'autant qu'elle fe fait par une voûte fouterreine. Le moyen qu'emploie ordinairement l'ennemi pour s'emparer de ces petits ouvrages, c'eft, après en avoir éteint les feux, de diriger un boyau de tranchée, entre l'ouvrage & la Place, pour chercher la communication fouterreine, & s'en emparer; ce qui laiffe l'ouvrage détaché fans défenfe. On doit juger combien, à plus forte raifon, il feroit facile d'intercepter toute efpèce de communication des Forts éloignés de la Place de fix à fept cents toifes.

Tome III.

CHAPITRE TROISIÈME.

Des Ports de Mer.

EXTRAIT.

Tome III, Pag. 37.

Il ne suffiroit pas de faire une forteresse d'un arcenal de Marine Royale; ces importans établissemens doivent être garantis des incendies : mais comment occuper assez de terrein pour tenir l'ennemi hors de portée d'y jetter des bombes ? Ce ne sera pas par les méthodes ordinaires, puisqu'une enceinte de bastions aussi étendue qu'il la faudroit, outre la dépense énorme, ne pourroit être défendue que par une Armée pour garnison. Des Forts, de distance

38.

en distance, tels que ceux qu'on a décrits, rempliront parfaitement cet objet; cependant ce ne sont jamais que des enceintes bastionnées qu'on propose, dès qu'il s'agit de mettre en sûreté un Port de Mer : le Port de Cherbourg est un exemple à citer.

M. Bélidor, dans son Architecture Hydraulique, rapporte un plan des ouvrages pour la Ville & le Port de Cherbourg : ce même projet se trouve ici (Planche X), afin de faire voir par cet exemple l'abus qu'on fait de cette méthode des bastions, sans considérer du tout si l'objet est rempli ou non.

39.

Comment peut-on, avec un peu de réflexion, concevoir le projet de fortifier à grands frais une Place située dans une plaine, dominée d'aussi près des montagnes, & ne pas les occuper ? Mais s'agissant d'un Port de Mer, ce projet est bien plus mal conçu; ce n'est pas seulement la Ville qu'il faut garantir, c'est bien plus essentiellement ses approches; & l'on va voir comment cet objet important pouvoit être rempli.

40.

La Planche XI est une Carte particulière & topographique des environs de Cherbourg : on y voit les montagnes qui dominent ce Port, & qu'il faut nécessairement occuper; mais il faut de plus en occuper les environs à quinze, à dix-huit cents toises. C'est dans cette distance qu'on a placé à cette distance à-peu-près les huit Forts, A, B, D, E, F, G, H, I, qui forment une enceinte extérieure. On voit sur la même Carte trois Forts ronds & quatre redoutes qui forment une seconde enceinte.

41.

En considérant la position respective de ces Forts, on s'appercevra que l'investissement de chacun d'eux est impossible, puisque chaque Fort est sous le feu du canon de son voisin; que, par conséquent, l'espace qui les sépare est sous le feu croisé des deux : les feux des Forts ou redoutes de la seconde ligne feront un obstacle de plus à l'investissement des Forts de première ligne.

43.

Pour l'enceinte de la Ville, on a adopté une manière qui diffère des précédentes, dans des vues d'économie; le même degré de force n'est pas ici nécessaire; cette Place dans le Royaume n'est susceptible d'un long siége dans aucun cas; & les Forts qui l'entourent sont de nature à opposer une longue résistance.

La

SUR LA FORTIFICATION PERPENDICULAIRE. 209

La Planche XI contient cette manière de fortifier ; mais on la voit plus en grand Planche XII : la Planche XIII en contient les profils, & la Planche XIV, est le plan en fondation de la muraille d'enceinte.

OBSERVATIONS.

L'objet principal de M. Bélidor, en rapportant dans son Architecture hydraulique un plan des projets de Cherbourg, a été d'en faire connoître les manœuvres d'eau, tant pour le curement du Port & du chenal, que pour la défense de la Place. Sans doute que la personne dont il tenoit ce plan, n'aura pas jugé à propos de lui communiquer aussi des dispositions étrangères à son objet, pour occuper les hauteurs qui dominent cette Place, n'étant pas convenable de rendre publiques les dispositions des défenses des Places.

M. le Marquis de M. eût jugé plus favorablement des méthodes en usage pour fortifier les Places dominées, si, au lieu de s'en rapporter à un ancien plan, infailliblement tronqué, d'une Fortification qui n'a jamais existé, il se fût donné la peine d'examiner les Fortifications de quelques-unes de nos Places dominées par des hauteurs. Metz, Charlemont, Briançon, & presque toutes nos Places dominées à portée du canon, fournissent des exemples des soins qu'on s'est donnés pour occuper les hauteurs qui les dominent. L'Auteur des nouveaux Systêmes auroit également reconnu, par l'examen des Fortifications de Toulon, que quand il s'agit de fortifier un Port de Mer, pourvu d'établissemens d'une Marine Royale, il est dans les principes des méthodes de fortifier en usage d'établir les défenses de façon que l'ennemi ne puisse approcher du Port & des Arcenaux à portée d'y jetter des bombes. C'est dans ces mêmes principes qu'ont été établis les différens Forts construits sur les hauteurs qui dominent Toulon, où il ne reste que peu des retranchemens projetés à exécuter, pour achever de remplir l'objet des défenses de ce Port, qui est de le mettre à l'abri d'un bombardement : les grands travaux qu'on exécute à Brest sont dirigés dans les mêmes principes.

Dans le projet sur Cherbourg, proposé Planche XI, M. le Marquis de M. semble regarder comme très-essentiel d'investir chacun des Forts de sa première ligne de retranchemens, pour pouvoir s'en emparer ; mais ces Forts sont susceptibles d'être très-promptement enlevés sans être investis. On a vu dans les Observations du Tome second, Chapitre deuxième, que l'en-

Dd

nemi, après avoir ruiné par ses batteries la voûte de la tour, & ouvert le mur crenelé du fossé d'un de ces Forts (représenté Tome II, Planche III), s'en emparera par une attaque de vive force, sans avoir besoin de diriger des tranchées, ni de conduire du canon sur la contrescarpe. Le Fort triangulaire & les Forts ronds de seconde ligne sont également d'une très-foible défense, comme on l'a vu dans les Observations du second Volume. Ce n'est que sur le terrain qu'on peut juger des retranchemens convenables, pour occuper les hauteurs qui dominent un Port; mais on sent bien qu'il faut essentiellement que ces retranchemens soient, par eux-mêmes & par leur position, d'une meilleure défense que les Forts proposés (Planche XI) sur les hauteurs qui dominent le Port de Cherbourg.

Quant aux dispositions de l'enceinte proposée de cette Place, on observera que l'ennemi, après s'être emparé du couvre-face général, y établira des batteries dans les prolongemens des fossés secs qui bordent le pied du talus du rempart de la Place, pour enfiler ces fossés, battre de revers la muraille casematée, & détruire les poternes de communications aux caponnières & à la muraille casematée (Voyez ces poternes, Pl. XII, Pl. XIII, fig. 4, Pl. XIV). Par l'effet de ces batteries, les assiégés seront forcés d'abandonner la muraille casematée, les caponnières qui les défendent, & leurs couvre-faces particuliers, sans qu'il soit nécessaire de former des attaques contre ces couvre-faces, ni d'opposer des batteries aux feux des caponnières. Maître de la muraille casematée & des caponnières, l'ennemi donnera l'assaut au grand rempart, dans telle partie qu'il jugera à propos : en montant sur ce rempart par le milieu d'un des côtés, les traverses ne lui opposeront aucun obstacle; s'il y montoit entre une traverse dirigée sur le saillant & la traverse suivante, le feu qu'il pourroit essuyer de cette dernière, lui seroit encore moins nuisible qu'aux Canonniers des assiégés, qui se trouveroient dans la traverse plus avancée sur le saillant, où les boulets pénétreroient, produisant beaucoup d'éclats de maçonnerie : le mur crenelé intérieur vu de revers de dessus les parapets du grand rempart, n'opposeroit aucune résistance.

CHAPITRE QUATRIÈME.
Des Forts destinés à défendre l'entrée des Rades.

EXTRAIT.

Les batteries placées sur les côtes n'ont ordinairement que peu de pièces de canon, relativement à l'Artillerie qu'un gros vaisseau peut leur opposer, & le plus souvent ces batteries se trouvent dominées par le feu des hunes des vaisseaux, qui en rendent le service impraticable : ensorte qu'on est forcé d'abandonner ces batteries presqu'aussi-tôt qu'elles sont attaquées ; & l'on se fonde sur de pareils exemples, pour prétendre que le feu de mer est si supérieur à celui de terre, que ce dernier est incapable de lui résister. On va faire voir combien ce préjugé est mal fondé, en donnant les développemens d'un nouveau Fort placé sur un rocher avancé dans la mer, & construit de manière qu'il n'aura rien à redouter des flottes ennemies, quelque nombreuses qu'elles soient.

Ce Fort, représenté Planche XV, est un triangle équilatéral, dont les sommets des angles, du côté de la mer, sont les centres de deux tours angulaires de dix-huit toises quatre pieds de diamètre, couvertes, ainsi que le côté du triangle opposé à la mer, par une batterie basse, avec casemates ouvertes intérieurement. Le plan & les profils (Pl. XV & XVI) donnent tous les détails de la construction de ce Fort.

Tome III, Pag. 59.

60.

61.

OBSERVATIONS.

Ainsi que le pense M. le Marquis de M., l'Artillerie des vaisseaux ne peut avoir de la supériorité sur des batteries de la côte, qu'autant que ces dernières se trouvent dans des positions désavantageuses, dominées par les hunes des vaisseaux, ou qu'elles n'ont qu'un très-petit nombre de pièces, relativement au feu qu'ont les vaisseaux à leur opposer. Il ne peut pas être douteux que, tout étant d'ailleurs égal, des batteries fixes placées sur la côte, ne doivent avoir un très-grand avantage sur les batteries des vaisseaux, qui, se trouvant dans un continuel mouvement, ont infiniment plus d'incertitude dans les portées de leurs canons ; mais le Fort proposé (Planches XV & XVI) ne paroît pas du tout propre à donner aux batteries de la côte les avantages dont elles sont susceptibles contre l'Artillerie des vaisseaux ; indépendamment du peu d'épaisseur qu'on suppose à ses murs extérieurs, & des inconvéniens reconnus des batteries cachées sous des casemates, sur-tout quand elles sont à plusieurs étages, les maçonneries de ce Fort sont si élevées, que, malgré le mouvement, l'Artillerie du vaisseau ne pourra presque pas manquer de les rencontrer.

Une bonne Rade est ordinairement environnée de hauteurs qui lui servent d'abri : des batteries établies sur ces hauteurs, à une élévation convenable, pour n'être pas dominées par les hunes des vaisseaux, fortes par le nombre des pièces de canons relativement à leur objet, bien dirigées, & à portée des passages ou des points qu'elles doivent battre, couvertes par des parapets de peu de reliefs, seront dans une position infiniment plus avantageuse que si elles étoient renfermées dans le Fort proposé ; les Canonniers n'y seroient pas suffoqués par la fumée ; ils n'auront pas à craindre que les plates-formes manquent sous leurs pieds ; que des batteries supérieures ou des voûtes les écrasent par leur chûte : un très-petit nombre des boulets que l'ennemi dirigera de ses batteries en mouvement, rencontreront les parapets de celles qui seront ainsi emplacées sur la côte.

Quant au tracé de ces batteries, & de leurs retranchemens du côté des terres, la disposition du terrain, & l'objet qu'on se propose, doivent le déterminer. Observons que le triangle équilatéral est le polygone régulier le moins susceptible de former un bon retranchement. L'angle très-aigu qu'on présente du côté de la campagne, celui qu'on propose Planche XV, est très-foible par lui-même : on en a reconnu les défauts dans les Observations du premier Volume ; on a cherché à remédier à la foiblesse de cet angle, en l'enveloppant d'un couvre-face flanqué de deux petites lunettes ; mais il eût été plus avantageux que le tracé n'eût pas exigé ces petits ouvrages extérieurs, qui sont d'une très-foible défense, & ne remédient jamais qu'imparfaitement aux défauts d'un principal tracé défectueux.

CHAPITRE CINQUIÈME.

Des Batteries Marines.

EXTRAIT.

Pag. 74. La construction des batteries de mer exige beaucoup d'attentions ; la nature du sol, son élévation plus ou moins grande, la profondeur de la mer, la

SUR LA FORTIFICATION PERPENDICULAIRE. 213

direction des bas-fonds, celle des courans, doivent influer sur les proportions, la forme & la composition de ces sortes d'ouvrages, dont l'exécution doit être soumise à des principes qu'il faut d'abord fixer.

Les boulets de canons ne commenceront à avoir des effets certains qu'à la distance de trois cents toises : la batterie de côte, ainsi que le vaisseau, ne doit point employer ses munitions en tirant à une plus grande distance.

De même les fusiliers ne peuvent tirer des coups certains qu'à la distance de cent cinquante toises.

Généralement les batteries à barbette ne conviennent pas sur la côte; l'on ne peut en faire usage que sur les côtes plates, dont les vaisseaux ne peuvent approcher à portée du fusil, & dans les cas où l'on ne peut monter la batterie que d'un petit nombre de canons de gros calibre qui doivent tirer de tous les côtés; mais cette espèce de batterie ne sauroit être d'aucune défense, lorsque la profondeur de la côte permet aux gros vaisseaux d'en approcher.

Une batterie étant établie sur la côte en ligne droite, parallèlement au chenal, qu'on suppose fixé par des bas-fonds à trois cents toises de la batterie; les embrasures étant ouvertes, ainsi qu'elles doivent l'être, de cinquante degrés, le vaisseau commence à être soumis à son feu du moment où sa proue est à cent quarante toises de l'axe de la première embrasure, jusqu'à ce qu'elle soit également à cent quarante toises de l'axe de la dernière embrasure, à quoi il faut ajouter la longueur du vaisseau; ensorte que la distance de ces axes, de la première à la dernière embrasure, étant de trente-six toises, & le vaisseau ayant trente toises de longueur, sera soumis au feu de la batterie pendant tout le tems qu'il emploiera à parcourir trois cents quarante-six toises : les points qui terminent cette étendue, sont éloignés de trois cents trente-une toises des pièces des extrémités de la batterie ; & au-delà de cette dernière distance, le vaisseau qui sera hors du feu de la batterie, sera aussi hors de portée de lui nuire.

Mais si le chenal ou la ligne de passage du vaisseau se trouvoit à cent cinquante toises de la batterie, les pièces des extrémités, dans leur direction la plus oblique, rencontreront le chenal à cent soixante-cinq toises; & au-delà de cette distance, le vaisseau hors du feu de la batterie, pourra être très à portée de la battre en brèche ; il faudra pour-lors regagner par sa construction ce que sa position aura de désavantageux.

Toute batterie qui peut être approchée à la distance de cent cinquante toises, doit être bâtie entièrement de maçonnerie, & casematée ; pour opposer une plus grande résistance à l'Artillerie dont elle peut être battue, pour que la mousqueterie des vaisseaux n'en détruise pas les feux, & pour que les pièces puissent être plus rapprochées.

Il faut que ces sortes de batteries soient à plusieurs étages, comme celle des vaisseaux contre lesquels elles doivent avoir affaire; que les pièces y soient espacées à la même distance; qu'il y ait des feux de mousqueterie couverts dans celles qui peuvent être approchées à la portée du fusil; & alors ce seront les vaisseaux qui auront tout à craindre des batteries. Il faut aussi que chaque batterie soit défendue du côté des terres; qu'elle ne puisse être prise par sa gorge. L'on ne croit pas qu'il soit possible de trouver un ensemble qui remplisse mieux ces objets, que celui dont la Planche XVII représente le plan. La Planche XVIII en contient les profils. Pour juger de l'effet de cette batterie, il faut voir la Planche XIX, où l'on a marqué les directions des feux, tant du côté de la mer que du côté des terres.

OBSERVATIONS.

Les agrêts d'un vaisseau, les hommes qui se trouvent sur les ponts & sur les hunes, présentent, aux canons des batteries établies sur la côte, des objets très-susceptibles de destruction, à la distance de cinq à six cents toises ; ce seroit se priver de très-grands avantages, si l'on attendoit qu'un vaisseau ne fût éloigné que de trois cents toises pour commencer à le canonner.

Une batterie à barbette dont les vaisseaux pourroient approcher à la portée du fusil, ne seroit en effet d'aucune défense, si elle se trouvoit dominée par les hunes des vaisseaux ; mais si, par sa position sur la côte, cette batterie se trouvoit supérieure aux hunes des vaisseaux, & qu'elle dût diriger des feux de plusieurs côtés, il seroit très-convenable d'en construire les parapets à barbette.

Les tours terminant la batterie proposée, ne dirigeroient qu'un petit nombre de canons contre les vaisseaux attaquant les flancs de cette batterie, qui seroient mieux défendus par des lignes droites formant intérieurement, avec le front de la batterie, des angles obtus d'environ cent trente degrés, & d'une étendue proportionnée à l'Artillerie que les vaisseaux pourroient leur opposer.

Les feux que dirige un vaisseau contre une batterie établie sur la côte sont fort incertains, tant à cause du mouvement continuel où il se trouve, que par le peu d'étendue du but que présente la batterie de la côte convenablement construite, dont le parapet ne doit avoir que sept à huit pieds de hauteur extérieure, qu'on peut même réduire à trois ou quatre pieds, en enfonçant la batterie d'environ trois pieds dans le terrein, quand les circonstances le permettent.

Par l'élévation de ses bords, par la hauteur de ses mâtures, & par l'étendue de son gréement, un vaisseau présente, au contraire, un but très étendu à une batterie établie sur la côte, quand il est à portée de la battre ; le vaisseau désemparé, il n'est plus possible d'en diriger les mouvemens ; la chûte de ses manœuvres, celle de ses mâtures, produisent les plus grands ordres sur les ponts : ouvert dans un seul endroit au niveau de la flo-

SUR LA FORTIFICATION PERPENDICULAIRE. 215

taifon, le vaiffeau eft fur-le-champ enfeveli fous les eaux ; les accidens du feu ne font pas moins à redouter pour ces Citadelles flottantes, fur-tout fi les batteries de la côte leur tirent des boulets rouges.

D'après cet apperçu de la pofition où fe trouvent les vaiffeaux ayant à combattre des batteries établies fur les côtes, il eft aifé de juger de quel côté fera l'avantage, fi ces dernières font convenablement conftruites, & d'un nombre de pièces proportionné au feu des vaiffeaux qui doivent les attaquer. Il ne paroît pas douteux que la flotte la plus refpectable ne pourroit attaquer avec apparence de fuccès une batterie de cinquante à foixante pièces de canons du calibre de vingt-quatre, bien établies fur la côte, foutenues par quelques mortiers.

Obfervons, relativement aux emplacemens des batteries fur les côtes, que la mer eft ordinairement bordée de falaifes, dans les parties où elle a affez de profondeur fur fes bords, pour que les vaiffeaux s'en approchent à portée de diriger les feux de leurs hunes contre les batteries qui leur font oppofées fur la côte ; & dans ce cas les batteries peuvent être placées fur les falaifes à une hauteur convenable pour n'avoir rien à craindre des feux des hunes. Quand la côte eft platte, la mer eft ordinairement fans profondeur fur fes bords, & les vaiffeaux ne peuvent affez s'en approcher pour faire ufage des feux de leurs hunes contre les batteries qui leur font oppofées. Si cependant on fe trouve forcé, par les circonftances, de conftruire une batterie fur un rocher avancé dans la mer, ou dans toute autre pofition, n'ayant pas un relief fuffifant au-deffus des eaux pour en garantir l'intérieur des feux des hunes des vaiffeaux ; ce fera alors qu'il conviendra de couvrir ces batteries par des arcades ouvertes intérieurement, comme on l'a obfervé au Chapitre fixième du fecond Volume, ne donnant à leurs maçonneries que le moins de relief qu'il fera poffible, pour qu'elles foient moins en prife à l'Artillerie des vaiffeaux.

Ce feroit perdre tous les avantages que des batteries établies fur la côte doivent avoir contre les feux des vaiffeaux, que de renfermer ces batteries dans des cafemates telles que celles qu'on propofe Planche XVII ; indépendamment des inconvéniens infinis des batteries renfermées dans des cafemates, l'Artillerie des vaiffeaux, quoique dans un mouvement continuel, ne pourroit manquer d'atteindre la très-haute muraille que préfente la batterie propofée, dont les dégradations auroient les plus fâcheux effets, par la chûte des voûtes ou celles des planchers servant de platte-forme aux batteries. En adoptant ces constructions on vérifieroit l'opinion que des batteries établies sur la côte ne peuvent résister à l'Artillerie des vaisseaux.

CHAPITRE SIXIÈME.

Siéges de Carthagêne.

EXTRAIT.

Pag. 97. Ce fameux Port a été attaqué trois fois; François Drack, Navigateur Anglois, s'en empara en 1585 : les détails de cette première expédition manquent, ainsi que la connoissance de l'état où se trouvoit alors cette Place.

100. M. de Pontis commanda la seconde expédition en 1697. Un détachement de Flibustiers s'approcha du Fort de Boccachica (Planche XX) qui défend l'entrée de la grande Rade, pour empêcher une galère d'y porter du secours : après avoir forcé la galère de s'en retourner, le détachement se trouvant fort incommodé par le canon chargé à mitrailles, du Fort, se jetta dans son fossé, où il se trouva parfaitement couvert des feux du Fort; ce qui fut remarqué

101. par M. de Pontis, qui fit soutenir sur-le-champ les Flibustiers par un bataillon de Grenadiers, suivi d'autres troupes avec des échelles : comme on alloit escalader le Fort, le Gouverneur arbora le drapeau blanc.

Ce Fort, à quatre bastions, étoit mal flanqué, puisque les troupes qui l'ont attaqué, se sont trouvées à l'abri de tous ses feux dans ses fossés. Le Fort Ste-

102. Croix, destiné à la défense de l'entrée de l'avant-Port, fut évacué avant que les François se présentassent pour l'attaquer : on établit une batterie de canons

104. & de mortiers contre le Fort St-Lazare, qui est sur la hauteur : au bout d'une canonnade de quelque heures, ce Fort étant ouvert, sa garnison se retira dans le fauxbourg de Hihimani qui couvre la Ville.

105. A la faveur d'une Chapelle & d'un mur qui la couvroit, on établit une batterie fort près des murs du fauxbourg; plusieurs autres batteries furent établies sur la hauteur en avant du Fort St-Lazare, ces batteries, qui découvroient jusqu'au pied le mur du fauxbourg, commencèrent à tirer toutes ensemble, & firent un feu continuel pendant trois jours, le quatrième, la brèche se trouvant praticable, le fauxbourg fut pris d'assaut, malgré une très-vigoureuse défense que firent les Espagnols.

107. Les murs de la Ville étant également découverts du côté du fauxbourg & du côté du Port, on établit des batteries dans le fauxbourg, pour battre en brèche; on fit avancer près des murs deux gros vaisseaux pour réunir leurs feux à ceux de ces batteries : la Ville se trouvant sur le point d'être ouverte de plusieurs côtés, par la vivacité de ces feux, le Gouverneur demanda à capituler.

Une dernière expédition tentée par les Anglois, contre Carthagène, en 1741, n'eut pas le même succès : leur armement, très-considérable, étoit
commandé

SUR LA FORTIFICATION PERPENDICULAIRE. 217

commandé par l'Amiral Vernon; ils trouvèrent au goulet de l'entrée de la grande Rade plus de défenses qu'il n'y en avoit lors de la précédente expédition. Au Fort Boccachica on avoit joint le Fort St-Joseph, & autres défenses marquées sur le plan (Planche XX). Mais on multiplie vainement les mauvais ouvrages : un Fort tel que la batterie Royale proposée Planche XVII, eût apporté un obstacle que le formidable armement des Anglois n'eût jamais pu surmonter.

Après avoir éteint le feu des batteries de la côte, on fit la descente sans opposition : à la faveur des barques qui se trouvoient autour du Fort, on établit pour le battre en brèche des batteries qui en étoient éloignées de deux cent cinquante toises; quand elles furent achevées on les démasqua, en coupant les arbres qui les couvroient ; elles tirèrent toutes en même-tems, & leur feu ne discontinua pas pendant trois jours : le quatrième, ayant reconnu que la brèche étoit praticable, les Anglois se mirent en marche pour donner l'assaut, la garnison alors abandonna ce Fort, pour se retirer dans celui de St-Joseph, qui fut également évacué sans opposer de nouvelles défenses. Les Forts de Ste-Croix & de Manzanilla, destinés à défendre l'entrée de l'autre Port, furent aussi évacués sans se défendre.

Quoiqu'il eût été décidé dans un Conseil de guerre d'établir des batteries contre le Fort St-Lazare, pour l'ouvrir avant d'y donner l'assaut; par l'effet d'une pique entre les Commandans de terre & de la Marine, on voulut le prendre d'emblée, sans l'avoir canonné : on en forma l'attaque par deux colonnes; l'une fut égarée; la seconde fut dispersée aussi-tôt qu'elle fut apperçue du Fort, & perdit beaucoup de monde dans sa retraite. Les pertes qu'avoit fait l'Armée, les maladies, & la mésintelligence entre les Chefs, obligèrent les Anglois à abandonner leur expédition.

Tome III, Pag. 112.

113.

115.

116.

122.

OBSERVATIONS.

M. le Marquis de M. ne pense pas vraisemblablement qu'il soit dans les principes de la Fortification actuellement en usage, de construire des Forts bastionnés tels que ceux qui défendoient les accès du Port de Carthagène, dont les lignes de polygone extérieur n'étoient que de cinquante à soixante toises. Les défenses de ce fameux Port pouvoient sans doute être beaucoup mieux dirigées ; mais le Fort proposé Planche XVII n'eût certainement pas été d'une aussi bonne défense, à l'entrée de la grande Rade de Carthagène, que les Forts, les batteries, & les vaisseaux emboîtés qui la défendoient en 1741.

Le principal défaut du Port de Boccachica, ainsi que le remarque très-judicieusement M. le Marquis de M., c'est que ses murailles toutes découvertes, ont pu être battues en brèche par des batteries qui en étoient éloignées de deux cents cinquante toises. Le Fort proposé Planche XVII a ses murailles également

E e

découvertes, mais bien plus élevées; & leurs premières dégradations éteignent les feux des batteries cachées fous les cafemates de ce Fort, comme on l'a déja obfervé.

CHAPITRE SEPTIÈME.

De la Force des meilleurs Syftêmes baftionnés comparée à celle du Fort Royal.

EXTRAIT.

Pag. 137. Tous les inconvéniens des remparts baftionnés fe fupportent parce qu'on les croit indifpenfables, & l'on refait toujours des baftions parce qu'on croit ne pouvoir mieux faire. L'Art de fortifier femble plutôt avoir perdu, que 138. s'être perfectionné de nos jours. Le fyftème du Comte de Pagan étoit l'aurore du plus beau jour où pouvoit paroître la méthode des baftions; en fuivant fes principes, on eût atteint facilement un degré de force fupérieur à celui des fyftèmes adoptés, ainfi qu'on pourra en juger par l'analyfe de la méthode de cet Auteur.

139. On voit Planche XXI, fig. 1, le tracé du trait principal d'un front de fa grande Fortification : chaque baftion reçoit une feconde défenfe par un baftion intérieur; & il y a trois rangs de batteries à chaque flanc, ainfi que le tout eft repréfenté fig. 2. Le feul reproche fondé qu'on ait fait au fyftème du Comte de Pagan, c'eft de n'avoir point de défenfe pour la face du baftion intérieur. On voit, fig. 3 & 4, une manière de fuppléer à ce qui pouvoit 141. manquer à ce fyftème, & combien il eft facile de donner une très-bonne défenfe à la face du baftion intérieur.

On a prolongé les faces du baftion pour couvrir d'autant mieux les flancs, & donner lieu à une quatrième batterie à fleur d'eau. Un rempart en retour défend la face du baftion intérieur, & la gorge du baftion eft retranchée comme on le voit fig. 3 & 4.

149. Dans la recherche des meilleures méthodes de fortifier, on doit fe propofer de diminuer la dépenfe & le nombre des hommes, en augmentant la force; c'eft l'énoncé du problème à réfoudre. Sans prétendre en avoir donné la dernière folution, on jugera par le détail fuivant de l'attaque & la défenfe du Fort Royal, de combien on peut en avoir approché.

Attaque & défenfe du Fort Royal, de 180 toifes de côté.

150. Conformément aux difpofitions d'attaque du Maréchal de Vauban, fuppofons qu'on doit établir huit batteries contre les ouvrages de la Place qui peuvent diriger des feux fur le front d'attaque, & que les fapes doivent être dirigées fur les capitales des trois faillans du même front, ainfi qu'il eft marqué planche XXII.

SUR LA FORTIFICATION PERPENDICULAIRE. 219

Mais comment conſtruire ces batteries vis-à-vis du Fort Royal ? celles marquées a & b ſur les prolongemens du côté formant le front d'attaque, ſont battues avec une ſi grande ſupériorité, qu'il eſt viſiblement impoſſible qu'elles puiſſent y réſiſter. Pour s'en convaincre, il faut obſerver les lignes de feu marquées ſur le plan, portant des batteries caſematées du Fort, & frappant au milieu de ces mêmes batteries a & b ; on a marqué ſur chacune de ces lignes le nombre de pièces que la batterie des caſemates dirige contre la batterie correſpondante des attaques. Par l'addition du nombre des pièces dirigées contre la ſeule batterie a, on voit qu'elle eſt battue par deux cents dix-ſept pièces de canons, dont cinquante-trois tirent de but en blanc & à plein fouet ; les autres tirent ſur un angle de trois, ſix, huit degrés, pour aboutir à la batterie a, par une courbe, ou à ricochet : les cinquante-trois qui peuvent battre à plein fouet ſont au-deſſus de la quantité néceſſaire pour s'oppoſer totalement à la conſtruction de la batterie a ; la batterie b, dans une poſition toute ſemblable, ſera ſoumiſe aux mêmes difficultés inſurmontables pour ſa conſtruction. Ces deux batteries ſont les plus importantes dans l'attaque de ce Fort, puiſque ce ſont les ſeules qui pourroient battre la caponnière caſematée, qui défend le paſſage du grand foſſé de manière à en rendre le paſſage impoſſible, tant qu'elle ne ſera pas détruite.

Chacune des batteries c & d ſera battue par cent quatre-vingt-quatre pièces, dont trente-huit tirant de but en blanc. Les batteries e & g ſe joignant ſeront battues par les mêmes pièces des caſemates, qui ſe réuniſſent contre ces batteries, au nombre de deux cents quatre, dont quarante-ſept battant de but en blanc, ainſi qu'on le voit par les réſultats marqués ſur le plan. Les batteries f, h, ſemblablement placées, ſeront battues par le même nombre de pièces.

En récapitulant le nombre des pièces dirigées contre les huit batteries des attaques, on trouve qu'il y en a mille deux cents dix, dont deux cents ſoixante-ſeize placées dans des batteries hautes caſematées, à volets, très-exactement couvertes ; ce ſont ces dernières qui auront à détruire les huit batteries à ricochets, qui enſemble n'oppoſeront pas plus de quarante-huit pièces de canon : ainſi ces dernières pourroient être ſuppoſées établies, ſans qu'on pût mettre en doute qu'elles ne fuſſent raſées en vingt-quatre heures par un feu ſi ſupérieur. Il eſt viſiblement impoſſible d'élever des batteries contre un feu pareil. Mais quel objet pourroit avoir l'aſſiégeant, en eſſayant d'établir ſes batteries à ricochet ? Il n'y a point ici de batteries qu'elles puiſſent démonter ; couvertes dans des caſemates, les batteries du Fort ſont à l'abri de tout, tant que les murs qui les couvrent ne ſont pas renverſés : & comment renverſer des murs qui ſe défendroient, s'il le falloit, par plus de douze cents pièces de canon ?

Ce nombre paroît encore être augmenté, puiſqu'il n'a pas été fait mention des batteries du Fort à tours angulaires, marqué ſur le plan, dans l'intérieur du Fort Royal. Chaque côté du Fort intérieur peut contenir quarante-cinq pièces de canon dans ſes ſeules batteries hautes caſematées ; & trois de ſes côtés peuvent diriger leurs feux ſur les batteries des aſſiégeans, ce qui feroit une augmentation de cent trente-cinq pièces ; & le total de deux cents ſoixante-treize pièces de batteries hautes réunies contre celles des attaques.

Tome III, Pag. 151.

154.

155.

158.

160.

Ee 2

Tome III,   Dans l'attaque d'un pareil Fort, l'assiégeant sera forcé de se borner à di-
Pag. 161.   riger ses tranchées sur les capitales, pour venir sur la crête du glacis, sans
protection aucune de son Artillerie ; mais. ces capitales sont croisées chacune
par le feu de plus de cent vingt-six à cent soixante-deux pièces, devant compter
celles à placer dans les batteries inférieures, puisqu'elles sont aussi nuisibles
que les batteries hautes contre les sapes, qui ne résistent pas mieux au boulet
à ricochet qu'à celui qui les frappe à plein fouet : l'assiégé pourra même
établir ses batteries, pour plus de commodité, le long de ses remparts ; il
n'aura point à craindre que les batteries à ricochet de l'assiégeant lui démontent
ses pièces, puisqu'on a démontré l'impossibilité qu'il en puisse établir aucune.

162.   Comment conduire des sapes, & les soutenir sous tant de feux qui s'y opposent ? Mais si l'on ne peut avancer les sapes, il sera encore moins possible
d'établir des batteries de brèches sur la crête des glacis ; & du moment qu'on
ne peut établir vis-à-vis d'un tel Fort, ni batteries à ricochet, ni batteries de
brèches ; il est démontré qu'il sera impossible de le réduire par la force.

164.   Sans avoir égard aux impossibilités physiques ; veut-on supposer des logemens établis sur la crête des glacis ? comment élever des batteries en brèches
sur ces glacis, sous le feu qui peut leur être opposé ? Mais portons enfin les
suppositions jusqu'à livrer à l'assiégeant le couvre-face général ; ce ne pourroit
être qu'en se refusant à toutes les lumières de la raison, qu'on ne conviendroit
pas de l'impossibilité d'élever des batteries en brèches sur ce rempart ; le feu
des deux caponnières casematées, celui des deux faces du mur casematé, &c.
réduiront en poussière les épaulemens, & jamais une seule pièce ne pourroit
y paroître en batterie.

OBSERVATIONS.

On fait encore des bastions dans les nouvelles Fortifications, par la raison que de tous les systêmes qui ont paru jusqu'à présent en très-grand nombre, aucun ne forme sans bastions une enceinte aussi convenable, principalement pour bien découvrir le fond du fossé de dessus les remparts. Si M. le Marquis de M. s'étoit donné la peine d'examiner avec quelque soin les derniers grands travaux exécutés à Metz, il y auroit vu des bastions, & y auroit en même-tems reconnu un Art de fortifier tout nouveau, par les feux d'enfilade & de revers qu'on y a ménagés contre les logemens des attaques ; les galeries de contre-mines qu'on y a pratiquées, auroient contribué à le convaincre que, loin d'avoir perdu, l'Art de la Fortification a beaucoup acquis de nos jours.

Quoique le Comte de Pagan soit reconnu pour un très-habile Ingénieur de son tems, il me semble qu'il y a de bien bonnes raisons pour ne pas admettre son bastion intérieur & les flancs à plusieurs étages de son systême (Planche XXI). L'objet du

SUR LA FORTIFICATION PERPENDICULAIRE. 221

baftion intérieur, ainfi que le dit le Comte de Pagan lui-même, dans l'explication de fon fyftême, c'eft de fe procurer, au moyen du foffé intérieur, la facilité d'aller au-devant du mineur ennemi pour s'oppofer à fon travail, retarder l'ouverture de la brèche, & quand elle eft ouverte, faire fauter le logement qu'y établit l'ennemi : tous ces objets feront bien mieux remplis par des galeries de contre-mines établies fous le baftion ; la dépenfe fera moindre, & le baftion reftant plein, l'affiégé pourra oppofer des obftacles fur le haut de la brèche, fe préfenter en force pour en défendre les accès, & feconder les effets des contre-mines. Par la difpofition des galeries, les retranchemens de l'intérieur du baftion fe trouveront auffi en défenfe contre les mines des affiégeans.

L'Artillerie fe trouvant réunie en très-grand nombre de pièces dans les flancs à plufieurs étages, les feux, & fur-tout les bombes de l'affiégeant auroient un très-grand effet contre les batteries de ces flancs; & les premières dégradations de leurs revêtemens formeroient un accès facile pour entrer dans le baftion. Ces flancs à plufieurs étages fuppofent auffi les courtines découvertes, ou fans tenailles dont les avantages font connus.

Le rempart en retour que propofe M. le Marquis de M., fig. 3 & 4, pour défendre la face du baftion intérieur, formeroit un retranchement d'une très-foible défenfe, tant par fon peu de capacité, que par la difficulté de fa communication avec la Place; & il ne pourroit s'oppofer à l'attachement du Mineur à la face du baftion intérieur.

Par le tracé du retranchement propofé pour la gorge du baftion, les communications de la Place avec les différens étages des batteries deviendroient au moins très-difficiles : les changemens propofés Planche XXI, fig. 3 & 4, affoibliroient encore le baftion du Comte de Pagan, en le divifant en petites parties fans enfemble dans leurs défenfes.

Attaque & Défenfe du Fort Royal, de 180 toifes de côté.

Il s'en faut bien que les difpofitions des attaques, propofées Planche XXII, foient dans les principes du Maréchal de Vauban, on y deftine les batteries a & b à battre la caponnière du front d'attaque, qui eft éloignée de quatre cents toifes de chacune de ces batteries.

Dans les Obfervations du Volume précédent, Chapitre fixième,

Tome III.

où l'on a indiqué les difpofitions des attaques du Fort Royal ; on a fuppofé les batteries dirigées contre les arrondiffemens des cafemates fupérieures des caponnières & des grands flancs, pour découvrir les flancs de ces cafemates, & battre leur Artillerie en rouages. On a également reconnu que l'élévation des feux des batteries fupérieures de ce Fort obligeant d'abandonner les chemins couverts & le couvre-face général, les attaques feront commencées fort près de la Place ; les feux des batteries fupérieures fe trouvant par leur pofition hors de portée de s'oppofer avec quelque fuccès aux approches des affiégeans.

M. le Marquis de M. préfente, Planche XXII, un calcul effrayant du nombre des pièces de canon que le Fort dirige contre les attaques ; mais en examinant d'où partent tous ces feux, l'effroi eft bientôt diffipé : on remarque d'abord que la plupart des feux fupérieurs dirigés contre les batteries fuppofées des attaques, font par leur éloignement hors de portée de leur nuire, & que les feux en bien plus grand nombre, dirigés des batteries inférieures des cafemates, ne peuvent être d'aucun effet, ni contre les batteries fuppofées, ni contre le refte des attaques.

Le ricochet tiré à très-petite charge ne peut avoir un effet fenfible, qu'autant qu'il enfile les tranchées ou les ouvrages contre lefquels on le dirige. Remarquez la pofition des cafemates inférieures du Fort Royal ; il faudra que le boulet s'élève au-deffus du couvre-face & de la crête du chemin couvert, pour tomber fur le terrain des attaques, & conféquemment que le boulet décrive une courbe à deux branches, avant fa première chûte : pour peu que la charge foit forte, le point de la première chûte du boulet dépaffera le terrain des attaques ; les boulets ne pourront donc être tirés qu'à très-petites charges, qui feront fans aucun effet, n'enfilant pas les travaux des attaques.

Quand dans les Places bien défendues l'affiégé fait ufage du ricochet contre les têtes des fapes, c'eft par le moyen de quelques pièces de canon placées fur les faillans des ouvrages correfpondans aux capitales fur lefquelles font conduites les attaques ; le ricochet alors dirigé au-deffous de l'horizon, n'a qu'une branche de ligne courbe à décrire avant fa première chûte ; & le boulet chaffé avec une affez forte charge peut rencontrer le terrain à une petite diftance, pour s'éloigner par des ricochets très-capables de renverfer les têtes des fapes. Le ricochet ainfi

SUR LA FORTIFICATION PERPENDICULAIRE. 223

dirigé, eſt, comme l'on voit, tout-à-fait différent de celui qu'on propoſe partant des batteries inférieures au couvre-face général; ce dernier ſeroit viſiblement ſans aucun effet.

Ces ricochets qu'on propoſe pour la défenſe du Fort Royal, ſemblent n'avoir eu d'autre objet que de préſenter un total conſidérable du nombre de pièces de canon que le Fort peut oppoſer : le grand développement qu'on donne aux attaques, Planche XXII, paroît avoir eu le même objet, puiſqu'elles ſe trouvent ſoumiſes aux feux des trois fronts, & de partie du quatrième.

Par la deſtination que donne l'Auteur aux batteries a & b, de battre la caponnière du front d'attaque, il paroît reconnoître que les feux des batteries ſupérieures, &, à plus forte raiſon, ceux des batteries inférieures des caſemates, empêcheront les aſſiégés de ſe préſenter ſur le couvre-face général; cependant, après avoir préſenté le total de toutes les pièces de ſes caſemates comme réuni contre les attaques, M. le Marquis de M. propoſe comme une ſurabondance de moyens d'établir des batteries ſur le couvre-face; il ſuffit de faire remarquer cette propoſition, ſans perdre de tems à la diſcuter.

Il ſeroit également ſuperflu de répéter ce qui a été dit dans le Volume précédent, relativement à l'établiſſement des batteries de l'aſſiégeant ſur le couvre-face général; on y a vu, Chapitre VI, que la muraille caſematée & les caponnières caſematées n'oppoſeroient qu'un très-foible obſtacle à cet établiſſement.

Faiſant attention au tracé du Fort Royal, on voit qu'il n'eſt point du tout propre à recevoir une nombreuſe Artillerie. Il ne faut que jetter un coup-d'œil ſur la Planche XXII, pour reconnoître que même les couvre-faces particuliers formant les ſaillans du corps de la Place ne ſont pas ſuſceptibles de recevoir de l'Artillerie; enſorte que ſes batteries ſupérieures ſe réduiſent à celles de la caponnière & des grands flancs. Le total que préſente la Planche, du nombre de pièces dirigées ſur une des capitales des attaques, eſt de cent ſoixante-deux pièces; il faut en retrancher cent quarante pièces, partant de la muraille caſematée, dont les effets ſeroient tout-à-fait nuls; les vingt-deux autres ſeroient de bien peu d'effet par leur éloignement & par leur obliquité.

Si l'on vouloit compter le nombre des pièces de canon qui peuvent être placées ſur une Fortification baſtionnée, on remarquera qu'un front baſtionné de cent quatre-vingt toiſes de côté extérieur, a un développement d'environ 220 toises; les faces de la demi-lune 120 toises; les faces & les flancs du réduit 70 toises; ce qui donne un développement total de 410 toises, sur lequel on pourra placer 136 pièces de canon, les supposant espacées de dix-huit pieds : les trois fronts qu'on suppose enveloppés par les attaques, auroient par conséquent à opposer plus de 400 pièces de canon, sans compter celles qu'on pourroit placer dans les tenailles & dans les réduits des places-d'armes rentrantes du chemin couvert; ce nombre excède de beaucoup le nombre des pièces des batteries supérieures que le Fort Royal peut opposer.

Ce calcul du nombre des pièces de canon que peut contenir une Fortification bastionnée, n'a d'autre objet que de faire connoître combien il est facile de présenter un grand résultat du nombre de pièces que cette Fortification peut opposer.

Que devient donc cette défense insurmontable du Fort Royal, fondée sur le nombre des pièces de canon qu'il peut opposer aux travaux des attaques, & sur l'impossibilité d'établir des batteries sur son couvre-face général, puisqu'indépendamment des vices des feux des casemates, il est démontré que les emplacemens dans ce Fort, où l'on établit des batteries contre les travaux des tranchées, sont très-peu étendus, infiniment moins avantageusement situés que dans la Fortification bastionnée; & que l'établissement des batteries de l'assiégeant sur le couvre-face général se feroit avec la plus grande facilité?

Une réflexion se présente naturellement après la lecture du Chapitre que nous examinons; c'est qu'il n'a pas été composé pour les Militaires ayant quelques connoissances de la Fortification. Il n'est pas possible que l'Auteur ait pensé que des Militaires instruits des premières notions de l'Art de fortifier les Places, admettroient comme réels ses résultats fictifs du prétendu nombre de pièces de canon qu'opposeroit le Fort Royal aux approches des assiégeans, & que les assertions de la prétendue force insurmontable de ce Fort les empêcheroient d'appercevoir qu'il ne seroit en effet susceptible que de la plus foible défense.

CHAPITRE

CHAPITRE HUITIÈME.

Des Fortifications à murailles casematées, tenant lieu de remparts.

EXTRAIT.

Des murs casematés forment l'enceinte de ces Forteresses sans rempart derrière ces murs, suivant la méthode des Anciens, ainsi que le représente la Planche XXIII. Les profils, Planche XXV, font voir que la batterie supérieure qui se trouve ici immédiatement au-dessus des batteries inférieures, domine sur tous les ouvrages, pour diriger ses feux contre les premiers travaux des tranchées; les parties inférieures du même mur sont couvertes par de doubles couvre-faces en terre.

Cette muraille a cela de particulier, qu'elle n'offre à l'ennemi aucun angle saillant qu'il puisse attaquer; tous les angles en sont rentrans.

Tome III, Pag. 176.

177.

OBSERVATIONS.

Des Géomètres auroient vraisemblablement de la peine à admettre la possibilité d'une enceinte dont tous les angles seroient rentrans; l'inspection du plan de l'enceinte casematée, Planche XXXIII, ne paroîtroit pas propre à les faire renoncer à leur opinion, que toute enceinte qui a un ou plusieurs angles rentrans, a nécessairement aussi des angles saillans.

On remarquera que dans les saillans aigus de la muraille d'enceinte qui s'élèvent au-dessus des couvre-faces, le côté d'un de ces angles étant ouvert par les batteries de l'assiégeant, l'autre côté sera battu des mêmes batteries par derrière. Dans l'établissement de l'ennemi sur la crête des glacis, ses batteries auront un semblable effet contre les angles aigus des flancs avancés destinés à la défense des fossés.

Les batteries de l'assiégeant établies sur la crête des glacis pouvant ouvrir l'enceinte de la Place, il n'aura pas besoin d'en établir sur les couvre-faces, pour obliger l'assiégé à capituler; mais supposant qu'il établît des batteries sur les couvre-faces, l'inspection du plan suffit pour faire connoître qu'après les ouvertures faites à la muraille casematée, il y aura des parties de cette muraille vues par-derrière, & que les communications à d'autres parties se trouveront interceptées. Ces observations suffisent pour faire juger de la défense dont cette muraille casematée seroit susceptible. On peut encore remarquer quel seroit

Tome III. l'effet des parties de la voûte détruites par les premières batteries des attaques, relativement aux batteries inférieures de cette muraille, & quelle seroit la difficulté des communications aux batteries du second & troisième étages.

RÉSUMÉ.

Dans la construction des tours angulaires placées au centre des Forts circulaires (Pl. I, II, III, IV, V), les voûtes & les planchers des batteries portent sur de très-foibles piliers dont la destruction entraîne la chûte de ces voûtes ou celle des planchers des batteries; ce qui réduit les défenseurs des tours à la plus fâcheuse position.

La muraille casematée formant la principale défense de l'enceinte irrégulière proposée (Planche VII), sera battue de revers des logemens de l'ennemi sur la crête des glacis; les Forts placés en avant de cette enceinte en retarderoient peu les approches.

Les Fortifications exécutées sur les hauteurs qui dominent le Port de Toulon, & celles qu'on exécute depuis bien des années à Brest, font connoître qu'on avoit pensé avant M. le Marquis de M. à mettre à l'abri du bombardement les grands Ports de mer pourvus d'établissemens d'une Marine Royale. Les dispositions proposées pour la défense du Port de Cherbourg (Pl. XI) seroient tout-à-fait insuffisantes, tant par la foiblesse des Forts placés sur les hauteurs, que par la très-défectueuse disposition de la Fortification d'enceinte de la Place.

Ce qui fait le grand avantage des batteries de terre sur celle des vaisseaux, c'est principalement la stabilité de la batterie de terre, la certitude des coups qu'elle dirige ne pouvant presque manquer d'atteindre le but étendu que lui présente le corps d'un vaisseau avec tous ses agrêts, tandis que la batterie d'un vaisseau, dans un continuel mouvement, ne peut que très-rarement atteindre le but peu étendu que lui présente la batterie de terre convenablement construite. C'est encore un avantage de la batterie de terre, que quelques-uns de ses boulets portés dans les mâtures, dans les agrêts du vaisseau, peuvent y produire un grand désordre, & le mettre hors d'état d'en pouvoir diriger les manœuvres, tandis que les dégradations de la batterie de terre ne peuvent s'étendre au-delà des points où portent les boulets.

SUR LA FORTIFICATION PERPENDICULAIRE. 227

Ces précieux avantages des batteries de terre fur celle des vaiffeaux feroient perdus par la conftruction du Fort propofé (Pl. XV & XVI) deftiné à la défenfe de l'entrée des Rades; les coups des batteries flottantes deviendroient affurés par l'étendue du but que leur préfenteroit ce Fort; & la deftruction facile de quelques-uns des piliers de fes cafemates y produiroient le plus grand défordre, par la chûte des voûtes & des planchers des batteries.

Les batteries marines (Pl. XXVII & XVIII) conftruites dans les mêmes principes que le Fort précédent, feroient également propres à donner au feu des vaiffeaux la fupériorité fur les batteries de terre.

À l'expédition de Carthagêne d'Amérique, en 1741, la brèche fut ouverte au Fort de Boccachica, qui défendoit l'entrée de la Rade (Planche XX) par des batteries qui en étoient éloignées de deux cents cinquante toifes; ce qui fait connoître combien les murailles découvertes aux batteries de l'ennemi font d'une foible défenfe.

Les réfultats que préfente la Planche XXII, du nombre des pièces de canon que le Fort Royal peut oppofer aux attaques, ne fouffrent pas l'examen des batteries d'où partent tous ces feux.

Aux défauts reconnus des murailles cafematées, celle qui forme l'enceinte propofée, Planche XXIII, réunit l'inconvénient de préfenter partie de fes murailles aux premières batteries des attaques, qui renverferont les voûtes de ces murailles fur les batteries inférieures.

Fin de la troifième Partie.

LA FORTIFICATION PERPENDICULAIRE.

QUATRIÈME PARTIE.

CHAPITRE PREMIER.

Des Retranchemens de campagne.

EXTRAIT.

Tome IV, Pag. 3.
4.
6.
8.
9.

Rien n'implique autant de contradiction que de s'étendre pour résister; c'est ce qui a fait dire au Maréchal de Saxe, parlant des retranchemens & des lignes, qu'il n'est ni pour l'un ni pour l'autre de ces ouvrages. Ce Général blâmant aussi l'usage où l'on étoit de son tems de placer les troupes sur quatre de hauteur, sur tout le développement des retranchemens, indique une disposition plus convenable à une bonne défense; mais sa disposition paroît tout-à fait insuffisante : le seul moyen de remédier à la grande foiblesse des lignes continues, c'est d'en changer la forme.

Il existe dans les différentes parties de l'Art de la Guerre des principes certains, tirés de la nature de la chose même, qu'il faut suivre, ou bien on s'égare. Commençons donc par établir les principes.

Principes généraux sur les Retranchemens.

Le feu du canon & de la mousqueterie des retranchemens ne peut détruire que par sa quantité & par sa durée.

La quantité dépend du nombre de troupes qui peuvent l'exercer sur la même étendue de terrain.

La durée dépend de la grandeur des obstacles que l'attaquant aura à franchir, ou de la longueur de l'espace qu'il aura à parcourir sous sa direction.

10. Toute la théorie des retranchemens est fondée sur ce peu de principes : pour s'y conformer, & opposer de grands obstacles, on a imaginé des redoutes capables de la plus grande résistance, qu'on a nommées redoutes à flèches, dont on va faire connoître les détails.

Des Redoutes à flèche.

Ces redoutes, représentées Planche I, fig. 1, composées d'un couvre-face, d'une flèche, & d'une redoute proprement dite, ne sont point faites pour être isolées & employées seules à la défense d'un poste ; elles sont particulièrement destinées aux camps retranchés & aux lignes de circonvallation, afin que l'angle flanqué de leur couvre-face se présente d'abord à l'ennemi, en même-tems que la flèche & la redoute prennent des revers de droite & de gauche sur les lignes dont elles font partie.

On voit, fig. 2, la disposition qu'on peut donner à un retranchement en maçonnerie, casematé, dans la partie nommée la flèche, pour la rendre capable d'une plus grande résistance.

La figure 3 représente un fort isolé, composé de quatre redoutes à flèche, qui fournit beaucoup de ressources pour une vigoureuse défense. Si l'on y plaçoit au centre une tour angulaire de six à sept toises de diamètre, & que l'on fît dans les flèches les retranchemens marqués fig. 2, alors ce Fort ne pourroit être réduit que par un siège en règle : des tours angulaires placées dans les redoutes à flèche d'un camp retranché auroient le même avantage.

On jugera de quelle utilité peuvent être les redoutes à flèche pour la défense des camps retranchés, par les détails suivans de celui de la Vezouzière dans l'Isle d'Oléron, qu'on donne pour exemple.

Camp retranché de la Vezouzière dans l'Isle d'Oléron, exécuté en 1761.

La Planche III est une Carte Topographique du terrein, avec le plan des retranchemens de ce camp, dont la droite & la gauche sont appuyés à des marais salans rendus impraticables : on voit en avant, n°. 1, la redoute de la Vezouzière, qui renferme un colombier, dont les murs, ainsi que ceux de la maison qui se trouve en arrière, furent crenelés ; le moulin nommé du Caillot se trouvoit renfermé dans la redoute n°. 2 ; la redoute n°. 3 étoit couverte d'un bras du marais qui en rendoit l'accès difficile ; celle n°. 4, placée au centre, n'étoit destinée qu'à prendre des revers sur la ligne, & à défendre les angles 11 & 12 ; de même que la lunette avancée 10 devoit défendre une des faces des angles n°s. 8, 9, tandis que les autres faces étoient défendues en dedans & en dehors par les redoutes 2 & 3, au moyen de la discontinuité des parapets des retranchemens 14 & 15 : ces mêmes angles 8, 9 défendoient les grandes faces des redoutes 5, 6 ; enfin les redoutes 16, 18 défendoient à la gauche les bords du marais, ainsi que les redoutes 17 & 19 défendoient les bords du marais de la droite.

Il y avoit dans l'Isle sept bataillons, dont quatre de troupes réglées, un de Milice & deux de Gardes-côtes, ayant chacun sous les armes six cents trente à six cents quarante soldats, faisant quatre mille quatre à cinq cents hommes ; & de plus un escadron de cent soixante Dragons : on avoit encore rassemblé six cents Sauniers pour la défense des marais.

Tome IV.
Pag. 11.
13.
14.
16.
17.
18.
19.

230 MÉMOIRES

Tome IV, On détacha de chaque bataillon la compagnie de Grenadiers & cinq pi-
Pag. 20. quets de quarante hommes chacun, faisant deux cents quarante hommes;
il restoit aux Drapeaux environ trois cents quatre-vingt-dix hommes; & les
sept bataillons fournirent quarante-deux détachemens, tant compagnies de
Grenadiers que piquets.

21. Suivant les dispositions qui furent faites pour la distribution des troupes, il devoit y avoir trois piquets dans chacune des redoutes 1, 2, 3; six piquets également distribués pour la défense des parapets 20, 21, 22, attenant ces redoutes; deux piquets dans la redoute 4 du centre; une compagnie de Grenadiers & trois piquets dans chacun des retranchemens 5, 6; une compagnie de Grenadiers & un piquet dans chacun des redents 8, 9; trois piquets pour les retranchemens 16, 18; une compagnie de Grenadiers & cinq piquets pour les retranchemens 17, 19; deux piquets pour les parties de retranchemens 14, 15; un détachement de l'escadron de Dragons & une compagnie de Grenadiers pour la maison n°. 7; une compagnie de Grenadiers placée en réserve derrière la pièce n°. 10 : les bataillons devoient être placés en colonne, un de Gardes-côtes derrière la maison n°. 7; l'autre de Gardes-côtes derrière la redoute n°. 3; deux bataillons de troupes réglées derrière la redoute 4 du centre, & deux derrière la redoute du Caillot n°. 2; le bataillon de Milice destiné pour la garde de la Citadelle & pour les postes le long de la mer.

22. Dans cette disposition, les corps sont placés en réserve, prêts à tout, suivant les progrès de l'ennemi : les piquets & Grenadiers peuvent se porter en force dans les parties attaquées, en dégarnissant les parties non menacées. Il n'est pas possible de supposer que l'ennemi s'engage dans le rentrant formé entre la redoute 1, le retranchement 6, & le redent 17 : s'il prenoit ce mauvais parti, les détachemens se replieroient, le laissant avancer toujours sous leur feu & sous celui des redoutes, jusqu'à ce que parvenu en dedans

23. de la dernière ligne (si toutefois il persistoit à avancer autant), les bataillons placés en colonne pussent le charger; alors ce seroit avec l'avantage que doivent avoir des troupes fraîches & en bon ordre, secondées par le feu des redoutes, sur des troupes nécessairement en désordre par les pertes considérables qu'elles auroient essuyées : les détachemens s'étant jettés dans les redoutes, il se trouveroit dans chacune plus de cinq à six cents hommes; l'on ne peut rester sous un pareil feu; & le parti de la retraite seroit évidemment le seul que l'ennemi auroit à prendre.

Il n'y a donc que l'attaque des redoutes que l'on puisse tenter en commençant par celle de la Vezouzière, qui se trouvera à la tête des retranchemens; mais qu'on examine de quelle résistance une pareille pièce est susceptible, soutenue par deux, quatre, six bataillons, s'il est nécessaire; il est visiblement de toute impossibilité de les prendre l'épée à la main : peut-on espérer dans

24. des lignes continues, & par les dispositions qui y sont relatives, une résistance comparable à celle-ci? Il est possible cependant, dans ce nouveau Système, de multiplier encore les obstacles, sans exiger d'autres points d'appui, ni plus de troupes pour les soutenir.

Le camp de l'Isle d'Oléron, dont on vient de donner le détail, n'avoit pas tous les retranchemens qui avoient été projettés. La Carte Topographique,

Planche IV, fait connoître ce camp retranché dans toute son étendue; les projets y sont faciles à distinguer, n'étant marqués qu'en simples hachures; au lieu que les retranchemens qui furent exécutés, sont marqués par des hachures croisées: les mêmes hommes auroient occupé les ouvrages les plus avancés; les détachemens des angles, n°s. 5 & 6, y laissant quinze hommes & un Sergent, auroient occupé les angles 23, 23; ceux des angles 8, 9 se seroient portés aux angles 25, 25; & ainsi des autres. On remarquera plusieurs retranchemens dans les marais salans, pour les rendre tout-à-fait inaccessibles à l'ennemi; les sauniers auroient été chargés de la défense de ces derniers retranchemens: l'espace occupé par le camp retranché, étoit le seul par où l'ennemi eût pu tenter de pénétrer; & l'on a vu de quelle résistance il est capable.

Par sa position, le camp de la Vezouzière a l'avantage de découvrir non-seulement la Ville, mais encore la pointe d'Ors, vis-à-vis le Fort de Chapus; ce qui assure la communication avec le continent: c'est le grand motif qui a fait préférer cette position pour l'occuper. Quelques Commandans de cette Isle avoient pensé que la position du lieu appellé Montraville devoit être préférée, comme étant plus resserrée & plus près de la Ville; ayant jugé la position de la Vezouzière trop étendue, sans doute qu'ils n'avoient pas saisi tous les avantages de cette dernière position, comme assurant la communication avec le continent. Il est vrai que pour juger des avantages de cette position, il faut avoir en soi les moyens de la fortifier & de la défendre autrement que par une ligne continue, bordée d'Infanterie à trois ou quatre de hauteur.

OBSERVATIONS.

Il est depuis long-tems reconnu, que les retranchemens continus d'une grande étendue, & les longues lignes, ne peuvent opposer qu'une très-foible défense; mais il n'y a pas d'apparence que jamais ç'ait été dans la vue de mieux résister qu'on a donné aux lignes un très-grand développement; c'étoit plutôt pour défendre une grande étendue de terrein, par où il étoit important d'empêcher l'ennemi de pénétrer. On suit aujourd'hui d'autres principes dans la défense des passages fort étendus, en se retranchant dans de bonnes positions où l'on peut être en force, & à portée de s'opposer aux incursions de l'ennemi.

Si les principes généraux de l'Auteur, sur les retranchemens, ont le mérite de la brièveté, ils n'ont pas également celui de l'exactitude: une seule pièce de canon, enfilant le débouché que doit suivre une colonne d'Infanterie, pour parvenir à l'attaque d'un retranchement, ou pour effectuer un passage intéressant, produira une grande destruction dans cette colonne; ce ne sera certainement pas, dans cette circonstance, par *sa quantité*, mais par sa bonne position, que le feu du canon aura un effet très-distinctif : telle autre circonstance peut encore se rencontrer, où une troupe arrivant à portée d'un retranchement, ou tombant dans une embuscade, se trouve tout-à-coup enveloppée de feux qui la forcent à une prompte retraite; ce ne sera pas alors *par sa durée* que le feu des retranchemens aura fait essuyer dans quelques instans une très-grande perte à la troupe assaillante.

Pour opposer de grands obstacles, on propose des retranchemens, nommés redoutes à flèche, qu'il faut examiner.

Des Redoutes à flèche.

Ces redoutes, en effet, comme l'observe l'Auteur, ne sont pas faites pour être isolées; car la redoute proprement dite (Pl. I, fig. 1) étant d'abord attaquée & prise, la flèche, ainsi que le couvre-face ne pourroient plus opposer aucune défense. Cette partie nommée la redoute se trouve fort affoiblie par sa coupure du côté de la gorge de la flèche; indépendamment des accès que cette coupure donne dans la redoute, par les intervalles qui séparent le parapet retiré f des parties de la face coupée, les deux profils de la coupure donnent encore des accès très-favorables à l'ennemi.

Appliquées aux retranchemens & aux lignes (Pl. I, fig. 1), ces redoutes ne sont pas d'une bien meilleure défense : le couvre-face, détaché de la ligne, peut être attaqué par la gorge; ses faces ne reçoivent de la ligne qu'une défense très-oblique; les traverses affoiblissent cette pièce en ce qu'elles diminuent les feux des faces, rompent l'ensemble des troupes qui l'occupent, sans être susceptibles d'aucun effet pour la défense : il a déja plusieurs fois été observé que des traverses dans des ouvrages en terre, pouvant être attaquées par-derrière, ne sont d'aucune défense; &, à plus forte raison, quand les ouvrages, comme dans le cas présent, peuvent être attaqués par la gorge.

Dès que l'ennemi sera parvenu dans les espaces triangulaires formant les fossés des flancs du couvre-face, les troupes destinées à la défense du couvre-face seront forcées de l'abandonner, se voyant au moment d'avoir leur retraite interceptée par l'entrée de l'ennemi dans le fossé de la flèche : dans le même tems que l'ennemi pénétrera dans l'intérieur des lignes par les intervalles qui les séparent de la redoute, il fera avancer dans le fossé de la gorge de la flèche des troupes qui forceront celles destinées

à

SUR LA FORTIFICATION PERPENDICULAIRE. 233

à la défenſe de cette pièce de ſe rendre à diſcrétion, ſuppoſé que leur retraite n'ait pas prévenu l'arrivée de l'ennemi dans ce foſſé. On voit que la redoute proprement dite, avec les accès ci-deſſus obſervés qu'elle préſente à l'ennemi, n'oppoſera pas une grande réſiſtance ; mais quand il s'en ſera emparé, elle pourra lui ſervir d'appui contre les réſerves & autres corps de troupes raſſemblés dans les retranchemens.

Les paliſſades feront peu d'obſtacle aux mouvemens de l'ennemi dans les foſſés ; une attaque de retranchement eſt ordinairement précédée d'une canonnade dirigée pour éloigner les troupes des parapets & pour dégrader les paliſſades ; quelques ouvriers avec des haches achèvent de détruire, pendant l'attaque, celles qui peuvent gêner les manœuvres.

On remarquera que l'ennemi s'empare de la redoute, & pénètre dans l'intérieur des lignes, ſans avoir aucun parapet à franchir. Le chemin couvert ne devant pas être occupé, ſon parapet ne peut être compté pour un obſtacle à ſurmonter.

Dans la défenſe des retranchemens, les feux de revers ſont dirigés vers l'extérieur des parapets, pour battre l'ennemi obliquement & par-derrière quand il veut monter ſur les parapets, ou en approcher. Des feux ſemblablement dirigés vers l'intérieur des parapets des retranchemens, ſont auſſi des feux de revers ; mais ce ſont alors des feux offenſifs que dirige l'ennemi contre les troupes qui bordent les parapets des retranchemens ; la flèche & la redoute du retranchement propoſé ſe trouvant dans l'intérieur des lignes, ne ſauroient en découvrir l'extérieur des parapets : on ne conçoit donc pas ce que M. le Marquis de M. peut avoir entendu, en diſant que la flèche & la redoute prennent des revers de droite & de gauche ſur les lignes dont elles font partie.

Les retranchemens caſematés & ſans caſemates, marqués au plan de la flèche, fig. 2, deviennent d'autant plus inutiles, que cette pièce, ainſi qu'on l'a déja remarqué, doit naturellement être attaquée par la gorge.

Quelle défenſe pourroit-on attendre du Fort, fig. 3, les pièces joignant les flèches pouvant également être attaquées par leurs longs profils & par leurs gorges, l'ennemi pénétrant dans l'intérieur du Fort, ſans avoir aucun parapet à franchir ?

Camp retranché de la Vezouzière, dans l'Isle d'Oléron, exécuté en 1761.

Il semble que, dominé par un esprit de critique, tout dans l'ouvrage que j'examine doive me paroître contraire aux bons principes; mais ne seroit-il pas possible aussi, que M. le Marquis de M. ayant voulu s'éloigner en tous points des méthodes reçues, s'est en effet constamment égaré dans la marche difficile qu'il a entreprise? Quoi qu'il en soit, au premier aspect de la Carte où se trouve marqué le camp retranché de la Vezouzière, Planche III, le terrain m'a paru tout-à-fait mal saisi.

La position offre sur la hauteur, depuis le n°. 16 jusqu'au n°. 17, un terrain appuyé aux marais salans, & en partie couvert par ces marais; le terrain immédiatement en avant devient beaucoup plus resserré dans la partie où se trouve la cense de la Vezouzière. Pour profiter des avantages de cette position, les retranchemens devoient naturellement être disposés de façon que l'ennemi ne pût les attaquer sans découvrir ses flancs: on se seroit procuré cet avantage, si, appuyant la droite & la gauche aux points 16 & 17, comme l'a fait M. le Marquis de M., le reste des retranchemens eût été disposé de manière à former un rentrant en arrière de ces points; ce n'est que sur le terrain qu'on peut déterminer le détail du tracé d'un retranchement. Mais il paroît qu'une bonne redoute, telle que celle dont on a fait mention dans les Observations sur le Chapitre IIe du second Volume, ayant une fraise sur la berme, trois ou quatre rangs de puits en avant de son fossé, convenablement pourvue d'Artillerie, étant placée à chacun des points 16 & 17, auroit très-bien appuyé la droite & la gauche du retranchement, dont l'ennemi n'auroit pu approcher le front sans être enveloppé du feu de l'Artillerie de ces redoutes. Au lieu de cette disposition rentrante, on a au contraire porté en avant un front de retranchement, sans appuis, sans étendue & sans force. Remarquez l'effet qu'auroit produit l'Artillerie de l'ennemi placée dans les prolongemens des longues branches des retranchemens 5, 6; il auroit encore placé plus avantageusement quelques pièces de canon entre le moulin de la Paré & la gauche du retranchement: ces pièces auroient battu par-derrière le retranchement n°. 22, auroient découvert presque tout l'intérieur du retranchement avancé, & auroient pris des revers sur toute l'étendue 6, 9, 21;

SUR LA FORTIFICATION PERPENDICULAIRE. 235

quelques pièces de canon que l'ennemi auroit aussi fait avancer vers les cenfes de Lardillière, auroient pris des revers fur toute la partie 5, 8, 20. Quelle réfiftance auroit pu oppofer un retranchement ainfi foumis de tous les côtés aux feux de l'ennemi, & dont le front tout ouvert ne lui eût pas préfenté un parapet à franchir, pour s'emparer de la redoute à flèche deftinée à en défendre l'accès ? Le bataillon en réferve derrière la maifon 7, fe feroit hâté de chercher un abri contre les feux de l'ennemi, dans la maifon où les boulets auroient bientôt pénétré de toutes parts, ainfi que dans le pigeonnier. On propofe de faire avancer tous les bataillons en réferve, pour foutenir la redoute de la Vezouzière; l'ennemi n'auroit pu défirer une manœuvre qui lui fût plus avantageufe, puifqu'elle lui auroit procuré le moyen de détruire ces bataillons par le feu de fon Artillerie, qui auroit pénétré de tous côtés, comme on vient de le voir dans l'intérieur du retranchement avancé 8, 5, 6, 9.

On ne voit pas quel étoit l'objet des ouvertures laiffées aux parties du retranchement 14 & 15; les feux de ces parties fans ouvertures auroient eu bien plus d'effet que ceux des redoutes dirigés par ces ouvertures; l'exécution des feux des redoutes fuppofe les parapets reftans des deux parties 14, 15 abandonnés; & les ouvertures mettent tout-à-fait à découvert les flancs des parties 20 & 21, qui étant enfilées par les batteries de l'ennemi, avoient effentiellement befoin que leurs flancs fuffent couverts.

Dans une attaque de retranchemens qui feroient défendus par des redoutes à flèche, l'ennemi devra naturellement pénétrer dans l'intérieur par les foffés des redoutes, dont il fe rendra maître en entrant dans le retranchement; ces redoutes ne pourroient conféquemment diriger des feux fur l'ennemi, dans l'intérieur du retranchement. Au camp retranché de la Vezouzière, les accès que préfentoient à l'ennemi les ouvertures laiffées fur les flancs des retranchemens, ne l'auroient pas empêché de s'emparer d'abord des redoutes. La prétendue défenfe des redoutes à flèche, dirigeant leurs feux contre l'ennemi dans l'intérieur du retranchement, ne peut donc, dans aucun cas, avoir lieu.

Il faut encore remarquer que, fuppofant les défenfeurs des retranchemens forcés d'abandonner les lignes qui joignent les redoutes, l'on ne peut en même-tems fuppofer qu'ils fe maintiendroient à découvert affez près du front des retranchemens pour protéger les redoutes, qui conféquemment refteroient ifolées

& abandonnées à leurs propres forces; de bonnes redoutes même dans une femblable pofition, dominées par les troupes ennemies qui monteroient fur les parapets des lignes collatérales, ne pourroient oppofer aucune réfiftance.

Les feux des redoutes propofées ne pourroient être dirigés que contre les troupes deftinées à la défenfe du retranchement, fi elles ne s'en mettoient à l'abri par une prompte retraite.

A l'approche de l'ennemi, du dernier retranchement du camp de la Vezouzière, les bataillons en réferve derrière ce retranchement, n'auroient pu trop hâter leur retraite, dans la jufte crainte de n'être plus à tems de gagner la Citadelle, s'ils euffent voulu oppofer quelque réfiftance dans l'intérieur du retranchement.

La Pl. IV fait voir le plan du camp de la Vezouzière avec tous les retranchemens projetés. On conçoit aifément, à l'infpection du développement immenfe de tous ces retranchemens, qu'avec le nombre de troupes qui fe trouvoient dans l'Ifle, il n'étoit pas poffible que tous ces retranchemens fuffent en même-tems occupés. Les difpofitions projetées de porter d'abord les troupes dans les parties avancées, pour les replier fucceffivement fur les retranchemens intérieurs, n'étoient pas fans de très-grands inconvéniens. Si les troupes avancées devoient fe retirer après leurs premières décharges, ainfi que la foibleffe des premiers retranchemens femble l'indiquer, ces retranchemens devenoient alors plus contraires que favorables à la défenfe, en ce qu'ils auroient mafqué les feux des retranchemens intérieurs, & auroient fourni à l'ennemi des points de raliement derrière leurs parapets. Voyez, par exemple, quel auroit été l'effet des feux des fronts 5, 6 (Planche IV), après la prife ou l'abandon des retranchemens 22, 23. Si les troupes dans les retranchemens avancés euffent voulu en opiniâtrer la défenfe, l'ennemi, qui les auroit fuivis de près dans leur retraite, ne leur auroit pas donné le tems de fe rallier, ni, à plus forte raifon, d'occuper les parapets des feconds retranchemens pour les défendre.

Ce feroit encore généralement une mauvaife difpofition que de dégarnir, comme on le propofe, des parties occupées des retranchemens, pour en porter les troupes aux points attaqués. Dans la plupart des attaques des retranchemens, il fe fait de fauffes attaques; & c'eft par celles-ci qu'on commence: enforte que les troupes portées aux premiers points attaqués, laifferoient fans défenfe ceux où l'ennemi doit faire fes principaux efforts;

il est essentiel que les parties susceptibles d'être attaquées soient constamment en état de défense. C'est par les réserves qu'il convient de fortifier les parties qui ont besoin de secours.

La disposition générale, le détail du tracé, & la distribution des troupes du camp retranché de la Vezouzière, étoient, comme l'on voit, également contraires aux principes d'une bonne défense.

N'ayant jamais été dans l'Isle d'Oléron, je ne saurois avoir une opinion décidée sur la position qu'il convenoit d'occuper en 1761. Il paroît que le principal motif qui détermina d'occuper la position de la Vezouzière, fut la conservation de la pointe d'Ors, pour communiquer avec le continent; cette pointe ne fut cependant pas alors retranchée. La batterie qui y est marquée, n'étant qu'un projet, n'eût-il pas été possible que l'ennemi eût abordé à cette pointe, à la faveur du chenal d'Ors? Dans ce cas, à quoi auroit servi le camp, même bien retranché, de la Vezouzière?

CHAPITRE DEUXIÈME.

CITADELLE D'OLÉRON.

Son état avant les travaux commencés en 1758, comparé avec celui où elle avoit été mise en Juin 1761, & avec celui où elle a été laissée en Novembre de la même année.

EXTRAIT.

La Ville n'est d'aucune défense par elle-même (Planche IV); la Citadelle présente deux fronts bastionnés, du côté de la terre; sur celui de la droite on a anciennement placé un ouvrage à cornes, dont la branche droite & le pâté 4 dirigeoient des feux croisés sur le glacis de la Citadelle. C'est sans doute pour ne pas nuire au bon effet de ces feux, qu'on avoit arrêté le rempart d'enceinte de la Ville, à l'endroit marqué 2, Planche VI, fig. 1; mais ce grand avantage n'avoit apparemment pas été senti par ceux qui ont eu ordre de travailler à augmenter les défenses de la Citadelle, puisqu'ils ont continué ce rempart jusqu'à la palissade du chemin couvert de la Citadelle, fig. 2, 3, 4; ils ont également méconnu que l'isolement du pâté en faisoit toute la force, & y ont fait une communication partant du rempart de la Place. L'on voit, fig. 3, tout ce travail fait en 1759, 1760, jusqu'en Juin 1761, époque où M. le Marquis de M. arriva dans l'Isle. Pour remédier aux mauvaises dispositions de ces travaux, ce Général commença par faire couper le rempart à l'angle rentrant 2, élever la face de la nouvelle pièce 15, ifoler le pâté 4; enfuite on établit les pièces 13, 14. Le plan, fig. 4, fait voir ces nouvelles difpofitions, qui fe trouvèrent exécutées le 5 Octobre.

Ce font des occafions malheureufement trop fréquentes que celles où des Commandans ne fe trouvent pas en état d'appercevoir les défauts de leurs Places, & d'y porter remède : il eft cependant des reffources infinies dans ces travaux qu'un Commandant peut faire exécuter par fa Garnifon. Les projets pour la Ville de Saint-Martin de l'Ifle de Ré, propofés en 1761, qui pouvoient s'exécuter feulement avec la pelle & la pioche, repréfentés Planche VIII, ferviront d'exemple de ce qu'on peut faire dans de femblables circonftances.

OBSERVATIONS.

Les deffeins que donne M. le Marquis de M. font très-fuffifans pour remplir fon objet de faire connoître les travaux qu'il fit exécuter pour la défenfe de la Citadelle d'Oléron ; mais ils ne fauroient fuffire, n'y ayant aucun profil du terrein pour faire juger quels pouvoient être les ouvrages qui y auroient le mieux convenu. Il faut donc fe borner à quelques obfervations qui fe préfentent naturellement fur l'énoncé qu'on donne de l'objet des travaux qui furent exécutés, & à l'infpection de leur plan.

En détachant (Planche VI) le pâté 4 de fa communication, fa défenfe ne peut être devenue meilleure, ne fe trouvant pas fermé du côté de fa communication ; mais la coupure faite à cette communication, laiffe un paffage pour battre l'intérieur du pâté de deffus la partie du rempart de la Ville qui fe termine au point 2.

Ce n'eft vraifemblablement pas pour rétablir le paffage des feux que l'ouvrage à cornes pouvoit diriger fur les glacis de la Citadelle, qu'on a fait au nouveau rempart les ouvertures qui le détachent de la pièce 14. Il femble que la partie fupprimée du nouveau rempart, depuis le bout de la face gauche de la pièce 14, auroit laiffé affez d'ouverture pour permettre la direction de quelques feux de l'ouvrage à cornes fur les glacis de la Citadelle; mais la face gauche de la pièce 13, portée en avant, oppofe un plus grand obftacle aux feux que l'ouvrage à cornes auroit pu diriger fur les glacis, que la partie fupprimée du nouveau rempart; à quoi donc ont remédié les dernières difpofitions? Si la pièce 13 a peu de relief, elle n'eft d'aucune défenfe; fi fon parapet a quelque élévation, elle tiendra lieu à l'ennemi de cavalier de tranchée pour chaffer les affiégés de leurs chemins couverts.

SUR LA FORTIFICATION PERPENDICULAIRE. 239

Dans l'état où se trouvoient les Fortifications des Ville & Citadelle d'Oléron, avant les travaux de 1759 (fig. 1), il paroît que la Ville n'étoit pas fermée, & que l'ennemi pouvoit y entrer sans faire aucune disposition de siége; le rempart 2, 3, fig. 3 & 4, remédioit à ce défaut essentiel de la Fortification de la Ville: cette nouvelle partie de rempart étoit défendue par la demi-lune 7, par le couvre-face 8, & par presque tous les feux du front de la gauche de la Citadelle; on voit que la pièce 13 intercepte une très-grande partie de ces feux. Sans un plus long examen, il est aisé de juger que les Ville & Citadelle d'Oléron étoient, le 15 Juin 1761, dans un meilleur état de défense qu'au mois de Novembre de la même année.

Jettons un coup d'œil sur les projets des Ville & Citadelle de Saint-Martin de l'isle-de-Ré, proposés en 1761, représentés Planche VIII; on remarquera d'abord en avant de la Citadelle un couvre-face général, dont le fossé sera pour l'ennemi une très-bonne place-d'armes: tous les défauts de cette espèce de défense ont été ci-dessus suffisamment relevés. Après le couvre-face, l'ennemi aura à passer un très-large avant-fossé, qui a pour toute défense les flancs de la pièce 8, qui domine sur tous les ouvrages avancés; son Artillerie à double rang, & toutes ses défenses seront détruites par les batteries des tranchées, avant l'établissement de l'ennemi sur le couvre-face général: cette pièce en terre, dont le pied des talus est très-imparfaitement défendu, n'opposera aucun obstacle à l'entrée de l'ennemi dans cet avant-fossé, qui lui servira de nouvelle & très-ample place-d'armes, très-avantageuse pour l'attaque du front de la Citadelle.

C'est peut-être dans la vue de remédier aux défauts des angles morts, qu'on a pratiqué dans les rentrans du parapet projeté en avant des glacis de la Ville, des coupures, la plupart défendues par des traverses; mais ces coupures forment, pour pénétrer derrière les parapets, des passages auxquels les traverses n'opposeroient que peu d'obstacles: le fossé du parapet projeté seroit une parallèle pour l'ennemi. Les flèches sur les capitales des demi-lunes, portées trop en avant, très-mal défendues, seroient aisément attaquées par la gorge. Toutes ces flèches ne sont défendues que par le parapet avancé, susceptible d'être attaqué de vive force en même-tems que les flèches; & ce parapet intercepte les feux que le chemin couvert & les demi-lunes dirigeroient avec succès pour la défense des flèches, si elles étoient convenablement placées.

CHAPITRE TROISIÈME.

Nouvelles Lignes de circonvallation & de contrevallation.

EXTRAIT.

Tome IV, Pag. 57.

L'établissement & la défense des lignes de circonvallation sont un écueil où l'Art défensif a toujours échoué; une ligne continue, à redens ou à bastions, ou partie à redens & partie à bastions, est la composition universelle de cette sorte de retranchement : de même que la disposition universelle pour les défendre, est d'étendre les bataillons le long de leur parapet, sur trois ou quatre de haûteur, en conservant toutefois, quand on le peut, un corps de réserve, dans la vaine espérance que l'action de ce corps sera assez prompte & assez vigoureuse pour chasser les attaquans des parties où ils auroient pu pénétrer. L'insuffisance de ces méthodes est reconnue. Les principes établis au Chapitre précédent indiquent ce qu'il faut faire pour augmenter infailliblement la résistance de ces lignes ; présenter des points plus forts, séparés par des rentrans dans lesquels on ne peut pénétrer sans un grand défavantage, sont les conditions à remplir, conformément aux règles ci-dessus établies.

58.

Des redoutes à flèche disposées comme on le voit Planche X, soutenues, comme elles sont susceptibles de l'être, paroissent avoir les plus grands avantages pour la défense d'une grande étendue de terrein. On connoît par le Chapitre précédent de quelle résistance ces redoutes sont capables par elles-mêmes : il ne reste qu'à faire connoître le degré de force qu'elles peuvent acquérir par la disposition des troupes destinées à les défendre.

59.

Disposition pour la défense des nouvelles Lignes.

60.

On suppose que la Place est un octogone, qu'elle est située dans un terrein uni, traversée par une petite rivière; que l'Armée assiégeante est composée de soixante-quatre bataillons & quatre-vingt escadrons; la circonférence de la circonvallation de huit mille cinq à six cents toises sera défendue par seize redoutes à flèche, ainsi qu'il est marqué Planche X.

L'ennemi ne peut former le dessein d'entreprendre sur des lignes, sans venir préalablement camper à deux ou trois lieues de distance d'elles, un ou deux jours avant son attaque; alors il est décidé par sa position quelle est la demi-circonférence qu'il a choisie pour la faire; l'on ne laissera donc que six bataillons & douze escadrons pour la défense du côté qui ne devra pas être attaqué; les six bataillons détacheront chacun six piquets de quarante hommes, pour border les lignes entre les redoutes.

On destinera pour la garde de la tranchée & le parc de l'Artillerie six bataillons & huit escadrons.

Les huit redoutes de la circonférence menacée seront défendues par seize bataillons, deux dans chacune, dont les drapeaux seront dans les redoutes,

mais

SUR LA FORTIFICATION PERPENDICULAIRE. 241

mais qui détacheront, comme les précédens, chacun six piquets, pour border de chaque côté les parties des lignes marquées a.

Des trente-six bataillons qui resteront, on formera neuf brigades de quatre bataillons chacune, & l'on supposera que l'ennemi ayant formé trois colonnes, les dirige sur trois points, dans le dessein d'attaquer à-la-fois trois redoutes ; alors on soutiendra chacune de ces redoutes par trois brigades placées par demi-bataillon en colonne derrière chaque redoute, sur le prolongement de leurs faces latérales, & huit escadrons seront placés faisant face aux lignes, remplissant chaque intervalle entre les colonnes d'Infanterie, comme il est marqué sur le plan.

Les douze bataillons en colonne, soutenant chaque redoute, détacheront chacun une compagnie de Grenadiers & deux piquets, pour aller border les parties marquées c, du milieu des lignes entre les redoutes ; de manière qu'ils appuyeront de droite & de gauche aux parties de la ligne marquée a ; l'Artillerie du parc sera placée à droite & à gauche de chaque redoute, le long des lignes a ; celle des Régimens, partie dans les redoutes, partie le long des lignes c, partie garnissant les retours des lignes, ou les flancs marqués b.

Il est visible que l'ennemi ne peut éluder l'attaque des redoutes ; s'il tentoit de diriger ses colonnes dans l'intervalle qui les sépare, après avoir percé la ligne, il se trouveroit dans un rentrant où il lui seroit impossible de se maintenir ; le feu des redoutes, celui des colonnes, joints à l'attaque en face de la Cavalerie, détruiront en peu d'instans ce qui auroit pu échapper au feu des Fusiliers & de l'Artillerie des lignes : on sent bien d'ailleurs que des lignes de cette espèce ne peuvent véritablement être forcées qu'après la prise des redoutes ; les lignes qui les lient, ne sont ici que des accessoires qui ajoutent à leurs avantages, sans y être intrinséquement nécessaires.

Mais, d'un autre côté, quelle difficulté d'emporter de vive force des redoutes de cette espèce, soutenues par une Armée ? Rien de plus rare dans l'Histoire que des redoutes ordinaires placées sur le front d'une Armée emportées de vive force : que seroit-ce donc de celles-ci ?

Pour assiéger une grande Ville, il faut une Armée d'observation supérieure, indépendamment de l'Armée uniquement destinée pour le siége. Les lignes de circonvallation ont été imaginées pour suppléer à l'Armée d'observation ; le seul tort qu'on ait eu, en les adoptant, c'est de n'en avoir pas imaginé de meilleures : ce tort-là ne peut se réparer dans celles-mêmes qui ont été les mieux exécutées, puisqu'il tient à la méthode.

L'évènement de la levée du siége de Turin, en 1706, a démontré la nécessité d'employer de puissans moyens défensifs dans des opérations de cette importance ; les fautes furent multipliées à ce siége : l'Armée assiégeante étoit composée de soixante-huit bataillons, quatre-vingt escadrons ; un corps nombreux d'Artillerie, 108 pièces de canons & 50 mortiers. La circonvallation se fit avec la plus grande négligence ; les assiégés conservèrent l'usage d'une des portes de la Ville pendant plus d'un mois après l'arrivée de notre Armée ; le front d'attaque fut fort mal choisi ; la tranchée ouverte du 2 au 3 Juin, ne put être conduite, avec vigueur, vis-à-vis d'une garnison de treize à quatorze mille hommes qui étoient dans la Ville ; sur-tout l'Armée assiégeante se trouvant affoiblie par un détachement de 18 bataillons & 50 escadrons, que prit

Tome IV.

62.

63.

64.

65.
315.

316.

H h

Tome IV, pag. 317.

le Général, pour aller, sans objet raisonnable, à la poursuite du Duc de Savoie. Ce Général ne revint devant Turin que le 6 de Juillet, ayant laissé son détachement sous les ordres du Comte d'Aubeterre.

323.

Le 28 Août, le Duc d'Orléans & le Maréchal de Marsin arrivèrent au camp, trouvèrent les travaux du siége fort peu avancés ; le Duc de Savoie & le Prince Eugène étoient en marche, avec une forte Armée, pour secourir la Ville. Le Duc d'Orléans assembla un Conseil de Guerre : ce Prince étoit d'avis qu'on allât au-devant de l'ennemi ; l'avis du Maréchal de Marsin, d'attendre l'ennemi dans les lignes, prévalut.

327.

Le Duc de Savoie passa la rivière de Doire le 6 de Septembre ; & par la position qu'il occupa entre cette rivière & la Stura, à une demi-lieue de notre camp, l'on ne put douter que son attaque ne fût décidée entre ces deux rivières ; ce qui paroissoit avantageux pour l'Armée assiégeante : l'espace n'étoit pas bien étendu ; les lignes se trouvèrent très-imparfaites dans cette partie ; elles n'étoient presque que tracées ; & l'on négligea d'y faire passer un nombre de troupes suffisantes pour occuper tout l'intervalle des deux rivières.

336.

La défense de ces mauvaises lignes fut d'abord des plus vigoureuses ; mais les ennemis repoussés, s'apperçurent qu'une partie de la ligne étoit sans défense ; la droite de nos troupes ne s'étendoit pas jusqu'à la rivière ; ils firent marcher vers cette partie une colonne d'Infanterie qui y pénétra sans obstacle, suivie de toute leur Cavalerie : les brigades qui défendoient la ligne furent alors attaquées par le flanc ; il ne fut pas possible de résister ; l'on ne s'occupa que de la retraite. Le Duc d'Orléans reçut deux blessures dans cette action ; le Maréchal de Marsin y fut tué.

330.

On blâma le Maréchal de Marsin de ce qu'il avoit attendu l'ennemi dans les lignes ; il ne falloit le blâmer que de ce qu'il ne se hâta pas de perfectionner la partie des lignes où devoit se porter l'attaque, aussi-tôt qu'elle fut connue par la position des ennemis ; & sur-tout de ce qu'il ne fit pas passer un nombre suffisant de troupes dans cette partie.

OBSERVATIONS.

Dans les Observations du premier Chapitre, on a vu combien les redoutes à flèche sont de très-foibles retranchemens. L'ennemi, pour s'emparer des lignes proposées (Pl. X), pourra diriger ses attaques sur deux redoutes, & sur le centre de l'intervalle qui les sépare ; il parviendra avec facilité dans les redoutes, & entrera en même-tems dans l'intervalle qui les sépare ; les redoutes lui serviront, au besoin, de points d'appui contre les réserves ou autres corps qui pourroient être rassemblés dans l'intérieur des lignes. Si l'ennemi attaque les lignes uniquement par les intervalles qui séparent les redoutes, il trouvera le long des flancs marqués b, des passages pour se porter sur les flancs des troupes qui défendent les parapets des lignes : aussi-tôt qu'ils seront abandonnés, l'ennemi pourra placer sur les talus extérieurs des flancs b, des Fusiliers

SUR LA FORTIFICATION PERPENDICULAIRE. 243

qui dirigeront leurs feux contre les redoutes ; il fera aussi monter sur les parapets des lignes d'autres détachemens pour diriger des feux plongeans dans les redoutes, qui ne tarderont pas à être abandonnées, même en ne suppofant pas d'attaque dirigée extérieurement pour s'en emparer. On voit à quoi se réduiroit la défense des prétendus rentrans, où l'ennemi se trouveroit engagé dans l'intérieur des lignes, s'il tentoit d'y pénétrer par les intervalles qui féparent les redoutes.

De ce que la Place propofée pour exemple (Planche X) est traversée par une petite rivière, on conclut qu'aussi-tôt que l'Armée de fecours paroîtra devant les lignes, l'on sera assuré, par la position qu'elle occupera, du côté où se fera l'attaque. M. le Marquis de M. difpofe ses troupes en conféquence, avec une telle confiance, qu'il compare fa position dans les lignes à celle d'une Armée dont le front est couvert par des redoutes ; & qu'oubliant ce qu'il a dit au premier Chapitre, que ses redoutes à flèche ne sont pas faites pour être isolées, il ne regarde ici les lignes qui les lient que comme des accessoires qui ne leur sont pas intrinféquement nécessaires. Il est aifé de démontrer combien cette fécurité fur la détermination du front d'attaque feroit mal fondée.

En arrivant, l'Armée de fecours pourra camper à environ une lieue des lignes : son premier soin sera de jetter sur la rivière plusieurs ponts qui donneront la facilité de camper, si on le juge à propos, des deux côtés de la rivière ; cette difpofition ne peut avoir rien de dangereux vis-à-vis l'Armée affiégeante renfermée dans ses lignes, dont elle ne peut sortir qu'en défilant par les barrières. Le Général de l'Armée de fecours employera quelques jours à reconnoître l'état & les accès des lignes ; il enverra, toutes les nuits, des détachemens dans différens points, donner l'alarme, pour fatiguer l'Armée affiégeante : les difpositions apparentes feront les mêmes que les nuits précédentes, quand il fera question de la véritable attaque. Les détachemens deftinés à de fausses attaques feront assez de bruit pour attirer de leur côté beaucoup de troupes de l'Armée affiégeante, & pour couvrir celui de la marche des colonnes qui commenceront les véritables attaques de plusieurs côtés à-la-fois, environ une heure avant le jour. En fuivant ces difpofitions, il n'est pas possible que l'Armée affiégeante, menacée fur tout le développement de fes lignes, puisse se trouver en force dans les différens points où se porteront les attaques ; & il suffit qu'une des attaques réussisse pour mettre

Tome IV.

H h 2

le désordre dans toute l'Armée assiégeante, & l'obliger à lever le siége, attendu que, se trouvant resserrée entre la circonvallation & le feu de la Place, elle ne peut trouver une position favorable à son raliement, dans l'intérieur des lignes ; au lieu que les premières troupes de l'Armée de secours qui y auront pénétré, pourront marcher en très-bonne position, une de ses ailes couverte par le parapet des lignes, l'autre protégée par le feu de la Place.

Ces dispositions d'attaque sont à-peu-près conformes à ce qui est prescrit pour l'attaque des lignes de circonvallation, dans le 79ᵉ Chapitre des Mémoires du Marquis de Feuquière, qui prouve la justesse de ses principes, par les détails de plusieurs évènemens. On trouve entr'autres, dans ce même Chapitre, un détail abrégé très-intéressant du siége de Turin, en 1706, par lequel il paroît que le Duc d'Orléans arriva devant cette Place, avec toute son Armée venue de Lombardie, pour soutenir le siége. On y reconnoît les torts qu'eurent nos Généraux d'avoir mal choisi le front d'attaque, de n'avoir pas retranché & garni d'un nombre suffisant de troupes la partie où le Prince Eugène fit son attaque ; mais on y blâme sur-tout la faute capitale d'avoir renfermé une Armée supérieure à celle de l'ennemi, dans des lignes où l'on étoit sur le point de manquer de vivres.

L'objet des lignes est rarement de suppléer à une Armée d'observation ; on ne les construit le plus souvent que pour empêcher les petits secours de pénétrer dans la Place, & pour procurer du repos à l'Armée assiégeante, tout le tems qu'elle n'est pas menacée par une Armée de secours. Le meilleur parti qu'ait à prendre l'Armée assiégeante à l'approche de l'Armée de secours, c'est, après avoir pris les précautions convenables pour assurer la garde & le service des tranchées, d'occuper une bonne position hors des lignes, ou de marcher à la rencontre de l'ennemi pour le combattre. Si l'Armée assiégeante se trouve trop foible pour se présenter devant l'ennemi, elle doit, à son approche, lever le siége par une prompte retraite, pour éviter sa défaite, conserver son Artillerie & tous ses approvisionnemens.

Il seroit sans doute très-avantageux que des lignes de circonvallation pussent mettre en sûreté l'Armée qui s'y trouve renfermée ; le grand développement qu'ont ordinairement ces lignes, la facilité qu'a l'ennemi, de faire, sans aucun danger, tous les mouvemens qu'il juge à propos, & d'en dérober la connoissance à l'Armée assiégeante, rendent la défense des lignes de circon-

SUR LA FORTIFICATION PERPENDICULAIRE. 245

vallation généralement impraticable, ainsi que le Marquis de Feuquière l'a très-clairement prouvé dans ses Mémoires. Ces défauts inséparables du grand développement des lignes de circonvallation deviendroient plus sensibles par la foiblesse de leurs retranchemens proposés Planche X.

Mais s'il arrivoit que, par des dispositions locales, la plus grande partie du développement de la circonvallation fût inaccessible, ensorte que l'ennemi fût réduit à un petit nombre de points d'attaques, ces points étant bien retranchés, défendus par une nombreuse Artillerie, convenablement disposée pour en bien découvrir les accès, les inconvéniens du grand développement & l'incertitude des points d'attaques n'ayant plus lieu, l'Armée assiégeante pourroit alors attendre l'Armée de secours sans sortir de ses lignes, pourvu toutefois qu'elles fussent bien approvisionnées.

CHAPITRE QUATRIÈME.

Des Lignes de circonvallation en terrain irrégulier.

EXTRAIT.

372. Sur le plan de Philisbourg & des lignes de circonvallation qui furent exécutées pour le siége de cette Place en 1734 (Planche XI), on a tracé des lignes suivant le système proposé, pour servir d'exemple de l'application de ce nouveau système à un terrain irrégulier, & pour en faire la comparaison avec les anciennes lignes.

373. En suivant toutes les sinuosités de leurs parapets, les anciennes lignes de Philisbourg avoient un développement d'environ 8600 toises; leur profil exigeoit un déblai de trois toises cubes, par toise courante; des puits placés en avant, ayant sept pieds de profondeur, produisoient chacun un déblai de plus de trois quarts de toise cube de terre; il y en avoit deux dans trois toises; ce qui fait une demi-toise cube de déblai, par toise courante : comme il y en avoit dix rangs, leur déblai étoit de cinq toises cubes, par toise courante; l'avant-fossé étoit de deux toises cubes de déblai par toise courante; ensorte que la formation des parapets, des puits & de l'avant-fossé, produisoient ensemble un déblai de dix toises cubes par toise courante, & le déblai total, sur tout le développement des lignes, étoit de quatre-vingt-six mille toises cubes.

374. Le profil réduit des lignes proposées est d'une toise un tiers, par toise courante; leur développement, sans y comprendre les redoutes à flèches, l'enveloppe extérieure du quartier général, le retranchement extérieur de la droite, ni les lignes & redoutes intérieures, est de huit mille toises d'étendue;

elles donneront donc douze mille toifes cubes de fouille. On a vu dans le Chapitre premier que le déblai de chaque redoute à flèche eft de 696 toifes cubes; les feize comprifes dans la précédente enveloppe produiront 11136 toifes cubes : l'enveloppe extérieure du quartier général, le retranchement de la droite, les retranchemens intérieurs & les petites redoutes qui les foutiennent, produifent 1580 toifes cubes de fouille; ce qui feroit un total de 38216 toifes cubes, pour toutes les lignes & retranchemens propofés marqués fur le plan, au lieu de 86000 toifes cubes de déblai qu'ont exigé les lignes conftruites devant Philisbourg en 1734.

Cependant, quelle différence pour la force de l'une & de l'autre méthode? En quelque endroit que l'ennemi eût percé les lignes en 1734, il devenoit le maître de tout l'efpace qu'elles renfermoient : toute l'Armée Françoife derrière ces lignes, étoit, il faut l'avouer, dans une fituation des plus dangereufes, le Rhin derrière elle débordé pendant une partie du fiége. Il n'eft pas concevable comment le Prince Eugène a pu ne pas tenter cette grande fortune. Il avoit le fond de cent dix mille hommes; nous en avions beaucoup moins, & nous avions à garantir plus de huit mille fix cents toifes de retranchemens. Il faut douze hommes par toife courante, à quatre de hauteur feulement; ce qui feroit cent trente-deux mille hommes d'Infanterie pour border les retranchemens fur une ligne : comment auroit-on pu les border fur deux, ainfi que le prefcrit le Maréchal de Luxembourg? Ce feroit s'abufer étrangement que de compter en défendant des lignes continues fur d'autre obftacle à oppofer à l'ennemi que celui du feu; mais peut-il durer affez long-tems, être affez bien foutenu, pour écrafer la tête des colonnes; le foldat attaquant parvenu jufqu'au retranchement, en eft rarement repouffé : il faut des points d'appui néceffairement, il faut une feconde défenfe pour arrêter l'ennemi, celle du feu n'étant jamais fuffifante; cette feconde défenfe eft bien au-deffus de la première, il faut qu'il attaque les redoutes à flèche, & on a vu la réfiftance dont elles font capables.

OBSERVATIONS.

Il fuit des précédentes Obfervations que les redoutes à flèches ne portent prefque point de défenfe extérieure fur les parties des lignes qui les joignent; que leurs féparations d'avec les lignes donnent à l'ennemi des paffages pour fe porter dans l'intérieur de ces lignes fur les flancs des troupes qui les défendent; que les couvre-faces & les flèches étant ouvertes par leurs gorges, les troupes deftinées à les défendre font forcées de les abandonner à l'approche de l'ennemi; que les redoutes proprement dites préfentent des ouvertures & des profils fans défenfes du côté de l'ennemi, qui auroit encore l'avantage de diriger des feux plongeans dans ces redoutes de deffus les parapets des lignes.

Des retranchemens auffi complettement défectueux ne peuvent

SUR LA FORTIFICATION PERPENDICULAIRE. 247

sans doute entrer en nulle comparaison pour la défense dont ils seroient susceptibles, avec les lignes de Philisbourg, qui présentoient à l'ennemi un développement extérieur très-bien défendu, des saillans bien flanqués, des rangs de puits d'un passage très-difficile, devant nécessairement arrêter l'ennemi sous le feu des retranchemens ; ce qui auroit donné le tems de faire avancer les réserves vers les parties où se seroient portées les attaques, réduites à un petit nombre de points, par la bonne disposition de l'ensemble des retranchemens.

Puisqu'on ne peut comparer les défenses des lignes proposées à celles qu'auroient opposées les lignes exécutées sous Philisbourg, il paroît inutile de comparer le travail ou la dépense de ces différens retranchemens : ce qui produit la grande différence des déblais, ce sont les puits & l'avant-fossé des lignes de Philisbourg ; ces travaux extérieurs doivent être regardés comme un très-bon supplément ajouté fort à propos à la défense des lignes, dès qu'on ne manquoit pas de bras, ni de tems pour son exécution.

Remarquons cependant que le toisé qu'on donne des puits, paroît un peu forcé ; pour qu'un homme ne puisse se soutenir sur ses pieds dans le fond de ces puits, on évite d'y laisser une base dans le fond ; on les termine en pointe, c'est-à-dire, qu'ils sont de figure conique : si leurs circonférences au niveau du terrein se touchoient, les triangles curvilignes terminés par ces circonférences n'auroient pas assez d'étendue pour contenir les déblais ; il faut au moins deux pieds de distance entre les circonférences ; ensorte que, dans la supposition de deux puits dans trois toises, ils ne devoient pas avoir plus de huit pieds de diamètre au niveau du terrein ; on ne leur donne même pas communément une aussi grande ouverture ; leur profondeur étant de sept pieds, leur déblai étoit d'un peu plus d'une demi-toise cube par chaque puits ; & les dix rangs ne devoient produire qu'un déblai d'un peu moins de trois toises deux tiers par toise courante, au lieu de cinq toises cubes qu'on a comptées ; ce qui fait sur tout le développement supposé, un excédent de onze mille huit cents vingt-cinq toises cubes.

On ne soupçonne pas que ce calcul du déblai des puits ait été grossi à dessein ; le Calculateur qu'a employé M. le Marquis de M. nous en fournit lui-même la preuve. Dans le toisé du déblai des lignes proposées, leur profil est, dit-il, (page 374) d'une toise un tiers par toise courante, & leur étendue de huit mille toifes ; d'où l'on conclut qu'elles produiront douze mille toifes cubes de fouille ; le produit n'eft que de dix mille fix cents foixante-fix toifes cubes : cette erreur fe trouve au préjudice de l'intention qu'avoit fans doute le Calculateur de préfenter une grande différence entre les déblais des lignes exécutées à Philisbourg & ceux des lignes propofées.

Le calcul qu'on préfente du nombre des troupes néceffaires feulement pour border les parapets des lignes de Philisbourg, eft prodigieufement exagéré : on fuppofe que les foldats derrière un parapet doivent être ferrés comme quand ils font en bataille, pour n'occuper que deux pieds de front, & qu'ils doivent être fur quatre de hauteur, c'eft-à-dire fur une plus grande profondeur que quand ils font déployés en bataille, puifqu'ils ne font, dans ce dernier cas, que fur trois de hauteur ; ajoutant à ces fuppofitions, que le développement des lignes de Philisbourg étoit de huit mille fix cents toifes : on en conclut (page 377) qu'il auroit fallu cent trente-deux mille hommes feulement pour établir une ligne de feu autour des lignes ; il y a d'abord erreur de calcul, de vingt-huit mille huit cents hommes, qu'on compte de trop, le vrai produit étant cent trois mille deux cents hommes.

Examinons quel pouvoit être en effet le nombre de troupes qu'exigeoit la défenfe des lignes de Philisbourg. Pour que le foldat puiffe tirer long-tems derrière un parapet, il faut qu'il y foit à fon aife ; l'expérience a fait connoître qu'il lui faut trois pieds de front. Si les troupes bordant un parapet étoient fur trois de hauteur, le troifième rang feroit obligé de fe placer au pied du talus de la banquette, où il feroit tout-à-fait inutile : il eft donc fuffifant de placer les foldats derrière un parapet fur deux rangs de hauteur ; ce qui revient à quatre hommes par toife courante. Suivant le plan des lignes de Philisbourg (Pl. XI), l'intérieur de leur parapet avoit moins de huit mille toifes de développement. Suppofons huit mille toifes, & quatre hommes par toife, il falloit tout au plus trente-deux mille hommes pour établir une bonne ligne de feu fur tout le développement des lignes ; on dit tout au plus, attendu que l'Artillerie devoit bien occuper quelques parties du développement du rempart ; il y a auffi des parties inattaquables, où une continuité de ligne de feu feroit fuperflue : c'eft donc un excédant de cent mille hommes d'Infanterie qu'on a compté de trop pour l'établiffement d'une ligne de feu autour des parapets.

Depuis

SUR LA FORTIFICATION PERPENDICULAIRE. 249

Depuis le Rhin jusqu'à la gauche du retranchement du village d'Oberhausen, la ligne formoit un rentrant d'une défense facile; le front du retranchement du village, du côté du ravin, peu étendu, avoit besoin d'une bonne défense intérieure : supposons dans ce village cinq mille hommes d'Infanterie & quinze cents chevaux; cette réserve, avec les troupes & l'Artillerie destinées à border les parapets, auroient rendu le village inaccessible à l'ennemi, ainsi que la partie de la ligne qui s'étendoit à sa gauche jusqu'au Rhin. Du village d'Oberhausen, en remontant vers la droite, les lignes présentoient un rentrant dont l'ennemi ne pouvoit approcher, sans avoir à essuyer le feu d'environ douze fronts bastionnés : cette partie convenablement pourvue d'Artillerie, avec ses parapets bordés d'Infanterie, étoit inattaquable. On peut même remarquer que toutes les courtines de cet espace n'avoient pas besoin d'être exactement bordées d'Infanterie. L'espace opposé à l'abattis étoit étendu; l'ennemi ne pouvoit en approcher sans essuyer le feu de presque tous les fronts; les redoutes placées extérieurement sur la droite, prenoient des revers sur tout cet espace, dont elles défendoient parfaitement les accès; l'ennemi se feroit difficilement emparé de ces redoutes; il lui eût été impossible de s'y maintenir sous un feu aussi rapproché des lignes : la partie qui joignoit cet espace au précédent, vers la gauche de l'abattis, étoit plus susceptible d'être attaquée, n'ayant pas une bien grande étendue de feux à opposer. Supposons dans cette partie une seconde réserve de cinq mille hommes d'Infanterie, qui l'auroit mise en sûreté, & dont, au besoin, on auroit pu faire des détachemens sur le front de l'abattis. Du marais, où se termine le front de l'abattis, jusqu'au Rhin, la ligne étoit encore très-bien défendue par sa disposition; la partie bastionnée, appuyée au Rhin, présentoit à l'ennemi un front respectable, par l'étendue de ses feux; elle formoit, avec la partie appuyée au marais, un rentrant dont les côtés se donnoient réciproquement une très-bonne défense. Pour n'avoir rien à craindre dans cette partie, supposons une troisième réserve appuyée au Rhin, composée seulement de trois mille hommes d'Infanterie, soutenue par six à sept mille hommes de Cavalerie campés ou cantonnés dans l'anse du Rhin; ajoutons à ces réserves cinq mille hommes d'Infanterie & deux mille chevaux journellement détachés pour les travaux & pour la garde de la tranchée : les troupes destinées à border les parapets, former les réserves, & fournir aux travaux & à la garde de la tranchée, devoient exiger une Armée de soixante mille hommes, dont cinquante mille d'Infanterie & dix mille de Cavalerie. L'Armée assiégeante, en 1734, étoit plus forte, étant composée de cent dix bataillons & cent quarante escadrons.

La disposition générale des lignes de Philisbourg étoit très-bonne; le Rhin, auquel elles étoient appuyées par la droite & par la gauche, tenoit lieu d'une grande partie de la circonvallation, qui n'avoit besoin d'aucune défense: par le tracé des retranchemens très-bien appropriés au terrein, l'ennemi étoit réduit à un très-petit nombre de points d'attaque, dont les défenses dès-lors devenoient faciles. Le Prince Eugène se seroit donc conduit contre les principes d'un habile Général, c'est-à-dire, contre ses propres principes, s'il eût attaqué ces lignes, n'y ayant aucune apparence de pouvoir les forcer. Le Maréchal de Luxembourg, en 1676, avoit aussi regardé les lignes de circonvallation de Philisbourg comme inattaquables; n'ayant pu engager le Prince de Lorraine à en sortir, pour le combattre, il lui laissa tranquillement faire le siége de la Place. Le front des lignes de Philisbourg étoit inattaquable, dit M. de Feuquières dans ses Mémoires, Chapitre LXIII. Voilà des autorités bien respectables contre l'opinion de M. le Marquis de M.

Quant à la disposition générale du tracé des lignes proposées, du côté du ravin, le retranchement du village d'Oberhausen présente un front peu étendu, mal flanqué, d'une foiblesse à ne pas donner le tems de faire intérieurement des dispositions pour sa défense: l'ennemi pourroit pénétrer en même-tems dans le premier & dans le second retranchement par la gauche de ce front; la droite du retranchement extérieur est terminée par une branche qui ne dirige ses feux que contre la ligne principale, & qui semble exprès placée pour empêcher cette ligne de flanquer la droite du retranchement intérieur, après la prise du premier retranchement. Au front rentrant & inaccessible que présentoient les anciennes lignes du côté du Château de Wagusel, on propose de substituer quatre fronts, très-foibles chacun en particulier, ne se prêtant mutuellement aucune défense. Le Fort avancé sur la droite seroit sans objet, & d'une très-foible défense, n'opposant à l'ennemi qu'un très-petit front. L'objet d'un Fort avancé est principalement de prendre des revers sur les retranchemens en avant desquels il se trouve placé. On voit que les feux du Fort proposé ne seroient dirigés que dans les bois, & ne pourroient prendre des revers sur le front de l'abattis.

SUR LA FORTIFICATION PERPENDICULAIRE. 251

Des Forts avancés peuvent être fort avantageux; mais il faut essentiellement qu'ils se trouvent dans des dispositions inaccessibles à l'ennemi, ou du moins d'un très-difficile accès; sans cette condition, tel que le Fort proposé, ils ne peuvent que nuire, en servant à l'ennemi, après leur prise, de points d'appui pour l'attaque des retranchemens qu'ils devoient défendre.

Sans pousser plus loin l'examen des lignes proposées, on voit bien que si elles eussent été exécutées à Philisbourg, en 1676 & 1734, le Maréchal de Luxembourg, à la première de ces époques, & le Prince Eugène, à la seconde, n'auroient pas laissé prendre cette Place.

Tome IV.

CHAPITRE CINQUIÈME.

Nouvelles Lignes propres à la défense des Frontières.

EXTRAIT.

De même qu'aux lignes de circonvallation, il faut des points d'appuis aux lignes destinées à la défense des Frontières; mais ceux applicables à ces dernières, doivent être de petites Places fortes capables de soutenir un siége.

Pag. 387.

Dans le cours de cet Ouvrage, on a donné des Forts quarrés, des Forts triangulaires, des Forts ronds; ils offrent tout ce qu'on peut désirer pour la défense des lignes frontières.

388.

On voit (Pl. XII) la Carte du cours de la rivière de Lanter, qui sépare le Palatinat, de la Basse-Alsace; il y a eu presque de tout tems des lignes dans cette partie intéressante de la Frontière; mais toujours très-mauvaises, & ne pouvant jamais être défendues avec succès, même par une Armée. On se propose de donner ici un exemple des lignes permanentes, qu'on y pourroit construire pour obtenir une défense sûre & facile.

389.

Toute rivière peut devenir une excellente barrière, par le moyen des retenues; mais il faut que ces retenues soient inaccessibles à l'ennemi : de-là résulte la nécessité d'être maître de la rive extérieure, comme de la rive intérieure. Pour remplir cet objet, & avoir des débouchés assurés tout le long de la ligne, on a placé sur la rive extérieure des Forts quarrés, tels que celui que représente la Planche III du second Volume, espacés environ à onze cents toises les uns des autres. On a placé sur la rive intérieure des Forts ronds, également espacés; de manière que chaque Fort rond répond au milieu de l'intervalle qui sépare les Forts quarrés.

Cette disposition, ainsi que celle des lignes qui joignent les Forts, sont marquées Pl. XII. Trois Forts ronds défendent les lignes qui enveloppent la Ville de Lauterbourg. On voit qu'avec six Forts ronds la Ville de Weissenbourg & ses hauteurs environnantes sont enveloppées par une enceinte qui exigera

390.

I i 2

252   MÉMOIRES

Tome IV, le siége de chacun de ces Forts; ils ne peuvent être investis, ils se communiquent toujours entr'eux & avec la Ville.

Pag. 392. Une petite Garnison de cent hommes, dont moitié Milice, moitié paysans, suffira dans chacun des Forts pour les mettre en sûreté : l'étendue du terrein qu'occupent les lignes est de six lieues; il y a sur toute cette étendue dix Forts quarrés extérieurs, & dix-huit Forts ronds, compris ceux qui défendent l'enceinte de Lauterbourg & l'enceinte de Weiffenbourg : à cent hommes de Garnison dans chacun, pendant la Guerre, cela ne fait que deux mille huit cents hommes. Si l'on veut aussi, en tems de Guerre, tenir dans toute l'étendue de ces lignes trois mille hommes de troupes réglées, Infanterie & Dragons, il sera impossible à une Armée de forcer ces lignes, autrement qu'en ouvrant la tranchée devant plusieurs de ces Forts avancés; ce qui donnera le tems à des corps considérables de se porter derrière ces lignes : de ce moment la réduction de ces Forts devient impossible.

394. On a formé des vœux dans le second Volume pour voir construire sur cette Frontière du Royaume une Forteresse imprenable, qu'on a nommée *Louisville*. Elle est marquée en projet, Planche XII, dans l'emplacement jugé le plus convenable. Il seroit impossible qu'une Armée pût pénétrer dans la Basse-Alsace, laissant derrière elle une Place de cette conséquence.

OBSERVATIONS.

Dans les Observations du second Volume, Chapitre IIe, on a reconnu que les Forts quarrés, placés ici sur la rive extérieure de la Lauter, ne pourroient, après avoir essuyé quelques volées de canon, résister à une attaque de vive force : ces Forts espacés à onze cents toises ne peuvent mutuellement se défendre à une aussi grande distance; les Forts ronds, qui en sont éloignés de plus de six cents toises, les défendroient foiblement; ensorte qu'on peut regarder les Forts avancés comme abandonnés à leurs propres forces : l'ennemi, en s'emparant d'un des Forts, deviendra maître de sa communication, où il trouvera un pont ou une digue pour passer la rivière; les longues communications le couvriront des feux des Forts ronds, ainsi que des feux de la ligne, s'il étoit possible qu'elle fût bordée de troupes aux différens points attaqués dans le même tems. Trois mille hommes & un bien plus grand nombre de troupes derrière des lignes aussi étendues, susceptibles d'être attaquées sur tous les points de leur front, ne pourroient servir qu'à aller porter la nouvelle de l'entrée de l'ennemi dans les lignes, aux corps qu'on suppose à portée de se rassembler.

L'on ne peut regarder comme un avantage les rentrans que les Forts avancés & leurs communications forment avec la ligne.

SUR LA FORTIFICATION PERPENDICULAIRE. 253

Ainsi qu'on l'a déja observé, la défense d'un rentrant devient nulle, quand les parties avancées qui le forment sont susceptibles d'être d'abord attaquées, &, à plus forte raison, quand ces parties avancées, comme dans la disposition proposée, se trouvent d'une très-foible défense, & donnent entrée dans l'intérieur des retranchemens.

Ce sont les tours angulaires qui forment le noyau & la principale défense des Forts ronds de la rive intérieure de la Lauter. On a vu que ces tours soutiennent avec beaucoup d'art des voûtes fort épaisses, sur de très-foibles appuis, & qu'il suffit de quelques volées de canon pour rompre les appuis & écraser les défenseurs sous la chûte des voûtes.

Par une courte canonnade, l'ennemi renversera une ou deux des tours de la grande enceinte de Weissenbourg ; ce qui lui donnera l'entrée dans l'intérieur de cette enceinte, où il fera sans aucune difficulté ses dispositions pour l'attaque de la Ville. On voit que si quelqu'une des autres tours se trouvoit à portée d'opposer quelque obstacle aux attaques, n'ayant pas de communication couverte avec la Place, & pouvant être battue par l'extérieur & par l'intérieur de la grande enceinte, l'obstacle seroit bientôt détruit.

Des retenues pour faire enfler les eaux d'une rivière, ne sont pas une défense d'une nouvelle invention : on peut très-avantageusement les employer aux rivières encaissées, & qui ont peu de pente ; sans ces conditions, l'exécution des retenues cesseroit d'être avantageuse, par le grand travail qu'elles exigeroient, par la nécessité de les multiplier, & par la difficulté de les garder, chaque retenue formant un passage pour traverser la rivière.

On a vu dans les Observations du second Volume combien il s'en faut que la Place, qu'on a nommée *Louisville*, soit imprenable.

RÉSUMÉ.

Tome IV. D'après les principes généraux de l'Auteur fur les retranchemens, l'on n'eſt pas ſurpris que ſes redoutes à flèches (Pl. I), quoiqu'annoncées comme devant oppoſer de très-grands obſtacles, ne ſoient en effet ſuſceptibles que de la plus foible défenſe. Les lignes de retranchemens qu'on joint à ces redoutes n'en ferment pas les accès ; la gorge du couvre-face, celle de la flèche, & le front de la redoute proprement dite, ſont également acceſſibles, ſans que l'ennemi ait aucun parapet à franchir pour s'en emparer.

La poſition du terrain (Planche III) paroiſſoit exiger une diſpoſition rentrante dans le tracé des retranchemens du camp de la Vezouzière, dans l'Iſle d'Oléron, pour que l'ennemi ne pût en attaquer le front ſans découvrir ſes flancs aux feux des droite & gauche, qu'il étoit facile de rendre inattaquables. La tête de retranchement qui fut portée en avant juſqu'à la cenſe de la Vezouzière, étoit également foible, par la poſition où elle ſe trouvoit, & par le tracé de ſes retranchemens, compoſés de petites parties, ouvertes par leurs flancs ou par leurs gorges.

Dans la diſpoſition des défenſes de la Citadelle d'Oléron, exécutées en 1761 (Planche VI), les pièces 13, 14, étoient contraires à la défenſe du chemin couvert ; & la pièce 13 interceptoit une grande partie des feux que le front de la gauche de la Citadelle auroit dirigés contre les approches de l'ennemi ſur ce front.

En avant des glacis de la Ville de St-Martin de l'Iſle de Ré, on a tracé (Planche VIII) le projet d'un parapet, & d'une enceinte de flèches formant un développement fort étendu, & d'une très-foible défenſe, les flèches n'étant défendues que du parapet avancé, ſuſceptible d'être attaqué de vive force en même-tems que les flèches.

Une Armée aſſiégeante renfermée dans des lignes de circonvallation ne doit y attendre l'ennemi, qu'autant que ces lignes ne ſeront ſuſceptibles que d'un très-petit nombre de points d'attaques, où l'on pourra alors ſe porter en force pour les défendre. Par ſon tracé, la circonvallation propoſée (Planche X) feroit d'une foible défenfe, indépendamment des inconvéniens du grand développement. Dans les difpofitions de l'Auteur, pour défendre cette circonvallation, c'eft très-gratuitement qu'il fuppofe la connoiffance du côté & des points où l'ennemi portera fes attaques.

La circonvallation qui couvroit l'Armée Françoife affiégeant Philisbourg en 1734, étoit très-forte par la nature & par la difpofition générale de fes retranchemens ; celle qu'on a tracé autour du plan de cette Place (Planche XI), défendue par les redoutes à flèches, feroit un très-foible retranchement, & fufceptible d'être attaqué dans toutes les parties de fon développement.

Comme à l'attaque de toutes les lignes d'un grand développement, l'ennemi, par de fauffes attaques, ou par de bons avis, trouvera le moyen de porter fes principaux efforts contre les lignes propofées fur la Lauter (Planche XII), dans les parties dégarnies de troupes. Les Forts portés en avant de la rivière font d'une foible défenfe, & la prife d'un de ces Forts donne l'entrée à l'ennemi dans les lignes.

Fin de la quatrième Partie.

LA FORTIFICATION PERPENDICULAIRE.

CINQUIÈME PARTIE.

CHAPITRE PREMIER.

Des Batteries sur les Remparts des Places de Guerre.

EXTRAIT.

Tome V, Pag. 2.

Par la manière dont l'Artillerie est placée sur nos remparts, elle se trouve exposée à tous les coups de celle de l'ennemi, & ceux en face ne sont pas les plus dangereux. Le ricochet prend les affuts en rouages & de revers ; un seul boulet peut mettre plusieurs pièces hors de service ; & l'on ne voit pas que les gens de l'Art se soient encore occupés des moyens de remédier à d'aussi grands inconvéniens ; du moins semble-t-il qu'ils n'ont encore considéré que ce qu'on appelle les coups d'embrasure, qui ne peuvent partir que des batteries de l'ennemi opposées en face, dont chaque boulet ne peut rencontrer qu'une seule pièce en passant par son embrasure.

3.

Depuis long tems on a fait des tentatives pour élever des affuts de façon à pouvoir tirer par-dessus les parapets, afin d'en supprimer les embrasures, qui ont en effet l'inconvénient d'affoiblir les parapets ; & leurs grandes ouvertures, depuis la genouillère jusqu'à la crête du parapet, découvrent beaucoup l'affut, ainsi que ceux qui servent la pièce ; mais en fermant les embrasures, il faut élever le canon par-dessus le parapet ; & l'on perd plus à cette élévation, qu'on ne gagne à avoir des parapets continus, puisque les pièces sont également exposées aux coups des batteries en face, sont soumises à plus de feux des batteries obliques à plein fouet, & sont bien plus exposées aux batteries à ricochet.

4.

5.

On voit (Planche I) sur chacun des saillans E, F, des bastions G & H, quatre pièces en batteries, qu'on suppose destinées pour tirer par-dessus les parapets. Le profil passant par la ligne CD, exprimé Planche II, fig. 3, & Planche V, fig. 1, fait connoître combien l'affut & le canon sont découverts à toutes les batteries des attaques ; au lieu que le canon étant placé derrière un parapet à embrasures suivant l'ancienne méthode, chaque pièce ne peut être battue que des batteries de l'ennemi qui se trouvent dans le champ de son embrasure ; mais le ricochet, quoique bien moins dangereux dans cette

ancienne

SUR LA FORTIFICATION PERPENDICULAIRE. 257

ancienne méthode, l'est encore beaucoup ; & c'est de ces sortes de coups qu'il importe le plus de garantir l'Artillerie.

La méthode récemment employée à l'Isle d'Aix dans les batteries destinées à défendre la Rade, que nous nommerons *Méthode des pièces accolées*, remplit cet objet autant qu'on peut le désirer; elle est également applicable aux remparts des Places de Guerre; on la trouve exprimée Planche I, sur les remparts du bastion G; partie de ce rempart est représentée sur une plus grande échelle, Planche III, où l'on a détaillé le plan des embrasures des pièces accolées, avec les traverses qui les séparent. On voit que les embrasures sont ouvertes dans une maçonnerie d'une épaisseur égale à la moitié de celle du parapet du bastion.

La Planche IV, fig. 1, exprime une coupe de la même batterie, sur la ligne A B; on y voit une pièce de vingt-quatre en batterie sur un nouvel affut, qu'on a nommé affut à aiguille, dont on fera connoître les détails. Les fig. 3 & 4 de la même Planche IV sont des vues en perspective du coffre en bois servant de revêtement intérieur aux embrasures en maçonnerie, pour garantir des éclats de pierre. Le bois a toujours été regardé comme étant ce qu'il y a de plus avantageux pour revêtir l'intérieur des batteries.

On a remarqué que les affuts, dans les Places assiégées, n'étoient le plus souvent mis hors de service que par la destruction de leurs roues, les flasques étant moins en prise au canon de l'assiégeant, à cause de leur peu de surface; cependant les nouveaux affuts de Place, exprimés Pl. II, fig. 3, & Pl. V, fig. 1, ont des roues de quatre pieds deux pouces de diamètre, moins grandes, à la vérité, que celles des affuts des pièces destinées aux batteries de siége; mais bien plus grandes que celles des anciens affuts de Place, appellés affuts bâtards, qui n'ont que vingt-quatre pouces, & que celles du nouvel affut à aiguille, qui n'ont que dix-huit pouces de diamètre, ainsi qu'on le voit Planche IV, fig. 1, & Planche XI, fig. 1 & 2.

Il ne convient d'innover que pour un mieux évident ; les suffrages estimables & nombreux qu'ont obtenu les affuts à aiguille de nouvelle construction, exécutés à l'Isle d'Aix, donnent lieu de croire qu'ils remédient, le plus qu'il est possible, aux inconvéniens de ceux en usage, ainsi qu'on en pourra juger par les détails qu'on donnera de toutes les parties de ces nouveaux affuts.

OBSERVATIONS.

Dans les dispositions de l'Artillerie pour la défense des Places, on a diminué les effets des coups d'embrasures, contre les pièces en batterie sur les remparts, en mettant à couvert les roues de leurs affuts, par la construction de l'ancien affut de Place, ou affut à la Vauban ; & depuis que les effets du ricochet sont connus, on a eu recours aux traverses pour s'en garantir.

On a précédemment reconnu combien il est convenable d'éviter, autant qu'il est possible, de construire les parapets en maçonnerie. M. le Marquis de M. semble en reconnoître les

K k

inconvéniens, en propofant les coffres de charpente, Pl. IV, fig. 3 & 4, pour fervir de revêtement à l'intérieur des embrafures de fa méthode des pièces accolées. La deftruction de ces charpentes par le canon de l'ennemi, feroit facile & prompte; leurs éclats, portés par les boulets de l'ennemi dans l'intérieur de la batterie, y auroient de fâcheux effets. Dans les combats de mer, grand nombre de bleffés le font par les éclats des charpentes. L'Auteur prétend, page 8, que le bois a toujours été regardé comme étant ce qu'il y a de plus avantageux pour revêtir l'intérieur des batteries; mais ce n'eft pas le bois de charpente, ce font les fafcines, les fauciffons, ou les gabions, dont les menus brins frappés par le canon de l'ennemi, ne produifent point de fâcheux éclats.

Le nouvel affut à aiguille, Pl. IV, fig. 1, avec fon chaffis, fon cliquet & fes roulettes, eft d'une conftruction très-compliquée, qui doit le rendre fort fujet à fe déranger. L'affut à la Vauban, placé derrière un parapet, a, comme celui qu'on propofe, fes roues couvertes par la genouillère de l'embrafure; il a l'avantage d'une conftruction beaucoup plus fimple, & il eft d'un tranfport bien plus facile.

Quant au nouvel affut de Place, repréfenté Pl. II, fig. 3, deftiné à tirer par-deffus les parapets, on fait très-bien que, par fon ufage, la pièce & le fommet de l'affut feroient plus découverts aux batteries des affiégeans, que quand les canons font dirigés par des embrafures; mais ces nouveaux affuts ne font pas deftinés à monter toutes les pièces de nos Places; il ne doit y en avoir qu'un petit nombre dans chaque Place, pour pouvoir diriger quelques pièces par-deffus les parapets, avant l'entier établiffement des batteries des affiégeans; ce qui, dans cette circonftance, eft très-avantageux: les feux ainfi dirigés par-deffus les parapets pouvant bien plus facilement & plus promptement être réunis fur les points qu'il eft important de battre. Même après l'établiffement des batteries de l'affiégeant, choififfant les circonftances & les pofitions convenables, on pourra ramener, de tems en tems, fur les remparts, quelques pièces montées fur ces nouveaux affuts, pour les employer très-utilement à la défenfe de la Place.

Ces nouveaux affuts pourront fuppléer aux barbettes, & dans cet objet ils feront encore très-utiles. Les barbettes, ordinairement conftruites aux angles faillans, font très-avantageufes dans les premiers jours du fiége; mais quand les batteries de l'ennemi sont conſtruites, le ſervice du canon ſur les barbettes n'eſt plus praticable, il faut les abandonner, & le terrein aſſez étendu qu'elles occupent, ne peut de ce moment être utile, pour la défenſe de la Place, qu'avec beaucoup de travail. Ayant des affûts propres à tirer par-deſſus les parapets, on pourra ſupprimer les barbettes; & quand les batteries de l'aſſiégeant obligeront de retirer de deſſus les remparts les pièces tirant par-deſſus les parapets, on pourra les remplacer dans les ſaillans du rempart, par des mortiers, ou bien on ouvrira des embraſures dans les parapets de ces ſaillans, pour y placer du canon monté ſur des affûts à la Vauban, ſuivant que les circonſtances l'exigeront.

On doit donc reconnoître que les nouveaux affûts propoſés pour tirer par-deſſus les parapets, employés ſuivant leur deſtination, ſeront très-utiles à la défenſe des Places.

CHAPITRE DEUXIÈME.

Des Batteries placées ſur les côtes.

EXTRAIT.

Les affûts de côte (Planche II, fig. 2 & 4) deſtinés à tirer par-deſſus des parapets, ſans embraſures, ſeront très-expoſés aux feux des vaiſſeaux, dont les effets varient autant que les côtes elles-mêmes, ſoit dans la hauteur, ſoit dans les profondeurs de la mer, ſoit dans la proximité ou l'éloignement de ces profondeurs. Une côte de peu d'élévation dont un gros vaiſſeau peut approcher à cent & cent cinquante toiſes, ne peut être défendue par des canons montés ſur des affûts conſtruits pour tirer par-deſſus des parapets, parce qu'ils ſont expoſés à toute la mouſqueterie du vaiſſeau, qui, s'approchant à la portée du fuſil, plongera par ſes gaillards, & encore plus par ſes huniers, l'intérieur de la batterie, de manière à en tuer ou chaſſer tous les Canonniers. Quelques deſſins en donneront la preuve.

On voit (Planche IV, fig. 2) une côte formant une eſpèce de cap dont les vaiſſeaux peuvent approcher à la diſtance de ſoixante toiſes; on y a placé en P, ſur la feuille ſupérieure, vingt-quatre pièces de canons montés ſur des affûts de côte : dans le même eſpace, on a placé en Q, ſur la feuille inférieure, vingt-quatre pièces ſur des affûts à aiguille, avec les embraſures & traverſes propres à cette méthode. Trois vaiſſeaux ſont placés à la diſtance de ſoixante toiſes de ces batteries, dont les terreins ſont ſuppoſés de même hauteur. Les lignes de feu marquées ſur le plan P font voir que le vaiſſeau A bat les douze pièces de la batterie a, qui lui eſt oppoſée en face, & qu'il prend en rouages les deux batteries en retour b & c; tandis que le vaiſſeau B bat en face la batterie b, de revers la batterie a, & à dos la batterie c, & réciproquement le vaisseau C bat de même les batteries a & b.

Confidérant maintenant l'effet des mêmes lignes de feu fur la batterie Q, on voit que les coups partant du vaisseau A peuvent rencontrer les pièces de la batterie qu'il a en face, en pénétrant par les embrasures; mais qu'il ne peut rien du tout fur les canons placés en b & en c; de même que le vaisseau B ne peut atteindre que les canons de la batterie b, & ne pourra rien fur les deux autres; de même enfin du vaisseau C. C'est donc là une manière de placer les canons qui ne les expofent qu'à ceux qu'ils ont en face, & contre lesquels ils peuvent tirer.

Mais pour connoître le grand avantage de la batterie P, il faut en considérer le profil (Planche V, fig. 2); l'on y voit un vaisseau B de 80 canons, à foixante toifes des deux batteries P & Q; le terrein des deux batteries fixé à la même hauteur que celui où fe trouve située la batterie environnante du Fort de l'Isle d'Aix. La coupe de cette dernière batterie eft repréfentée ici en Q : on voit que les quatre batteries du vaisseau peuvent frapper le canon par-deffus le parapet de la batterie P, foit de front, ou dans quelque obliquité que foit placé le vaisseau, par rapport à la batterie; on voit aussi que le feu de fes hunes plonge dans la batterie de manière qu'aucun Canonnier ne peut y être couvert; tandis que les mêmes lignes de feu partant des hunes, dirigées fur la batterie Q, femblable à celle exécutée à l'Isle d'Aix, ne peuvent frapper que le parapet; & quant aux canons, ils ne peuvent être atteints que des coups en face, dirigés par l'ouverture du fabord; ils font entièrement garantis de ceux de biais, fi nuifibles aux affuts de côte.

Les batteries fans embrafures, placées fur des côtes élevées, ont encore plus de défavantage, contre l'opinion qui femble généralement établie; il fuffira, pour s'en convaincre, de confidérer la Planche V, fig. 3, repréfentant une batterie de côte, élevée de dix toifes au-deffus du niveau de la mer, dont le parapet ne peut avoir que quatre pieds de hauteur, afin que le canon puiffe être pointé à neuf degrés quarante-huit minutes de l'horizon; angle d'inclinaifon néceffaire pour que la pièce puiffe diriger fes coups à la ligne de flottaifon du vaiffeau placé à foixante toifes; alors la crête du parapet forme un angle fort aigu; le fouffle du canon de la batterie en renverfera la terre; l'affut fera découvert aux trois quarts de fa hauteur, le feu des hunes y plongeant, comme la figure le démontre.

OBSERVATIONS.

Tout le monde convient qu'une côte de peu d'élévation, dont un vaiffeau peut approcher à foixante & à cent toifes, ne peut être bien défendue par des canons montés fur des affuts conftruits pour tirer par-deffus les parapets; ces fortes d'affuts n'ont point été deftinés pour de femblables pofitions.

Si les lignes de feu des vaiffeaux B & C euffent été prolongées dans la batterie Q (Planche IV, fig. 2) comme dans la batterie P, on auroit fans doute plus aifément apperçu l'infuffifance des

SUR LA FORTIFICATION PERPENDICULAIRE. 261

traverses de la batterie Q, attendu que le vaisseau B bat par-derrière la partie en retour c, tandis que le vaisseau C bat aussi par-derrière la partie en retour b; ensorte qu'indépendamment des traverses marquées sur le plan, il auroit fallu une grande traverse ou parados derrière chacune des parties en retour b & c; & dans le cas où les vaisseaux pourroient se porter intérieurement à l'alignement du front de la batterie a, comme la figure semble l'indiquer, il faudroit encore à celle-ci un grand parados, pour que l'Artillerie de ces batteries fût susceptible d'exécuter un feu suivi.

Les affuts de côte ont principalement été employés la guerre dernière, dans de petites batteries de deux, trois ou quatre pièces de canon, destinées à protéger le cabotage de nos vaisseaux marchands, qui trouvoient un asyle assuré contre la poursuite des Corsaires ennemis dans les mouillages que défendoient ces batteries : il étoit essentiel que les pièces eussent une découverte d'un champ étendu, qu'elles eussent une longue portée, que les changemens de direction pussent s'exécuter avec facilité, que le service des pièces n'exigeât qu'un petit nombre d'hommes; toutes ces conditions se trouvoient très-bien remplies par les affuts de côte, qui ont été & seront très-utiles, en les employant à leur vraie destination.

Il est sensible, & on démontreroit aisément que la batterie (Pl. V, fig. 3), élevée de dix toises au-dessus du niveau de la haute mer, armée de pièces montées sur des affuts de côte, seroit bien moins en prise aux feux du vaisseau B, que la batterie P, qui ne s'élève que d'environ quatorze pieds au-dessus du niveau des eaux; mais cette discussion seroit inutile, la batterie marquée, fig. 3, ne se trouvant pas dans les conditions prescrites pour l'établissement des batteries armées des nouveaux affuts de côte : le vaisseaux pouvant approcher à cent & même à soixante toises de la batterie, pour qu'elle pût être armée de canons montés sur des affuts de côte, il faudroit que les circonstances de son objet & du terrein en eussent déterminé la position sur la côte, à quatorze toises au-dessus du niveau de la haute mer. Les hunes des vaisseaux ne dirigeront pas alors des feux plongeans dans la batterie, dont tout l'intérieur sera parfaitement couvert; il n'y aura dans le même tems que deux Canonniers découverts pour le chargement de chaque pièce; le pointeur seul est découvert quand il faut la diriger; au moyen de la vis du coin de mire, sans autre secours, il lui donne l'inclinaison qu'il juge

Tome V,

convenable, & le Canonnier qui la fait mouvoir fur fon pivot fuivant l'indication du pointeur, eft couvert. Les Canonniers ne font découverts qu'autant que le fervice de la pièce exige qu'ils foient placés fur le chaffis de fon affut.

On ne voit point du tout la néceffité de réduire à une hauteur de quatre pieds le parapet d'une batterie fuppofée établie à une élévation de foixante pieds au-deffus des eaux, pour en pointer les canons fous un angle de neuf degrés au-deffous de l'horizon.

Sans rien changer à la conftruction des affuts de côte, examinons quelle feroit en effet la hauteur du parapet de la batterie bien plus élevée, fuppofée à quatorze toifes, ou quatre-vingt-quatre pieds au-deffus des eaux. Il paroît fuffifant que le plus grand angle de la direction des pièces au-deffous de l'horizon foit, dans ce cas, de huit degrés, pour qu'elles puiffent être dirigées fur la ligne de flottaifon d'un vaiffeau éloigné de cent toifes; fi le vaiffeau approchoit de la batterie à la diftance de foixante ou cinquante toifes, toute fa groffe Artillerie lui deviendroit alors inutile; fes mats & fes hunes foumis de très-près à tout le feu de la batterie, feroient très-promptement détruits.

Les batteries conftruites la guerre dernière, pour être armées de canons montés fur des affuts de côte, avoient leurs parapets de fix pieds d'élévation; comme la plupart de ces batteries n'avoient pas à craindre l'approche des gros vaiffeaux à la portée des feux de leurs hunes, elles n'avoient pas généralement l'élévation néceffaire dans ce cas particulier; mais on peut fuppofer que les pièces pouvoient être pointées au moins fous un angle de trois degrés au-deffous de l'horizon.

Par le milieu de l'axe des tourillons d'une des pièces, imaginons un plan vertical perpendiculaire à la crête du parapet, & dans ce plan, par le même point de l'axe des tourillons, deux lignes droites, l'une horizontale, l'autre paffant par le point où le plan rencontre la crête du parapet; l'angle formé par ces deux lignes, ayant pour rayon pris fur l'horizontale, la diftance de fon fommet au plan vertical paffant par la crête du parapet, aura pour tangente la diftance de cette horizontale à la crête du parapet. L'axe des tourillons de la pièce ne peut être fuppofé à plus de quatre pieds de diftance du plan vertical paffant par la crête du parapet, & la ligne horizontale paffant par le milieu de l'axe des tourillons, pourroit être élevée au-deffus de la crête du parapet d'environ dix pouces : d'après ces données d'un rayon de quatre pieds, & sa tangente de dix pouces; l'angle indiqué des deux lignes partant du milieu de l'axe des tourillons, sera trouvé de onze degrés quarante-six minutes; mais les pièces de la batterie proposée de quatre-vingt-quatre pieds d'élévation au-dessus des eaux, devant être dirigées sous un angle de huit degrés, l'angle ayant son sommet au milieu de l'axe des tourillons, formé par l'horizontale, & la ligne passant par la crête du parapet sera de cinq degrés plus ouvert que le précédent, & conséquemment dans la batterie proposée, cet angle sera de seize degrés quarante-six minutes. Le rayon pris sur l'horizontale étant toujours de quatre pieds, sa tangente, qui est la distance de l'horizontale à la crête du parapet, sera trouvée de quatorze pouces six lignes, dont il faudra retrancher dix pouces, tangente de l'angle indiqué, pour le cas où la batterie ne devoit tirer que sous un angle de trois degrés; le reste, quatre pouces six lignes, est la quantité dont le parapet de la batterie proposée devra être baissé; ensorte que la position de l'affut étant la même, relativement au sol de la batterie, il restera au parapet une hauteur de cinq pieds sept pouces six lignes, qui sera très-suffisante, la batterie ne pouvant être dominée même par les hunes des vaisseaux.

Examinons aussi la prétendue nécessité de réduire la crête du parapet à un angle fort aigu dans les batteries élevées; la plongée du parapet peut être supposée parallèle à l'axe d'une des pièces dans sa plus grande inclinaison au-dessous de l'horizon; ensorte que dans la batterie supposée, élevée de quatre-vingt-quatre pieds, le couronnement du parapet sera incliné d'un angle de huit degrés, & le plan du couronnement fera avec le plan vertical passant par la crête du parapet, un angle de quatre-vingt-deux degrés; supposant au revêtement intérieur du parapet, un talus du tiers de sa hauteur, conformément à l'usage, le même plan vertical passant par la crête du parapet, fera avec le plan de son revêtement intérieur un angle de dix-huit degrés vingt-six minutes; l'angle compris entre le plan du couronnement & le plan du revêtement intérieur, ou l'angle de la crête du parapet, sera conséquemment un angle obtus de cent degrés vingt-six minutes, & non pas un angle fort aigu.

Les défauts attribués aux batteries élevées, armées de canons montés sur des affuts de côte, n'ont aucune réalité, & les avantages de ces affuts ne sont méconnus que parce qu'on les suppose dans des batteries occupant des positions auxquelles ils ne sont point destinés.

CHAPITRE TROISIÈME.

Embrasures doubles en bois propres aux Batteries accolées.

EXTRAIT.

Tome V, Pag. 43.

Dans la disposition des embrasures pour les remparts des Places, on a vu ci-dessus qu'elles ont pour chaque pièce un coffre particulier; mais ici chaque assemblage de charpente est fait pour recevoir deux pièces accolées à neuf ou dix pieds de distance l'une de l'autre; entre chacune de ces embrasures doubles sont élevés en dehors un merlon & en dedans une traverse, destinés à les couvrir du ricochet & de tous les coups obliques; de façon qu'il faut être nécessairement dans le champ de ces sortes d'embrasures, pour pouvoir

44.

attaquer les canons qui y sont montés. L'on a déja vu cette disposition (Pl. IV, fig. 2), mais sur une trop petite échelle pour en marquer les détails. La Planche X ne laisse rien à desirer à cet égard, elle présente les détails de la méthode des pièces accolées, telle qu'elle a été exécutée à l'Isle d'Aix, & avec une promptitude qui prouve les avantages qu'on en peut tirer. Ayant sur des vaisseaux nombre de batteries semblables, des chalouppes peuvent les aller construire la nuit sur une côte ennemie, de manière qu'à la pointe du jour elles se trouvent prêtes à favoriser un débarquement projeté.

55.

S'il est des cas où la méthode de tirer le canon par-dessus les parapets n'ait pas de bien grands inconvéniens, comme ceux où la portée du canon étant grande, la mousqueterie n'auroit aucun effet, & qu'on voulût éviter des constructions d'embrasures, le nouvel affut à aiguille sera propre à tirer par-

56.

dessus les parapets, en élevant le devant & le derrière du chassis sur des hausses, de la manière exprimée Planche XI, fig. 2, 3, 4, 5.

58.

Pour faire voir que cette espèce d'affut sera propre à tous les services, il suffira de faire connoître avec quelle facilité ils pourront être transportés. On voit Planche VIII, fig. 1, 2, 3, 4, 5, les plans & profils des chariots destinés aux transports des affuts à aiguille des pièces de trente-six & de vingt-quatre; l'affut de ces pièces monté sur son chassis, est porté sur ces chariots; il n'est pas besoin d'observer que l'affut est assujetti sur son chassis par des cordes. Les canons des calibres de trente-six, de vingt-quatre & de seize, sont portés séparément sur des chariots porte-corps, suivant l'usage.

60.

Un avantage considérable de ces sortes d'affuts dans les siéges, c'est de n'avoir pas besoin de tous les bois nécessaires aux plates-formes; chaque plate-forme est composée d'un heurtoir de sept pieds de long sur six à sept pouces d'équarrissage; de cinq gîtes, chacune de dix-huit pieds de long sur cinq à six pouces, & de dix-huit madriers, chacun de dix pieds six pouces sur un pied de large, & deux pouces six lignes d'épaisseur, produisant ensemble soixante-quatre pieds cubes, dont le poids total, à soixante-dix livres le pied, est de 4620 livres, tandis que pour l'affut à aiguille, il ne faut qu'un heurtoir & un madrier circulaire, à placer sur le chemin des roulettes, ne

produisant

produisant que cinq à six pieds cubes, qui donneront un poids de trois à quatre cents livres, au lieu de 4600 livres. Les Planches VI & VII font connoître les détails de toutes les parties de l'affut des pièces du calibre de trente-six.

OBSERVATIONS.

On a déja plusieurs fois observé que les retranchemens en charpente font une fort mauvaise construction, de très-courte durée, sur-tout quand ces charpentes sont recouvertes de terres, ainsi que le sont les charpentes des batteries proposées des pièces accolées.

Des traverses dans les batteries de côté peuvent être utiles dans quelques circonstances particulières, pour couvrir les pièces qui se trouveroient enfilées, & dominées du feu des vaisseaux ; ce qu'on doit éviter, autant qu'il est possible, par le choix des positions. Les traverses proposées deviennent insuffisantes, si la batterie peut être dominée, & battue par derrière ; telle que la batterie marquée Q (Planche IV, fig. 2), comme on l'a observé dans le Chapitre précédent. Les traverses deviendroient très-gênantes, & seroient sans objet, si, par sa position, la batterie ne pouvoit être enfilée des feux des vaisseaux.

Quelque promptitude qu'on ait mise dans l'exécution de la méthode des pièces accolées, construites à l'Isle d'Aix, il sera difficile de se persuader qu'une semblable batterie pût être exécutée en une nuit, sur une côte étrangère, pour y protéger un débarquement, si l'on fait attention à la quantité de pièces de charpente qu'exigent ces constructions, à la difficulté de reconnoître les pièces pendant la nuit pour en former les assemblages. La recherche des fers & leur mise en place auroit aussi ses difficultés ; mais supposant que de semblables batteries pussent en effet être construites en une nuit, il n'y a pas d'apparence que les avantages qu'on pourroit s'en promettre déterminassent à en venir à l'exécution.

M. le Marquis de M. semble reconnoître l'utilité de tirer le canon, dans quelques circonstances, par-dessus les parapets, en proposant d'élever pour cet usage ses affuts à aiguille par le moyen des hausses représentées Planche XI, fig. 2, 3, 4, 5. Ces hausses rendroient l'établissement des pièces en batterie très-compliqué, & d'une longue exécution ; ce qui ne sauroit convenir aux pièces destinées à tirer par-dessus les parapets des Places, qui ne doivent rester que peu de tems dans le même endroit. La fig. 2 fait voir que le Canonnier pointeur feroit dans une position très-gênante; & ceux qui se trouveroient sur le châssis pour charger la pièce, feroient tout-à-fait découverts aux feux des batteries de l'ennemi. Les hausses proposées avec leurs affuts n'auroient pas, pour les batteries de côte, la stabilité & la solidité convenables à ces sortes de batteries.

Par l'inspection des plans & profils du chariot qui doit porter l'affut des pièces de vingt-quatre & de trente-six (Planche VIII, fig. 1, 2, 3, 4, 5, on voit qu'au lieu d'un simple avant-train qu'on ajoute aux affuts en usage, pour les faire voyager, il faudroit charger le nouvel affut avec son châssis sur un chariot à quatre roues; ce qui ne seroit pas un petit embarras : par le volume & le poids du chargement, les cordes qui lieront l'affut à son châssis, occasionneront une très-forte pression des roues de l'affut sur les délardemens des sous-flasques, sans empêcher les roues de froisser continuellement ces délardemens, principalement sur les routes pavées; pour peu que le voyage fût long, les sous-flasques arriveroient tout-à-fait dégradés.

Dans les sièges, on éprouveroit les plus grandes difficultés à faire parvenir les chariots à quatre roues, portant les châssis avec leurs affuts dans les tranchées, sur-tout dans les logemens des chemins couverts, & les chariots ne pourroient rester dans les tranchées où ils causeroient trop d'embarras; mais il arrive fréquemment que quelque point favorable à l'effet d'une batterie qu'on n'avoit pas d'abord reconnu, ou quelque autre motif, engagent à faire des changemens à la première destination des pièces; quelque court trajet qu'on eût à leur faire parcourir, il faudroit envoyer chercher les chariots; ce seroit infiniment multiplier les embarras.

M. le Marquis de M. regarde comme un avantage considérable des affuts à aiguille, de dispenser du transport des charpentes nécessaires pour les plates-formes des batteries dans les sièges; en comptant que la charpente d'une plate-forme, pour une pièce de vingt-quatre, contient soixante-quatre pieds cubes, qui, à raison de 70 liv. le pied, pèsent 4620 liv.

Négligeant les erreurs que contiennent ces calculs, observons que l'on ne donne pas aujourd'hui dix-huit pieds de longueur au plancher des plates-formes; l'usage actuel est de ne composer ce plancher que de douze madriers de dix pieds six pouces de longueur chacun, sur un pied de large; les gittes étant réduites à douze pieds six pouces de longueur, & le reste conforme aux dimenſions données, page 60, on trouve que la charpente de la plate-forme d'une pièce de vingt-quatre contient quarante-un pieds trois pouces cubes, peſant 2887 liv. M. le Marquis de M. n'oppoſe à ce poids que celui du heurtoir & du madrier circulaire à placer ſous les roulettes de ſon affut contenant cinq à ſix pieds cubes; mais le pied de l'affut & ſon chaſſis doivent bien être comptés pour quelque choſe. Il ſemble que le poids du chariot à quatre roues pourroit à-peu-près compoſer celui de l'affut en uſage avec ſon avant-train; ſi nous réuniſſons le poids de l'affut à celui du chariot, pour cette compenſation, il reſtera au moins le poids du chaſſis à ajouter à celui du heurtoir & du madrier circulaire, qu'il faut comparer à la charpente ſupprimée des plates-formes.

Suivant les dimenſions données, page 68, de toutes les parties de l'affut à aiguille, il contient trente pieds huit pouces cubes de charpente; y ajoutant cinq pieds quatre pouces cubes, pour le heurtoir & le madrier circulaire, ce ſera trente-ſix pieds cubes qui peſeront 2520 livres; on peut même ajouter 180 livres pour le poids des ferrures des chaſſis; & le poids total ſera 2620 liv. qu'il faudra porter, au lieu de 2887 livres : la différence des poids, 267 livres, ne peut être, comme l'on voit, de nulle conſidération.

Dans les affuts à aiguille deſtinés à l'Artillerie des ſiéges, rien ne compenſe les embarras du chargement de l'affut & ſon chaſſis ſur le chariot, les difficultés infinies qu'il y auroit à faire parvenir les pièces avec leurs affuts aux batteries des logemens des chemins couverts, & l'immobilité des pièces dans l'emplacement où elles ſe trouveroient après leurs ſéparations des chariots.

CHAPITRE QUATRIÈME.

Des Affuts à aiguille propres aux pièces de bataille.

EXTRAIT.

Il ſuffira de donner pour la pièce de douze tout ce qui a rapport tant à ſon affut, qu'à la manière dont elle doit être tranſportée & manœuvrée; il n'y a de différence pour les pièces de huit & de quatre que dans les dimenſions des conſtructions, qui doivent être proportionnées aux calibres.

Tome V, Pag. 74.	Le châssis, l'affut & la pièce de douze longue, seront placés ensemble sur un train de transport. La Planche VIII, fig. 9, 10, 11, 12, fait voir cette pièce avec son affut disposée de la même manière que les affuts des gros calibres; mais les fig. 13 & 14 font voir que cette pièce peut être transportée de la même manière que les pièces de bataille, telle que la pièce de douze, légère, suivant le nouveau modèle, représentée fig. 15 & 16.
75.	Dans la disposition de la pièce de douze représentée fig. 13, 14, son châssis fait lui-même le corps du chariot qui doit la transporter avec son affut, pour pouvoir tirer sans cesser d'être portée sur ses quatre roues, avantage considérable que n'ont pas les pièces de bataille à flasques traînantes, fig. 17, qui doivent être séparées de leur avant-train de route, fig. 18, pour qu'on en puisse faire usage. Le grand écart de ces dernières pièces, dans leur recul, empêchant de les placer exactement au même point, après qu'elles ont tiré, chaque coup a
77.	l'incertitude d'un premier coup, au lieu que les châssis des affuts à aiguille étant fixés inébranlablement par une cheville ouvrière, la pièce, après avoir tiré, peut être ramenée précisément à la même place.
96.	Montés sur leurs quatre roues, les canons de bataille avec leurs affuts à aiguille sont dans un état aussi favorable à l'exécution du feu le plus vif, que lorsqu'ils sont en batterie. S'agit-il de suivre des troupes qui sont en
97.	avant, & de les soutenir par un feu continuel d'Artillerie, l'on n'a point à employer six hommes pour porter les flasques du canon dégagé de son avant-
98.	train. L'avant-train, le châssis, l'affut, le canon, tout reste dans la même position ; on attele quatre chevaux aux deux bouts des grandes roues & aux crochets du devant du châssis ; un seul homme tient le bout du timon pour le diriger ; le tout avance au grand trot, s'il le faut ; mouvement qu'il est impossible de donner aux pièces de batailles actuelles, puisque, dans ces sortes de mouvemens, il faut qu'une partie de la pièce & de son affut soit portée par des hommes.
99.	Des hommes seuls peuvent mener les affuts à aiguille avec leur avant-train, sans discontinuer de faire leurs feux ; mais s'il étoit des cas où l'on voulût manœuvrer les pièces sans avant-train, le châssis restant fixé à ses grandes roues aura son aiguille soutenue par deux hommes ou par quatre,
100.	suivant les circonstances ; & au moment de tirer, les hommes portant l'aiguille seront remplacés par deux grands leviers fixés aux extrémités des châssis, marqués c, Planche VIII, fig. 23 & 24. La figure 25 représente la disposition de quinze hommes destinés par l'ordonnance à manœuvrer la pièce de bataille de douze, suivant le nouveau modèle. La figure 14 fait voir qu'à-peu-près la même disposition peut être appliquée aux canons avec affuts à aiguille manœuvrés sans avant-train.
104.	Pour obtenir l'immobilité totale du châssis au moment du tir, on enrayera les quatre roues. Les fig. 1.... 8, Pl. XII, font voir les détails d'une façon d'enrayer très-prompte, & convenable à l'objet dont il est question. Les
105.	fig. 35....... 45, indiquent une autre méthode d'enrayer.
118.	Dans les positions à défendre fixement, l'affut séparé de son train de transport sera placé comme on le voit Planche IX, fig. 3 ; une seule pièce de bois sera enfoncée en terre & percée pour recevoir la cheville ouvrière, & quelques madriers seront placés sous le chemin de ses roulettes ; ces pièces

ainsi placées à raz de terre ne donnent point de prise à l'Artillerie de l'ennemi, tandis que la sienne, telle qu'on la voit fig. 23, est bientôt culbutée; un seul boulet qui vient à frapper sur les jantes ou sur les rais des grandes roues des affûts à flasques, mettent la pièce hors de service.

Tous les avantages de l'affût à aiguille ont été constatés par des épreuves faites à l'Isle d'Aix : dans la dernière, du 3 Décembre 1783, on a tiré 65 coups, à la charge de trois & quatre livres de poudre ; les effets ont été tels qu'on pouvoit le désirer.

On objectera sans doute qu'un affût monté sur quatre roues sera plus facile à démonter que celui qui n'est monté que sur deux ; mais toutes les petites roues fussent-elles brisées, l'avant-train fût-il en poudre, l'affût pourroit alors être servi sans avant-train, tel qu'il paroît Planche VIII, fig. 25. Pour aller plus loin encore, supposons, si l'on veut, les grandes roues également brisées, l'affût à aiguille en deviendra capable d'un service encore plus sûr & plus vif, puisqu'en un instant il peut être fixé en terre, comme on le voit Planche IX, fig 3. Et en supposant que dans une bataille il y eût cinquante pièces de canons de démontées de part & d'autre, le feu de l'Armée dont les canons seroient montés sur des affûts à aiguille, n'en recevroit aucune diminution ; ses cinquante pièces seroient fixées à terre, & continueroient le feu le plus meurtrier, tandis que l'autre Armée se trouveroit avec cinquante pièces de moins ; & une telle supériorité seroit faite pour décider le gain de la bataille. Ainsi donc la méthode des affûts à aiguille paroît préférable dans tous les rapports possibles ; & la première nation qui l'adoptera, doit avoir une supériorité décidée sur les autres.

OBSERVATIONS.

La manœuvre de séparer un affût à flasques traînans de son avant-train est très-prompte ; il suffit de soulever le derrière de l'affût, pour le dégager de la cheville ouvrière, & la pièce est prête à tirer ; il faudra bien plus de tems pour dételer les chevaux du chariot portant l'affût à aiguille, afin de pouvoir tirer le canon ; il n'est pas possible de tirer le canon sans dételer : indépendamment de la difficulté d'avoir assez de chevaux, pour le transport de toutes les pièces, exercés à ne pas s'émouvoir au bruit du canon tiré d'aussi près, le recul du chariot mettroit nécessairement le désordre dans l'attelage. Si l'on suppose que les roues seront enrayées, cette opération sera encore infiniment plus longue que celle de séparer l'affût à flasques traînans de son avant-train.

La petite différence qui peut se trouver dans la disposition de l'affût à flasques, ramené à-peu-près à sa place quand le canon a tiré, ne peut produire un changement de quelque conséquence, quand la pièce est dirigée d'après les marques faites au coin de mire, pour conserver la même position respective entre l'affût

& la pièce; mais si la pièce est dirigée par le moyen d'une hausse, par des points de direction pris sur le terrain, ou par quelque autre moyen propre à déterminer la direction de la pièce, indépendamment de la position de l'affut; le petit changement de place de l'affut ne sauroit avoir un effet sensible relativement au but que devra atteindre le boulet, ensorte que la faculté de ramener la pièce exactement dans la même position où elle se trouvoit avant d'avoir tiré, ne donneroit à l'affut à aiguille aucune espèce d'avantage sur l'affut à flasques.

Il faut remarquer que le pointement du canon monté sur son chariot, ne seroit point facile. On voit (Planche VIII, fig. 14) que la plate-bande de la culasse de la pièce se trouve élevée de plus de cinq pieds au-dessus du terrain, quoique l'inclinaison de la pièce au-dessous de l'horizon soit peu considérable, & que l'entre-toise du derrière du châssis empêche le Canonnier d'approcher l'œil de cette plate-bande pour diriger la pièce. Si le Canonnier se trouve forcé de monter sur le châssis pour pointer, sa position sera très-gênante. Remarquez encore, même fig. 14, que l'entre-toise du devant du châssis se terminant au-dessous des grandes roues, sera constamment dans la boue, dans les mauvais tems, & que la pièce sera fort sujette à s'embourber, quand elle aura à voyager hors des grandes routes entretenues en bon état.

Une troupe d'Infanterie marchant en avant avec de l'Artillerie destinée à la soutenir par un feu continuel, il est fort indifférent que cette Artillerie conduite par des chevaux attelés au-devant des pièces, comme on le propose, puisse avancer au grand trot; sa marche doit être réglée sur celle de la troupe, qui ne peut être aussi prompte que le trot des chevaux. Un cheval blessé se remplace difficilement sur-le-champ; un cheval qui se cabre arrête la marche d'une voiture; & il faudroit indispensablement dételer les chevaux pour tirer les pièces; ce qui ralentiroit beaucoup les manœuvres.

Aucun de ces inconvéniens ne se rencontre dans la disposition prescrite par l'ordonnance, pour conduire l'Artillerie, quand elle doit accompagner une troupe d'Infanterie, pour la soutenir de son feu, & seconder ses manœuvres. Des hommes traînent les pièces, suivant la disposition marquée Planche VIII, fig. 25; quinze hommes sont destinés au service de chaque pièce, afin que l'effort de chacun étant peu considérable, ils puissent suivre avec facilité la marche des troupes. Aussi-tôt que les hommes s'arrêtent, la pièce est prête à tirer; & pendant qu'on la charge, chaque homme reprend sa place, pour la remettre en marche aussi-tôt qu'elle est chargée.

Il y auroit sans doute moins d'inconvéniens à faire traîner par des hommes le chariot à quatre roues de l'affut à aiguille, que d'y atteler des chevaux, quand il est question d'avancer sur l'ennemi, pour tirer en manœuvrant; mais l'avant-train & son timon donneroient bien de l'embarras pour les diriger, pour peu sur-tout que le terrein présentât quelques difficultés. M. le Marquis de M. consent enfin que, dans quelques circonstances, son affut soit traîné par des hommes, sans avant-train. Pour-lors des hommes portent l'aiguille & le bout du chassis, suivant la disposition marquée Planche VIII, fig. 24; mais quand il faudra tirer le canon, les hommes portant le chassis seront remplacés par deux leviers marqués c, fig. 23 & 24, qui seront fixés par des vis traversant les colets dans lesquels passent ces leviers; il faudra bien aussi enrayer les deux roues, pour ménager la foiblesse des appuis que présentent les leviers, qui ne sont pas propres à se prêter comme des flasques au mouvement du recul. Toutes ces manœuvres, qui n'ont point lieu pour l'affut à flasques, feroient perdre un tems précieux dans la circonstance où l'on suppose le canon employé.

Quand l'Artillerie avec affuts à aiguille devra être fixe dans sa position, les chassis séparés de leurs roues étant placés à terre, ainsi qu'il est représenté Planche IX, fig. 3, cette Artillerie sera en effet bien moins en prise aux feux de celle de l'ennemi, qu'étant montée sur ses chariots; mais dans de semblables circonstances de positions fixes, l'Officier commandant une batterie de l'Artillerie en usage ne manque pas de la couvrir par un petit retranchement en tranchée & à barbette, en faisant creuser le terrein d'un pied & demi, ou deux pieds, les terres jettées en avant, élevées de deux pieds ou dix-huit pouces, autant qu'il le faut, pour former avec la partie enfoncée la hauteur d'une genouillère; derrière ce petit retranchement très-promptement exécuté, les pièces sont bien moins exposées aux feux de l'ennemi, que l'Artillerie à aiguille, placée à terre sur ses chassis; & l'Artillerie actuelle est toujours prête à être mise en marche, au lieu que ce ne seroit pas, quoi qu'en dise l'Auteur, une petite affaire que de charger sur les chariots les chassis portant les canons montés sur leurs affuts.

Il semble qu'on peut former quelque doute sur l'immobilité du chariot pendant le tir du canon, quoique ses roues soient bien enrayées; les épreuves faites à l'Isle d'Aix de l'affut à aiguille monté sur son chariot, ont eu, dit-on, tout le succès qu'on pouvoit désirer, la pièce a été chargée de *trois & quatre livres de poudre*. La charge ordinaire d'une pièce de douze est de quatre livres de poudre, & il n'est pas question du boulet; si la pièce avoit été chargée sans boulet, l'épreuve seroit très-incomplette : on sent bien que si le chariot éprouve quelque recul, il ne sera pas question, avec ses roues enrayées, de chercher à le rapprocher de la position qu'il occupoit avant d'avoir tiré.

D'après les dispositions indiquées de remplacer par des leviers, ainsi qu'il est marqué Planche VIII, fig. 23, la perte des petites roues du chariot brisées par le canon de l'ennemi, & quand les grandes roues sont également brisées, de fixer les chassis à terre, ainsi qu'il est représenté Planche IX, fig. 3, l'Auteur fait un calcul & un raisonnement qu'il suffit de dénoncer, pour en appercevoir l'inexactitude. Supposant (est-il dit page 131 *bis*) que dans une bataille il y eût 50 pièces de canons de démontées de part & d'autre, le feu de l'Armée dont les canons seroient montés sur des affuts à aiguille, n'en recevroit aucune diminution, ses 50 pièces seroient fixées à terre, & continueroient le feu le plus meurtrier, tandis que l'autre Armée se trouveroit avec 50 pièces de canons de moins, ce qui suppose que le chassis, l'affut & la pièce montés sur le chariot ne pourront être atteints par le boulet de l'ennemi. Les fig. 14 & 16 de la Planche VIII faisant voir l'élévation où se trouvent le chassis, l'affut & la pièce, donnent lieu de penser que le plus souvent la pièce sera mise hors de service, par les coups portés sur l'un de ces objets, qui forment ensemble la charge du chariot. On doit aussi appercevoir qu'il y auroit peu de boulets portant sur les grandes roues, qui ne frappassent aussi le chassis ou l'affut; ensorte qu'il y auroit peu de pièces, dont les roues auroient été brisées, qui fussent susceptibles d'être mises en batterie à terre sur leurs chassis. On sera encore plus convaincu de cette vérité, si l'on fait attention que l'affut & son chassis forment un ensemble très-compliqué, & conséquemment très-susceptible d'être mis hors de service par de fort petites dégradations.

Concluons que l'affut à aiguille, pour les pièces de campagne, dans sa position habituelle, monté sur son chariot, présente aux feux de l'ennemi un but très-étendu; que cet affut est bien moins convenable que l'affut à flasques traînans,

SUR LA FORTIFICATION PERPENDICULAIRE. 273

au canon deftiné à manœuvrer avec les troupes, & que, dans les circonftances où les pièces feroient mifes en batterie à terre fur leurs chaffis, la difficulté de les placer & de les mettre en marche, pourroit avoir de très-fâcheufes fuites.

CHAPITRE CINQUIÈME.

Des affuts à aiguilles propres à monter l'Artillerie des vaiffeaux.

EXTRAIT.

Par les mêmes moyens qu'on a employés pour retenir l'affut de bataille fur fon chaffis, ainfi qu'il eft marqué Planche IX, fig. 2 & 7, on retiendra également fur fon chaffis l'affut à aiguilles deftiné à l'armement des vaiffeaux, & le devant du chaffis fera fixé fur le pont par une cheville ouvrière inébranlablement affujettie par un écrou placé à fon extrémité par-deffus le plancher du pont : le derrière du chaffis pourroit aifément être fixé par des cordes dans les pofitions convenables, ou pour tirer, ou pour le tems où il ne doit pas tirer.

Mais peut-être conviendroit-il mieux de ne pas recourir à des amarres de cordages, pour retenir le derrière de l'affut. La Planche XII, fig. 17, 18, 26, 27, 28, 29, donne les détails des moyens propres à manœuvrer & contenir la pièce fans le fecours des cordages. C'eft à MM. les Officiers de la Marine, feuls Juges compétens de ce qui convient fur les vaiffeaux, à voir fi ces nouveaux moyens font préférables à ce qui s'eft jufqu'à préfent pratiqué.

OBSERVATIONS.

Quelque précifion que l'on fuppofe dans l'exécution des moyens propofés pour fixer un affut fur un vaiffeau, fans le fecours des cordages, il n'eft pas poffible qu'au moins, au bout d'un certain tems, cet affut n'ait de petits mouvemens qui fe feront par fecouffes, très-propres à le dégrader ; au lieu que l'affut étant amarré par des cordages, fes mouvemens indépendans de celui du vaiffeau ne fe font pas par fecouffes, les cordes cédant au mouvement par une fucceffion continue, ce qui ne dégrade point l'affut.

Comme le dit très-judicieufement M. le Marquis de M., c'eft à MM. les Officiers de la Marine, feuls Juges compétens, & Juges très-éclairés fur ce qui convient pour l'armement des vaiffeaux, à décider s'il y a quelque avantage à retirer des méthodes propofées.

CHAPITRE SIXIÈME.

Des Affuts à aiguilles propres aux mortiers à grande portée.

EXTRAIT.

Tome V, Pag. 148.

L'ufage des affuts à aiguilles appliqués aux canons de tous les calibres, peut s'étendre jufqu'aux mortiers de la plus grande pefanteur, & qui fupportent la plus forte charge : ces fortes de mortiers, qui font ordinairement de fonte de fer, & coulés avec leur femelle, pèfent de neuf à dix milliers.

149.

La Planche IX, fig. 30, 31.... 37, donne les détails d'un affut de ces pefans mortiers, & fait connoître que l'affut n'a de liberté fur fon chaffis que pour y gliffer du fens du recul, & non pour être enlevé ; & c'eft cette facilité de reculer donnée à ce mortier, qui diminue confidérablement l'effort du coup fur la platte-forme. Ces affuts ont été exécutés à l'Ifle d'Aix, ils ont porté la bombe à plus de deux mille toifes ; ils ont parfaitement réuffi.

153.

OBSERVATIONS.

Le peu de détails qu'on donne du fuccès des épreuves des affuts à mortier, faites à l'Ifle d'Aix, permet des doutes fur l'étendue de ce fuccès ; s'il fe réduit à ce que la bombe a été portée à plus de deux mille toifes, on conçoit très-bien que le même coup qui peut avoir porté la bombe à cette diftance, peut avoir brifé l'affut.

Il paroît, Planche IX, fig. 30, que l'axe du mortier qui a fervi aux épreuves de l'Ifle d'Aix fait avec le plan de fa femelle un angle de 45 degrés. Par la forme & la pofition de l'affut fur le chaffis, même fig. 30, la femelle du mortier fe trouve parallèle à l'horizon ; enforte que le mortier refte dirigé fous un angle de 45 degrés ; & l'axe du mortier, ou la direction du choc, fait, avec le plan du chaffis, un angle de 45 degrés, plus l'angle d'inclinaifon de ce plan à l'horizon. Suivant la fig. 30, l'angle que le plan du chaffis fait avec l'horizon, eft à-peu-près de neuf degrés, & conféquemment l'angle d'inclinaifon de l'axe du mortier fur le plan du chaffis, eft de 54 degrés.

On fait par les premiers élémens de la Méchanique, que l'impreffion que reçoit un plan d'un choc quelconque, eft d'autant plus grande, que la direction du choc fait un angle plus ouvert avec le plan choqué. Il faut donc conclure, que puifque la direction de l'axe du mortier, qui eft celle de l'effort du coup, fait,

SUR LA FORTIFICATION PERPENDICULAIRE. 275

avec le plan du chaffis, un angle plus ouvert que l'angle de cet axe avec la platte-forme horizontale fur laquelle le mortier à femelle fe trouve placé dans fa pofition d'ufage; l'effort du coup fur le chaffis fera plus confidérable que fur la platte-forme horizontale. Par une fuite des mêmes principes, l'effort tendant à faire gliffer ou reculer le mortier fur le chaffis, fera moindre que l'effort qui tend à produire un femblable effet, le mortier étant placé fans affut fur la platte-forme horizontale; enforte qu'admettant la fuppofition de l'Auteur, page 149, que les plattes-formes horizontales les plus folides ne peuvent réfifter fous l'effort du mortier à femelle propofé, à plus forte raifon le chaffis de l'affut à aiguille, repréfenté fig. 30, ne pourra réfifter à un plus grand effort qu'il aura à foutenir.

Pour connoître les rapports qu'ont entr'eux les différens efforts qu'ont à foutenir la platte-forme horizontale & le chaffis de l'affut à aiguille, & comparer auffi les différens efforts du mortier fur la platte-forme horizontale & fur le chaffis, l'axe du mortier faifant avec le plan de la femelle un angle de 45 degrés, & le plan du chaffis étant incliné à l'horizon de neuf degrés; fuppofons la force du coup décompofée en deux forces, l'une perpendiculaire, l'autre parallèle au plan choqué; on fait que la force du coup & les deux forces provenant de fa décompofition, font entr'elles comme le finus total, le finus de la direction du coup fur le plan, & le cofinus du même angle; enforte que la force du coup vers le fond de la chambre du mortier, étant repréfenté par le nombre 10,000, fi ce mortier eft placé fans affut fur une platte-forme horizontale, conformément à l'ufage, l'effort perpendiculaire que recevra la platte-forme fera 7071, & la force parallèle au plan de la platte-forme, tendant à faire regliffer ou reculer le mortier, fera également de 7071; mais le mortier étant placé fur l'affut à aiguille, comme il eft marqué Planche IX, fig. 30, la force du coup, toujours repréfentée par 10,000, l'effort perpendiculaire que recevra le chaffis tendant à le brifer, fera 8090, & l'effort parallèle au chaffis tendant à faire reculer le mortier, fera 5878. D'après ces réfultats qui indiquent des effets directement oppofés à ceux que M. le Marquis de M. a cru obtenir, on peut juger fi les doutes fur le fuccès parfait des épreuves faites à l'Ifle d'Aix font fondés.

CHAPITRE SEPTIÈME.

De la manière dont on doit juger du degré de force des différens systêmes de Fortification.

EXTRAIT.

Tome V,
Pag. 157.

On est dans l'usage de donner le nom de systême à toute enceinte bastionnée qui diffère d'une autre, ou dans les proportions de ses ouvrages, ou dans leur quantité, ou dans leurs dispositions respectives; de-là il suit qu'on peut faire à l'infini de semblables systêmes, qui se réduisent à un seul, puisque ce ne sont jamais que des bastions, demi-lunes, contre-gardes, & autres ouvrages avancés, plus ou moins multipliés.

158.

159.

160.

M. de Vauban s'est fait différens systêmes bastionnés, à l'imitation de ceux mis en pratique chez toutes les nations, deux cents ans avant lui. Chaque individu du Corps du Génie a son systême particulier qu'il communique à tous les Militaires qui peuvent le mettre en crédit, & sur-tout aux Officiers-Généraux commandans dans les Provinces, dont le suffrage n'est point difficile à obtenir : on en va donner une preuve, en rapportant un Mémoire qui fut accueilli par M. le Comte de Belle-Isle, composé par M. de Cormontaingne, Directeur des Fortifications à Metz, sur un nouveau systême de M. Bélidor, qu'il combat, en prétendant que son systême, tel qu'il l'a fait exécuter dans différentes parties de l'enceinte de cette Ville, est infiniment supérieur. On jugera de la bonté de ses assertions, au moyen des Réflexions & Observations qui accompagnent ce Mémoire.

Il faut lire dans le texte le Mémoire, ainsi que les Réflexions & Observations.

OBSERVATIONS.

* Ci-devant
n°. 152.

M. le Marquis de M. paroît réclamer la gloire qu'il refuse au Maréchal de Vauban, d'avoir vraiment imaginé des Systêmes de Fortification, quoique nous en connoissions qui ressemblent, à s'y méprendre, à son *Systême angulaire* *. Le contraste est digne de remarque, en observant que le Maréchal de Vauban a eu si peu la prétention d'être Auteur de nouveaux Systêmes de Fortification, que, quoiqu'il reste beaucoup de ses Écrits, l'on n'en connoît aucun où il indique les méthodes qu'il a suivies dans le grand nombre de Places qu'il a fortifiées ; ce n'est que par les plans qui ont été levés des Fortifications que ce Père des Ingénieurs a fait construire, qu'on a la connoissance des méthodes qu'il a suivies.

SUR LA FORTIFICATION PERPENDICULAIRE. 277

Ne voulant pas m'écarter des bornes de la bienféance, je ne me permettrai point de répondre à la Diatribe de M. le Marquis de M., qui précède le Mémoire qu'il donne de M. de Cormontaingne; & fes Obfervations à la fuite, également écrites avec la plus étrange préoccupation, ne font pas de nature à affoiblir les conféquences qui réfultent du Mémoire. Je ne m'arrêterai qu'un inftant fur le fingulier reproche fait à M. de Cormontaingne (page 234) de n'avoir pas fait les profils du Syftême de M. Bélidor.

En demandant à M. Bélidor fes profils, M. de Cormontaingne avoit certainement en vue de bien connoître le Syftême qu'il devoit examiner, dont le plan feul, fans indication de relief, ne peut donner une idée complette; il fe peut bien auffi que l'examen du plan donna lieu à M. de Cormontaingne de foupçonner que les profils fournis par M. Bélidor pourroient préfenter quelque contre-fens, quelque abfurdité qui feroient connoître, d'une manière plus fenfible, aux Protecteurs du nouveau Syftême, combien fon Auteur étoit dépourvu dans l'Art de fortifier.

Si, par exemple, M. Bélidor eût fourni des profils tels que les donne M. le Marquis de M., compofés fans doute par fon Deffinateur, le Directeur des Fortifications de Metz n'auroit vraifemblablement pas eu befoin de faire un Mémoire pour démontrer que l'Auteur du Plan & des Profils du nouveau Syftême n'entendoit rien à la Fortification.

Le premier profil (Planche XV, fig. 1) préfente d'abord un corps de Place fans foffé, dont le rempart eft élevé d'environ vingt-huit pieds au-deffus du niveau du terrein; on voit enfuite le profil de la tenaille & de fon foffé, & l'élévation des flancs cotés O au plan, Planche XIII. D'après le plan & le profil faifant un apperçu du déblai du foffé de la tenaille prolongé jufqu'aux angles faillans des retranchemens baftionnés des couvre-faces, on trouve que ce déblai feroit infuffifant pour le remblai des faces de retranchemens qui bordent le foffé, & pour celui des flancs fupérieurs, des flancs arrondis & de la courtine de la tenaille. Où feront donc prifes les terres pour former le rempart très-élevé du corps de la Place ? feroit-ce qu'on a oublié de marquer au profil un foffé pour le corps de la Place ? Mais le talus de la tenaille prolongé au-deffous du niveau du terrein rencontreroit le revêtement prolongé de la Place bien avant qu'on eût affez de profondeur de foffé pour fournir au remblai

Tome V,

de ses remparts. On a donc aussi oublié de former un revêtement intérieur au rempart de la tenaille. Suppofant ce revêtement, le fossé de la Place auroit au niveau du terrein un peu moins de neuf toises de largeur; ensorte que son déblai, les épaisseurs de maçonnerie comprises, seroit à-peu-près de douze toises de largeur; il ne lui faudroit pas moins de vingt-six à vingt-sept pieds de profondeur pour former le remblai des terres du rempart; & le revêtement, depuis le fond du fossé, ne pourroit avoir moins de cinquante-sept pieds d'élévation. On peut juger quelle en seroit la dépense. Cette élévation de revêtement, que n'a pas soupçonnée M. le Marquis de M., est excessive, devant règner sur tout le contour de la Place; & c'est sans doute d'après un apperçu de cette grande élévation de revêtement, que M. de Cormontaingne a trouvé, avec raison, le Système de M. Bélidor de forme gigantesque, comme il le dit page 167.

CHAPITRE HUITIÈME.

Parallèle du Système de M. Bélidor avec celui de M. Cormontaingne, exécuté à Metz.

EXTRAIT.

pag. 227.   Comme il y a deux lunettes sur le front de Fortification de M. Bélidor, on suppose aussi deux lunettes sur le front du système de M. de Cormontaingne, ainsi qu'il est marqué Planche XIV, fig. 1, afin de donner cet avantage à l'un comme à l'autre.

250.   Le système de M. Bélidor oppose aux attaques des lunettes une très-nombreuse Artillerie; il est renforcé d'ouvrages extérieurs qui se flanquent parfaitement; il a quatre enceintes au corps de la Place, & il faut quatre établissemens de batterie avant de pouvoir s'emparer de la Place. Le système

253.   de M. de Cormontaingne n'oppose qu'une bien moins nombreuse Artillerie aux attaques des lunettes; sa Fortification ne présente qu'une seule enceinte; & un seul établissement de batteries suffit pour se rendre maître de la Place. Comment peut-on donc soutenir que cette dernière Fortification opposeroit une plus longue défense que le système de M. Bélidor? La résistance des

216.   Places est en raison composée de la quantité de l'Artillerie de l'assiégé, & du nombre des enceintes à forcer.

Dans ses dispositions pour l'attaque du système de M. Bélidor, Pl. XIII, fig. 1, M. Cormontaingne, ne compte pour rien l'Artillerie qui peut être dirigée sur ses batteries marquées T, dans les places-d'armes du chemin couvert, cependant on trouve qu'elles peuvent être battues par six pièces de la demi-lune & quatre du tenaillon, qui les prennent de revers, & par vingt pièces partant du corps de la Place.

Tome V, 255.

OBSERVATIONS.

Il s'en faut bien que les deux lunettes placées en avant de l'octogone repréfenté Planche XIV, foient difpofées fuivant les principes de M. de Cormontaingne; ces lunettes ne reçoivent prefque point de défenfes des demi-lunes; les parties en retour des chemins couverts qui couvrent leurs flancs, interceptent les feux que les chemins couverts des demi-lunes devroient diriger dans les foffés de leurs faces; les crêtes des glacis qui enveloppent leurs faces femblent exprès difpofées, avec beaucoup de précifion, pour que les logemens de l'ennemi fur ces crêtes de glacis ne puiffent être enfilées des chemins couverts des demi-lunes.

Ces défectueufes difpofitions étoient faciles à éviter, en plaçant un peu moins en avant les faillans des lunettes; s'ils euffent été placés à foixante toifes des faillans des chemins couverts des baftions, les faces des lunettes dirigées vers des points pris fur les faces des demi-lunes, à vingt-cinq toifes de leurs faillans; les longueurs des faces des lunettes fixées à trente toifes, leurs flancs à dix toifes, la largeur du foffé, de dix toifes au faillant, s'évafant un peu vers les épaules; les crêtes de leurs chemins couverts, fans former des retours, terminées aux pieds des glacis des demi-lunes, enforte que leurs prolongemens rencontraffent la crête des chemins couverts des demi-lunes à environ vingt-cinq toifes des faillans de ces chemins couverts; dans cette difpofition les lunettes & leurs glacis euffent été convenablement défendus.

Admettant cette dernière difpofition de lunettes, l'affiégeant ne pourra en approcher qu'avec précaution, pour que fes tranchées ne foient pas enfilées des demi-lunes, auxquelles il fera forcé d'oppofer des batteries directes pour favorifer les attaques des lunettes. L'affiégeant ne dirigeroit vraifemblablement pas fes attaques fur deux baftions, ainfi qu'il eft indiqué Planche XV, ou du moins, dans ce cas, il feroit forcé de prendre trois demi-lunes. Suppofons donc, ce qui feroit plus avantageux à l'affiégeant, que les attaques font dirigées fur un feul baftion & fur les demi-lunes collatérales.

Les lunettes qui ont des vues fur les attaques étant prifes, l'affiégeant, au moyen des cavaliers de tranchée, s'établira d'abord sur les saillans, puis sur les branches des chemins couverts des deux demi-lunes, pour établir dans ces logemens des batteries de brèches, contre les demi-lunes & contre les faces du bastion ; mais ces établissemens ne pourront se faire qu'à la faveur de traverses, rapprochées, prolongées & élevées convenablement, pour que la demi-lune collatérale de chaque logement ne le batte pas de revers ; ce qui exigera du tems & des précautions. M. le Marquis de M. ne s'est point occupé de ces difficultés ; les batteries établies dans les logemens des chemins couverts, pour battre en brèche la demi-lune de son front d'attaque, Planche XV, sont battues de revers des demi-lunes collatérales, & ne sauroient conséquemment subsister. Il est surprenant que l'Auteur n'ait pas au moins aperçu combien ses logemens de chemins couverts devant les faces des bastions, & les batteries qu'il y suppose, sont puissamment battus de revers par les demi-lunes collatérales, qu'il n'attaque point. Il faut encore ici avoir recours à l'opinion que M. le Marquis de M. a fait faire son plan d'attaque par son Dessinateur, sans daigner y jetter un coup-d'œil ; ce qui me dispensera de m'arrêter sur toutes les défectueuses dispositions que présente ce plan d'attaque. (Voyez ci-devant page 30 & suiv.)

Dans les dispositions ci-dessus indiquées, après l'ouverture des brèches aux deux demi-lunes du front d'attaque, on leur donnera l'assaut ; il ne sera pas possible de donner en même-tems l'assaut au bastion ; le retranchement de sa gorge, & même le plus léger retranchement derrière une brèche, force l'assiégeant à établir un logement, qui ne peut ici avoir lieu sur la brèche du bastion avant la prise des réduits des demi-lunes, qui battroient de revers ce logement.

Après la prise des deux demi-lunes, il faudra que l'assiégeant y établisse des batteries pour battre en brèche leurs réduits ; il fera en même-tems ses dispositions dans les logemens des chemins couverts du bastion, pour y établir des batteries contre les flancs qui défendent le passage de son fossé. L'assaut au bastion pourra suivre de près la prise des réduits des demi-lunes. L'assiégeant sera forcé de conduire du canon dans ses logemens au haut de la brèche, pour ouvrir le retranchement de la gorge du bastion ; même en ne supposant que ce retranchement au bastion, le nombre des établissemens de batteries indispensables pour parvenir dans la Place ne sera pas moindre qu'à l'attaque du Système de M. Bélidor.

M.

M. le Marquis de M. n'a pas fait attention au relief de la Fortification, quand il a fuppofé que les retranchemens des gorges des baftions feroient détruits par les batteries des chemins couverts (Planche IV); les batteries placées fur le faillant du chemin couvert d'un baftion, deftinées à éteindre les feux des flancs oppofés, battroient trop obliquement, & fur une trop petite hauteur, le revêtement de la courtine, couverte par une tenaille, pour faire aux extrémités de ce revêtement des brèches qui miffent à découvert les revêtemens des retranchemens des baftions. Les batteries placées dans les logemens des faces des places-d'armes rentrantes, dirigées en partie par-deffus les réduits de ces places-d'armes, & en partie par-deffus ou tout au travers des demi-lunes (Voyez Planche XV), n'atteindroient pas le revêtement de la courtine. (Voyez ci-devant la note, pag. 106.)

L'octogone baftionné qu'on vient d'examiner, eft fimple dans fon tracé; toutes les pièces font parfaitement difpofées les unes à l'égard des autres, & d'une capacité à contenir affez de troupes pour leur propre défenfe; chaque pièce a un objet effentiel qui fe trouve parfaitement rempli. Le Syftême de M. Bélidor, au contraire, offre un grand nombre de petites pièces fans défenfes par elles-mêmes, & à-peu-près fans objet: je n'ajouterai rien à ce qu'en a dit M. de Cormontaingne; mais M. le Marquis de M., d'après les difpofitions d'attaque, fait des changemens qu'il faut examiner.

Il n'y a qu'une feule manière de calculer l'Artillerie qui défend un ouvrage de Fortification; c'eft de mefurer l'étendue des parapets fufceptibles de recevoir du canon qui le flanquent, qui peuvent enfiler ou battre de revers les attaques parvenues fur les glacis. Par le prolongement des faces de la lunette (Pl. XIII, fig. 2), on voit qu'elle ne reçoit aucune défenfe des demi-lunes; enforte que tout l'étalage de calcul du prétendu nombre de canons qui défendent les lunettes du Syftême corrigé de M. Bélidor (pages 150 & 151), fe réduit à ce que véritablement pas une feule pièce de canon ne défend ces lunettes, qui n'oppoferoient que la plus foible réfiftance.

Dans le Syftême non corrigé de M. Bélidor (Pl. XIII, fig. 1), le prolongement des faces de la lunette fait voir qu'elle reçoit de chaque demi-lune collatérale une défenfe d'environ vingt toifes, qui peuvent réunir douze pièces de canons pour la défenfe du faillant de chaque lunette. Leur défaut effentiel, que

M. de Cormontaingne fait connoître par ses dispositions d'attaque, c'est que leurs revêtemens sont découverts avant que les attaques soient parvenues sur leurs glacis. Dans la vue sans doute de remédier à ce défaut, M. le Marquis de M. couvre les flancs des siennes, fig. 2, par de longues branches du chemin couvert, qui interceptent les feux que les chemins couverts des demi-lunes seroient à portée de diriger pour la défense des fossés des lunettes; & ces longues branches du chemin couvert serviroient d'épaulement à une partie des attaques qu'il seroit convenable, dans cette disposition, de diriger intérieurement à ces branches de chemin couvert, plutôt que sur leurs glacis, ainsi qu'elles sont marquées fig. 2.

Les autres dispositions de M. le Marquis de M., qui consistent à prolonger les couvre-faces, les couvrir de contrescarpes, & à former les flancs retirés des demi-lunes par des remparts, ajouteroient peu à la défense. Les contre-gardes seront prises en même-tems que les demi-lunes & les tenaillons. Les batteries établies dans les contre-gardes battront en même-tems les couvre-faces, les flancs arrondis & la courtine de la tenaille; tandis que celles établies dans la demi-lune ouvriront son réduit. Les contre-gardes n'auront d'autre effet que de retarder un peu l'établissement des batteries contre les flancs & la courtine de la tenaille; mais elles fourniront des emplacemens étendus, très-favorables pour cet établissement de batteries: le moment de l'assaut à la tenaille ne sera pas sensiblement différé; l'assiégeant parviendra également dans la Place sans avoir de brèches à ouvrir, ni aux réduits, ni aux retranchemens bastionnés des couvre-faces. On a déja eu occasion de remarquer que M. le Marquis de M. compte ordinairement au nombre de ses prétendues enceintes, des retranchemens que l'assiégeant n'est point forcé d'attaquer pour parvenir dans la Place.

Remarquons que, pour apprécier la résistance d'une Place, il ne suffiroit pas de compter les établissemens successifs de batteries indispensables pour s'en emparer; il faut encore essentiellement avoir égard aux difficultés que présentent ces établissemens de batteries. Dans un logement qui ne peut être battu que de front, l'établissement d'une batterie a peu de difficultés. Si le logement peut être battu de revers, les difficultés pour établir le logement & la batterie augmentent, & à mesure que l'angle du revers devient plus grand.

De la manière dont M. le Marquis de M. compte le nombre

des enceintes de ses Fortifications, calcule l'Artillerie qui les défend, & d'après le principe qu'il établit, que *la réſiſtance des Places eſt en raiſon compoſée de la quantité de l'Artillerie de l'aſſiégé, & du nombre des enceintes à forcer*, il n'eſt pas ſurprenant que toutes ſes Fortifications lui paroiſſent imprenables, telles qu'elles ſont annoncées dans tout le cours de ſon Ouvrage.

Une nombreuſe Artillerie eſt ſans doute avantageuſe pour la défenſe des Places; mais ſes grands effets dépendent de ſes bonnes poſitions & de ſon uſage à propos. Tout Militaire qui a les premières notions de l'Art de fortifier, ſait qu'une ou deux pièces de canons qui battent de revers quelques parties des attaques, ont bien plus d'effet qu'un grand nombre de pièces de canons qui ne les battroient que de front; les principes de la Fortification actuellement en uſage, ont eſſentiellement pour objet de ſe procurer, autant qu'il eſt poſſible, des poſitions favorables pour découvrir ainſi de revers les travaux des attaques. M. le Marquis de M. me permettra-t-il d'avancer, qu'il ne ſait pas même ce que c'eſt que des défenſes qui battent de revers un logement de l'aſſiégeant. Au ſujet des attaques dirigées par M. de Cormontaingne, contre le Syſtême de M. Bélidor, Planche XIII, fig. 1, il eſt dit, page 255, que les batteries marquées T ſont battues par ſix pièces de la demi-lune & quatre du tenaillon, *qui les prennent de revers*, & par vingt pièces partant du corps de la Place. Il ne faut qu'un coup-d'œil ſur le plan des attaques, Planche XIII, fig. 1, pour reconnoître que la batterie T, établie dans la place-d'armes du chemin couvert, eſt, par ſa poſition, parfaitement à l'abri des feux de revers de la demi-lune & du tenaillon, n'étant pas poſſible que les feux de ces pièces pénètrent dans la batterie par derrière, ou, ce qui revient au même, *par le côté de ſon revers*. On peut ſe rappeller que, par les Obſervations ſur les redoutes à flèches (Chapitre I de la quatrième Partie), M. le Marquis de M. ignore également ce que c'eſt que des défenſes *de revers* dans les diſpoſitions des retranchemens.

CHAPITRE NEUVIÈME.

Système de M. de Filley.

EXTRAIT.

Tome V,
268.

On voit, Pl. XVI, un héxagone fortifié suivant le système de M. Filley, & l'application de ce système à la défense de l'Isle d'Aix.

Dans son Mémoire sur le projet des ouvrages à faire à l'Isle d'Aix, M. Filley regarde les glacis coupés formant la batterie avancée, cotée 21, 22, 23, ainsi que les autres glacis coupés de la Place bordant la mer, comme la plus grande défense de la Forteresse, & comme devant être l'écueil de toutes les tentatives de l'ennemi qui entreprendroit de s'en rendre maître ; fondé sur ce que les brèches faites aux revêtemens extérieurs de ces glacis coupés, n'entraîneroient pas la ruine des parapets, dont les revêtemens intérieurs sont éloignés de huit toises des revêtemens en maçonnerie de l'extérieur, ainsi qu'on le voit par le profil de la Planche XV, fig. 6.

Mais l'ennemi ne tentera point de battre en brèche les revêtemens du glacis coupé ; son objet ne sera jamais que d'en démonter les canons, d'en tuer les Canonniers, pour éteindre leur feu, & se rendre maître de la Rade ; objet qu'il remplira avec la plus grande facilité, tant qu'on ne lui opposera qu'une batterie découverte, telle qu'elle est ici.

317.
320.

Les glacis coupés proposés ayant des parapets de huit toises d'épaisseur, on seroit d'obligation d'éloigner les canons de six toises au moins les uns des autres, pour que l'extrémité des merlons pussent avoir une épaisseur qui les rendît capables de quelque résistance.

(Il faut voir dans le texte le Mémoire de M. Filley, & les Observations de M. le Marquis de M. qui se trouvent à la suite du Mémoire).

OBSERVATIONS.

Dans la position où se trouve l'Isle d'Aix, ayant fort peu d'élévation au-dessus des eaux, il étoit difficile d'y établir, pour la défense de sa Rade, des batteries qui ne fussent pas dominées par des feux plongeans de la grosse Artillerie des vaisseaux, ou qui ne présentâssent pas, par leur élévation, un but très-étendu à cette forte & nombreuse Artillerie. M. de Filley prévient ces inconvéniens par le glacis coupé dont il couvre ses batteries, ainsi qu'il est marqué au plan, Planche XVII, & au profil, Planche XV, fig. 6.

Par l'élévation des batteries derrière ces glacis, l'Artillerie des vaisseaux ne peut les battre par des feux plongeans, &,

SUR LA FORTIFICATION PERPENDICULAIRE. 285

comme l'explique M. de Filley dans fon Mémoire, les brèches faites au revêtement du glacis coupé n'entraîneroient point la ruine des parapets, qui conferveroient après l'ouverture des revêtemens une épaiffeur fuffifante pour couvrir les pièces; enforte que le but de l'Artillerie des vaiffeaux contre ces batteries fe réduit à-peu-près à celui que préfentent les parapets, depuis le niveau des genouillères jufqu'au fommet. On reconnoît dans cette difpofition de batteries une très-heureufe application des principes indiqués dans les Obfervations précédentes (Chap. V de la troifième Partie), au fujet des batteries marines.

Pour couvrir fes batteries du glacis coupé des feux des hunes des vaiffeaux, M. de Filley propofe un blindage très-propre à remplir fon objet, les canons & les Canonniers fe trouvant parfaitement couverts de toute efpèce de feux plongeans.

On eft d'abord tenté de croire que c'eft par inadvertance que M. le Marquis de M. dit, page 317, que pour l'établiffement du canon derrière le glacis coupé propofé, on feroit obligé d'éloigner les pièces de fix toifes au moins les unes des autres, pour que l'extrémité des merlons pût avoir une épaiffeur qui les rendît capables de quelque réfiftance. Le même reproche contre ces batteries fe trouve répété pag. 320 & 322. Qu'importe l'épaiffeur du merlon à huit toifes de diftance de fon revêtement intérieur : on voit par le profil, Planche XV, fig. 6, que fa hauteur à cette diftance eft nulle, le couronnement du parapet formant une feule pente ou glacis, depuis fa crête intérieure jufqu'au fommet du revêtement extérieur. Les embrafures étant tracées dans le glacis coupé, conformément à l'ufage, les pièces efpacées de trois en trois toifes, depuis le revêtement intérieur du parapet jufqu'à la diftance où fe termine ordinairement fa crête extérieure, le merlon fera le même que s'il ne devoit pas être prolongé; & fa partie prolongée au-delà de cette diftance lui fervira d'appui, qui, loin de l'affoiblir, ne pourra que le fortifier. Il faut convenir que les canons étant efpacés de trois en trois toifes derrière les parapets du glacis coupé, les merlons oppoferont au moins autant de réfiftance que ceux des parapets en ufage.

RÉSUMÉ.

Tome V. Le nouvel affut de Place pour tirer par-deſſus les parapets, & l'affut de côte pour tirer également par-deſſus les parapets, ſont très-utiles, en les employant l'un & l'autre dans les circonſtances & dans les poſitions auxquelles ils ſont deſtinés.

L'ancien affut à la Vauban pour le ſervice des Places, étant d'une conſtruction plus ſimple, & d'un tranſport bien plus facile que l'affut à aiguille propoſé pour le même ſervice, il ne peut y avoir aucune incertitude dans le choix entre ces deux affuts.

Par la difficulté qu'il y auroit à faire parvenir dans les tranchées les affuts à aiguille des pièces de 24, & par l'immobilité des pièces ſéparées de leurs chariots, on voit que ces affuts ne ſauroient convenir pour monter l'Artillerie des ſiéges.

Il n'y auroit pas de moindres inconvéniens dans l'uſage des affuts à aiguille, pour l'Artillerie de campagne, principalement quand il s'agiroit d'employer le canon à ſeconder les manœuvres de l'Infanterie, dont les mouvemens ſeroient fort retardés par l'uſage de ces ſortes d'affuts.

Montés ſur des affuts à aiguille, les gros mortiers en briſeroient infailliblement les chaſſis, qui, par leur inclinaiſon, ſe trouveroient bien plus fortement choqués que des plates-formes horizontales.

Les Ouvrages très-eſtimables que M. Bélidor a mis au jour, ne peuvent empêcher de reconnoître qu'il avoit puiſé dans de fort mauvaiſes ſources les principes de ſon Syſtême de Fortification, ainſi que l'a démontré M. de Cormontaingne. Quoique M. le Marquis de M. défende ce Syſtême à outrance, il paroît qu'il ne peut en avoir qu'une très confuſe idée, puiſque, d'après les profils qu'il en donne, ce Syſtême ne ſeroit pas ſuſceptible d'exécution.

La batterie deſtinée à envelopper, du côté de la mer, la Fortification projetée par M. de Filley, pour la défenſe de l'Iſle d'Aix & de ſa Rade, établie ſuivant les meilleurs principes, loin d'avoir les défauts imaginaires que lui attribue M. le Marquis de M., rempliroit parfaitement l'objet de ſa deſtination.

RÉSUMÉ GÉNÉRAL.

Jettant un coup-d'œil général sur tout l'Ouvrage de M. le Marquis de M., on remarque que ses flancs casematés, placés dans des rentrans, & les caponnières casematées dont l'étendue des feux n'excède pas la largeur des fossés, sont ses principaux moyens de défenses ; ces pièces, par leurs positions, ne sont pas susceptibles de diriger des feux de revers contre les logemens du glacis. Le fond des nouveaux Systêmes se réduit à-peu près à opposer aux logemens de l'ennemi sur les saillans de la contrescarpe ou du couvre-face général, des batteries cachées dans des casemates, contenant autant de pièces de canons & autant de Fusiliers qu'il est possible d'en placer, relativement à la largeur & à la profondeur des fossés.

Le peu d'étendue du but que présente aux batteries des casemates un logement enterré d'environ 4 pieds, qui ne peut être battu que de front, & par des batteries qui lui sont inférieures ; les désordres que doivent produire dans des casemates les éclats des maçonneries, quand les boulets de l'ennemi commencent à y pénétrer ; l'impossibilité de réparer les dégradations des murailles, pendant l'attaque ; l'ébranlement des maçonneries que doit causer l'explosion de l'Artillerie sous des voûtes ; les terribles effets de la chûte des planchers des batteries & celle des voûtes ; les inconvéniens de la fumée ; tout concourt à prouver la foible défense qu'opposeroient aux attaques les casemates des nouveaux Systêmes.

Quelques casemates ont aussi été disposées dans les nouveaux Systêmes, pour découvrir les premiers travaux des tranchées ; leurs murailles ne peuvent avoir moins de neuf à dix pieds d'élévation au-dessus des genouillères des embrasures : par l'élévation de ces murailles, on revient au défaut qu'avoient les anciennes Places, de présenter des murailles découvertes aux premières batteries des attaques. C'est un principe de la Fortification moderne, très-judicieusement établi, qu'une bonne Fortification ne doit avoir aucune maçonnerie vue de la campagne ; l'expérience ayant constamment fait connoître, depuis le bon usage de l'Artillerie dans les siéges, que des murailles découvertes sont très-promptement détruites par les premières batteries des attaques.

Il n'eſt donc pas douteux que l'ennemi étant parvenu ſur la contreſcarpe, les caſemates des nouveaux Syſtêmes ne lui oppoſeront que des feux inférieurs à ſes logemens, qui ne pourront en être battus d'enfilade ou de revers; quelque nombreuſe que ſoit l'Artillerie de ces caſemates, même en ne ſuppoſant aucune difficulté dans l'exécution ſuivie de ſes feux, ſes effets ne peuvent être comparés à ceux qu'auroient quelques pièces de canons dirigées d'enfilade ou de revers contre ces logemens.

C'eſt de deſſus les remparts que ſont dirigées les défenſes de la Fortification baſtionnée. Dans les Obſervations ſur le Chapitre troiſième de la première Partie, on a donné une idée de la conduite que doit ſuivre l'aſſiégé pour retarder les progrès des attaques; un des moyens dans les premiers jours du ſiége, c'eſt de réunir les feux des batteries des ouvrages extérieurs & de la Place, principalement des batteries à barbettes, contre les parties des attaques où l'on apperçoit des travaux pour l'établiſſement des batteries. Si l'Artillerie des remparts ſe trouvoit renfermée dans des caſemates, les directions des feux ſeroient à-peu-près déterminées, & ne pourroient être réunies contre les établiſſemens des batteries de l'ennemi; au lieu que des batteries à barbettes, avec l'avantage de mieux découvrir les travaux des attaques, procurent celui de réunir beaucoup de feux contre les parties qu'on veut battre.

Les remparts, ainſi que les parapets de la Fortification baſtionnée, étant en terre, il ſera toujours poſſible d'y renouveller des défenſes: on peut, au beſoin, s'enfoncer dans le terre-plein du rempart, pour mettre en batterie quelques pièces de canons deſtinées à battre d'enfilade ou de revers les logemens de l'ennemi.

Les défenſes de la Fortification moderne baſtionnée ſont principalement fondées ſur des feux de revers dirigés contre les logemens de l'ennemi ſur les glacis; ce n'eſt pas ſeulement pour couvrir les courtines & les flancs des baſtions, qu'on fait de grandes demi-lunes; c'eſt ſur-tout pour ſe procurer des feux de revers, qui rendent impraticable le logement de l'ennemi ſur les glacis d'un baſtion, avant la priſe des deux demi-lunes collatérales: on a fait aux réduits des flancs qui ont des vues de revers ſur le logement de la brèche du baſtion; ce qui oblige l'aſſiégeant de prendre les réduits des deux demi-lunes avant de pouvoir s'établir ſur les brèches d'un baſtion.

On

On obferve dans la Fortification actuellement en ufage, que les feux de revers de chaque demi-lune, contre les logemens de l'ennemi fur les glacis des demi-lunes voifines, font plus étendus, & que l'angle de leur direction eft moins aigu, à proportion que l'angle du polygone eft plus ouvert. C'eft par cette raifon que les défenfes réciproques des demi-lunes deviennent meilleures par l'augmentation du nombre des côtés du polygone. Il réfulte généralement de cette augmentation du nombre des côtés du polygone, c'eft-à-dire, de la plus grande ouverture de l'angle de fes côtés, que les attaques font foumifes à plus de feux, & que leur défilement exige un plus grand développement de tranchées. Quand les circonftances permettent de développer trois, quatre, ou un plus grand nombre de fronts fur une même ligne droite, les attaques dirigées fur le centre de ces fronts, font de la plus difficile exécution, pour éviter de les enfiler, ou plutôt pour couvrir les affiégeans dans des logemens néceffairement enfilés. (Voyez ci-devant pag. 32, 33.)

Pour faire brèche aux demi-lunes du dodécagone baftionné, on eft obligé de placer les batteries dans leurs chemins couverts, où elles font plus foumifes aux feux plongeans des faces des baftions, que fi elles étoient placées dans les logemens fur la crête des glacis; mais, dans cette dernière difpofition, il ne feroit prefque pas poffible de les couvrir des feux de revers des demi-lunes voifines; les difficultés font beaucoup plus grandes à l'attaque de plufieurs fronts développés fur une même ligne droite, qu'à l'attaque du dodécagone. On fe couvre des feux d'enfilade par des traverfes d'une étendue égale à la largeur des logemens, en obfervant de les élever & multiplier à proportion de la fupériorité du commandement. Si les logemens font battus de revers, des traverfes qui ne s'étendroient que fur leur largeur, ne les couvriroient pas; il faut alors prolonger & multiplier les traverfes, à proportion que l'angle de la direction des feux avec celle de l'intérieur du logement devient plus ouvert. Quand l'angle du revers eft un peu confidérable, comme d'environ trente degrés, les longueurs des fimples traverfes qu'exigeroit le défilement, les rend impraticables; on a recours alors à des doubles fapes avec des traverfes tournantes, dont l'exécution eft néceffairement très-lente & très-pénible. Il eft donc important de réduire l'affiégeant à cette marche lente & pénible; c'eft l'objet qu'on fe propofe dans la Fortification actuellement en ufage, en dirigeant, autant qu'il eft poffible, des feux de revers contre les attaques.

S'il se trouve en avant des dehors d'une Place une position inaccessible pour l'ennemi, ou d'un difficile accès, soit par une inondation, ou par quelque autre disposition locale, on ajoute infiniment à ses défenses, en occupant de telles positions, d'où l'on dirige des feux de revers sur les attaques.

Je n'entreprendrai pas de développer dans toute leur étendue les principes de l'Art actuel de fortifier, ce seroit un ouvrage un peu long, & sans doute au-dessus de mes forces; la légère idée de ces principes, répandue dans les Observations précédentes, est plus que suffisante pour en conclure que les Systêmes de M. le Mis de M. laissent la Fortification moderne bastionnée fort supérieure à tous les Systêmes connus.

Fin de la cinquième Partie.

F I N.

De l'Imprimerie de CLOUSIER, Imprimeur du ROI, rue de Sorbonne, 1786.

CATALOGUE

De quelques Ouvrages relatifs à l'ART MILITAIRE, qui se trouvent chez le même Libraire.

INSTITUTIONS Militaires de *Végece*. *Paris*, 1759, *in-*12. 2 l. 10 f.

Commentaire sur les Institutions Militaires de *Végece*, par M. le Comte *de Turpin*, seconde édition, avec des augmentations. *Paris*, 1783, 2 *vol. in-*4. *fig.* 24 l.

Le même. 2 *vol. in-*4. gr. pap. *fig.* 36 l.

Commentaire sur la Retraite des Dix Mille de *Xénophon*, par M. *le Cointe. Paris*, 1766, 2 *vol. in-*12. *fig.* 6 l.

Esprit du Chevalier *Folard*, tiré de ses Commentaires sur *Polybe. Par.* 1761, *in-*8. *fig.* 6 l.

Étude Militaire, contenant l'Extrait de l'Art de la Guerre de *Puységur*, & un Essai sur divers principes de l'Art de la Guerre, extraits des Commentaires de *Folard* sur *Polybe*, par le Baron *de Traverse. Paris*, 1758, 2 *vol. in-*12. 5 l.

Essai sur la Science de la Guerre, par M. le Baron *d'Espagnac. Paris*, 1751, 3 *vol. in-*8. 9 l.

Essai sur les grandes Opérations de la Guerre, par le même. *Par.* 1755, 4 *vol. in-*8. 12 l.

Essai sur l'Art de la Guerre, par M. le Comte *de Turpin. Paris*, 1754, 2 *vol. in-*4. gr. pap. *fig.* 30 l.

Dictionnaire Militaire portatif, contenant l'Explication de tous les termes propres à la Guerre. *Paris*, 1758, 3 *vol. in-*8. 15 l.

Traité sur la Constitution des Troupes Légères, & sur leur Emploi à la Guerre, auquel on a joint un Supplément contenant la Fortification de campagne, avec 27 Planches. *Paris*, 1781, *in-*8. *fig.* 7 l.

Art Militaire des Chinois, ou Recueil d'anciens Traités sur la Guerre, composés par différens Généraux Chinois, traduit en françois par M. *Amiot*, revu & publié par M. *de Guignes*, avec un Supplément contenant trente figures, tiré du Tome VIII *des Mémoires sur les Chinois par les Missionnaires. Paris*, 1772, *in-*4. *fig.* 18 l.

Le même, avec les figures enluminées, & le Supplément non enluminé. *in-*4. v. éc. dor. sur tr. 36 l.

Le Supplément se vend séparément, broch. *in-*4. 6 l.

État actuel de la Science Militaire à la Chine. *Paris*, 1773, *in-*12. *fig.* 3 l.

Bibliothèque Militaire, hist. & politiq. par M. le Baron *de Zurlauben*, contenant la Traduction du Général d'Armée d'*Onosander*; la Campagne du grand Condé en Flandres, en 1674; le Cours du Rhin, manuscrit attribué au Vicomte de Turenne; des Mémoires sur Arnaud de Cervole & Enguerrand de Coucy;

différens Mémoires politiques, & Relations de plufieurs Batailles très-intéreffantes. *Paris*, 1760, 3 *vol. in*-12. 7 l. 10 f.

Traité des Légions, ou Mémoires fur l'Infanterie, par le Maréchal de Saxe. *Paris*, 1757, *in*-12. 2 l.

Élémens de Tactique démontrés géométriquement, traduits de l'Allemand par le Baron *de Holtzendorff*. *Paris*, 1777, *in*-8. *fig.* 7 l.

Conftitutions Militaires, avec une Tactique adaptée à leurs principes. *Paris*, 1760, *in*-8. *fig.* 6 l.

Élémens de Tactique pour la Cavalerie, par M. *Mottin de la Balme*. *Paris*, 1776, *in*-8. *fig.* 5 l.

Abrégé de l'Hiftoire de la Milice Françoife, du P. *Daniel*, avec un Précis de fon état actuel. *Paris*, 1780, 2 *vol. in*-12. *fig.* 6 l.

Prééminence du fervice de France fur celui des autres Puiffances de l'Europe. *Paris*, 1769, *in*-12. br. 15 f.

Modèles de l'Héroïfme & des Vertus Militaires. *Paris*, 1780, 2 *vol. in*-12. 5 l.

Vie de Crillon. *Paris*, 1781, *in*-12. 3 l.

Collection des Lettres & Mémoires trouvés dans les porte-feuilles du Maréchal de Turenne, pour fervir de preuves à l'Hiftoire de fes Campagnes. *Paris*, 1781, 2 *vol. in-fol.* pap. double, v. éc. fil. 72 l.

La même. 2 *vol. in-fol.* gr. pap. v. éc. fil. 108 l.

Hiftoire du Prince Eugène. *Avignon*, 1777, 5 *vol. in*-12. *fig.* 12 l. 10 f.

Campagnes du Maréchal de Noailles en Allemagne, en 1743. *Paris*, 1761, 2 *vol. in*-12. 5 l.

www.ingramcontent.com/pod-product-compliance
Lightning Source LLC
Chambersburg PA
CBHW060412170426
43199CB00013B/2109